KB204179

창조와 섭리

종교개혁에서 한국 개혁신학까지

창조와 섭리: 종교개혁에서 한국 개혁신학까지

발 행 일 • 2021.08.25.

발 행 인 • 안 민

발 행 처 • 고신대학교 출판부

　　　　　고신대학교 개혁주의학술원

　　　　　kirs@kosin.ac.kr / www.kirs.kr

　　　　　부산시 영도구 와치로 194   051) 990-2267

판　　권 • 고신대 개혁주의학술원

제　　목 • 창조와 섭리: 종교개혁에서 한국 개혁신학까지

저　　자 • 이신열

창조와 섭리

종교개혁에서 한국 개혁신학까지

서 문

　먼저 '창조와 섭리'라는 교리적 주제는 학부의 신학과나 신학대학원 과정에서 주로 사용되는 조직신학 교재에 각각의 장이 할당된 교리임이 분명하다. 그러나 오늘날 신학 강단에서 이 교리들이 얼마나 신실하게 그리고 충분한 시간을 갖고 교수되어 왔는가에 대해서는 필자 또한 그렇지 못했음을 고백하지 아니할 수 없다.

　창조론은 신론의 일부라는 차원에서 신학의 첫걸음으로 볼 수 있는데 이 교리의 포괄성과 접근성은 다른 학문, 특히 자연과학과 신학과의 대화를 촉진하는데 크게 기여해왔다. 필자는 2004년부터 '종교와 과학', 그리고 '기독교와 과학'이라는 제목의 신학과목을 신학과 학부 학생들에게 교수해 왔다. 이 과목을 가르치면서 가장 많은 고민이 되었던 것 가운데 하나는 과연 이 과목이 학생들에게 얼마나 어필하는가에 대한 의심 아닌 의심이었다. 대부분의 신학생들은 과학을 좋아하지 아니하고 꺼려하는 경향을 지니고 있는데 이런 상황 속에서 이 과목을 계속해서 가르치는 일은 쉬운 일은 아니었다. 그러나 이 과목은 창조와 섭리에 대해서 끊임없이 나를 학문적으로 자극했다. 이것이 동력이 되어서 18년이란 긴 세월에 걸쳐 이 과목을 지속적으로 교수할 수 있었다고 생각한다.

　필자는 지난 10여년의 세월동안 틈틈이 창조와 섭리의 두 교리에 대해서 논문을 학회에서 발표해왔다. 이 논문들은 대부분 교회사의 대표적 인물들의 견해를 살펴보았는데 이들은 몰트만과 판넨베르크라는 현대신학자들을 제외하고는 개혁신학자들로 간주될 수 있다. 이렇게 발표한 논문들을 모아서 출판하게 되었는데 여러 가지로 부족한 점이 많지만 나름대로 한국개혁신학계에 하나의 이정표와 같은 역할을 하게 될 것이라는 작은 기대를 품어본다. 우리 개혁신학계에 창조와 섭리를 다루는 단행본이 거의 전무한 현실에서 이 시도를 통해서 이 주제에 대한 우리 신학계의 지평이 조금이나마 확대되고 깊어지기를 바라는 마음이다.

이 책의 각 장은 다음의 학회지 또는 단행본에 실린 내용들을 일부 수정하고 교정 작업을 거쳐서 구성했음을 밝혀둔다. 제 1장 "루터의 창조론에 나타난 과학적 사고: 〈창세기 강해〉 1장을 중심으로"인데 「장로교와 신학」 15 (2019), 85-109에 실렸던 글인데 장로교신학회 발제시에 논평을 맡아 주셨던 백충현박사(장로회신학대학교)께 감사드린다. 제 2장은 "츠빙글리의 창조와 섭리 이해"라는 제목으로 「ACTS 신학저널」 46 (2020), 187-221에 게재되었다. 제 3장 "칼빈의 자연과학 이해"는 「한국개혁신학」 57 (2018), 40-71에 실렸던 글인데 종교개혁 500주년을 기념하는 4개 학회 공동학술대회에서 발표했던 논문이기도 하다. 이 글을 논평해 주셨던 박상봉박사(합동신학대학원)께 감사드린다. 제 4장은 "칼빈의 『공관복음주석』에 나타난 섭리 이해"라는 제목으로 「개혁논총」 24 (2012), 153-181에 실렸던 글이다. 개혁신학회 학술대회 발제시에 이 글에 대해서 논평해주셨던 박태수 박사(한국성서대학교)께 감사드린다. 제 5장은 "로버트 보일 (Robert Boye, 1627-1691)의 창조와 섭리에 대한 이해"라는 제목으로 「고신신학」 17 (2015), 155-180에 게재되었던 글과 "로버트 보일의 생애와 사상: 계시를 중심으로"라는 글로 저희 개혁주의 학술원에서 발간한 『칼빈 이후 영국의 개혁신학자들』 (2016)에 기고한 글을 하나로 묶어서 "로버트 보일의 계시와 창조 그리고 섭리 이해"라는 제목으로 싣게 되었다. 제 6장은 "조나단 에드워즈(Jonathan Edwards)의 창조론에 나타난 만유재신론(panentheism)의 역할"이라는 제목으로 「장로교와 신학」 13 (2017), 181-202에 실렸던 글이다. 장로교신학회 발표시에 이 글의 논평을 맡아주셨던 박재은 박사(총신대학교)께 감사드린다. 제 7장은 "헤르만 바빙크의 창조와 섭리 이해에 나타난 연속성과 불연속성"이란 제목으로 「고신신학」 16 (2014), 51-85에 실렸던 글이다. 제 8장과 제 9장은 각각 몰트만과 판넨베르크의 창조와 섭리에 관한 글로서 "위르겐 몰트만의 창조와 진화를 통해 살펴본 섭리 이해", "칼빈과 판넨베르크의 섭리 이해에 나타난 창조의 역할"이란 제목으로 각각 「고신신학」 15 (2013), 257-93과 「고신신학」 14 (2012), 423-453에 게재되었다. 제 10장 "한상동의 설교에 나타난 창조론에 대한 고찰"은 「조직신학연구」 37 (2021), 190-224에 게재되었다. 한국복음주의조직신학회 발제시에 이 글을 논평해주셨던 이윤석 박사(독수리학교)께 감사드린다. 마지막으로 제 11장 "한국개혁신학의 창조론: 박형룡과 박윤선을 중심으로"는 「고신신학」 19 (2017), 209-244에 실렸던 글이다.

이 책의 편집을 위해서 수고를 아끼지 아니한 개혁주의 학술원의 김혜원 간사께 감사드리고 또한 학술원을 위해서 재정적 후원을 제공하시는 여러 후원 이사님들과 후원교회의 관심과 기도에 아울러 감사의 마음을 전해 드린다.

여러 모로 부족함이 많은 책이지만 이 책을 통해서 이 땅의 개혁신학의 창조론과 섭리론에 더 많이 발전할 수 있는 계기가 마련되기를 소망하는 마음으로 서문을 마무리하고자 한다.

2021년 7월 동삼동 연구실에서

추 천 사

자연의 기원과 현상에 대하여 기독교 신학은 어떻게 믿고 설명하여 왔는지에 대하여 이 책은 16세기 이후 근대를 거쳐 현대에 이르는 시기에 있어서 주요 신학자의 창조와 섭리, 그리고 자연과학의 이해를 통해 매우 깊이 있게 제시한다. 아울러 자연주의 세계관에 의한 세속적 과학정신이 커다란 지배력을 행사하는 것을 목도하면서 진화라는 시대사상 아래서 창조신앙을 살아가고 있는 기독 지성인에게 이 책은 더없이 소중한 역사신학의 안목을 열어준다. 창조와 섭리의 구별은 개혁신학의 창조론 이해에 있어 핵심이다. 이 책을 통해 이 주제가 어떻게 신학자들의 창조 이해 속에서 작용하는 지를 살피는 것은 이 책이 선사하는 신학공부의 큰 즐거움이다.

김병훈박사 (합동신학대학원대학교, 조직신학 교수)

저자가 서문에서 밝히고 있는 것처럼 창조와 섭리를 다루고 있는 단행본이 전무한 현실에서 이 책에는 루터와 칼빈으로부터 현대신학자에 이르기까지 개혁신학자들의 창조와 섭리에 대해 10여년이 넘는 세월 동안 연구한 결과가 녹아 있다. 거기에 박형룡과 박윤선, 한상동 등 한국의 대표적인 신학자와 목회자의 창조에 대한 견해까지 엿볼 수 있다. 자연과학과 신학의 대화는 오늘

날 신학이 회피할 수 없는 중요한 주제라고 할 수 있다. 어느 정도의 전문성이 필요하다고 할 수 있는데 그런 면에서 이신열 교수님은 자격과 자질을 갖춘 몇 안 되는 신학자라고 할 수 있다. 이 책이 우리나라 창조론 토론에 귀한 기여가 되기를 바라며 기쁨으로 추천하는 바이다.

박찬호박사 (백석대학교 신학대학원, 조직신학 교수)

칼빈은 태양과 별들이 드러내는 질서가 하나님께서 창조주이심을 강력하게 가르친다는 확신과 함께 천문학은 정당하게 신학의 알파벳이라고 부른다. 여기에서 저자가 18년 동안 씨름한 본서의 주제인 창조와 섭리를 엿볼 수 있다. 본서는 루터와 종교개혁자들부터 한국개혁신학자들까지 성경, 특히 창세기 1장을 하나님의 말씀을 고백하면서 창조와 섭리의 진리를 믿은 신학자들이 당대의 과학의 발전과 도전을 능동적으로 대처하면서도 당당하게 변증하는 모습을 차례로 그려낸다. 특히 저자는 신학자마다 창조와 섭리의 하나님이 삼위 하나님이심을 잘 보여준다고 강조한다. 본서는 하늘과 땅의 창조주이심을 사도신경으로 고백하는 신자라면 누구나 창조와 섭리에서 자기를 계시하시는 삼위 하나님의 영광을 체험하고, 현대 과학의 발전을 칼빈처럼 수용하면서 변증해야 하는 사명을 각성시켜 주는 좋은 작품이다.

유해무박사 (전 고려신학대학원, 교의학 교수)

하나님이 창조하신 세계와 그 존속을 두고 자연 과학과 기독교 간에는 언제나 긴장과 갈등이 존재해 왔다. 게다가 신학의 영역 안에서도 창조와 섭리를 둘러싼 논쟁이 끊이지 않고 있는 현실이다. 대학에서 과학을 전공했고, 네덜란드에서 정통 개혁신학을 전공한 이신열교수께서 개혁주의 창조론과 섭리론을 정리해 주신 것을 환영하며, 기쁨으로 추천한다. 본서에서 우리는 역사적인 논의들과 더불어 성경적이고 개혁주의적인 논의들을 풍성하게 배울 수가 있을 것이다. 기독교 창조론과 섭리론에 관심있는 독자들에게 본서를 적극 추천하는 바이다.

이상웅박사 (총신대학교 신학대학원, 조직신학 교수)

창조와 섭리는 그리스도인이라면 누구나 잘 아는 교리이지만 인간 중심이 아닌 하나님께서 주관하시는 영역이란 점에서 접근이 그리 간단치 않은 분야이다. 신학과 피조세계에 대한 내공과 정교한 접근이 요구되는 분야에 해당된다. 이신열 교수는 자연과학과 신학을 모두 섭렵하고 이 분야를 지속적으로 연구하고 있는 이 주제를 다룰 수 있는 몇 안 되는 탁월한 학자이다. 특별히 역사 속 신앙의 주요 인물들의 창조론과 섭리를 추적한 이 귀한 책을 강력히 추천하는 바이다.

조덕영박사 (창조신학연구소장)

약어표 (Abbreviations)

CO   Calvin, John, *Ioannis Calvini opera quae supersunt omnia*, 59 vols., ed. G. Baum, E. Cunitz et E. Reuss, Brunsvigae: C. A. Schwetschke et filium, 1863-1900.

LW   Luther, Martin, *Luther's Works*, ed. Jaroslav Pelikan, Helmut T. Lehmann and Hilton C. Oswald, 55 vols., St. Louis, MO: Concordia Publishing House, 1958.

S   Zwingli, Huldreich, *Huldreich Zwinglis sämtliche Werke*, hg. Emil Egli u. a., 6 Banden, Zürich: Theologischer Verlag, 1905.

ST   Pannenberg, Wolfhart, *Systematic Theology*, 3 vols., trans. Geoffrey W. Bromiley, Grand Rapids: Wm. B. Eerdmans, 1991-1997.

WA   Luther, Martin, *D. Martin Luthers Werke: kritische Gesamtausgabe* (Weimar Ausgabe), 68 Banden, Weimar: Hermann Böhlaus Nachfolger, 1964-1993.

Works Boyle, Robert, *The Works of the Honourabe Robert Boyle*, 6 vols., ed. Thomas Birch, London: J. and F. Rivington, 1772.

Works   Boyle, Robert, *The Works of Robert Boyle*, ed. Michael Hunter & *(1999-)* Edward B. Davies, 14 vols., London: Pickering & Chatto, 1999-2000.

YE   Edwards, Jonathan, *The Works of Jonathan Edwards*, ed. Perry Miller, John E. Smith, and Harry S. Stout, 26 vols., New Haven & London: Yale Univ. Press, 1957-2008.

Z   Zwingli, Huldrych, *Huldrych Zwinglis Werke*, hg. Melchior Schuler & Joh. Schulthess, 8 Banden, Zürich: F. Schulthess und S. Höhn, 1828-1842.

목 차

1. 루터의 창조론에 나타난 과학적 사고:

창세기 1장을 중심으로

Martin Luther(1483–1546)

I. 시작하면서

독일의 루터 연구가 알트하우스(Paul Althaus)는 1963년에 발간된 『마틴 루터의 신학』에서 루터의 창조론을 고찰했는데 여기에는 창세기 1장에 대한 언급이나 설명을 찾아볼 수 없다.[1] 그 후 1995년에 로제(Bernhard Lohse)는 루터의 창조론에 대한 해설이 그의 『창세기 강해』 (1535-1545)[2]에 '가장 빈번히 그리고 가장 상세히 언급'되었다고 말할 뿐, 정작 자신의 창조론 해설에는 이를 반영하지 못했다.[3] 어떤 이유에서 이들의 창조론에서 창세기 1장에 대한 관심이 결여되었는가? 로제는 창조론을 칭의론과 관련하여 해석하는 루터란 신학의 특징을 수용하면서도 창조기사가 그 자체로서 모든 피조물의 창조를 그 내용으로 삼고 있다는 사실이 간과되지 않아야 한다고 주장했다.[4]

이 사실에 기초해서 이 장에서는 루터의 『창세기 강해』를 중심으로 창세기 1장의 창조 기사를 그가 어떻게 이해했는가를 비판적으로 고찰하되, 특히 창조 기사 해설을 통해서 파악 가능한 그의 과학적 사고에 집중하고자 한다. 이를 위해서 먼저 창세기 1장 해석에 나타난 그의 창조론을 몇 가지 신학적 주제들을 중심으로 간략하게 고찰하고자 한다. 그리고 루터의 창세기 1장 이해에 나타난 특징들을 간략하게 살펴본 후에 본격적으로 창조기사에

---

1 Paul Althaus, *The Theology of Martin Luther*, trans. Robert C. Schultz (Philadelphia: Fortress, 1966), 105-15.
2 『창세기 강해』는 바이마르 판(Weimar Ausgabe) 42-44권에 해당된다(이하 *WA*로 표기함). 이 강해에 대한 평가에 있어서 쟁점은 멜랑흐톤(Philip Melanchthon)을 위시한 여러 학자들에 의해서 루터의 글이 편집되었다는 점이다. 편집자들의 역할과 이로 인해 발생되는 이 글의 저자 문제에 대한 간략한 해설로는 다음을 참고할 것. Jaroslav Pelikan, "Introduction to Volume 1" in *LW* 1, x-xii.
3 베른하르트 로제, 『루터의 신학: 역사적, 조직신학적 연구』, 정병식 옮김 (서울: 한국신학연구소, 2002), 336, 각주 217.
4 로제, 『루터의 신학: 역사적, 조직신학적 연구』, 337.

나타난 그의 과학적 사고를 다루고자 한다.

II. 루터의 창세기 1장 해석에 나타난 창조론: 신학적 주제들을 중심으로

루터는 창조에 대해서 어떤 견해를 지니고 있는가? 많은 루터 학자들은 그의 창조론의 특징을 다양하게 묘사하고 있다. 먼저 1960년에 처음으로 루터의 창조론에 관한 단행본을 출간한 뢰프그렌(David Löfgren)은 창조를 크게 무에서의 창조(creatio ex nihilo), 항상 새것을 만드는 창조(creare semper novum facere), 그리고 선한 피조물(creatura bona)의 관점에서 논의했다.[5] 뢰프그렌에 의해 제시되었던 루터의 창조론은 교회사에 나타난 전통적인 틀을 유지하는 범주 내에서 논의된 창조론으로 볼 수 있다. 그러나 독일의 바이에르(Oswald Bayer)는 이를 칭의(justification)로서의 창조, 언어 행위(speech act)로서의 창조로 재해석했다.[6] 여기에서는 루터의 창조론에 나타난 과학적 사고를 창세기 1장 강해에 고찰하기에 앞서 그의 창세기 1장 해석에 나타난 창조론에 대한 일반적 고찰을 시도하고자 한다. 종교개혁 신학에 토대를 둔 그의 창조론이 전통적이라는 전제 하에서 논의를 위해서 다음의 세 가지 범주를 설정했다: 무에서의 창조, 말씀을 통한 창조, 그리고 삼위일체론적 창조.

1. 무에서의 창조(creatio ex nihilo)

---

[5] David Löfgren, *Die Theologie der Schöpfung bei Luther* (Göttingen: Vandenhoeck & Ruprecht, 1960), 21-60.

[6] Oswald Bayer, *Martin Luther's Theology: A Contemporary Interpretation*, trans. Thomas H. Trapp (Grand Rapids: Eerdmans, 2008), 95-105.

‘무에서의 창조’는 하나님이 태초에 아무런 선행조건(precondition)이 없는 상태에서 행동하셨음을 뜻한다. 이는 세상에 하나님의 주권을 제한할 수 있는 어떤 것도 그의 원초적 행위 이전에 존재하지 않았음을 가리킨다.[7] 틸리히(Paul Tillich)는 이 교리를 신학의 첫째 과제(the first task of theology)로 명명하면서 이를 통해 기독교가 가장 발전된 형태의 이교도주의와도 차별화된다고 주장했다.[8] 메이(Gerhard May)는 이 교리가 창조에 대한 기독교적 이해에 있어서 구성적 의미(constructive significance)를 지닌다고 주장했다.[9]

루터는 무에서의 창조를 어떻게 이해했는가? 창 21:17에 대한 강해에서 다음과 같은 주장이 나타난다: “피조물들은 무에서 비롯된다: 그러므로 피조된 모든 것은 무이다.”[10] 여기에서 루터가 강조하고자 했던 점은 하나님은 피조물이 아니며 그것과 다르다는 사실이다. 그래서 루터에게 하나님의 주권은 창조론에 있어서 중요한 주제이었다. “그는 홀로 존재하시며 모든 것을 무에서 만드셨다.”[11] 이것은 하나님께서 자신으로부터 모든 것을 만드셨음을 가리키는데 이는 하나님의 주권적 의지에 의해서만 가능한 일이었다. 이런 맥락에서 루터가 세상이 영원하다는 아리스토텔레스적 세계관에 대항하는 개념을 내세웠던 것으로 볼 수 있다.[12]

---

7 Hans Schwarz, *Creation* (Grand Rapids: Eerdmans, 2002), 173.
8 Paul Tillich, *Systematic Theology*, vol. 1 (Chicago: Univ. of Chicago Press, 1951), 253.
9 Gerhard May, *Creatio ex nihilo: The Doctrine of 'Creation out of Nothing' in Early Christian Thought*, trans. A. S. Worrall (Edinburgh: T & T Clark, 1994), xi.
10 *WA* 43,179,1-2; “Creatura ex nihilo est: ergo nihil sunt omnia, quae creatura sunt.”
11 *WA* 39(2),340,20: “... solus est et solus ex nihilo fecit omnia.”
12 *WA* 42,3,30-4,13.

그렇다면 루터의 무에서의 창조 개념에 나타난 '무'는 어떻게 이해될 수 있는가? 뢰프그렌은 루터의 초기 설교에서는 이것이 세 가지 개념으로 구분되었다고 주장했다.13 첫째, 무는 단어가 가리키는 대로 텅 빈 또는 아무 것도 없는 무(nihil proprio vocabulo)를 지칭한다. 둘째와 셋째는 잘못되고 (falsum) 악한 것(malum)을 가리킨다. 이 세 가지 '무'의 반대 개념은 각각 존재(ens), 참된 것(verum), 그리고 선한 것(bonum)으로 볼 수 있다. 초기 루터의 무 개념은 사실상 신플라톤주의적이며 어거스틴적 개념에 기초한 이원론적 사고에 의해 지배되었다고 볼 수 있다. 그러나 1535년부터 1545년까지 작성된 『창세기 강해』에 나타난 무에서의 창조 개념에는 과거의 이원론적 사고 대신에 창조에 나타난 신적 의지가 더욱 강조되었다는 점이 특징에 해당된다. 무에서의 창조는 곧 하나님의 주권적 의지에 기초한 창조를 뜻하게 되었다.14 하나님의 의지에 대한 이런 강조는 1534/1535년에 발간된 루터의 『시편 강해』(Enarratio Psalmi)에도 유사하게 드러난 것으로 보인다.15

2. 말씀을 통한 창조

무에서의 창조가 이렇게 하나님의 의지에 의한 창조라는 사실이 강조되었다면, 루터는 또한 말씀을 통한 창조를 말하면서 먼저 창조주 하나님을 '말씀하시는 하나님'(Deus loquens)으로 드러내고자 했다. 하나님은 아무 것도 없는 무에서 말씀하심으로서 무엇인가를 만드시는 존재이다. "그래서 나

---

13 Löfgren, *Die Theologie der Schöpfung bei Luther*, 26; *WA* 4,600,23-601,3.
14 Löfgren, *Die Theologie der Schöpfung bei Luther*, 25.
15 *WA* 40(2),508,5-509,1.

는 하나님을 창조하시는 화자라고 말한다."[16] 그렇다면 하나님의 말씀은 모든 존재의 기초 또는 토대에 해당된다고 볼 수 있다. 이런 맥락에서 한스-마르틴 바르트(Hans-Martin Barth)는 루터에게 하나님의 말씀에 대해서 모든 실재의 기초에 놓인 원래적 실재라는 표현을 사용했다.[17]

루터는 하나님이 말씀으로 만물을 창조하셨다면, 이 말씀은 마땅히 창조 행위 이전부터 존재해왔다고 주장한다. 이 말씀은 하나님 자신과 구별되는 존재인데 하나님은 이 말씀을 지니고 있었던 것이다.[18] 계속해서 루터는 이 말씀이 무엇이며 이 말씀이 무엇을 행했는가를 묻는다. 루터는 이 문제에 대한 해답은 요 1:1과 비교해 볼 때 바르게 주어질 수 있다고 답변한다. "말씀은 하나님이시다. 말과 그 말을 하는 자가 구별되는 것처럼 말씀은 성부 하나님과 구별되는 하나님이시다."[19] 또한 고후 4:6에 근거해서 말씀은 영원 전부터 성부와 함께 하신 참된 하나님, 즉 그리스도로 묘사된다. 여기에서 루터는 말씀이 하나님과 구별되면서도 본질적으로 동등한 하나님으로서 항상 존재해 왔다면, 왜 그가 일찍이(prius) 말씀으로 하늘과 땅을 창조하시지 않았는가라는 어리석은 질문을 제기하는 자들이 있다고 지적한다.[20] 이들은 하늘과 땅이 하나님이 말씀하시기 시작했을 때 비로소 존재하게 되었기 때문에, 말씀은 피조물이 시작된 것과 같은 시간에 시작되었다는 주장을 제기한다. 이에 대해서 루터는 다음과 같은 이유에서 직접적 대답을 회피했다.

---

[16] *WA* 42,13,31-32: "Dicit enim Deum esse, ut sic loquar, Dictorem, qui creat, … "

[17] Hans-Martin Barth, *Die Theologie Martin Luthers: Eine kritische Würdigung* (Gütersloh: Gütersloher Verslaghaus, 2009), 147.

[18] *WA* 42,13,35-36: "… ante mundum conditum nihil erat creaturarum, Deus tamen habebat verbum."

[19] *WA* 42,14,8-10: "Hoc verbum est Deum et tamen esse distinctam personam a Deo patre, sicut distinctae res sunt verbum et is, qui verbum profert."

[20] *WA* 42,14,23ff.

창조 행위 이전의 하나님, 즉 있는 그대로의(nudus) 하나님과 있는 그대로의 신적 본질은 불가해한 것이므로 이에 대해서 우리가 직접적으로 아는 것은 불가능하다고 보았다.[21] 그러나 우리가 시간의 시작을 거슬러 올라 갈수 없기 때문에 그가 태초에 말씀하시기 시작하셨다는 간접적인 답변이 주어진다. 루터는 요한과 모세가 말하는 태초에 그리고 모든 피조물이 있기 전에 말씀이 있었다는 사실에 비추어 논리적으로 말씀이 항상 창조주 안에 그리고 있는 그대로의 신적 존재 안에 존재했기 때문에 말씀은 참된 하나님으로 보는 것이 옳다고 설명한다.[22]

또한 루터에게 말씀은 만물을 창조할 능력을 지닌 말씀이었다.[23] 6일 동안에 이루어진 창조는 전적으로 말씀으로 이루어진 창조이었다. 루터는 이 사실을 창조기사 해석에서 빠뜨리지 않고 언급했는데 여기에서는 첫째 날과 둘째 날의 경우만 살펴보고자 한다. 첫째 날에 말씀으로 만들어진 빛에 대한 설명은 다음과 같다: 말씀은 신적 본질 안에서 발설되었고(prolatum), 그 결과 빛이 피조되었다. 빛은 말씀의 물질성(materia)도, 말해지는 것의 본질(natura)도 아닌, 어두움 자체에서 생성된 것이다.[24] 둘째 날에 궁창이 말씀으로 지음 받았다는 사실을 설명함에 있어서 하늘이 물에서 지음 받았다는 사실이 먼저 전제된다. 말씀의 능력은 곧 창조주 하나님의 능력이므로 이를 통해서 하늘의 물이 어떤 철보다 더 강하게 지음 받았다는 독특한 표현이 사용되기도 한다.[25] 또한 하늘이 말씀으로 지음 받음과 동시에 말씀의 능력을 통해서 보존된다고 보았다.

---

21 *WA* 42,14,29-30.
22 *WA* 42,14,32-35.
23 *WA* 42,27,29-30.
24 *WA* 42,15,21-23.
25 *WA* 42,20,23-26.

3. 삼위일체론적 창조

루터에게 창조주 하나님은 곧 삼위일체 하나님이었다. 그는 삼위일체론적 창조를 어떻게 이해했는가? 먼저 루터는 창 1:2에 언급된 '엘로힘'이라는 하나님의 이름에서 구체적 삼위의 이름들이 아닌 일반적 개념으로서 위격의 복수성(pluralitas)이 발견된다고 주장했다[26] 앞선 단락('말씀을 통한 창조')에서 살펴본 바와 같이 한 분 하나님 내에 존재하는 위격적 구분은 말씀의 존재를 통해 확인되었다. 이 구분은 신적 본질 내에 존재하는 '가장 단일한 단수성'(unissima)과 공존하는 구분에 해당된다.[27] 그러나 삼위일체론은 창세기에 나타난 하나님의 복수성과 단수성이라는 개념에 의해서 분명하게 확립되지 아니한다. 왜냐하면 신약 또는 복음의 도움 없이는 삼위일체의 신비가 드러나지 아니하기 때문이다.[28] 이런 이유에서 루터는 요 1:1을 언급하면서 태초의 말씀을 성부 하나님과 구분되는 말씀으로, 고후 4:6을 언급하면서 그리스도를 영원 전부터 성부와 함께 하신 참된 하나님으로 밝혔던 것이다.[29]

삼위일체 하나님은 말씀하시는 하나님이시며 또한 자신의 말씀을 들으시는 유일한 분이기도하다.[30] 루터는 이 사실을 설명하기 위해서 삼위 각 위의

---

26 *WA* 42,10,29-30.

27 *WA* 42,17,2-3; "... quod in divinis personalis sit pluralitas et tame divinae naturae ac essentiae unitas." 14,10-11: "Et tamen haec distinctio eiusmodi est, ut unissima, ut sic dicam, unitas essentiae maneat." 여기에 'unissima'는 영어로 'a most single singleness'로 번역되었다. *LW* 1,17.

28 Bayer, *Martin Luther's Theology*, 335. *WA* 42,14,37-41.

29 *WA* 42,13,34-14,22.

30 Steven Paulson, "Luther's Doctrine of God," *Oxford Handbook of Martin Lutther's Theology*, eds. Robert Kolb, Irene Dingel & Batka, L'ubomir (New York: Oxford

이름을 모두 언급한다.31 하나님의 창조 행위를 성부 하나님에게만 제한하지 아니하고 이를 삼위 모두의 사역으로 생각했다. 이것은 삼위일체의 사역이 외적으로 분리되지 않는다는 어거스틴(Augustine)의 기본적 사고에 동의하는 것을 의미한다.32

그러나 루터가 삼위의 이름이 우리가 예상하는 것보다 훨씬 더 적게 언급되었던 이유는 무엇이라고 말하는가? 로제가 지적한 바와 같이 루터가 삼위 사이의 관계에 대해서 한 번도 논의하지 않았던 이유는 무엇인가?33 그 이유는 루터의 보수적 견해와 관련이 있는 것으로 보인다. 그는 삼위 하나님에 관한 우리의 설명이 관련 성경의 가르침이 제공하는 단순하고 참된 의미로 제한되어야 하며, 특히 창조와 관련해서는 더욱 그러해야 한다고 보았던 것이다.34

비록 빈도수는 높지 않지만, 루터는 삼위의 각 위격을 하나님으로 인식하고 이를 표현하고자 했다. 그는 다섯째 날에 하나님의 창조행위에 대해 해설하면서 어거스틴을 따라 하나님이 '말씀하셨다(dixit)', '만드셨다(fecit)', 그리고 '보셨다(vidit)'라는 세 종류의 동사에 주목했다.35 첫째 동사는 성부 하나님의 행위를 가리키는데 그는 영원 전에 성자를 낳으시고 말씀을 통해 세상을 창조하셨다. 둘째 동사는 성자 하나님의 행위를 나타내는데 그는 신적 위엄의 형상일 뿐 아니라, 모든 피조물의 형상이기도 하다. 따라서 그에 의해서 만물이 만들어졌다고 볼 수 있다. 마지막으로, 셋째는 성령 하나님과 관계되는데 그는 피조물들을 '보시고' 이들을 승인하신다.

Univ. Press, 2014), 195.
31 *WA* 42,15,19-21.
32 로제, 『루터의 신학』, 294-95.
33 로제, 『루터의 신학』, 295.
34 *WA* 42,15,3-8.
35 *WA* 42,37,25-34; Augustine, *De Genesi ad litteram*, II, VI.

III. 창세기 1장 이해에 나타난 루터 사고의 특징

1. 문자적 이해

먼저 루터는 창세기 1장에 기록된 사건을 역사적으로 실제로 발생한 사건으로 간주하는 문자적 이해를 추구한다. 이는 모세가 우화적 또는 상징적 방식으로 창세기를 기록하지 않았음을 뜻한다.[36] 우리가 살고 있는 세상이 6,000년 전에 하나님에 의해 피조되었다는 모세의 주장은 루터에게 전적인 신뢰의 대상이었다.[37] 힐러리(Hillary of Poitiers)와 어거스틴은 세상이 6일이라는 기간이 아니라 한 순간에 피조되었다고 주장했는데 이에 대해서 루터는 후자가 창세기 1장의 날을 신비로운 날로 바꾸었다는 비판을 가한다.[38] 이들과 달리 루터는 세상과 세상에 속한 모든 것은 문자적으로 6일 동안에 피조되었다고 믿었다.[39] 이에 대한 구체적인 예로서 먼저 첫째 날에 만들어졌던 빛이 언급되는데 이 빛은 문자적으로 참되고 물리적인 빛으로 간주되었다: "참된 빛이었으며 그 움직임은 원을 그리는 식으로 나타났는데 이는 마치 태양빛이 원을 그리면서 움직이는 것과 같다."[40] 그는 빛을 천사적 피조물(angelica creatura)로 생각하는 우화적 해석을 수용하지 않았다.[41]

---

36 *WA* 42,5,15-16.
37 *WA* 42,3,30-31.
38 *WA* 42,4,26-29.
39 *WA* 42,5,16-17; 6,9.
40 *WA* 42,16,1-3.
41 *WA* 42,15,19-20.

그가 이렇게 창세기 1장에 대한 문자적 이해를 선호했던 이유는 저자인 모세가 이 책을 전문적인 지식을 소유하지 못했던 대중을 대상으로 기록했다는 강력한 확신에서 드러난다. 이런 맥락에서 루터는 창세기 1장이 이해하기에 가장 어려운 내용을 담고 있지만 또한 가장 간단한 언어로 기록되었다는 내용을 담은 간략한 설명을 창세기 1장 해석 첫 머리에 덧붙였던 것을 볼 수 있다.[42]

2. 유비적 표현

아젠도르프(Ulrich Asendorf)는 루터가 창조를 인간을 향한 하나님의 돌보심, 선하심, 그리고 사랑이라는 세 가지 주제에서 비롯되었던 것으로 이해했다고 주장한다. 세상은 무질서하고 황폐한 곳이 아니라 인간이 거주하기에 아무런 부족함이 없도록 하나님의 계획 아래 세워진 집에 비유된다.[43] 또한 세상의 창조가 6일 동안에 이루어졌다는 사실에 대해서 이를 문자적 해석으로 인정하면서도 이에 대한 유비적 적용 또는 해석을 제공하기도 했다. 예를 들면, 셋째 날에 풀과 채소와 나무가 만들어진 사실에 대해서 인간을 위한 부엌과 필수품들이, 그리고 넷째 날에 일월성신은 인간을 향한 관심과 봉사의 차원에서 제공되었다는 표현이 각각 사용되었다.[44]

하나님의 전능성의 관점에서 본다면 세상의 모든 것은 그가 말씀하시는 순간에 창조되었지만, 인간의 관점에서 볼 때 모든 것이 한 순간에 만들어진

---

[42] *WA* 42,3,15-18.
[43] Ulrich Asendorf, *Lectura in Luthers Genesisvorlesung (1535-1545)* (Göttingen: Vandenhoeck & Ruprecht, 1998), 310-11; *WA* 42,29,27-38; 35,22-25.
[44] *WA* 42,29,31-32.

것으로 파악되지 않는다는 것이다. 루터는 이 사실을 더욱 쉽게 설명하기 위해서 대포알과 화살이 포함된 다음과 같은 유비적 표현을 사용한다:

> "유사하게, (왜냐하면 더 빠른 속도를 지니고 있기 때문에) 발사된 화살이나 공은 한 순간에 과녁으로 보내어진다. 그럼에도 불구하고 그것은 일정한 속도를 지니고 쏘아진 것이다. 마찬가지로, 하나님은 자신의 말씀을 통해서 세상의 시작부터 끝까지 운행하신다."[45]

이와 관련해서 루터는 하나님에게 눈과 귀와 입이 있다는 유비적 주장에 근거한 신인동형론(anthropomorphism)을 저주하는 로마 가톨릭주의자들의 주장을 반박한다.[46] 이들은 이런 유비적 표현이 하나님을 단순화시키는 주장에 불과하다고 비판하지만, 루터는 신인동형론적 주장에 나타난 진리는 성경적일 뿐 아니라 교리적 해석에 있어서 필수불가결하다고 이해했다.[47] 또한 이런 신인동형론적 표현은 성경에 지속적으로 등장할 뿐 아니라(예, 사 6:1), 이를 통해서 우리가 하나님을 알 수 있는 길을 열어주기 때문에 이 언어적 표현 방식은 성령에 의해 승인된 것으로 간주되었다.[48]

3. 창 1:1과 창 1:2의 관계

---

45 *WA* 42,57,39-42: "Sicut enim sagitta, aut globus, qui ex bombarda mittitur (nam in hoc maior celeritas est), uno quasi momento ad metam dirigitur et tamen per certum intervalleum mittitur: Ita Deus per verbum suum currit ab initio ade finem mundi."
46 *WA* 42,12,8-14.
47 *WA* 42,12,15-21.
48 *WA* 42,12,37-38.

베스터만(Westermann)은 창 1:1과 1:2의 관계에 대해서 몇 가지 의견
이 제시되어 왔다고 주장한다.[49] 첫째, 1절은 2절 이하에 언급된 하나님의
창조 행위에 대한 타이틀에 해당된다는 견해이다. 즉 6일간의 창조를 한 문
장에 압축한 것이 바로 1절이므로 이는 단순한 타이틀이 아니라 더 많은 내
용을 품고 있다는 주장에 해당된다. 이 경우에 1절은 완전한 독립절이며 하
나의 완전한 문장으로서 독립적으로 기능한다. 둘째, 중세에 등장한 견해로
서 1절은 2절의 시간적 종속절로 이해된다. 이 견해는 라쉬(Rashi, Rabbi
Solomon ben Isaac)에 의해서 처음 제시되었던 것으로 알려져 있다. 이
견해에 의하면 1절과 2절은 "태초에 하나님이 천지를 창조하셨을 때 … 땅
은 혼돈하고 공허했다."로 번역될 것이다. 셋째, 1절은 2절이 묘사하는 원재
료(raw material)의 창조에 대한 선언으로 보는 견해이다. 칼빈, 벨하우젠
(J. Wellhausen), 그리고 리델보스(N. H. Ridderbos)[50]도 이 견해를 따르
고 있다. 넷째, 1절은 2절에 대한 일종의 서두에 해당되므로 이는 일종의 독
립절에 해당된다는 견해이다. 궁켈(Herman Gunkel) 이후의 많은 구약학
자들이 이에 동의하지만 두 절 사이의 관계를 설정하기에 어려움이 있다.

　그렇다면 루터의 견해는 위의 네 가지 견해 중 어떤 것과 가까운가? 여기
에서 중요한 것은 루터가 하나님의 첫째 날의 창조 행위를 3절 이하에 언급
된 빛의 창조로만 생각하지 않는다는 점이다. 첫째 날의 창조 행위에는 하늘
과 땅의 창조(1절), 혼돈과 깊음과 흑암의 상태에 놓인 땅(2절), 그리고 빛의
창조(3절)가 모두 포함되었다는 것이 그의 견해였다:

---

[49] Claus Westermann, *Genesis 1-11: A Commentary*, trans. John J. Scullion
(Minneapolis: Augsburg Publishing House, 1984), 94ff.

[50] N. H. Ridderbos, "Genesis I 1 and 2", *Old Testament Studies* 12 (1958), 214-60.
특히 227.

존재하는 모든 것은 하나님에 의해 피조되었다. 첫째 날의 처음에 진흙 덩어리
또는 흙으로부터 거친 덩어리, 안개 또는 물이 피조되었다. 첫째 날의 남은
기간 동안에, 하나님께서 어떤 것을 생성시키기에 적합한 거친 씨앗과 다르지
않은 하늘과 땅의 거친 덩어리를 드러내기 위해서 여기에 빛을 소개하셨고
날이 등장하게 되었다.[51]

이런 그의 해석은 1절과 2절의 관계를 파악하기 위해서 3절이 함께 고려
되어야 함을 뜻한다. 따라서 이 두 절은 첫째 날의 창조를 설명하는 요소로
서 논리적 선후 관계를 지닌 것으로 이해되었다고 볼 수 있다. 이와 더불어
3절에 언급된 빛의 창조는 앞 절의 하늘과 땅의 창조에 후속적으로 발생한
사건으로 해석되는 것이 더 타당한 것으로 보인다. 따라서 2절과 3절의 관
계는 사실상 순차적 또는 연계적 관계에 놓여 있다고 볼 수 있다.

4. 물에서의 창조(creatio ex aqua)?

루터의 창세기 1장 해석에 나타난 창조론의 특징 가운데 하나는 물의 역
할에 대한 강조에 해당된다. 모세에 의해 묘사된 첫째 날 물의 모습은 오늘
날 우리가 확인할 수 있는 그것과는 상당히 다른 것이다. 먼저 루터는 1절에
나타난 하늘과 땅의 모습을 설명하면서 땅이 물로 뒤덮여 있었다고 말한다.
이 물은 일반적인 형태를 지닌 물이 아니라 어두운(tenebrosa) 물이었다.[52]

---

[51] *WA* 42,6,24-29: "Omnia, quae sunt, esse creata a Deo, ac principio primi diei
creatam esse rudem molem luti seu terrae, et nebulae seu aquae, quibus postea
per reliquum primi diei spacium infuderit Deus lumen, et fecerit apparere diem,
quae ostenderet istam rudem molem coeli et terrae, non dissimilem rudi semini,
sed tamen apto ad producendum aliquid."
[52] *WA* 42,6,13.

왜냐하면 우리가 알고 있는 일반적 물은 성격상 (땅보다) 가볍기 때문에 어두운 물이라는 표현이 사용되었다고 볼 수 있다. 또한 이 물은 형태를 지니지 않으며 거친 덩어리로 구성되어 있었다.[53]

땅은 물과 뒤섞여 있었을 뿐 아니라 하늘과도 뒤섞여 있었다. 물과 땅, 그리고 하늘은 공간적으로 서로 구분되지 않은 채 뒤섞인 상태로 태초에 지음받았다고 볼 수 있다.[54] 루터는 아직 형태를 갖추지 않은 원시 상태의 거친 땅이 거친 하늘 또는 안개에 의해 둘러싸여 있었다고 보았다.[55] 계속해서 그는 하늘과 땅이 거친 형태를 지닐 수밖에 없었던 이유로서 수분(caligine)을 들고 있다. 수분에 의해서 하늘과 땅의 모습이 형태를 상실하게 되었다는 것이 루터의 주장이었다.[56] 그 결과 2절에 언급된 대로 땅이 혼돈하고 흑암과 깊음 속에 놓여 있었다는 묘사가 주어지게 되었다.

루터는 이에 멈추지 않고 하늘의 모습을 물과 연관된 단어들을 사용하여 설명한다. 하늘도 지금 우리가 볼 수 있는 모습과는 달리 짙은 안개와 수분이 흘러나오는 형태를 지니고 있었다.[57] 어떤 이유에서 안개와 수분이 흘러나오는 모양으로 하늘이 존재하게 되었는가? 이에 대해서 루터는 태초의 물, 즉 원시상태의 거친 물은 셋째 날에 하나님의 말씀에 의해서 확정되었을 뿐 아니라 하늘 아래의 물과 위의 물로 분리된 결과 오늘날 우리가 볼 수 있는 모양의 하늘이 만들어질 수 있었다고 주장한다.[58]

---

53 *WA* 42,6,20.
54 *WA* 42,6,36.
55 *WA* 42,8,32: "... ita ut terra rudis rudi coelo ceu nebula fuerit circumfusa."
56 *WA* 42,14,13-14.
57 *WA* 42,7,10.
58 *WA* 42,25,23-24.

IV. 창세기 1장 이해에 나타난 과학적 사고

1. 루터의 자연 이해: 땅, 물, 대기, 그리고 불을 중심으로

루터는 헬라 자연철학자들이 내세웠던 자연의 네 가지 구성요소로서 땅
(흙), 물, 대기, 그리고 불을 수용했다.[59] 이 네 가지가 무거움이라는 논리적
순서를 따라 배열되었다는 일반적 원리가 인정되었다. 그럼에도 불구하고
루터는 하나님께서 이 논리적 순서에 의해 제약을 받지 않는다는 사실을 강
조하고자 했다. 하나님께서 이 경향을 어기시고(contra hanc
dispositionem) 바다 속에 불을 두실 수 있으며 그렇게 유지하실 수 있다
고 보았다.[60] 그는 자신의 이런 사고가 철학적 또는 과학적 사고와 구분되는
신학적 사고에서 가능한 것이라고 밝혔는데 이는 유명론자인 오캄의 윌리엄
의 영향력에 기인한 것으로 보인다.

그렇다면 이 네 가지 요소들은 어떻게 이해되었는가?[61] 먼저 땅에 대해서
루터는 다음과 같이 이해했다고 볼 수 있다. 창 1:1에 언급된 땅은 황폐하고
형태를 지니지 않은 물질(materia rudis et informis)에 지나지 않았다.[62]
이 상태에서 땅은 그 자체로만 존재한 것이 아니라 물과 뒤섞인 형태를 지니

---

[59] WA 42,21,2-4.
[60] WA 42,21,31-35.
[61] 루터의 창세기 1장 해석에서 땅, 물과 대기에 대한 설명은 제공되지만 불에 대한 설명은 거의
주어지지 않았는데 헬라철학자들의 하늘에 대한 해설과 불에 대한 해설이 거의 동일하기 때문이
었다. 가장 높은 하늘, 또는 불의 순수한 요소라는 의미를 지닌 엠피레움(empyreum), 즉 가장
높은 하늘인 열 번째 하늘에 대한 설명에서 하늘은 실제로 불을 지니고 있기 때문이 아니라
빛이 반사된 결과로 빛나는 것이라고 설명한다. 이 하늘은 이들에 의해서 신들의 거주지로
이해되었다. WA 42,22,11-15.
[62] WA 42,6,3.

게 되었다. 물은 본질적으로 땅보다 가볍기 때문에 땅 위에 놓이게 되었고 자연스럽게 땅을 감싸고 있었다고 볼 수 있다.[63]

땅과 물 사이의 본질적 차원에 대한 간단한 언급을 제외한다면, 루터는 창 1:2에 대한 해석에서 땅이 과학적 차원에서 어떤 과정을 거쳐 구성되었으며, 어떤 본질을 지니게 되었는가에 대한 설명보다는 피조된 후 땅의 외형적 모습에 더 많은 관심을 기울이게 되었다. 그는 땅과 하늘에 대해서 다음과 같은 설명을 제공한다. 먼저 땅과 함께 만들어졌던 하늘도 형태를 지니지 않았다는 주장이 나타난다. 하늘과 땅이 원래 서로 분리되지 않은 채로 만들어졌을 뿐 아니라, 하늘과 땅, 그리고 물이 서로 뒤섞인 상태로 지음 받은 것으로 이해되었다.[64] 그렇다면 2절에 언급된 땅의 상태에 대한 묘사는 사실상 하늘의 상태에 대한 묘사를 대신한 것이라고도 볼 수 있으므로 이 구절은 1절과 함께 이해되어야 한다는 주장이 설득력을 지닌다고 볼 수 있다.[65]

루터는 태초에 물이 하늘과 뒤섞여 있었다는 점에 특별히 주목하면서 이에 대한 과학적 설명을 시도했다. 창 1:6에 언급된 '궁창'은 우선 펼쳐진 것 (raqia)으로 해석된다.[66] 여기에서 무엇이 펼쳐졌는가? 루터는 궁창, 즉 하늘이 수증기 또는 안개(nebula)로 구성되었다는 생각을 수용한다.[67] 이 사

---

63 WA 42,6,13-14.
64 WA 42,7,13-22. 원본에는 없지만 하늘이 아직 위로 상승하지 않았다는 사실까지 영역본에는 언급되어 있다. LW 1,8.
65 코넬리스 반 담, "우리는 창세기 1장을 어떻게 읽어야 할까?", 『창세기 1장으로 본 과학』, 성영은 외 (서울: 성약, 2015), 128.
66 Cf. 라키아가 확장된 공간으로서 물질이 포함되지 않았다는 주장에 대해서는 다음을 참고할 것. 존 H. 월튼, "고대 우주론을 반영하는 창세기 1장", 『창조기사 논쟁: 복음주의자들과의 대화』, 빅터 P. 해밀턴 외 (서울: 새물결플러스, 2016), 330.
67 WA 42,18,38-41, 19,9-13, 그는 하늘(shamaim)이 물(maim)에서 비롯되었다는 주장도 제기했는데 그 근거는 알파벳 shin이 접두어로 사용되는 단어에 종종 상대절처럼 작용하는 성질을 부여한다는 사실에 놓여 있다. 이런 이유에서 루터는 대기는 물을 품는 성질을 지니고 있다고 주장했다고 볼 수 있다. 또한 그는 만약 태양의 작용이 아니었다면, 대기는 지속적으로 수분을 지니게 될 것이라는 헬라철학자들의 생각에 동의한다. 다른 곳에서 루터는 하늘을 뒤섞

실에 기초해서 "물 가운데 궁창이 있으라"라는 표현의 의미는 하나님의 명령에 의해서 물을 품은 수증기가 확장되고 펼쳐지게 되었다는 의미를 지니게 된다. 루터는 이를 알기 쉽게 설명하기 위해서 방광 또는 풍선(vesica)을 예로 든다.[68] 공기가 주입되면 풍선이 확대되어 부풀어 오르는 것처럼, 궁창은 스스로의 힘으로 바깥 공간으로 확장되는 성질을 지니게 된 것이다. 여기에서 대기는 아주 부드럽고 연한 수증기로 구성되었다는 생각도 가능한 것으로 보이지만 루터는 이에 대한 반론을 제기하고 자신의 주장에 대한 변론을 상세하게 했다.[69] 먼저 "그대는 그를 도와 구름장들을 두들겨 넓게 만들어 녹여 부어 만든 거울 같이 단단하게 할 수 있겠느냐"라고 기록된 욥 37:18을 인용하면서 루터는 이 구절에서 마치 대기는 망치로 두드린 것처럼 단단하게 만들어져 있다는 반론을 내세운다.[70] 루터는 대기가 손으로 만질 수도 눈으로 관찰할 수도 없을 만큼 아주 미세하고 부드러운 안개 또는 수증기로 구성되어 있는 셈인데 어떤 이유에서 욥이 대기가 아주 단단한 물질로 구성되었다고 볼 수 있는가라는 질문을 스스로 제기한 셈이다. 이런 반론에 대한 답변으로 루터는 이 현상은 말씀의 전능성으로 인해 발생하는 하나님의 기적이라고 주장한다. 하나님의 놀라운 섭리에 의해서 가장 미세하고 가장 부드러운 대기의 구성 물질이 변화에 종속되지 아니하는 지속성과 견고함 또한 지니게 되었다는 사실을 지적했던 것이다.[71] 결론적으로, 수분으로

인 물(confusa aqua)로 지칭하기도 했다. *WA* 42,25,21.

68 *WA* 42,19,16-21.

69 *WA* 42,19,22-20,10.

70 데이빗 J. A. 클라인스, 『욥기 21-37』, *Word Biblical Commentary*, 한영성 옮김 (서울: 솔로몬, 2009), 689: "거울과 하늘의 비교 요점은 거울의 반사성이나 그것의 강도가 아니라 그것의 견고성이다." *WA* 42,22,40-23,1.

71 루터는 헬라철학자들이 내세웠던 "수분을 머금은 것은 그 자체의 제한에 의해서 제한되지 아니한다(Humidum non terminari termino proprio)"라는 견해에 동의하면서 이를 자신의 주장에 대한 지지로 해석한다. *WA* 42,20,2.

구성된 대기는 그 자체의 힘으로서는 굳건하게 설 수 없지만, 하나님의 말씀의 능력으로 견고하게 세워지게 되었다는 것이 루터의 주장에 해당된다.

2. 빛과 일월성신, 그리고 징조

(1) 빛

루터는 빛에 대해서 어떤 견해를 지니고 있었는가? 먼저 그는 형태를 지니지 않은 빛이 말씀을 통해서 무에서, 즉 바로 그 어두움에서 비롯되었다고 밝힌다.[72] 창 1:3에 언급된 빛은 1절과 2절에 나타난 아직 형태를 갖추지 못한 하늘과 땅을 비추는 빛이었다. 루터는 어두움이 말씀에 의해서 가장 탁월한 피조물(illa praestantissima creatura)인 빛으로 변화되었다고 보았다.[73] 이 빛은 우리가 경험하는 일반적이며 참되고 물리적인 빛으로 간주되었다. 구체적으로 이는 원모양의 운동을 하는 참된 빛으로 이해되었는데 그 이유는 태양 빛이 원운동을 하는 것으로 알려졌기 때문인 것으로 보인다.[74] 그런데 빛의 성격에 대해서 어거스틴은 우화적 해석을 취하여 이 빛을 천사적 존재로 파악했다.[75] 루터는 모세가 창세기를 기록된 문자적 표현 그대로 이해될 수 있게 쉽게 작성했던 이유는 교육을 받지 못한 자들이 평이하게 읽고 이해하도록 하기 위함이었다는 사실을 상기시키면서 어거스틴의 주장을 반박했다.[76]

그렇다면 창 1:3에 언급된 빛은 창 1:14과 1:16에 나타난 넷째 날의 광명

[72] WA 42,14,14-15.
[73] WA 42,13,38.
[74] WA 42,16,1-2.
[75] Augustine, *De Genesi ad litteram*, I, XVII.
[76] WA 42,15,33-34.

체들과 어떤 관계를 맺고 있는가? 먼저 첫째 날의 빛이 태양과 달, 그리고 별들이 지음 받기까지 그 역할과 기능을 대신했다는 사실이 지적된다.[77] 넷째 날의 광명체들과 비교해 볼 때, 첫째 날의 빛은 그렇게 선명하고 찬란한 빛도 아니었을 뿐 아니라, 불완전하며 장식되지 않은 원시 상태의 빛이었다.[78] 루터는 넷째 날에 광명체들이 지음 받았을 때 첫째 날부터 존재해 왔던 빛이 사라지게 되었는가라고 묻는다. 그는 이 질문에 대해서 자신의 부정적인 견해를 다음의 두 가지 답변을 통해서 제시한다. 첫째, 첫째 날의 원시 상태의 빛은 넷째 날의 일월성신의 추가에 의해 완전하게 되었다고 보았는데, 이는 후자가 전자의 보완 또는 완성임을 가리킨다.[79] 둘째, 마치 낮에 태양이 떠오르게 되면 그 빛에 의해서 달빛이 약해지는 것처럼, 첫째 날의 빛은 넷째 날의 광명체의 등장으로 인해 약해졌던 것으로 간주했다. 결론적으로, 첫째 날의 빛이 넷째 날의 광명체의 창조에도 불구하고 여전히 남아 있는 셈이라고 루터가 주장했던 것을 파악할 수 있다.[80]

(2) 일월성신

해와 달, 그리고 별에 대해서 루터는 어떤 견해를 지니고 있었을까? 그는 여기에서 개별적 광명체의 천문학적 성격이나 특징을 다루지 않는다. 루터는 단지 이들의 관계에 대해서 다음과 같이 주장했다. "신적 능력에 의해서

---

[77] *WA* 42,30,20-23.
[78] *WA* 42,16,2-3. 아마도 첫째 날 빛의 창조가 넷째 날 광명체의 창조를 암시하거나 예견했다고 볼 수 있다. 빅터 해밀턴, 『창세기 I』, *New International Commentary on the Old Testament*, 임요한 옮김 (서울: 부흥과개혁사, 2016), 127.
[79] *WA* 42,30,29-30. Cf. 카수토는 히브리인들이 원시적 의미의 빛과 태양 빛을 서로 관련지어 생각하지 않았다고 주장한다. U. Cassuto, *A Commentary on the Book of Genesis 1-11*, I, trans. Israel Abrahams (Jerusalem: Magnes, 1961), 42-43.
[80] *WA* 42,30,31-34.

그런 능력이 태양에 주어졌고, 태양은 자체의 빛을 통해서 달과 별들을 비춘다. 이와 마찬가지로 달과 별들은 태양에 의해서 발출된 빛을 수용할 수 있도록 피조되었다."[81] 그렇다면 이 광명체들은 어떤 기능을 부여받았는가? 이들이 스스로 어떤 기능을 수행하는 능력을 지니지 않았다는 사실에 비추어 볼 때, 그 기능은 다음의 삼중적인 차원으로 이해될 수 있다: 낮과 밤을 나누는 기능, 시간의 경과를 알리는 기능, 그리고 땅을 비추는 기능.[82] 먼저 낮과 밤의 구분은 주로 자연적 날과 인위적 날의 구분을 가리키는 것으로 이해되었는데 이는 아리스토텔레스의 주장에서도 찾아볼 수 있는 대목이기도 하다.[83] 자연적 날은 24시간으로 구성된 날로서 이는 태양이 동에서 서로(ab oriente in occidentem) 움직이는 움직임에 의해서 발생한다. 이와 달리 인위적 날이란 태양이 지평선 위에(supra horisontem) 머무르는 시간에 의해 정해진다.[84] 하나님의 말씀에 의해서 낮과 밤이 교차적으로 존재하도록 규정되었는데 태양과 달은 낮과 밤을 다스리고 지배한다는 의미에서 각각 왕들(reges)과 전령들(praefecti)이라는 표현이 사용되었다.[85] 둘째, 시간의 경과를 알리는 기능에 대해서는 태양의 역할이 특별히 강조된다. 태양의 변화에 의해서 시간이 측정된다는 사실에 주목했던 루터는 인간에게 수를 셀 수 있는 능력이 부여되었다는 사실을 특별히 강조하고자 했다. 동물과 달리 인간이 수를 세는 능력을 지니고 있다는 점에 관해서 루터는 이를 인간 영혼의 불멸성으로 파악했던 어거스틴의 견해를 언급하기도 한다.[86]

---

81 *WA* 42,31,12-14; "... , sed tamen hoc ipsum divinae virtutis esse statuo, qupd soli ea vis est addita, ut suo Lumine etiam lunam et stellas accendat, Item, quod luna et stellae sic sunt condi1tae, ut sint capaces luminis, quod a sole prolicitur."
82 Westermann, *Genesis 1-11*, 129-31; 해밀턴, 『창세기 I』, 134.
83 Aristoteles, *Physica* VII, i.
84 *WA* 42,31,38.
85 *WA* 42,32,1-2.

달과 하늘의 별들에 대해서 루터는 자신이 천문학자가 아님을 인정하고 이에 대해서 간략한 해설을 시도한다. 먼저 루터는 별들의 빛은 하나님의 능력에서 비롯된 태양 빛을 반사하는 차원으로 제한된다고 이해한다. 이들이 스스로 빛을 발하는 발광체가 아니라 태양 빛을 수용하는 능력을 지닌 물체라는 사실이 지적된다.[87] 달의 경우 이 사실은 월식(eclipsium lunae)에 의해 탁월하게 증명된다고 보았는데 월식은 태양과 달 사이에 지구가 놓인 경우를 가리키는데 태양 빛이 지구에 의해서 완전히 가려지게 되면 달은 아무런 빛도 반사하지 못하며 캄캄해지는 신비로운 자연 현상을 뜻한다.[88] 많은 사람들이 달과 별들을 바라보면서 그 신비에 감탄하지만 이에 대한 완전한 지식을 획득하는 것이 불가능함을 깨닫고 지금까지 많은 사람들이 이들을 신들로 섬겨왔던 안타까운 사실 또한 아울러 지적된다. 이렇게 태양 빛을 반사하는 반사체로서 별들은 태양 빛이 지속된다는 가정 하에서 그 빛도 계속 비칠 수 있을 것인데 이 빛의 영속성(perpetuitas)은 태양 빛에 의해 보장된다고 보았다.[89] 또한 태양과 마찬가지로 별들도 둥근 모양을 지니고 있으며 궁창에 고정된 것으로 간주되었다. 그런데 루터는 이런 과학적 사실에 대한 해설에 그치지 않고 별들을 하늘의 군대로 생각하는 영적인 입장을 취하기도 했다. 예를 들면, 창 2:1 ("천지와 만물이 다 이루어지니라")[90]을 해석하

---

86 *WA* 42,33,9-20.
87 *WA* 42,31,13-14.
88 *WA* 42,31,10-11.
89 *WA* 31(2),280,30-31.
90 창 2:1에 '만물'로 표기된 우리말 번역의 원어에는 주관자(host)라는 뜻이 포함되어 있다. 루터가 사용했을 것으로 추정되는 라틴어 불가타역에는 이를 그들의 모든 장식물들(omnis ornatus eorum)로 번역하고 있다. 히브리어 원어는 '츠바암(zebaam)'인데 이는 군대를 가리킨다. 루터는 이에 대해서 다음과 같은 해설을 제공하기도 했다. "... qui hoc in loco militari verbo stellas et luminaria coeli vocat exercitum sue miliciam coeli. Homines autem, bestias et arbores vocat miliiciam terrae." (*WA* 42,56,22-24). 로제, 『마틴 루터의 신학』, 338.

면서 루터는 별들을 하늘의 주관자로 이해했던 것으로 볼 수 있다.

(3) 징조

루터는 창 1:14에 언급된 징조(signum)를 비와 폭풍에 대한 상징으로 해석하는 중세의 대표적 성경 주해가 리라(Lyra)의 주장에 어느 정도 동의하면서도 이에 완전히 만족하지는 않았다.[91] 이는 루터에게 월식과 합(coniunctionum)[92]으로 간주되었는데 그렇다면 이 단어는 기적적인 사건으로서 하나님의 진노와 불운을 가리키는 것으로 정의되었다.[93] 그는 구체적 자연현상에 대한 징조의 예로서 다음의 몇 가지를 제시했다: 별들이 떨어지는 것(stellae cadere), 할로(halo), 무지개(iris), 이와 유사한 사건들이 공중에서 일어나는 것.[94]

이와 달리 제네바(Geneva)의 종교개혁자 칼빈(John Calvin)은 징조를 이 구절에 기술된 그대로 태양과 달로 받아들인다. 이 점에 있어서 칼빈은 이 징조들이 점성가들에 의해서 경솔한 미래를 예측하는데 사용되는 것에 강력하게 반대하는 입장을 취했다.[95] 징조에 대해서 루터와 칼빈 모두 창세기가 천문학을 알지 못하는 일반인들을 대상으로 기록되었다는 사실을 상기시킨다. 징조를 하나님의 경고와 불운으로 이해했던 루터와 달리 칼빈은 이

---

[91] *WA* 42,32,8-11. 흔히 리라의 니콜라스(Nicolas of Lyra, 1270-1349)로 알려진 Nicolaus Lyranus는 루터의 『창세기 강해』에 빈번하게 언급되는 인물이다. 그는 성경의 문자적 해석에 치중했던 성경학자로서 널리 알려져 있는데 그가 작성했던 *Pulcherrimae quaestiones Iudaicam perfidiam in catholicam fide improbantes*는 나중에 루터가 유대인들을 반박하기 위해서 작성했던 *On the Jews and Their Lies*에 활용되었던 것으로 알려져 있다.

[92] '합'은 일식이나 월식처럼 두 천체가 합쳐져서 하나로 보이는 천문학적 현상을 가리킨다.

[93] *WA* 42,32,17-19: "Ut signum sit idem, quod monstrum, portentum aut miraculus aliqoud, quo Deus vel iram vel miseriam mundo significat."

[94] *WA* 42,32,21-22. 세네카(Seneca)도 할로를 언급했다. Seneca, *Quaestiones naturalis*, I, 2, 1.

[95] *CO* 23,21 (창 1:14 주석).

징조를 해석하는 사람이 자신의 생각을 따라 이를 미신적으로 오용할 가능성에 대한 경고를 잊지 않았다. 칼빈은 이사야(44:25)와 예레미야(10:2)을 구체적으로 언급하면서 점성가들이 징조에 따라 미래를 예측하려는 행위를 하나님께서 혐오하신다는 사실을 아울러 지적한다. 이와 비슷한 맥락에서 루터도 미래를 예측하는 일에 대해서 경고했는데,[96] 점성가들의 미래 예측에 대한 그의 불신은 사실상 천문학과 구별되는 점성술에 대한 혐오 또는 비판에서 비롯된 것이었다.[97]

3. 식물과 동물

(1) 식물

셋째 날에 하나님은 바다와 땅을 만드시고 땅에 각종 풀과 종류대로 씨 맺는 채소와 씨를 지닌 열매 맺는 나무를 말씀으로 만드셨다(창 1:11-12). 식물 창조와 관련하여 루터가 먼저 관심을 표현한 것은 다양한 종류의 풀, 채소, 그리고 나무가 생성되었지만 각각의 종류들이 원래대로 유지되고 보존되었다는 사실이다. "따라서 밀로부터 다름 아닌 밀이 생성되고, 보리에서 다름 아닌 보리가, 그리고 호밀에서는 호밀이 생성된다."[98] 그는 하나님께서 채소와 나무의 열매들을 인간에게 음식으로 주셨다는 사실을 상기시킨다(창 1:29-30).[99] 비록 노아의 홍수에 의해서 하나님께서 동물의 고기를 인간에

---

96 *WA* 42,34,
97 W. 뢰베니히, 『마르틴 루터: 그 인간과 업적』, 박호용 옮김 (서울: 성지출판사, 2002), 78-79; *WA* 18,706,14.
98 *WA* 42,27,38-39: "Sic ex tricio non fit nisi triticum, ex ordeo non nisi ordeum, ex siligine siligo."
99 해밀턴, 『창세기 I』, 132: "29-30절은 하나님이 세 유형 중 둘, 즉 '에쎄브'와 '에쯔'를 먹도록 주셨다는 사실을 더 자세히 말해준다. 11절과 12절은 단지 식물이 자라는 세 가지 유형

게 음식으로 주셨던 것이 사실이지만, 루터는 당시에도 채식이 육식보다 인간의 건강에 더 이롭다는 사실에 대해서 잊지 않고 언급했다.[100]

루터는 셋째 날에 이루어진 하나님의 창조 행위에 대해 해설하면서 여러 학자들이 이미 제기했던 질문들의 도움을 받아 자신의 관심을 약간 다른 영역으로 돌린다. 달리 말하면, 그가 자신의 추론을 과학의 영역에서 전개하고자 했던 것으로 볼 수 있다. 21세기의 과학자의 눈으로 볼 때, 루터의 추론적 상상력에는 비과학적 요소가 많이 포함된 것이 분명한 사실일 것이다. 그럼에도 불구하고 그의 과학적 상상력은 특히 셋째 날에 이루어진 식물의 창조에 대하여 가장 상세하게 전개된다고 볼 수 있을 것이다.

셋째 날의 창조에 대한 그의 상상의 범주는 크게 두 가지로 구분될 수 있다. 첫째, 1년 가운데 어느 계절에 지구가 만들어졌는가에 관한 질문이 과거에 이미 제기되었다는 사실에 주목한다. 리라는 그의 주석에서 랍비들이 이 질문에 대하여 두 가지로 답변했다는 설명을 제공한다.[101] 먼저 랍비 여호수아와 그의 추종자들은 세상이 3월에 피조되었으며 그 근거로서 출 12:2("이 달을 너희에게 달의 시작 곧 해의 첫 달이 되게 하고")을 제시한다. 이들은 또한 봄은 가장 아름답게 피어나고 형성되는(formoissimus) 계절일 뿐 아니라 계절의 유아기 또는 아동기에 해당된다고 주장한다.[102] 둘째, 랍비 엘리에셀과 그의 추종자들은 신 32:4("그는 반석이시니 그가 하신 일이 완전하고 그의 모든 길이 정의롭고 진실하고 거짓이 없으신 하나님이시니

모습을 묘사한 것인데, 이 중 사람이 먹을 수 있는 것은 단 두 가지뿐이다." 이와 달리 베스터만은 이 구절에 나타난 식물의 유형과 이에 따른 분류는 인간의 소용과 관련이 없으며 단지 조직적인 분류체계에 따른 것이기 때문에 여기에서 식물에 대한 과학적 사고가 발견된다고 주장한다. Westermann, *Genesis 1-11*, 124-25.
100 *WA* 42,27,24-30.
101 *LW* 1,37, 각주 61.
102 *WA* 42,28,16-17.

공의로우시고 바르시도다.")을 근거로 지구가 9월에 피조되었다는 견해를 내세웠던 것으로 알려져 있다. 이들은 아담과 하와가 에덴동산에서 생명나무의 열매를 따먹을 수 있을 정도의 결실기, 즉 가을에 그들이 지음 받았을 가능성을 상기시킨다.103 이 이슈에 대해서 루터는 봄과 가을 중 어떤 것을 결정적 해답으로 생각하지 않았다. 중요한 것은 모든 식물들이 즉각적으로 생성되지만, 풀이 갑자기 돋아나고, 순식간에 나무에 꽃이 피고 열매가 맺히는 방식으로 셋째 날의 창조가 이루어지게 되었다는 사실이다. 그는 창조주가 봄과 가을의 진행 속도를 급속도로 증진시켜서 채소와 나무의 열매들이 즉각적으로 자라나고 생성될 수 있었다는 결론을 내릴 수 있었다.104 루터에게 이 시기가 언제이었는가를 결정지을 만한 과학적 단서가 제공되지 않았지만, 그는 이 시기를 봄이라고 파악하는 개인적 견해를 피력한다. 우리가 생각하는 과학적 사실에 근거해서 어떤 결정적인 결론을 도출해 낼 수 없는 상황에서 유대인들에 의해 봄이 한 해의 시작으로 규정된 사실에 근거해서 이 계절에 식물들이 피조되었다고 생각한 것으로 보인다.105

둘째, 루터는 유비의 도움을 받아 식물의 창조를 인간의 소용을 위한 장식의 관점에서 논의한다. 인간이 앞으로 거주하게 될 지구는 집에 비유된다.106 인간이 지음 받기에 앞서 이 집은 그의 이목을 집중시킬 만큼 아름답게 꾸며졌다. 그 후에 지음 받은 인간은 이렇게 장식된 집이 제공하는 풍요로움을 즐기라는 명령을 받게 되었다. 그런데 루터의 비유적 해석은 여기에 그치지 아니한다. 그는 한 걸음 더 나아가서 이 구절에서 이 세상과 미래의 세상에 대한 영적 유비를 발견하고 이를 모형적이며 유비적인 차원을 동원

---

103 *WA* 42,28,12-14.
104 *WA* 42,28,19-27.
105 *WA* 42,28,35-38.
106 *WA* 42,29,27-38.

하여 묘사한다.107

(2) 동물

동물의 창조는 제 5, 6일 양일간에 걸쳐 이루어졌다. 루터는 다섯째 날에 새와 바다의 모든 생물들이 물에서부터 하나님의 말씀으로 지음 받았다고 밝힌다.108 바다의 물고기들과 하늘의 새들은 같은 날 만들어졌다는 사실에 근거해서 유사한 본질을 지닌 것으로 간주되었다. "물고기가 물에서 헤엄치는 것과 마찬가지로 새는 대기에서 날아다닌다. 이들은 다른 몸을 지니고 있지만, 동일한 기원을 지니고 있다."109 비록 새와 물고기가 모두 물에서 만들어졌지만, 새는 물이 아니라 하늘에서 살게 되었고, 물고기는 하늘이 아니라 물에서 살게 되었다는 객관적 사실이 아울러 지적된다.110 루터는 두 생물체의 유사점과 차이점의 비교에 얽매이지 아니하고 새의 창조에 나타난 모든 이성과 이해력을 초월하는 하나님의 전능성을 다음과 같이 되새긴다. "분명히 물에서 계속해서 살아갈 수 없는 존재를 물로부터 생성될 수 있게 하는 가능성을 누가 생각해 낼 수 있단 말인가?"111 계속해서 루터는 하나님의 전능에 의해서 새가 물로부터 지음 받은 것보다 더 놀라운 일은 없다고 밝히면서 이는 죽은 자를 일으키는 것과 같은 차원에서 이해되어야 한다고 주장한다. 루터는 우리가 하나님의 창조에 대한 경외감을 상실하게 된 이유는 새의

---

107 *WA* 42,29,39-30,9.
108 *WA* 42,36,21-22; 37,5-9. 루터는 하나님께서 말씀으로 물로부터 물고기와 새를 만드는 것이 불가능한 것(impossibilia)이 아니라 오히려 아주 쉬운 일(facillima)이었다는 표현을 사용하여 하나님의 전능성을 강조했다.
109 *WA* 42,36,26-27: "Sicut enim piscus in aqua natat, sic avis volat in aere, et quamquam carnem habent diversam, tamen eandem habent originem."
110 *WA* 42,36,31-33.
111 *WA* 42,37,3-4: "Quis enim cogitet ex aqua produci posse naturam, quae aquam ferre plane non possit?"

창조에 나타난 하나님의 전능성을 묵상하지 않기 때문이라고 보았다.

루터는 창 1:22에 사용된 "복을 주다"라는 단어가 비생물체가 아닌 생물체에만 사용되었다는 사실에 주목한다. 정확하게 말하자면 하나님으로부터 복을 받은 생물체는 다섯째 날과 여섯째 날에 피조된 물고기와 새, 그리고 인간이었다.112 그렇다면 왜 다섯째 날에 피조된 물고기와 새를 축복하셨는가에 관한 질문이 제기될 수 있다. 루터는 이 질문에 대한 해답을 물고기와 새가 생육하고 번성하게 될 것이라는 사실에서 찾는다.113 이런 고찰은 사실상 식물과 동물의 번식법의 차이를 지적한 것이라고 볼 수 있는데 여기에 루터가 지녔던 과학적 사고의 한 단면이 드러난다고 볼 수 있다. 먼저 그가 말하는 식물과 동물의 차이를 요약하면 다음과 같다. 셋째 날 지음 받았던 채소나 나무를 포함한 식물들은 스스로를 직접 재생산하지 아니한다. 단지 나무나 채소에서 생산된 씨를 통해서 재생산할 따름이다. 씨는 씨로부터 생성되는 것이 아니라 나무나 채소에서 생성된다. 그러나 다섯째와 여섯째 날에 언급된 물고기와 새, 그리고 육상동물과 인간은 새끼나 자식을 직접 낳는다. "그러나 여기에 살아있는 몸에서 살아있는 몸이 태어나는 세대에 적합하다. 따라서 이는 동물 자신의 몸에서 살아있는 몸이 증대되고 번식하기 위한 새로운 방식에 해당된다."114 여기에서 루터는 식물과 동물의 차이를 강조하고자 했던 것인데 여기에 자연의 여러 피조물들을 논리적 사고에 기초하여 세밀하고 정확하게 관찰하려는 그의 관찰력이 돋보인다고 볼 수 있다. 그러나

---

112 Westermann, *Genesis 1-11*, 140. 1:22에서 하나님의 복이 처음으로 주어졌다고 설명한다. 해밀턴, 『창세기 I』, 138: "성경에서 하나님의 첫 번째 복을 받은 자는 사람이 아니라 물고기와 새다 (사람은 28절까지 기다려야 한다). 매우 분명하게 하나님의 복주심의 본질은 비옥하게 되고 스스로 번식하는 능력에 있다."
113 *WA* 42,39,33-40,4
114 *WA* 42,39,37-39: "Hic autem fit generatio ex corpore in vivum corpus. Hoc igitur novum opus est, ut crescat et multiplicetur corpus animale ex suo corpore."

루터의 사고에 나타난 정확성에 있어서 약간의 부족함이 감지된다. 그가 말하는 물고기와 새는 육상동물과는 달리 새끼를 직접 낳지 아니한다. 파충류를 포함한 물고기와 새는 번식을 위하여 알을 낳고 그 알이 부화되어 새끼로 태어나는 과정을 필요로 한다는 사실은 루터에 의해서 언급되지 아니했다. 이렇게 자세한 부분에 있어서 루터가 미처 생각하지 못했던 점이 있음에도 불구하고, 그가 다음과 같이 지적하고자 했던 부분은 식물의 번식과는 전혀 다른 새로운 방식으로 동물의 번식이 이루어졌다는 사실을 나름대로 적절하게 표현한 것으로 볼 수 있다.

루터는 다섯째 날에 피조된 '큰 바다 짐승'(1:21)을 단순히 고래, 돌고래, 그리고 다른 큰 물고기들로 이해한다.115 이렇게 큰 물고기를 하나님께서 창조하셨을 뿐 아니라, 쥐와 겨울잠을 자는 쥐와 같은 작은 동물들도 하나님께서 창조하셨다는 설명이 함께 주어진다. 흥미로운 것은 이 구절에 다섯째 날에 피조된 동물로 언급되지 아니한 작은 동물들을 루터가 이름을 들어서 구체적으로 언급하고 있다는 점이다. 아리스토텔레스는 쥐가 쥐로부터 생성되지 아니하고 더러운 먼지에서 생성되었다고 보았다.116 루터는 아리스토텔레스의 이 견해에 만족하지 않았다. 아무리 쥐가 흉측하고 더러울 뿐 아니라 인간에게 해로운 동물이라 하더라도, 루터는 쥐 또한 하나님의 피조물로서 물로 구성된 본질을 부여받았고 아주 아름다운 형태를 지니고 있을 뿐 아니라, 하나님의 확정된 계획에 의해서 지음 받았다는 사실에 대해서 간략하게 설명한다.117 루터는 동물의 세계에 나타난 해로운 동물의 강한 번식력에 대해서 그가 나름대로 이해한 원리를 다음과 같이 간략하게 언급한다. "더 해

---

115 *WA* 42,38,21-22.
116 Aristoteles, *Historia animalium*, VI, 37. *LW* 1, 52에서 인용.
117 *WA* 42,39,9-14.

로운 동물일수록, 더 높은 번식력을 지닌다."[118] 그렇다면 쥐는 언제부터 존재해 왔는가? 루터는 쥐와 같이 해로운 동물들이 다섯째 날부터 존재했던 것이 아니라 인간의 죄로 인해 저주를 받은 땅에서부터 비롯되었다는 주장을 창 3:17이하에 대한 해석에서 언급한다.[119]

육상동물에 대해서 설명하면서 루터는 이를 두 종류로 구분하는 유대인들의 분류 방식을 소개한다.[120] 첫째, 동물(behemah)은 수고의 짐승(jumentum)으로 알려졌는데 이들은 풀이나 나무의 열매를 먹이로 삼는 몸집이 상대적으로 작은 초식동물(silvester bestia)로서 여기에는 사슴(cervus), 노루(caprea), 그리고 토끼(lepor)가 포함된다. 둘째, 땅의 동물(haiesco erez)은 사실상 육식동물을 가리키는데 여우(lupus), 사자(leo), 그리고 곰(ursus)이 포함된다. 그러나 루터는 이 분류에 오류가 있다고 판단하고 이에 동의하지 않았다.[121] 루터는 육상동물이 어떻게 지음 받았는가에 관한 질문을 제기한다. 그의 답변은 물고기가 물에서 갑자기 지음 받았던 것과 마찬가지로, 이 동물들은 땅으로부터 갑자기 나오게 되었다고 주장한다. 그러나 루터는 여기에서 창 2:19에 여호와 하나님이 흙으로 각종 들짐승과 공중의 각종 새를 지으셨다는 사실과 관련하여 어떤 설명도 제공하지 않았다.[122] 새와 육상 동물이 모두 흙으로 지음 받았다는 창 2:19의 주장은 어떻게 이해되어야 할까? 아마도 루터는 새가 흙에서 만들어졌다는 주장에 동의하지 않았을 것이다. 왜냐하면 물고기와 마찬가지로 새도 물에서 지음 받았다는 주장이 그 이유로 추정될 수 있기 때문이다. 이 문제에 대해서 카수토

[118] WA 42,40,27: "quanto quaeque est nocentior, tanto etiam sit fecunditas, ... "
[119] WA 42,152,37-39; 40,25-31.
[120] WA 42,41,14-18.
[121] LW 1,55, 각주 37. 베헤마는 신 28:20과 사 18:16에서 육식동물을 가리키는데 사용되었다.
[122] WA 42,90,12ff.

(Cassuto)는 창 2:19에 언급된 새와 창 1:20에 등장하는 새는 동일한 새가 아니라 다른 새 일수도 있다고 보았다.[123] 후자의 경우 아담이 어떻게 이름을 짓는가를 보시려고 하나님께서 따로 만드셔서 데려오신 특별한 새로 이해하고자 했던 것이다.

V. 마치면서

이 장은 창세기 1장의 창조기사에 대한 강해에 있어서 루터가 어떤 과학적 사고를 지니고 있었는가를 집중적으로 고찰하였다. 이 고찰에 앞서 두 가지 주제를 먼저 다루었는데 첫째는 루터의 창조론에 대한 개괄적 고찰이었다. 이 단락에서는 무에서의 창조, 말씀을 통한 창조, 그리고 삼위일체론적 창조라는 소 단락으로 나누어서 살펴보았는데 다음의 몇 가지 사실이 확인될 수 있었다. 이 세 단락을 통해서 루터는 전통적 창조론, 특히 어거스틴의 전통을 옹호하는 종교개혁자로 평가될 수 있었다. 둘째, 창세기 1장의 특징에 대해 고찰에서는 문자적 이해, 유비적 표현, 그리고 물에서의 창조라는 소 단락으로 나누어졌는데, 이 단락에 나타난 특징 중 두드러진 점은 루터가 물을 중심으로 창조기사를 이해하고 있다는 것이었다. 그리고 이 장의 핵심에 해당되는 그의 과학적 사고에 대한 고찰에서는 자연(땅, 물, 대기), 빛, 일월성신과 징조, 그리고 마지막으로 동식물에 대한 루터의 견해를 집중적으로 살펴보았다. 이 단락에서는 루터의 창조론 이해에 있어서 과학적 사고가 창조에 나타난 신학적 주제들(e. g. 하나님의 전능성, 지혜 등)과 얼마나 밀

---

[123] Cassuto, *A Commentary on the Book of Genesis 1-11,* I, 129.

접하게 연관되어 있으며 그 결과 과학적 사고 자체가 창조론에 이해에 있어서 얼마나 중요한 역할을 담당했는가를 살펴볼 수 있었다. 비록 전문적인 과학자는 아니었지만 에르푸르트(Erfurt)대학에서 천문학을 중심으로 중세 과학을 익힌 루터는 창세기 1장의 창조기사에 나타난 내용들을 문자적으로 이해하고, 이들을 현실 속에서 적용하여 현실감 있는 창조론을 세워갔다고 볼 수 있다.

참고문헌

로제, 베른하르트. 『루터의 신학: 역사적, 조직신학적 연구』. 정병식 옮김. 서울: 한국신학연구소, 2002.

뢰베니히, W. 『마르틴 루터: 그 인간과 업적』, 박호용 옮김. 서울: 성지출판사, 2002.

반 담, 코르넬리우스. "우리는 창세기 1장을 어떻게 읽어야 할까?". 『창세기 1장으로 본 과학』, 성영은 외, 서울: 성약, 2015.

월튼, 존 H. "고대 우주론을 반영하는 창세기 1장". 『창조기사 논쟁: 복음주의자들과의 대화』. 빅터 P. 해밀턴 외, 서울: 새물결플러스, 2016.

클린스, 데이빗 J. A. 『욥기 21-37』. *Word Biblical Commentary*. 한영성 옮김. 서울: 솔로몬, 2009.

해밀턴, 빅터. 『창세기 I』. *New International Commentary on the Old Testament*. 임요한 옮김, 서울: 부흥과개혁사, 2016.

Althaus, Paul, *The Theology of Martin Luther*, trans. Robert C. Schultz. Philadelphia: Fortress, 1966.

Aristoteles. *Historia animalium*.

Asendorf, Ulrich. *Lectura in Luthers Genesisvorlesung (1535-1545)*. Göttingen: Vandenhoeck & Ruprecht, 1998.

Augustine, *Genesis ad litteram*.

Barth, Hans-Martin. *Die Theologie Martin Luthers: Eine kritische Würdigung*. Gütersloh: Gütersloher Verslaghaus, 2009.

Bayer, Oswald. *Martin Luther's Theology: A Contemporary Interpretation*. trans. Thomas H. Trapp. Grand Rapids: Eerdmans, 2008.

Cassuto, U. *A Commentary on the Book of Genesis 1-11, I*. trans. Israel Abrahams. Jerusalem: Magnes, 1961.

Löfgren, David. *Die Theologie der Schöpfung bei Luther*. Göttingen:

Vandenhoeck & Ruprecht, 1960.

May, Gerhard. *Creatio ex nihilo: The Doctrine of 'Creation out of Nothing' in Early Christian Thought.* trans. A. S. Worral. Edinburgh: T & T Clark, 1994.

Paulson, Steven. "Luther's Doctrine of God," *Oxford Handbook of Martin Lutther's Theology.* eds. Robert Kolb. Irene Dingel & Batka, L'ubomir, New York: Oxford Univ. Press, 2014.

Pelikan, Jaroslav. "Introdution to Volume 1" in *LW* 1.

Ridderbos, N. H. "Genesis I 1 and 2". *Old Testament Studies* 12 (1958).

Schwarz, Hans. *Creation.* Grand Rapids: Eerdmans, 2002.

Tillich, Paul. *Systematic Theology.* vol. 1, Chicago: Univ. of Chicago Press, 1951.

Westermann, Claus. *Genesis 1-11: A Commentary.* trans. John J. Scullion. Minneapolis: Augsburg Publishing House, 1984.

2. 츠빙글리의 창조와 섭리 이해

Ulrich Zwingli(1484-1531)

I. 시작하면서

게르하르트 폰 라트(Gerhard Von Rad)의 영향력 아래 '상실된 주제'로 인식된 창조교리에 대한 연구가 어느 때 보다 절실하지만,[1] 이 교리는 여전히 많은 주목을 받지 못하는 상태에 놓여 있다. 대부분의 츠빙글리 (Huldrych Zwingli, 1484-1531) 연구가들에게도 창조론에 대한 연구는 섭리론과는 달리 본격적 연구의 대상이 되지 못한 것으로 보인다. 예를 들면, 스티븐스(W. P. Stephens)는 『츠빙글리의 신학』(*The Theology of Huldrych Zwingli*)에서 신론을 신지식(the knowledge of God), 섭리 (providence), 예정(predestination)이라는 세 가지 섹션으로 구분하여 고찰했다.[2] 창조에는 따로 항목이 부여되지 않았으며 단지 섭리에서 부분적으로 다루어질 따름이다. 그의 신론에 대한 본격적 연구서를 1952년에 출간한 로허(G. W. Locher)는 창조에 대해서 빈번하게 언급하고 이를 설명하지만, 창조론을 하나의 섹션으로 구성하여 고찰할 정도로 중요성을 부여하지는 않았다.[3] 최근 들어 조용석은 츠빙글리의 신론을 철학적 관점에서 고찰하는 소논문을 내놓았는데 이 연구의 첫 번째 부분에서 하나님과 인간의 구분에 대한 논의가 제공된다. 하나님은 세상의 창조자이자 유지자이신데 이는 그가 세상의 통치자이심을 드러내는 근거로 작용한다는 해석이 간략하게 주어질 따름이다.[4] 스위스의 츠빙글리 연구가 오피츠(Peter Opitz)는 2015년에 발

---

1 권오윤, "구약신학에 있어서 창조의 진정한 회복: 폰 라드의 역사적 신앙고백에 대한 비판적 검토를 중심으로", 「ACTS 신학저널」 36/2 (2018), 24-26.

2 W. P. Stephens, *The Theology of Huldrych Zwingli* (Oxford: Clarendon Press, 1986), 80-107.

3 Gottfried W. Locher, *Die Theologie Huldrych Zwinglis im Lichte seiner Christologie I: Die Gotteslehre* (Zürich: Zwingli Verlag, 1952).

4 Cho Yong Seok, "Zwinglis spekulativer Gottesbegriff", *Neue Zeitschrift für*

간된 츠빙글리에 관한 저서에서 "하나님의 섭리에 대한 설교"라는 글에 대한 해설을 제공한다. 여기에서 츠빙글리의 창조 이해는 하나님의 현존이라는 차원으로 나타난다고 간략하게 주장한 바 있다.[5]

이 연구의 결과들은 츠빙글리의 창조론에 대한 본격적인 연구의 공백을 느끼게 하는 이유를 제공한다고 볼 수 있다. 이와 달리 섭리론에 대해서는 그의 대표적 저작 가운데 하나인 "하나님의 섭리에 대한 설교"를 통해서 어느 정도의 연구가 진척된 것으로 보인다.[6] 이 장에서는 그의 창조와 섭리에 대한 고찰을 통해서 이 공백을 채우고 츠빙글리 연구를 정진시키는데 미력이나마 동참하고자 한다. 이 장은 하나님의 존재, 창조 이해, 섭리 이해, 그리고 창조와 섭리의 관계라는 4가지 단락으로 구성하여 그의 창조와 섭리에 대해서 살펴보게 될 것이다.

II. 하나님의 존재

로허는 하나님의 존재 이해에 있어서 츠빙글리에게 '존재(*esse*)'는 철학적 개념이 아니라 관계의 개념(*Beziehungsbegriff*)에 해당된다고 주장한다.[7]

---

systematische Theologie und Religionsphilosophie 56/2 (2014), 224-25; 조용석, "츠빙글리와 하나님 중심주의 (Theozentrik)", 「신학논단」 65 (2011), 239.
5 페터 오피츠, 『울리히 츠빙글리: 개혁교회의 예언자, 이단자, 선구자』, 정미현 역 (서울: 연세대학교 대학출판문화원, 2017), 112.
6 이 글에 대한 대표적인 해설로는 다음을 들 수 있다. Paul Wernle, *Der evangelische Glaube nach den Hauptschriften der Reformatoren II. Zwingli* (Tübingen: J. C. B. Mohr [Paul Siebeck], 1919), 246-92. 최근의 연구로는 김지훈, "하나님의 섭리가 교회와 성도에 주는 위로: 츠빙글리의 "하나님의 섭리에 대한 설교"", 정요석 (편), 『한 권으로 읽는 츠빙글리의 신학』 (서울: 세움북스, 2019), 237-56; 김지훈, "구원자 하나님의 영광과 성도의 겸손: 츠빙글리의 섭리론과 예정론" 「한국개혁신학」 63 (2019), 67-103을 참고할 것.

하나님은 창조주로서 자신이 만드신 피조세계와 관계를 맺는 분이다. 이 관계는 피조세계에 대한 하나님의 비의존성(*Unabhängigkeit*)과 창조주에 대한 피조물의 의존성(*Abhängigkeit*)으로 요약될 수 있다. 그가 말하는 하나님의 존재는 이런 맥락에서 다른 피조된 존재와의 비교를 전혀 허락하지 아니한다. "참된 종교와 거짓 종교에 대한 주해에서"(1525)에서 이는 다음과 같이 설명된다.

> 딱정벌레가 인간이 무엇인가에 대해서 무지한 만큼이나 우리는 하나님이 무엇인가에 대해서 무지하다. 이 무한하고 영원한 신적인 존재가 인간과 아주 멀리 떨어져 있는 것은 사람이 딱정벌레와 떨어져 있는 것보다 훨씬 더 멀리 떨어져 있다. 왜냐하면 피조물 서로를 비교하는 것이 피조물과 창조주를 비교하는 것보다 더 합당하기 때문이다.[8]

출 3:14 "나는 스스로 있는 자니라."라는 표현을 통해서 하나님은 오직 자신만이 만물의 실체이며 이런 방식으로 그가 존재하신다는 사실을 알리신다. 다른 모든 존재들은 그에게서 나오고 그로 말미암아 존재하지만, 하나님만이 존재 자체이며 이런 이유에서 그는 다른 존재들과 전적으로 구분된다.[9]

하나님은 이런 방식으로 자존하실 뿐 아니라, 자신의 본성으로 존재하시

[7] Locher, *Die Theologie Huldrych Zwinglis I*, 65.
[8] Huldrych Zwingli, *Huldrych Zwinglis Werke*, hg. Melchior Schuler und Joh. Schulthess, Band 3 (Zurich: F. Schulthess und. S. Höhn, 1832), 157: "*Porro, quid deus sit, tam ex ipsis ignoramus, quam ignorat scarabeus quid sit homo. Imo divinum hoc infinitum et aeternum longe magis ab homine distat, quam homo a scarabeo, quod creaturarum quarumlibet inter se comparatio recuius constet, quam si quamlibet creatori conferas.*", 이하 *S*로 표기함. 헤르만 바빙크, 『개혁교의학 2』, 박태현 역 (서울: 부흥과개혁사, 2011), 43.
[9] *S* 3, 158.

며, 다른 어떤 것으로부터 존재를 받지 않으신다.[10] 이와 달리 만물은 하나
님에게서 비롯되었고, 그의 손에 의해 피조되었으므로 그의 능력에 의존적이
다. "하나님의 섭리에 대한 설교"(1530)에서 츠빙글리는 이를 '별'이라는 피
조물을 예로 들어 설명한다. 우리들이 눈으로 수많은 별자리를 파악할 수 있
다는 사실로부터 별이 무한하지 않음이 증명된다. 그렇다면 별은 다른 존재
에 의해서 만들어졌는데 이 존재가 바로 신성을 지닌 신적 존재에 해당된
다.[11] 즉 하나님을 제외한 만물은 하나님으로부터 도출된 간접적인 존재에
지나지 않는다. 하나님만이 참된 존재이며 만물은 그에 의해 '할당된 존
재'(alloted being, esse tributum)에 지나지 않는다.[12] 즉 하나님은 만물
에 그 존재의 특징대로 살아갈 수 있는 존재, 곧 실존을 주시는 분이시다.[13]
　츠빙글리는 만물이 하나님에게 의존적이며, 그에 의해 파생된 존재로서
그가 없이는 존재할 수 없다는 사실을 표현하기 위해서 만물이 그 안에 존재
한다는 표현을 즐겨 사용한다.[14] 이와 더불어 만물이 신이라거나 신적이라는
표현이 사용되기도 한다.[15] 그런데 이 표현은 약간의 오해를 여지를 지니고
있다. 로허가 올바르게 지적한 바와 같이, 만물이 아니라 만물의 '근원'이 하
나님이라는 것이 츠빙글리의 원래 의도라고 보아야 할 것이다.[16]
　결론적으로, 츠빙글리의 하나님의 존재에 대한 주장은 결코 범신론적이지
않으며 세상의 모든 것은 하나님을 떠나서 존재하지 않음을 뜻한다. "하나님

10 S 3, 159.
11 Huldreich Zwingli, *Huldreich Zwinglis sämtliche Werke*, hg. Emil Egli u. a. Bd. 6/3 (Zürich: Theologischer Verlag, 1983), 90-91. 이하 Z로 표기함.
12 S 5, 211: "*Est ergo solus deus qui abe se ipso est, quique omnibus esse tribuit, atque ita tribuit, … .*" Locher, *Die Theologie Huldrych Zwinglis*, 65.
13 Z 6/3, 101.
14 S 3, 159, 160, Z 6/3, 93, 101, 102.
15 S 3, 159, 165.
16 Locher, *Die Theologie Huldrych Zwinglis*, 66.

없이 그리고 하나님을 떠나서는 세상에는 아무런 존재도 주어지지 않는 데, 이는 무이다."[17]

III. 창조

그의 섭리에 대한 논의와 비교해 본다면 츠빙글리는 창조에 대한 단행본을 작성하지도 않았으며, 또한 이를 본격적으로 논의하지 않았다고도 볼 수 있다. 그러나 다행스럽게도 그의 창세기 1장에 대한 주해는 상대적으로 짧은 편이지만,[18] "하나님의 섭리에 대한 설교"에서 섭리를 설명하기 위해서 상당한 양의 지면을 창조론에 할애한 것을 발견하게 된다.[19] 그 이유는 다음의 두 가지로 생각해 볼 수 있다. 첫째, 창조와 섭리의 본질적 상호연관성에 관한 것이다. 많은 경우에 섭리론은 창조론 후에 고찰되는데 그 구성 요소를 보존(preservation), 통치(governance), 그리고 협력(concurrence)의 세 가지로 이해한다면, 보존과 통치는 자연스럽게 창조를 전제로 삼는 행위에 해당된다.[20] 둘째, 츠빙글리에게 창조가 섭리의 틀 안에서 정의되고 설명되

---

17 Locher, *Die Theologie Huldrych Zwinglis*, 95: *"Ohne Gott, und ausser Gott gibe es für die Welt nur ein Nichtsein, das Nichts."*

18 *S* 5, 2-8.

19 *Z* 6/3, 83-115. 다른 글에서는 신론에서 창조가 다루어진다. "두 편의 베른 설교"에서는 하나님의 '전능하심'과 '창조주 하나님'(Z 6/1, 459-62)이라는 항목에서, "참된 종교와 거짓 종교에 대한 주해"에서는 '하나님'(S 3, 159ff) 항목에서 각각 창조에 대한 해설이 제공된다.

20 바빙크, 『개혁교의학 2』, 600. 바빙크는 창조를 설명함에 있어서 첫 번째 창조로서의 무로부터의 창조 (creatio ex nihilo)를 말하고, 두 번째 창조로는 섭리와 관련된 해설을 제공한다. "하지만 3절에서 시작하는 두 번째 창조는 즉각적이거나 직접적이 아니다. 그것은 1절의 피조된 물질을 전제하며 그것과 연계된다. ... 따라서 이 두 번째 창조는 보존과 통치의 사역을 예견한다."

기 때문이다. 그는 이 글의 제 3장에서 섭리를 인식하는 방법에 대해서 논의하는데, 여기에서 창조에 대한 본격적인 논의가 발견된다. 달리 말하자면, 그의 창조론은 섭리에 대한 인식을 통해서 전개되고 입증되는 방식으로 논의된다. 예를 들면, 별이 아주 빠른 속도로 움직이고 어마어마한 빛을 발하는 에너지를 지니고 있음에도 불구하고 우리 눈에 인식된다는 사실에서 논의가 시작된다.[21] 무한한 것처럼 보이지만 실제로 무한하지도 영원하지도 않은 별은 자신의 힘으로 존재하게 된 것도 영원 전부터 존재하는 것이 아니다. 이 사실에서 별의 에는 다른 존재로서의 원인자가 있으며 모든 사물을 생성하게 만든 최초의 원인자는 바로 하나님이고 만물의 저자(auctor)라고 밝힌다.[22] 이 단락에서는 창조의 정의와 성격, 그리고 창조에 대한 과학적 이해에 대해서 고찰하고자 한다.

1. 정의

츠빙글리는 창조를 다음과 같이 간략하게 정의한다: '무에서 존재하는 것(esse e nihilo)'과 '과거에 존재하지 않았던 것이 존재하는 것(esse esse, quod prius non fuit)'.[23] 철학자들과의 논의를 통해서 츠빙글리는 하나님의 창조의 결과물인 피조세계가 무한하지 않으며 유한하다고 밝힌다. 무한은 단지 하나밖에 존재하지 않으므로, 다수로 구성된 피조세계가 단지 유한하다는 사실이 논증된다. 영원하고 무한한 영혼은 한계가 없는 존재이어야 하며 이는 철학자들에 의해서 최초의 운동자(*primus motor*)로 불리워진다

---

[21] *Z* 6/3, 88-89.
[22] *Z* 6/3, 90-91.
[23] *Z* 6/3, 86.

고 보았다. 이 주장을 활용하여 츠빙글리는 이 최초의 운동자가 곧 우리의
하나님(*deus noster*)이라고 선언한다.[24]

계속해서 그는 플리니우스(Plinius)가 내세웠던 "본질의 힘이 우리가 하나
님이라고 부르는 것"[25]이라는 주장을 통해서 하나님의 창조가 사실상 섭리
라는 틀 안에서 이루어진 것이라고 논증한다. 먼저 플리니우스는 신의 존재
를 반박하고 그 필요성을 부인하는 철학자이었음에도 불구하고 "어떤 힘이
존재하고 그 힘과 계획을 통해서 모든 것이 존재하고 보존될 수 있는 존재가
반드시 필요하다."[26]고 보았던 것이다. 여기에서 이 힘은 플리니누스에게 하
나님이 아니라 본질로 이해되었는데,[27] 그 이유는 그가 무리하게 조작된 많
은 신들에 대해서 진절머리가 났기 때문에 이런 신들은 더 이상 필요하지 않
다고 보았기 때문이었다. 그러나 츠빙글리는 이 힘을 바로 하나님으로 간주
했다.[28]

2. 창조의 성격

여기에서는 창조의 성격을 무에서의 창조, 선한 창조, 그리고 창조의 목적
지향성의 세 가지로 나누어서 고찰하고자 한다.

첫째, 무에서의 창조를 들 수 있다. "참된 종교와 거짓 종교에 대한 주해"

---

[24] Z 6/3, 88.
[25] Plinius, *Naturalis historia* 2.5. 홀트라이히 츠빙글리, "하나님의 섭리", 임걸 역, 『츠빙글리
저작선집 4』 (서울: 연세대학교 대학출판문화원, 2015), 386, 각주 15.
[26] Z 6/3, 99: "*Vidit autem virtutem quandam esse oportere, cuius potentia et consilio
universa et constarent et servarentur.*"
[27] Z 6/3, 99. 여기에서 츠빙글리는 플리니우스가 본질을 "모든 것을 하나로 묶고 움직이게
만들고 나누는 어떤 힘으로 생각했다. (*Naturam ergo accipere videtur pro ea virtute,
quae universa impellit, sociat atque disiungit.*)
[28] Z 6/3, 99.

에서 창 1:3에 언급된 "하나님께서 빛이 있으라 하시니 빛이 있었더라."는 표현에 대해서 츠빙글리는 다음과 같은 설명을 제공한다.

그리고 하나님께서 말씀하셨다. "빛이 있으라 하시니 빛이 있었더라." 빛이 부르심을 받자 곧 바로 자신을 준비하여 존재했을 뿐 아니라 자기의 창조주의 명령에 순종하려고 무로부터 생겨났던 방식을 보라! 그분이 존재하지 않는 사물을 부르면 이들이 존재하기 전에 무로부터 생겨나지 않으면 안 되는데도 불구하고 마치 전에 존재했던 것처럼 그분께 복종할 정도로 그의 능력은 크다.[29]

츠빙글리는 "하나님의 섭리에 대한 설교"에서 무에서의 창조에 대한 구체적 예시로서 땅과 별을 제시한다. 먼저 땅은 영원 전부터 존재한 영원한 존재가 아니며 또한 본질적으로 존재한 것이 아니라고 밝힌다. 땅이 무한하지 않고 유한하다는 것이 분명한 사실이라면, 땅에는 반드시 한계가 있었던 것이다. "유한의 규칙에는 시작이 있었고 무한의 규칙에는 시작이 결코 없었다는 것"[30]이다. 유한한 존재인 땅은 무한한 존재인 하나님과 달리 스스로 존재한 것이 아니라 만들어진 존재에 해당된다. 이런 이유에서 땅은 반드시 무에서 만들어져야 했다는 결론적 주장이 주어진다. "땅은 결코 스스로 존재하지 않았습니다. 따라서 땅은 생겨났고 무에서 생성되어야 했습니다."[31]

별은 몸체가 어마어마하지만 세상에서 가장 빨리 움직이는 물체인데 그럼에도 불구하고 우리가 눈으로 이를 볼 수 있다는 사실이 별이 무한하지 않다

---

[29] S 3, 159: "*Dixitque deus: Fiat lux, et facta est lux. Ecce ut vocata lux non modo subito praesto fuit: sed, ut creatoris sui obtemperaret imperio, de nihilo constitit: tanta enim est eius vis, ut cum vocat quae non sunt, sic pareant quemadmodum ea quae sunt, etiam si nasci prius e nihilo oporteat.*"

[30] Z 6/3, 88: "*... quod de ratione finiti est coepisse, de ratione infiniti nunquam coepisse, ...*"

[31] Z 6/3, 89: "*... neque a seipsa esse; ortam igitur atque e nihilo productam oportet.*"

는 증거에 해당된다고 츠빙글리는 주장한다. 이런 이유에서 땅과 마찬가지로 별도 유한할 뿐 아니라 스스로 존재하거나 영원 전부터 존재하지는 않았다는 것이다. 그렇다면 별도 다른 존재에 의해서 존재하게 되었는데 이 존재는 다름 아닌 창조주 하나님이라는 설명이 제공된다.[32] 비록 구체적 표현은 사용되지 않았지만 츠빙글리의 의도는 땅과 마찬가지로 별도 무에서 생성되었다는 결론을 가능하게 하는 대목이라고 볼 수 있다.

둘째, 선한 창조를 들 수 있다. 하나님은 모든 선의 원인이자 원천에 해당된다. 창 1:31에 언급된 자신이 지으신 피조세계에 대해서 "하나님이 지으신 모든 것을 보시니 보시기에 심히 좋았더라."는 표현을 언급하면서 츠빙글리는 하나님을 모든 피조물이 지닌 선의 원인이자 원천 또는 샘이라고 말한다.[33] 지음 받은 만물은 하나님 안에 존재하며 그로 말미암아 존재하는데, 그의 선하심의 결과로서 존재하는 모든 것은 선하다.[34]

그렇다면 하나님이 이 세상을 선하게 창조하신 이유는 무엇인가? 최고선이신 하나님은 무한한 능력 자체이며 이 능력은 그가 지음 받은 세상을 돌보기를 원하시기 때문이다. 이 사실을 츠빙글리는 "하나님의 섭리에 대한 설교"에서 다음과 같이 설명한다.

> 마지막으로 최고선의 본질에 관하여 그는 자신이 원하는 선함을 통해서 사물을 바라보는 관점을 지니며 이를 행할 수 있습니다. 모든 것을 할 수 있는 존재는 모든 것을 돌보는 가운데 이를 완성합니다.[35]

---

[32] *Z* 6/3, 88-91.
[33] *S* 3, 159.
[34] *S* 3, 159.
[35] *Z* 6/3, 75: "... ultimo de summi boni ratione, ut quod perspectum habet et potest, bonitate quoque sua velit -, confit, ut, qui cuncta potest, cunctis prospiciat."

이런 이유에서 하나님의 창조가 지닌 성격이 선하다는 사실은 자연스럽게 그의 섭리와 관련을 맺는다. 섭리는 하나님께서 자신의 선하심을 표현하시는 방식에 해당된다. 츠빙글리는 관대함의 형태로 제공되는 인간의 선함과 하나님의 선하심에서 비롯되는 관대함의 차이를 "참된 종교와 거짓 종교에 대한 주해"에서 다음과 같이 주장한다.

이와 달리 겉으로 보기에만 선한 것은 협소하고 작기 때문에 매우 소수에게만 만족함을 줄 수 있다. 저 (하나님의) 선은 흘러 넘쳐서 모든 사람들의 관심을 채우고도 남음이 있다. 그것은 무한하며 나누어 주기를 사랑한다. 그것은 다른 사물을 향유하려고 하지 않는데, 그 이유는 모든 것이 바로 그 자신 (선) 아래 놓여 있기 때문이다.[36]

셋째, 창조는 목적 지향적 행위로 이해된다. 여기에서 창조의 목적은 피조물이 창조주를 향유함에 놓여 있다고 같은 글에서 다음과 같이 주장한다.

하나님께서 자기 작품들이 하나님 자신을 즐기는 것을 원하시지 않았다면 절대로 이들을 무로부터 부르시지 않았을 것이기 때문이다. ... 그렇다면 어떤 목적으로 그들을 창조하셨는가? 그들이 자기의 창조주를 향유하도록 하기 위해서이다.[37]

---

[36] *S* 3, 163: "*Rursus quae in speciem bona sunt, sibi parci volunt: paucissimis enim satisfacere possunt, angusta cum sint ac tenuia. Illud bonum sic exuberat ut omnibus omnium desideriis ad satietatem supersit: infinitum enim est, ac distrahi amat. Ipsum enim frui aliis nequit: nam inferiora ipso sunt; ...*"

[37] *S* 3, 163: "*... nisi enim voluisset deus, ut opera sua se fruerentur, nunquam ea de nihilo vocasset: ... Cuius ergo causa creavit ipsa? ut creatore suo ipsa fruerentur.*"

히포(Hippo)의 주교 아우구스티누스(Augustinus, 354-430)는 향유를 어떤 사물 그 자체 때문에 이에 애착함(*amore inhaerere*)이라고 정의한 다.[38] 그는 계속해서 이 향유의 대상은 삼위일체 하나님이라고 주장한다.[39] 하나님은 오직 하나이신 최고의 사물이며 자신을 향유하는 모든 사람들에게 공유되는 존재이다. 취리히의 종교개혁자는 히포의 주교가 주장하는 하나님 을 향유함이라는 개념을 피조물의 존재에 있어서 최고의 목적이라고 칭했 다. 츠빙글리에게 하나님을 향유함에 필수적인 요소는 하나님께서 자신의 선에서부터 자신을 관대하게 내어주시는 것이다.[40] 달리 말하면, 그는 아무 런 값없이 자신을 나누어주시는 관대함을 피조물들이 즐길 수 있도록 쉬지 않고 관대함을 베푸신다. 여기에 츠빙글리의 창조 이해에 나타난 그 목적이 분명하게 드러난다.

3. 창조에 대한 과학적 이해

츠빙글리의 창조 이해는 중세의 자연관에 근거해 있다. 이 사실은 그의 다 른 저작들과 비교해 본다면 "하나님의 섭리에 대한 설교"라는 글에서 더 분 명하게 그리고 더 빈번하게 드러난다고 볼 수 있다. 예를 들면, 피조세계에 대한 묘사에 있어서 "두 개의 베른 설교"(1528)에서는 피조 세계에 대한 제 한적 관찰에 근거해서 설명하는데 이를 주로 땅에 대한 논의로 국한시킨 다.[41] 철학적 해설 보다는 성경의 진리에 대한 해설에 더욱 치중하는 "참된

---

[38] *De doctrina Christiana*, I, iv, 4.
[39] *De doctrina Chrisitana*, I, iv, 5.
[40] *S* 3, 163.
[41] *Z* 6/1, 458-60.

종교와 거짓 종교에 대한 주해"에서는 자연에 대한 과학적 묘사보다는 창조의 결과로 나타난 현상적 묘사에 집중하는 모습을 보여준다. 자연에 대해 묘사를 위해서 의인화(personification)라는 방법이 주로 채택되었는데 예를 들면, 창 1:11에 언급된 땅에 대한 해설에 있어서 츠빙글리는 "거친 땅 덩어리가 자기 창조주의 첫 명령에 즐거운 얼굴을 취했다"[42]는 표현을 사용한다. 또한 같은 글에서 츠빙글리는 하나님을 조롱하는 태도로 자연의 질서와 근본 원인을 질문하는 것은 "무능하고 무익한 호기심"에 불과하다는 입장을 취한다.

> 하지만 신앙적인 것이 아니라 뻔뻔하게 그분에게 ... 왜 벼룩, 쇠파리, 벌과 말벌을 만들었는지, 그러니까 인간이나 동물들에게 적대적인 존재들을 만들었는지 묻는다면, 이렇게 함으로서 우리가 드러내는 것은 여자 같고, 무능하고 무익한 호기심 밖에는 없다.[43]

하나님을 배격하고 조롱하는 가운데 자연에 관한 지식을 추구하는 과학은 아무런 쓸모가 없다고 천명했던 것이다.

그러나 자연은 신앙적 견지에서, 즉 하나님의 존재와 그의 창조 능력을 철학적으로 증명한다는 관점에 있어서, 긍정적 도구로 인식되고 활용된다. 이런 긍정적 사고를 잘 드러내는 글이 "하나님의 섭리에 대한 설교"에 해당된다. 이 글에서 자연에 대한 제한적 관찰은 땅에만 국한되는 것이 아니라 하

---

[42] *S* 3, 159: "*Ecce ut hic rudis tellus ad primam creatoris sui iussionem laetam faciem induerit: ...*"

[43] *S* 3, 161: "*Cumque nos ab eo tum factorum, tum consiliorum rationem audacius, quam fidelius exigimus, rogantes cur pulicem, tabanum, vespam et crabrones fecerit hominibus beluisque infesta animali, nihil quam muliebrem curiositatem impotentem inutilemque prodimus.*"

늘의 별들로도 확장된다. 츠빙글리는 땅과 별들에 대한 철학자들의 논의를
중심으로 자신의 견해를 피력하는데 여기에는 상당한 과학적 사고가 발견된
다. 아리스토텔레스(Aristoteles)가 주장했고 고대 헬라인들의 자연관의 골
격에 해당하는 대기, 불, 물, 그리고 땅에 대한 논의가 자연스럽게 이루어진
다. 예를 들면, 하나님의 선이 순수하고 단순하며 불변하다는 논의에 있어서
츠빙글리는 자연은 변화에 종속되며 복합적인 요소로 구성되어 있다는 주장
을 간략하게 전개한다. 이 4가지 요소들은 상호작용을 통하여 공존하고 있
으며 자연의 순환에 있어서 필수적인 요소일 뿐 아니라 이들의 이런 존재 방
식이 자연이 지닌 복합성을 드러낸다고 보았던 것이다.[44]

또한 같은 글에서 논의의 범위가 땅을 포함하여 하늘의 별들로 확장되고
별들에 대한 제한적 관찰이라는 자연과학적 모티브가 등장한다. "두 편의 베
른 설교"와 "참된 종교와 거짓 종교에 대한 주해"가 자연에 대한 논의를 자
연으로 국한시킨 것과 달리 스티븐스(W. P. Stephens)가 지적한 바와 같이
츠빙글리 생애 말년에 저술된 이 글에서 츠빙글리는 성경적인 논의보다 철
학적인 논의에 더 많은 지면을 할애한다.[45] 별은 크기가 엄청나게 크고 힘이
대단하며 빨리 움직이므로 많은 사람들은 별이 피조되지 않았고 스스로 존
재하며 스스로의 힘으로 빛을 발한다고 생각하기도 한다는 것이다. 그래서
많은 사람들에게 별은 땅이나 인간보다 전적으로 탁월한 신적 능력이나 고
귀한 특성을 지닌 것으로 이해되기도 했다. 그러나 츠빙글리는 별에 대한 이
런 합리적 근거가 부족한 종교적 이해 대신에 거대한 별들이 어떤 방식으로

---

[44] *Z* 6/3, 72-73.
[45] Stephens, *The Theology of Huldrych Zwingli*, 84. 스티븐스는 "하나님의 섭리에 대한
설교"에서 많은 이교도 철학자들이 언급되며 그들의 사상에 진리가 담겨져 있다고 주장하는
이유를 성령의 사역에 의해서 자연에 관한 진리가 계시를 통해서 그들에게 주어졌다고 생각했기
때문이라고 보았다.

존재하게 되었는가에 대한 합리적인 설명과 근거가 요구된다고 다음과 같이
주장한다.

> 그렇게 거대하고 빠르고 빛을 내는 별들이 그 거대한 자신의 몸을 어떻게 스스로
> 지니게 되었는지 또는 다른 것에 의해서 존재하게 되었는가에 대한 설명과
> 근거를 내놓아야 합니다. 만약 별이 자신의 몸을 스스로의 힘으로 지니게 되었
> 다면, 별은 스스로 존재하기 시작한 것이거나 또는 별은 이미 영원 전부터 스스
> 로 존재하기 시작했다는 것을 의미합니다.[46]

　과학적 차원에서 본다면, 위 인용문에 나타난 츠빙글리의 주장은 상당한
의미를 지닌 주장이다. 비록 츠빙글리 당대의 과학이 별의 생성 과정에 관한
진리를 지금과 같은 수준에서 파악하지 못했던 것이 사실이지만, 그의 주장
은 별이 어떻게 존재하게 되었는가에 대한 종교적인 주장이 아니라 논리에
근거한 합리적인 주장, 즉 과학적인 증명이 필요하다는 것이다. 물론 츠빙글
리 자신이 이런 과학적 사고를 합리적으로 증명해내지 못했지만, 그는 별들
이 인간의 눈으로 확인 가능하기 때문에 별은 무한하지 않으며 또한 영원하
지도 않다는 논리를 전개한다. 그렇다면 별은 영원 전부터 스스로 존재하지
않았으며 반드시 다른 존재에 의해서 만들어진 것인데 이 다른 존재는 "모든
다른 사물을 움직이고 생성하게 만든 하나님이며 창조주"[47]로 간주된다.

IV. 섭리

---

46 Z 6/3, 90.
47 Z 6/3, 90-91.

"하나님의 섭리에 대한 설교"의 마지막 부분에서 츠빙글리는 이 교리를 "넓은 바다와 같은 가장 놀라운 주제"[48]라는 표현을 사용할 정도로 그 중요성을 분명하게 인식했다. 섭리에 대한 그의 논의 범위가 상당히 넓기 때문에 그가 이 교리의 전 포괄적(all-inclusive) 성격을 특히 강조하는 것은 타당성을 지닌다.[49] 이는 하나님이 가장 진실한 존재로서 모든 것을 파악하시고 아신다는 전지성과 모든 것을 행하신다는 전능성에서 비롯된다.[50] 그에게 섭리는 하나님의 창조 행위 이후에 드러난 그의 외적 행위와 이 행위의 원인으로 작용하는 그의 지혜, 예정. 계획, 목적 등을 지칭하는 내적 행위를 모두 포괄하는 것으로 볼 수 있다.[51] 여기에는 창조, 통치, 돌봄, 율법, 선택, 자유의지, 공로, 믿음 등이 포함된다.[52] 이 단락에서는 그의 섭리 이해를 다음의 세 가지로 나누어서 고찰하고자 한다: 정의, 구성요소, 그리고 범위.

1. 정의

섭리는 "하나님의 섭리에 대한 설교"에서 다음과 같이 정의된다. "섭리는 보편적 사물에 대한 영속적이며 불변하는 통치(*regnum*)와 관리(*administratio*) 입니다."[53] 여기에서 통치란 하나님의 능력과 권위, 그리고

---

[48] *Z* 6/3, 217-18: "*Cum autem per immensum pelagus rerum admirandissimarum, quas summis modo remis, ...* "
[49] *Z* 6/3, 82, 106, 114, 180, 187, 206, 219; *Z* 6/1, 454.
[50] *Z* 6/3, 73-74, 82-83.
[51] 바빙크는 자신의 섭리에 대한 논의를 하나님의 창조 이후의 외적 행위로 제한하는데 그 이유는 '정돈의 시행'이라는 관점에서 비록 외적 행위와 내적 행위가 결코 분리될 수 없지만 서로 구별될 수는 있다고 보았기 때문이다. 바빙크, 『개혁교의학 2』, 742.
[52] *S* 3, 163.
[53] *Z* 6/3, 81: "*Providentia est perpetuum et immutabile rerum universarum regnum*

엄위에 근거한 것이기 때문에 이는 거룩하고 환영 받을 만하며(*gratum*), 모든 사람을 즐겁게 하는(*iucundum*) 신적 행위에 해당된다.[54]

또한 관리란 통치의 가시적 표현으로서 어느 누구도 이 통치가 어디 있느냐고 불평하지 못하도록 덧붙여진 것이다. 달리 말하면, 관리는 질서를 정하고 필요를 따라 모든 사람에게 공평하게 모든 것을 제공하는 것을 가리킨다. 이런 이유에서 츠빙글리는 섭리를 모든 것을 돌보고 질서를 정하는 것이라고 말하기도 하는데 여기에 그가 주장하는 관리의 의미가 정확하게 나타난다.[55] 칼빈도 취리히의 종교개혁자가 섭리를 통치와 관리 또는 돌보심으로 정의한 것과 거의 유사한 방식으로 이해한다. "성경은 하나님의 섭리가 인류에 대한 돌보심과 통치에 주로 놓여 있다고 제시한다."[56] 그런데 츠빙글리는 이렇게 만물에 질서를 정하고 돌보는 개념에 머무르지 않고 한 걸음 더 나아가서 하나님의 섭리에는 그의 선하심에서 비롯된 부성애와 풍성함이 놓여 있다는 사실을 다음과 같이 강조한다.

그분은 아무런 후회도 없이 모든 사람에게 모든 것을 제공해 주십니다. ... 정말로 그는 그로 인해 보존되는 모든 것들의 아버지입니다. 따라서 그는 베푸심에 있어서 피곤해할 수도 지칠 수도 없습니다. 그는 우리에게 베풀어 주기를 기뻐하십니다. ... 그래서 그가 베풀어주면 줄수록 그의 선하심은 점점 더 알려

---

et administratio." 베른레(Wernle)는 *administratio*를 관리를 뜻하는 *Verwaltung*으로 번역했다. Wernle, *Der evangleische Glaube II*, 251.

[54] *Z* 6/3, 81.

[55] *Z* 6/2, 75: "*Et videbimus cum providentiam necessario esse, tum eandem omnia curare atque disponere, ... *"

[56] John Calvin, *Calvin's Calvinism: Treatises on the Eternal Predestination of God & the Secret Providence of God*, trans. Henry Cole (Grand Rapids: Reformed Free Publishing Association, 1856), 225: "... the Scripture sets forth the Providence of God as concerned principally in the care and government of human race."

지게 되는 것입니다.[57]

그렇다면 '관리'는 하나님의 선하심[58]과 전지성과 전능성의 결합을 뜻하는 단어인데 이를 통해서 모든 피조물들이 자신의 존재 목적에 부합되는 삶을 살아갈 수 있다는 사실이 강조된다. 이런 맥락에서 "두 편의 베른 설교"에서 섭리는 다음과 같이 정의된다. "우리 사람이 일반적으로 결코 인식할 수 없을 정도로 놀랍게 그리고 명백하게 모든 사물을 지배하고 그 사물이 나아갈 방향을 조종합니다."[59] 츠빙글리의 하나님은 무능하고, 피도 눈물도 없는 불구자인 하나님이 결코 아니시다.[60] 하나님은 자신이 만드신 피조물을 하나도 잊지 않으시고 이들의 삶에 있어서 절제와 기다림과 기쁨, 그리고 영혼의 평화를 허락하시는데 이것이 질서와 돌보심으로 표현되는 관리의 내용에 해당된다.[61]

2. 구성요소

츠빙글리는 섭리의 구성요소로서 독특하게 다음의 세 가지를 제시한다: 지혜, 선하심, 권세. 이 구성 요소에 대해서 츠빙글리가 "하나님의 섭리에 대한 설교"에서 따로 한 장이나 섹션을 할애하지는 않았지만 이 요소들은 이

---

57 Z 6/3, 81-82: "*Ille vero ultro suppeditat omnibus omnia, nihil repens, … imo pater rerum a se conditarum, fit, ut dando fatigari vel hauriri non possit, fit, ut dare gaudeat, fit, … . Quanto enim plura quantoque saepius dederit, tanto fit notior eius benignitas.*"
58 이신열, "츠빙글리의 신론", 63-67.
59 Z 6/1, 454: "*Die fürsichtigkeyt gottes regiert und leytet alle ding so gwüß, daß ein wunder ist, das wir die nit gemeinlich bas erkennend.*"
60 Z 6/3, 76.
61 Z 6/1, 454-55.

글의 전반부의 논의를 전체적으로 이끌어가는 중요한 역할을 담당한다.[62] 여기에서는 이 글에 나타난 그의 주장을 따라 이 세 가지 요소에 대해서 간략하게 살펴보고자 한다.

첫째, 지혜는 먼저 사물을 파악하는 능력을 가리킨다. "두 편의 베른 설교"에서는 섭리 자체가 "하나님의 활동하는 지혜"로 언급되기도 하는데 이 점에 있어서 츠빙글리는 중세 스콜라 신학자들의 견해에 동의하는 셈이다.[63] 이는 또한 "보편적인 것을 미리 보고 미리 본 것의 순서를 정해주는 지혜"로도 표현되기도 한다.[64]

그렇다면 어떤 이유에서 지혜가 섭리와 아주 밀접한 관련을 맺고 그 구성 요소 가운데 하나로 언급되었는가? 이 질문에 대한 답변을 추구하기에 앞서 먼저 지혜와 유사한 뜻을 지닌 '신중함'(prudentia)이라는 단어는 성경에서 지혜와 교호적으로 사용되기도 한다. 그러나 츠빙글리에게 두 단어는 그 뜻이 약간의 차이가 있었다. 지혜는 사물을 파악하는 능력을 가리킨다면, 신중함은 이 지혜를 실천하고 행동으로 옮기는 능력을 뜻한다. 따라서 지혜는 모든 것을 아는 지식과 능력을 뜻하는 반면에, 신중함은 파악된 내용을 처리하고 정돈하는 행위의 측면을 강조한다.[65] "참된 종교와 거짓 종교에 대한 주해"에서는 양자의 관계를 다음과 같이 간략하게 설명하고 있다. "그러므로 그분의 지혜로 모든 것이 알려졌으며, … 그분의 지식에 의해 모든 것이 이해되고, 그분의 신중함으로 모든 것이 질서를 지니게 된다."[66]

---

62 김지훈은 이 세 가지 요소를 츠빙글리의 섭리론을 이해하는데 필요한 세 기둥으로 보았다. 김지훈, "하나님의 섭리가 교회와 성도에 주는 위로", 241-42.

63 Z 6/1, 454.

64 Z 6/3, 81: "Sed providentiam cum audimus, sapientiam intelligimus, quae universa prospicit et prospecta disponit."

65 Z 6/3, 79-80.

66 S 3, 160: "Eius ergo sapientia cuncta agnoscuntur, … eius scientia cuncta

이렇게 지혜와 신중함을 구분한다는 차원에서 살펴본다면, 지혜는 섭리에 나타난 하나님의 행위라는 차원을 포함하지 않는다고 볼 수 있다. 지혜는 섭리를 구성하는 요소이지만, 섭리 자체로 정의되지 않는다는 사실에 주목할 필요성이 제기된다. 츠빙글리의 섭리에 대한 정의가 통치와 관리라는 신적 '행위'를 강조한다는 사실을 놓고 살펴본다면, 섭리는 하나님의 지혜보다는 그의 신중함에 더 가까운 개념이라고 생각해 볼 수 있다.

둘째, 선하심은 하나님의 진리와 전능성과 관련하여 섭리의 구성요소에 해당된다. 먼저 츠빙글리는 진리를 하나님의 존재의 본질이라고 규명하면서 이를 통해서 하나님이 모든 것을 보고 아신다고 설명한다.[67] 왜냐하면 진리에 내재하는 빛은 어두움을 비추고 드러내어 이를 밝히 볼 수 있도록 이끌어 주기 때문이다. 이제 진리의 빛을 통해서 만물의 모습이 드러나며 하나님이 이를 보시고 아시게 된다고 볼 수 있다. 이렇게 하나님께서 만물을 보시고 아시기 때문에, 그는 만물에 대해서 자신의 전능성을 행사하실 수 있는 것이다. 이렇게 모든 것을 아시고 행하실 수 있는 하나님은 자신의 선하심이라는 속성을 통해서 만물을 향해서 섭리하신다.[68]

하나님의 선하심이 섭리의 요소가 아니라면, 섭리는 더 이상 섭리로서 작용할 수 없을 뿐 아니라 하나님이 최고의 선이 아니라는 반론적 주장에 직면하게 된다. 왜냐하면 이는 하나님께서 자신의 의지와 능력을 창조하신 사물을 돌보기를 거부하시는 것과 같기 때문이다.[69] 츠빙글리는 "하나님의 섭리에 대한 설교"의 결론에서 이와 관련하여 다음 설명을 제공한다.

---

intelliguntur, eius prudentia cuncta disponuntur.", 이신열, "츠빙글리의 신론 이해", 71.
[67] *Z* 6/3, 75.
[68] *Z* 6/3, 75-76.
[69] *Z* 6/3, 76.

만약 신적 존재가 자신이 할 수 있음에도 불구하고 의도적으로 그 어떤 일을
그냥 지나친다면, 또는 신적 존재가 그 일에 대해서 아무 것도 하지 않거나
또는 쳐다만 보고 무시하고 지나친다면, 그는 더 이상 최고의 선이 아닙니다.
왜냐하면 최고의 선이란 자신의 선함에서 나오지 않는 선이나 최고의 선 자체를
뛰어넘는 그 어떤 선함도 생각될 수 없는 절대 선이기 때문입니다.[70]

만물에 대한 하나님의 돌보심은 그의 선하심에서 비롯되는데 이 점에서
선하심은 원인으로서 섭리의 한 요소에 해당된다. 그러므로 하나님은 가장
선하시고 마음이 한량없이 넓기 때문에 우리에게 모든 것을 베푸시되 아낌
없이 그리고 후회 없이 풍성하게 베푸시는 아버지이시다. 그는 이렇게 베푸
는 것을 즐거워하시며 거기에서 기쁨을 누리신다.[71]

츠빙글리는 이제 하나님의 선하심에 대한 논의의 지평을 인간의 죄와 하
나님의 선택으로 확장시킨다. 하나님은 인간을 만드시고 그의 길을 정하시
며 그를 자신의 뜻을 따라 조정하신다. 그가 아무리 자신의 피조물들을 이리
저리 내몰아서 그들이 범죄하게 된다 하더라도 하나님이 죄의 저자는 아니
시다. 왜냐하면 이를 통해서 인간이 전혀 알지 못하는 차원에서 하나님께서
특별한 선을 이루려고 하시기 때문이다.[72] 칼빈은 이에 대해서 "하나님의 지

---

[70] Z 6/3, 219-20: "*Si vero sciens ac volens quicquam praeteriret aut, cum posset,
per inertiam et torporem negligeret, iam summum bonum non esset. Quod sic
bonum esse oportet, ut boni prorsus nihil cogitari possit, quod non sit ex illo,
in illo et illud ipsum. Numen enim ut seipso est, ita non est quicquam, quod seipso
et non illo sit. Esse igitur rerum universarum esse numinis est. Ut non sit frivola
ea philosophorum sententia, qui dixerunt omnia unum esse; si recte modo illos
capiamus, videlicet quod omnium esse numinis est esse, quod ab illo cunctis
tribuitur et sustinetur.*"

[71] Z 6/3, 81-82.

[72] Z 6/3, 144. 다른 곳에서 츠빙글리는 다음과 같이 이 사실을 두 가지 방식으로 설명한다.
하나님의 행위와 인간과 달리 하나님 자신은 율법 아래 있지 않다는 사실이 언급된다. *Z* 6/3,
154-55.

혜가 크고 한이 없으므로 그는 악한 도구를 사용하셔서 선을 행하시는 법을 잘 알고 계시기 때문이다."[73] 라고 설명하기도 했다. 따라서 인간이 타락하게 될 것을 하나님께서 미리 아셨음에도 불구하고 사람을 지으셨다는 사실은 그의 무지함이나 변개하심에 대한 증거가 아니라 오히려 그의 선하심에 대한 확실한 표현이라고 츠빙글리는 주장한다.[74]

셋째, 섭리의 마지막 요소로서 권세 또는 능력을 설명하기 위해서 하나님의 의지 작용에 근거한 선택의 개념이 활용된다. 하나님의 선택은 "그가 축복하기를 원하는 자들에 대한 자유로운 의지의 결정"으로 정의된다.[75] 이 결정은 그의 자유로운 결정임과 동시에 또한 권위 있고 위엄을 지닌 결정이다.[76] 달리 말하면, 이런 결정을 가능하게 한 것은 하나님의 의지인데 츠빙글리는 이 의지를 인간의 구원과 연결하는데 여기에 하나님의 능력이 드러난다고 보았다. 이런 맥락에서 츠빙글리는 "그러므로 사람을 위한 구원에 대한 결정에 있어서 하나님의 의지는 첫 번째 능력"이라고 주장한다.[77]

이렇게 권세 또는 능력을 섭리의 세 번째 요소로 설정한 츠빙글리는 하나님의 선택이 그의 후행적 예지에 기초해 있다는 아퀴나스(Thomas Aquinas)의 주장을 날카롭게 비판한다. 토마스의 주장은 우리가 나중에 어떻게 행동할 것을 아시고 난 후에야 비로소 하나님께서 인간의 선택 여부를 결정하셨다는 것이다. 이에 대해서 츠빙글리는 만약 하나님의 결정이 인간의 결정과 행위를 따라서 이루어진 것이 사실이라면, 신적 결정은 사실상 인간의 결정과 같은 것이 될 수밖에 없다고 비판한다. 또한 그는 하나님의 결

73 『기독교 강요』, 1.17.5.
74 Z 6/3, 151.
75 Z 6/3, 156: "Est igitur electio libera divinae voluntatis de beandis constitutio."
76 Z 6/3, 156.
77 Z 6/3, 160: "Sic in destinandis ad salutem hominibus voluntas divina prima vis est; ..."

정이 인간의 결정과 행위 이후에 주어진 것이라면, 하나님이 인간을 예정하기 전에, 인간이 이미 존재한 것과 다를 바 없다는 비판도 제기한다.[78] 달리 말하면, 토마스의 주장은 사실상 하나님의 전능을 의심받도록 만드는 주장에 불과하기 때문에 이런 주장은 섭리가 올바르게 이해되고 신뢰될 수 없도록 만든다는 결론에 도달했다고 볼 수 있다.

3. 섭리의 범위

칼빈은 『기독교 강요』 1권의 섭리에 대한 논의에서 이를 선택과 믿음이라는 주제와 관련하여 설명하지는 않는다. 칼빈에게 예정은 전적으로 하나님의 신비한 행위로서 인간에게는 숨겨져 있는 것이었다. 그는 예정의 교리가 하나님의 구원에 나타난 신비를 설명한다는 맥락에서 『기독교 강요』 제 3권 마지막 부분에 그가 이를 목회적 관점에서 해설했던 사실에 정당성을 부여한다.[79] 칼빈의 이런 견해와 달리 츠빙글리는 "하나님의 섭리에 대한 설교"에서 이 교리와 다른 교리와의 관계에 집중했다. 개블러(Ulrich Gäbler)는 이런 교리로서 신론, 인간론, 구원론, 윤리학, 성찬론을 들고 있다.[80] 이 교리들을 자세히 살펴보면, 이들에는 하나님의 존재, 창조, 율법, 인간의 타락, 그리고 선택과 믿음에 대한 해설이 포함되어 있다. 이들에 대해서 차례대로 살펴보는 가운데 섭리의 범위를 파악해 보고자 한다(다음 단락에서 창조와

---

78 *Z* 6/3, 156-58.

79 칼빈, 『기독교 강요』, 3.21-24.

80 울리히 개블러, 『쯔빙글리: 그의 생애와 사역』, 박종숙 옮김 (서울: 아가페출판사, 1993), 163; Karl Barth, *Die Kirchliche Dogmatik III/3* (Zollikon-Zürich: Evangelischer Verlag, 1950), 13-14; Emil Brunner, *Dogmatik I: Die christliche Lehre von Gott* (Zürich: Theologischer Verlag Zürich, 1972), 327-30.

섭리의 관계가 논의될 예정이므로 여기에서 창조는 논의의 대상에서 제외된
다).

첫째, 하나님의 존재에 대한 논의는 하나님의 섭리가 반드시 존재한다는
증명을 위한 논의와 관련된다. 최고의 선이신 하나님께서 자신이 지으신 피
조물들을 향해 섭리하지 않고 그들을 그대로 방치한다면 그는 더 이상 최고
의 선이 아니라는 논증을 통해 섭리의 신적 필연성을 설명한다.[81] 츠빙글리
는 신 존재에 대한 논증을 위하여 철학적인 방식을 취했다고 간주되어 왔다.
이에 대해서 바르트(Karl Barth)와 브루너(Emil Brunner)와 같은 신학자들
은 츠빙글리의 신학이 기독교 신학과 무관하다고 혹평했다.[82] 그러나 철학적
논증 방식을 채택했다는 사실 자체가 그가 성경적 진술을 무시하거나 도외
시했음을 뜻하지 않는다. 오히려 그는 이 저작의 마지막 장인 제 7 장에서
앞선 장들에서 논의된 내용들이 성경의 증거와 일치함을 보여주고 있다.[83]

둘째, 율법에 대해 논의하면서 츠빙글리는 먼저 이를 하나님께서 주신 선
한 것이며 빛이라는 사실을 상기시킴으로서 이를 섭리와 관련짓고자 한다.[84]
율법은 하나님의 뜻에 근거한 명령이므로, 그 본질은 신성한 존재의 뜻과 특
징에 대한 증거에서 찾을 수 있다.[85] 율법이 선포되는 곳에 하나님에 대한
깨달음과 지혜가 주어지며, 이를 통해서 인간이 하나님의 뜻에 순종하고 자
신의 삶을 정돈할 수 있는 동기가 부여된다.[86] 츠빙글리는 이 사실을 다음과
같이 표현한다. "사실상 여러 피조물들 가운데 가장 희귀한 이 인류를 바르
게 통치하기 위해서 그는 섭리를 통해서 율법을 주셨습니다."[87] 따라서 하나

---

81 Z 6/3, 75.
82 개블러, 『쯔빙글리』, 163.
83 Z 6/3, 192-217.
84 Z 6/3, 130, 132.
85 Z 6/3, 129-30.
86 오피츠, 『울리히 츠빙글리』, 114.

님은 율법을 통해서 인간을 다스리고 돌보신다는 사실이 파악될 수 있다. 츠빙글리는 이런 맥락에서 섭리의 범위에 율법이 포함되며 섭리와 율법이 서로 이원화되지 않는다고 주장했다고 볼 수 있다.

셋째, 인간의 타락이라는 관점에서도 섭리가 논의된다. 인간의 타락을 알고도 하나님께서 인간을 창조하셨다는 사실은 하나님의 선하심에 대한 불신을 불러일으킨다는 사실을 츠빙글리는 잘 알고 있었다.[88] 하나님의 형상으로 지음 받은 인간은 육체와 영혼으로 구성되어 있으며 육체는 열등하지만 영혼은 고귀하고 아름답다는 중세 이원론적 사고를 츠빙글리는 수용했다. 그러나 인간의 범죄와 부패 타락은 영혼과 육체 사이에 갈등을 불러 일으켰는데, 이 갈등은 육체가 죄를 지을 때 영혼도 동일한 죄를 짓는 것으로 간주되어 형벌을 받을 수밖에 없는 문제로 귀결된다.[89] 이에 대해서 츠빙글리는 인간의 타락을 통해서 오히려 하나님의 선하심과 정의가 빛나게 드러난다고 답변했다.[90]

넷째, 선택과 믿음도 섭리의 관점에서 고찰된다. 먼저 선택과 관련하여 많은 사람들이 왜 이 교리가 섭리의 범주에 포함되는가에 대해서 의구심을 지우지 못할 수도 있다. 츠빙글리는 이런 의구심에 대한 답변을 제공하기에 앞서 선택의 정의를 다음과 같이 제공한다. "그러므로 선택은 축복(구원) 받게 될 자들에 대한 신적 의지의 자유로운 결정입니다."[91] 그는 선택의 결정이 초월적이기 때문에 인간의 결정과는 다르다고 보았다. 왜냐하면 선택이라는 하나님의 결정이 모든 만물의 유일한 원인으로 작용하기 때문이다.[92] 하나님

---

87 *Z* 6/3, 140: "*Providentia enim legem dat, ut recte hanc inter creaturas rarissimam hominum classem moderetur.*"

88 *Z* 6/3, 140.

89 *Z* 6/3, 127.

90 *Z* 6/3, 145-46.

91 *Z* 6/3, 156: "*Est igitur electio libera divinae voluntatis de beandis constitutio.*"

은 선과 정의로서 모든 것을 돌보실 뿐 아니라 그의 의지로서 모든 것을 결정하시면서,[93] 구원의 수혜자들을 자신의 의지 작용을 통해서 돌보시기로 자유롭게 미리 정하신 것이다. 선택을 위한 하나님의 결정은 어떤 의견이나 2차 원인으로부터 전적으로 자유롭다.[94] 따라서 츠빙글리에게 선택이 포함된 섭리는 구원받을 자들에게만 주어지며 이들은 곧 믿음을 지닌 자들이기도 하다.[95]

이렇게 섭리가 광범위하게 이해되어 선택이라는 범주를 포함하기 때문에 이 사실에 근거해서 츠빙글리는 섭리의 또 다른 범위로서 믿음을 언급할수 있었다.[96] 믿음이 섭리의 범위에 포함되는 이유는 선택이라는 연결 고리가 존재하기 때문이다. 선택과 믿음의 관계는 논리적 선후 관계에 해당된다.[97] 달리 말하면, 사람이 믿음을 지니게 되는 것은 인간의 어떤 행동보다 하나님의 선택이 먼저 있었기 때문이다. 신적 선택의 사역 없이 성령의 사역을 통한 믿음이 인간의 마음속에 생성되지 않는다. 믿음은 선택 후에 주어지는데 이런 방식으로 생성된 믿음은 인간 영혼의 빛, 목초지, 그리고 안식처로 묘사된다.[98] 인간은 강력한 힘을 지닌 믿음을 통해서 사탄으로부터 보호를 받게 된다고 츠빙글리는 다음과 같이 설명한다. "믿음은 자신의 강력한 힘을 지니고 미리 달려와서 원수를 몰아낼 뿐 아니라 도망가도록 만듭니다."[99] 이

---

[92] G. W. Bromiley, "General Introduction", ed. G. W. Bromiley, *Zwingli and Bullinger* (Philadelphia: Westminster Press), 1953), 33.

[93] *Z* 6/3, 156.

[94] *Z* 6/3, 163.

[95] Dong Joo Kim, "Luther and Zwingli on Predestination", 「한국기독교신학논총」 42 (2005), 151.

[96] 츠빙글리의 신앙론을 성령론의 관점에서 고찰하는 글로는 다음을 참고할 것. Christof Gestrich, *Zwingli als Theologe: Glaube und Geist beim Zürcher Reformator* (Zürich: Zwingli Verlag, 1967).

[97] *Z* 6/3, 180.

[98] *Z* 6/3, 177.

런 표현은 믿음이 섭리의 범위에 포함된다는 사실을 분명하게 드러낸다고 볼 수 있다.

V. 창조와 섭리의 관계

지금까지 츠빙글리의 창조와 섭리에 대해서 개별적으로 살펴보았는데, 그렇다면 그는 창조와 섭리를 어떻게 보았는가? 양자의 관계는 무엇인가? 먼저 "하나님의 섭리에 대한 설교"에 나타난 양자의 관계는 섭리를 인식하는 방법에 대한 논의에서 구체적으로 파악될 수 있다. 츠빙글리에게 섭리에 대한 인식에서 창조의 역할이 크게 강조된다. 달리 말하면, 하나님의 섭리는 창조를 통해서 인식된다는 것이 그의 견해였다. 이 글 제 3장의 논의는 하나님이 모든 사물의 원인자이시며 곧 창조자이심을 증명하는데 집중된다. 이런 맥락에서 츠빙글리의 창조론이 전개되는데 이는 전반적으로 철학적 논의에 해당된다. 그러나 이 글 제 7장에는 지금까지 논의된 것들에 대한 성경적 증거가 제공되기 때문에 그의 창조론이 전적으로 철학적이라고 보기에는 어려움이 있다. 그의 창조론은 철학적임과 동시에 성경적이라고 보아야 한다. 동일한 사실이 섭리론에도 적용된다. 츠빙글리의 섭리론 또한 철학적인 성격이 강하지만 이에 그치지 않는다. 헬름(Paul Helm)이 지적한 바와 같이 츠빙글리의 섭리론은 성경에 의해 도출되고 형성되었다.[100]

---

[99] Z 6/3, 180: "... *procurret omni robore suo fides atque hostem non modo repellet, sed etiam in fugam sic convertet, ...*"

[100] Paul Helm, "Calvin (and Zwingli) on Predestination", *Calvin Theological Journal* 29 (1994), 404; 조용석, 『츠빙글리: 개혁을 위해 말씀의 검을 들다』 (서울: 익투스, 2014), 133; 김지훈, "구원자 하나님의 영광과 성도의 겸손", 93.

또한 그의 창조론은 섭리론에 의해서 동기가 부여되며, 그 실질적 내용의
한계가 결정되고, 이런 방식으로 의미가 부여되는 창조론이라고 볼 수 있다.
여기에서 '동기가 부여된다'는 표현은 영원 전부터 존재했던 섭리가 창조를
통해 모든 것을 미리 보고 있었을 뿐 아니라 이를 명령했다는 의미로 해석된
다.[101] 섭리는 이런 이유에서 창조를 가능하게 했던 동인이자 동기이므로 사
실상 섭리가 없었다면 창조가 존재하지 않았을 것으로도 볼 수 있다. 그렇다
면 섭리는 창조에 대한 논리적 우선성을 지닌 개념으로 이해되었던 것이다.
또한 '내용의 한계가 결정된다'는 표현의 의미는 섭리를 목적으로 삼고 세상
이 창조되었으므로 츠빙글리에게 창조가 우연히 발생했다는 사고는 전적으
로 배제된다.[102] 창조는 하나님의 선하고 의로운 뜻 가운데서 그의 능력을
따라 이루어지는데 여기에서 섭리는 취리히의 종교개혁자가 이해한 그 포괄
적 성격에 따라서 창조의 내용이 결정된다. 창조는 하나님의 주권적 의지와
능력 없이 우연히 발생하지 않는다. 인간이 다 파악할 수 없는 하나님의 숨
겨진 뜻 가운데 그의 섭리를 따라 창조가 이루어진다는 것이 츠빙글리의 견
해이다. 마지막으로 창조는 섭리에 의해서 '의미가 부여된다'는 것은 창조의
결과물인 피조세계의 가치가 섭리에 의해서 제공된다는 사실을 가리킨다.
하나님의 섭리는 가장 보잘 것 없고 하찮아 보이는 미물에도 적용되기 때문
에 모든 피조물은 하나님의 끊임없는 사랑과 돌보심에 기인하여 그 가치가
설정된다.[103] 왜냐하면 이 세상의 어떤 피조물도 하나님의 돌보심이라는 섭
리의 대상이 되지 않는 것은 전혀 존재하지 않기 때문이다. 달리 말하면, 피
조물의 가치는 아버지 하나님의 사랑의 돌보심에 의해서 결정된다고 보아야

[101] *Z* 6/3, 193-94.
[102] *Z* 6/3, 196.
[103] *Z* 6/3, 215, 106.

한다. 또한 하나님은 인간을 지으실 때, 그가 앞으로 타락하게 될 것을 아시면서도 이를 행하셨다. 인간의 타락과 죄악 때문에 하나님의 아들이 인간의 본성을 지니고 이 땅에 태어나시게 되었다는 사실을 츠빙글리는 특히 강조한다. 그는 "결과적으로 인간이 현저한 죄를 범했음에도 불구하고, 하나님의 사역에서 항상 선한 것이 나타나게 되었습니다."[104] 라고 주장한다. 타락하여 죄악을 범하는 인간을 보호하고 그를 구원하겠다는 하나님의 결정에 근거하여, 인간이 타락하게 될 것임을 아셨음에도 불구하고 하나님은 선한 결과가 발생할 수 있도록 인간을 창조하셨던 것이다. 이런 이유에서 츠빙글리는 인간의 타락을 하나님의 특별한 선을 위한 최초의 원인으로 불렀다고 볼 수 있다.[105]

VI. 마치면서

이 장에서는 취리히의 종교개혁자 츠빙글리의 창조론과 섭리론에 대해서 살펴보았다. 섭리론은 어느 정도 연구되어 왔지만 그의 창조론 연구에 대한 공백이 존재했는데 이 글은 이를 해소하기 위한 시도로 작성되었다. 창조와 섭리에 대한 고찰에 앞서 간략하게 하나님의 존재에 대해서 창조라는 주제와의 연관성 속에서 살펴본 후, 이 두 주제를 살펴보았다. 먼저 창조에 대해서는 정의, 성격, 그리고 창조의 과학적 이해라는 항목으로 나누어서 고찰했다. 이 단락에서 창조론이 우선 철학적으로 접근되었음에도 불구하고 츠빙

---

[104] *Z* 6/3, 214: "Sic semper bona ex dei operibus sequntur, etiamsi principia non sint absque aliquo insigni scelere."
[105] *Z* 6/3, 221.

글리의 창조론은 성경적 모티브에 의해 지배되는 성경적 창조론에 해당된다. 섭리에 대해서는 정의, 구성요소, 그리고 범위라는 세부 항목을 설정해서 살펴보았는데, 창조론의 경우와 마찬가지로 섭리론도 철학적 설명과 성경적 설명이 조화를 이루고 있다는 점이 주목할 만하다. 특히 섭리의 범위가 아주 다양한 교리적 주제들(예, 율법, 믿음, 선택 등)을 포함하고 이를 설명하는 것이 독특한데, 이는 츠빙글리의 섭리를 '모든' 사물에 대한 하나님의 통치와 돌보심이라고 정의한 것에서 비롯된 것으로 볼 수 있다. 마지막으로 창조와 섭리의 관계를 살펴보았는데, 츠빙글리는 후자에 대한 전자의 논리적 우선성에 근거하여 전자를 후자의 관점에서 파악했다. 창조론의 내용은 사실상 섭리론에 의해서 결정될 뿐 아니라, 전자의 의미 또한 후자에 의해서 결정된다. 이런 맥락에서 "하나님의 섭리에 대한 설교"에서 창조가 섭리의 인식방법에 해당된다는 츠빙글리의 주장은 상당히 설득력을 지닌 것으로 파악될 수 있다.

참고문헌

개블러, 울리히. 『쯔빙글리: 그의 생애와 사역』. 박종숙 옮김. 서울: 아가페문화사, 1993.

권오윤. "구약신학에 있어서 창조의 진정한 회복: 폰 라드의 역사적 신앙고백에 대한 비판적 검토를 중심으로". 「ACTS 신학저널」 36/2 (2018), 9-44.

김지훈. "하나님의 섭리가 교회와 성도에게 주는 위로: 츠빙글리의 '하나님의 섭리에 대한 설교'". 정요석 (편). 『한 권으로 읽는 츠빙글리의 신학』. 237-56. 서울: 세움북스, 2019.

김지훈. "구원자 하나님의 영광과 성도의 겸손: 츠빙글리의 섭리론과 예정론". 「한국개혁신학」 63 (2019), 67-103.

바빙크, 헤르만. 『개혁교의학 2』. 박태현 역. 서울: 부흥과개혁사, 2011.

오피츠, 페터. 『울리히 츠빙글리: 개혁교회의 예언자, 이단자, 선구자』. 정미현 역. 서울: 연세대학교 대학출판문화원, 2017.

이신열. "츠빙글리의 신론". 『종교개혁과 하나님』, 부산: 개혁주의학술원, 2018, 45-84.

조용석. "츠빙글리와 하나님 중심주의(Theozentrik)". 「신학논단」 65 (2011), 233-53.

조용석. 『츠빙글리: 개혁을 위해 말씀의 검을 들다』. 서울: 익투스, 2014.

츠빙글리, 훌트라이히. "하나님의 섭리". 임걸 역. 『츠빙글리 저작선집 4』, 141-283. 서울: 연세대학교대학출판문화원, 2015.

Augustinus. *De doctrina christiana*.

Barth, Karl. *Die Kirchliche Dogmatik II/2*. Zürich-Zollikon: Evangelische Verlag, 1950.

Bromiley, G. W. "General Introduction." ed. G. W. Bromiley. *Zwingli and Bullinger*. Philadelphia: Westminster Press, 1953, 13-46.

Brunner, Emil. *Dogmatik I: Die christliche Lehre von Gott*. Zürich: Theologischer Verlag Zürich, 1972.

Calvin, John. *Calvin's Calvinism: Treatises on the Eternal Predestination of God &   the Secret Providence of God.* trans. Henry Cole. Grand Rapids: Reformed Free Publishing, n. d.

Calvin, John. *Institutes of Christian Religion.* 2 vols. trans. Ford Lewis Battles. Philadelphia: Westminster Press, 1960.

Cho, Yong Seok. "Zwinglis spekulativer Gottesbegriff." *Neue Zeitschrift für Systemmatisch Theologie und Philosophie* 56/2 (2014), 223-35.

Gestrich, Christof. *Zwingli als Theologe: Glaube und Geist beim Zürcher Reformator.* Zürcher Reformator. Zürich: Zwingli Verlag, 1967.

Helm, Paul. Calvin (and Zwingli) on Divine Providence." *Calvin Theological Journal* 29 (1994), 388-405.

Kim, Dong Joo. "Luther and Zwinglin on Predestination." *Korea Journal of Christian Studies* 42 (2005), 233-53.

Locher, Gottfried W. *Die Theologie Huldrych Zwinglis im Lichte seiner Christologie I: Die Gotteslehre.* Zürich: Zwingli Verlag, 1952.

Stephens, W. P. *The Theology of Huldrych Zwingli.* Oxford: Clarendon Press, 1986.

Wernle, Paul. *Der evanglische Glaube nach den Hauptschriften der Reformatoren II. Zwingli.* Tübingen: J. C. B. Mohr (Paul Siebeck), 1919.

Zimmermann, Gunter. "Der Artikel 〈De Deo〉 in Zwingllis 〈*Commentarius de vera et falsa religione*〉", Heiko A. Oberman et al (red.), *Reformierte Erbe: Festschrift für Gottfried W. Locher zu seinem 80. Geburtstag, Band I,* Zürich: Theologischer Verlag Zürich, 1992. 445-57.

Zwingli, Huldreich. *Huldreich Zwinglis sämtliche Werke.* (Hg). Emil
　　Egli u. a., 6 Banden. Zürich: Theologischer Verlag, 1905
　　(*Corpus Reformatorum* 88-93).
Zwingli, Huldrych. *Huldrych Zwinglis Werke.* hg. Melchior Schuler
　　& Joh. Schulthess. 8 Banden. Zurich: F. Schulthess und. S.
　　Höhn, 1828-42.

3. 칼빈의 『공관복음 주석』에 나타난 섭리 이해

John Calvin(1509-1564)

I. 시작하면서

네덜란드의 셀더르하위스(Herman Selderhuis)는 칼빈의 시편신학을 다루는 단행본에서 하나님의 섭리가 '진정한 신학'이며 섭리만이 하나님에 관한 진정한 가르침이라고 주장한다.1 칼빈 신학에 있어서 섭리가 차지하는 중요성에 대한 인식과 더불어 이에 관한 많은 연구가 진행되어 왔는데 이는 100여 년 전에 칼빈의 섭리론이 그의 모든 신학의 뿌리(Stammlehre)에 해당된다고 주장했던 보하텍(Josef Bohatec)의 공헌의 결과 간주될 수 있을 것이다.2

여기에서 주목해야 할 사실은 지금까지 이 주제와 관련하여 많은 연구가 진행되었음에도 불구하고 대부분은 『기독교 강요』를 중심으로 이루어졌으며 성경 주석에 대한 연구는 앞서 언급된 셀더르하위스의 단행본에 나타난 연구를 제외하면 거의 찾아보기 힘들다. 바빙크(Herman Bavinck)가 지적한 바와 같이 섭리론은 사실상 모든 교리 연구에 기본적 전제로서 작용해 왔기 때문에 다른 교리들과의 직접적 관계라는 관점이 아니라 보존, 협력, 통치라는 섭리의 세 가지 요소로 제한되었다.3 섭리가 우리 삶에 현존하시는 하나님을 다루는 교리라면, 이 교리와 관련하여 다루어지는 신학적 주제를 제한해야 하는 정당한 이유는 없는 것으로 보인다. 왜냐하면 섭리론은 창조론 이후에 다루어지는 다른 모든 교리들의 전제로 작용하는 차원을 넘어서서 이

---

1 헤르만 셀더르하위스, 『중심에 계신 하나님: 칼빈의 시편신학』, 장호광 옮김 (서울: 대한기독교서회, 2009), 127-70. 특히 131.

2 J. Bohatec, "Calvins Vorsehungslehre," in *Calvinstudien: Festschrift zum 400. Geburtstage Johann Calvins* (Leipzig: Haupt, 1909), 414. Susan E. Schreiner, *The Theater of His Glory: Nature and Natural Order in the Thought of John Calvin* (Grand Rapids: Baker, 1991), 7에서 인용.

3 헤르만 바빙크, 『개혁교의학2』, 박태현 옮김 (서울: 부흥과개혁사, 2011), 751-52.

들과의 관계를 올바르게 고찰하는 가운데 이들에 대한 이해를 더욱 풍성하게 하는 진정한 신학, 하나님의 현존을 다루는 신학이기 때문이다.

그렇다면 어떤 방식으로 이런 목적을 달성할 수 있을 것인가? 영국의 칼빈 연구가 파커(T. H. L. Parker)는 칼빈의 섭리론은 성경에서 도출된 것이라고 주장했다. "처음부터 칼빈의 섭리 개념은 성서에서 도출된 것임이 분명하다. 그는 신적 원인과 지상적 결과 사이의 관계에 관한 형이상학적 문제들에 관심을 두지 않았다."[4] 그의 이러한 주장은 칼빈의 섭리론을 성경주석에서 고찰하려는 시도를 권장하는 것이다.

이 장에서는 그의 성경 주석, 특히 『공관복음 주석』(1555)을 살펴보는 가운데 그의 섭리에 대한 이해를 드높이고자 한다.[5] 공관복음서는 예수 그리스도의 생애와 사역에 관한 성경의 일차적 보고로서 칼빈의 섭리론 이해에 나타난 그리스도의 역할을 이해하는데 많은 도움을 제공할 것으로 판단된다.[6] 이 장은 섭리의 기원과 성격, 그리고 이에서 비롯된 그 목적과 결과를 먼저 고찰한 후 섭리와 그리스도와의 관계를 고찰하는 가운데 그의 『공관복음 주

---

[4] T. H. L. Parker, *Calvin: An Introduction to His Thought* (Louisville, KY: Westminster/John Knox, 1995), 43. 이양호, "섭리론," 『칼빈신학해설』, 한국칼빈학회 엮음 (서울: 대한기독교서회, 1998), 193에서 재인용.

[5] 슈라이너는 칼빈의 섭리론 연구에 있어서 『시편 주석』과 『욥기 설교』가 중요한 자료에 해당된다고 지적한다. Schreiner, *The Theater of His Glory*, 7. 그는 칼빈의 욥기 설교에 관한 다음의 단행본을 집필했는데 여기에서 섭리 이해는 주로 하나님의 지혜라는 개념으로 집약된다. *Where Shall Wisdom Be Found? Calvin's Exegesis of Job from Medieval and Modern Perspectives* (Chicago: Univ. of Chicago Press, 1994).

[6] 브루스 맥코르맥(Bruce McCormack)을 위시한 많은 신학자들은 섭리에 대한 기독론적 이해가 칼 바르트(Karl Barth)의 그리스도 일원론적 신학의 관점에서 접근되어야 하며 칼빈의 섭리론 또한 이런 관점에서 새롭게 조명되어야 한다고 주장한다. Bruce McCormack, "Grace and Being: The Role of God's Gracious Election in Karl Barth's Theological Ontology," in *The Cambridge Companion to Karl Barth*. Edited by John Webster (Cambridge: Cambridge Univ. Press, 2000), 92-110. 이에 대한 개혁신학적 입장에 대한 비판으로는 다음을 참고할 것. Oliver D. Crisp, "Calvin on Creation and Providence," in *John Calvin and Evangelical Theology: Legacy and Prospective*, ed. Sung Wook Chung (Louisville, KY: Westminster/John Knox, 2009), 43-65, 특히 60-64.

석』에 나타난 섭리 이해를 고찰해 보고자 한다.

II. 섭리의 기원과 성격

1. 기원

칼빈은 그리스도께서 행하신 이적들이 "하늘과 땅을 진동시킬 만큼" 놀라운 하나님의 역사였다고 밝힌다.[7] 이들은 하나님의 섭리를 나타내는 도구로 사용되었는데 이는 하나님의 놀라운 능력에서 비롯되었다. 칼빈은 섭리의 기원을 하나님의 속성이라는 관점에서 접근하는 방식을 취하여 하나님의 능력에 하나님의 숨겨진 은혜(arcana gratia)가 그 원인이라고 주장한다. 마 4:4에 언급된 "기록되었으되 사람이 떡으로만 살 것이 아니요."라는 그리스도의 말씀을 주해하면서 칼빈은 우리가 떡을 통해서 생명을 유지할 수 있는 것은 떡 자체에 내재한 힘 뿐 아니라 하나님의 비밀한 자비하심이 작용하게 된 결과라고 설명한다.[8] 이는 하나님의 놀라운 능력이 그의 자비의 속성과 결합되어 생명의 보존이라는 섭리를 가능하게 한 것을 보여준다. 또한 칼빈은 섭리가 인간을 포함한 피조세계를 향한 하나님의 선하심(Dei bonitas)에서 출발한다고 마 15:21 이하에 기록된 가나안 여인에게 행한 그리스도의 치유에 대한 주해에서 다음과 같이 설명한다. "그러나 참된 신앙이 사라졌음에도 불구하고, 하나님의 약속에서 비롯되는 향기가 이방 지역들에 퍼져서

---

[7] *CO* 45, 330 (마 12:17).
[8] *CO* 45, 132.

여전히 사라지지 않고 하나님의 선하심에 의해서 남아 있었던 것은 하나님의 기적적이며 믿을 수 없는 섭리에 의한 것이었다."[9] 따라서 칼빈에 의하면, 섭리의 기원은 하나님의 놀라운 능력과 은혜, 그리고 선하심이라는 그의 속성에서 비롯된다.

2. 성격

그렇다면 섭리는 어떤 구체적 성격 또는 특징을 지니고 있는가? 칼빈은 이 문제에 대해서 다음의 4가지 차원에서 해답을 제공한다.

첫째, 섭리는 적어도 그 원인에 있어서 은밀성(hiddenness)을 지니고 있다. 섭리의 기원으로 언급된 하나님의 세 가지 속성은 사람의 눈과 이해에 드러나지 않고 감추어진 특징을 지니고 있다.[10] 칼빈은 요셉이 자신의 약혼녀 마리아의 임신 사실을 알고 파혼하려 했던 사건을 놓고 이 사건이 성령의 은밀한 본능(arcano spiritus instinctu)에 발생한 것으로 해석한다. 이런 요셉의 행동 이면에는 하나님의 은밀한 섭리가 있었으며 마리아가 자신이 성령의 초자연적 능력을 덧입어 임신한 사실을 그의 남편에게 언급하지 않았던 것도 전적으로 이 은밀한 섭리에 기인한 것이었다.[11] 이것이 하나님의 섭리가 일어날 때 많은 사람들에게 우연으로 밖에 여겨질 수 없는 이유에 해당된다.

---

[9] *CO* 45, 456 (마 15:22).

[10] W. J. Torrance Kirby, "Stoic *and* Epicurean? Calvin's Dialectical Account of Providence in the *Institutes*," *International Journal of Systematic Theology* 5 (2003), 319. 그는 『기독교 강요』 1.16.8을 논의하면서 칼빈의 섭리 이해에 나타난 '은밀성'은 불변성(immutability)과 더불어 이방인들의 사고에서 끌어온 것이라고 주장하는데 이는 근거가 희박한 주장이다.

[11] *CO* 45, 62-63 (마 1:19). Cf.『기독교 강요』, 1.16.9.

둘째, 섭리는 보편성(universality)을 지니고 있다. 섭리가 만물의 조성자이자 주관자이신 하나님의 뜻과 계획에 의해 시행된다면 이는 그의 모든 행위에 적용되어야 한다. 보편성은 특히 하나님께서 모든 만물을 향해서 행하시는 보존(preservatio)이라는 관점에서 이해될 때 그 의미가 더 분명하게 드러난다. 칼빈은 이를 다음과 같이 설명한다. "그리스도께서는 하나님의 참된 섭리가 모든 피조물들에 보편적으로(generaliter) 미친다고 말씀하시면서 큰 것에서 작은 것까지 살펴볼 때 우리가 하나님의 특별한 보호를 받고 있음을 보여주신다."[12] 섭리는 가장 하찮은 일에서부터 가장 크고 엄청난 일까지도 모두 하나님의 손길 아래 놓여 있음을 보여준다.

셋째, 섭리는 또한 임의성(arbitrariness)을 지닌다. 여기서 임의성이란 섭리를 행하시는 하나님의 주권에서 파생된 개념이다. 하나님은 자신의 주권을 따라 섭리를 행하시지만 이로 인해 피조세계에서 실제로 발생하는 섭리는 그 자체로서 임의성을 지니게 된다. 임의성은 섭리가 그 보편성에 근거하여 모든 피조물에게 획일적으로 행해져야 한다는 의구심을 배제한다. 이는 섭리의 시행에 있어서 인간이 하나님께 특정한 방식을 요구할 권리 또는 자유가 전혀 없음을 뜻한다. 엘리야 시대에 다른 많은 과부들이 있었지만 시돈 땅 사렙다 과부에게만 보냄을 받은 사건을 설명하는 구절들 가운데 하나인 눅 4:25에 대한 주해에서 칼빈은 섭리의 임의적 성격을 다음과 같이 해설한다. "또한 이것으로부터 우리가 하나님께서 그의 혜택들을 나누어 주시되, 높은 자들에게는 나누어 주지 않으시고, 낮고 가장 경멸함을 받는 자들에게는 존귀함을 더해 주신다는 방식으로 어떤 규칙을 정하여 요구할 권리가 없고, 하나님이 우리의 소견에 옳게 여겨지는 질서를 완전히 뒤엎으신다

---

12 *CO* 45, 289 (마 10:29); 45, 290 (마 10:31).

하더라도 우리에게 하나님을 반대할 자유가 주어지지 않는다는 일반적인 가르침을 얻을 수 있다."[13]

넷째, 섭리는 목적 지향성(purpose-directedness)을 지니고 있다. 섭리에는 하나님의 계획과 뜻의 시행이라는 차원이 포함된다. 하나님이 죄인인 인간을 향하여 복음의 은혜를 베푸시는 것은 "사망의 깊은 심연에서 건지셔서 온전한 복으로 회복"시키기 위한 구원이라는 궁극적 목적을과 관련되어 있다.[14] 칼빈이 일반 섭리를 보존과 통치로 나누어 고찰하면서 때로 두 개념이 중첩되는 경우들을 발견할 수 있는데 이는 하나님의 관점에서 볼 때 섭리의 궁극적 목적이 하나이며 보존, 통치, 그리고 협력이 사실상 서로 나뉘지 않고 하나로 포괄되는 개념이라는 사실에서 비롯된 것이다.[15] 예를 들면, 눅 22:36 주해에 있어서 칼빈은 예수께서 제자들을 복음 전파를 위해 파송하시면서 양식을 공급받기 위한 전대를 준비하라고 말씀하신 것에 대해서, 이 말씀은 제자들의 생명 보존이라는 섭리에 관한 것이기도 하지만 동시에 그 의도가 양식의 공급이라는 섭리가 복음 전파를 훼방하는 사탄과의 투쟁을 위한 예비적 차원을 위해 소용된다는 사실을 밝히신 것이라고 설명한다.[16]

III. 섭리의 목적과 결과

---

[13] *CO* 45, 145.
[14] *CO* 45, 142 (눅 4:18).
[15] 바빙크, 『개혁교의학 2』, 752: "그러므로 보존, 협력, 통치는 섭리의 사역이 나뉘고, 내용적으로 그리고 시간적으로 분리되어, 하나가 다른 것을 뒤따르는 부분들이나 일부가 아니다. ... 섭리는 항상 처음부터 끝까지 단 하나의 단순하고 전능하고 편재한 능력이다."
[16] *CO* 45, 716; 45, 195-96 (마 6:9).

앞 단락에서 언급된 섭리의 궁극적 목적은 하나님의 관점에서 살펴본 섭리의 성격에 관한 것이라면 여기에서 살펴보게 될 목적은 하나님의 섭리의 수혜자인 인간에게 어떤 목적으로 제공되는가에 관한 것이라고 볼 수 있다.

1. 목적

칼빈은 섭리의 목적을 주로 구원론적 차원에서 논의하는데 구체적으로 이를 다음과 같이 생각해 볼 수 있다. 먼저 칼빈은 마 13:12을 주해하면서 섭리가 인간을 "더 높은 영적 단계로 나아가도록" 이끌며, 이를 통해서 우리가 "더 깊은 은혜를 누리게 되고," 궁극적으로 하나님의 "구원 역사가 완성되도록" 이끈다고 주장한다.[17] 섭리는 그리스도가 부활이자 생명이심을 증명하여 죄인을 악과 그 참상에서 건져내는 구원의 목적을 위해서 주어지며,[18] 궁극적으로는 하나님 자신에게로 이끄시기 위한 것이다.[19] 아울러 칼빈은 구원에 참여하는 것이 섭리의 주된 목적이며 여기에 선행을 위한 동기부여도 포함된다고 주장한다.[20]

이 목적 달성을 위해서 인간에게 요구되는 것은 믿음이다. 칼빈은 인간이 믿음을 통해서 주어진 섭리의 "유익을 누리게" 된다는 표현을 여러 곳에서

---

[17] CO 45, 339 (마 13:12).
[18] CO 45, 156 (마 8:17). 이 구절과 관련된 해석에 있어서 파커는 칼빈이 일종의 '신비적 해석'에 해당되는 'anagogy'를 취했다고 주장한다. 이는 본문의 의미를 채택하여 우리 상황에 직접적으로 '적용(application)'하는 것이 아니라 이 기적에 나타난 의미를 자신과 그의 독자들을 위한 영적 진리로 승화(elevation) 시키는 것을 뜻한다. 이는 주로 비유해석에 사용되지만 칼빈은 이를 예수님의 기적에도 적용했다고 보았는데 이는 기적이라는 신화를 비신화한다는 근거에서 볼 때 가능한 것이라고 파커는 주장한다. 여기에서 파커는 칼빈이 예수님의 기적을 문자적 사실로 받아들였다는 사실을 부인하고 있는 셈이다. T. H. L. Parker, *Calvin's New Testament Commentaries* (Louisville: Westminster/John Knox, 1993), 105-6.
[19] CO 45, 400 (마 22:5).
[20] CO 45, 189 (마 5:45).

사용한다.[21] 섭리를 통해서 우리가 누리게 되는 유익은 영적 유익으로서 고난을 극복하도록 이끌고,[22] 성령의 은밀한 능력이 역사하는 가운데 죄악을 깨닫고 회개에 참여하도록 만든다.[23] 이 유익은 비록 하나님의 섭리가 인간에게 불합리한 것으로 보이더라도 이를 수용할 수 있을만한 견고한 믿음을 지닐 수 있도록 이끈다. 예를 들면, 칼빈은 마 2:15에 기록된 선지자 호세아가 언급했던 "애굽으로부터 너를 불렀다."라는 구절을 주해하면서 이 예언의 취지를 다음과 같이 설명한다.[24] 이스라엘이 구원받은 것은 사망의 깊은 소용돌이에서 구원받은 것과 다름없다고 설명하는데 이는 교회를 위한 진리의 빛이 어두움 가운데서 나오게 될 것을 그리스도께서 애굽으로 피난하여 어린 시절의 일부를 거기에서 보내게 된 사실에 유비적으로 빗대어 표현한 것에 해당된다. 이 사실을 놓고 어떤 사람들은 왜 그리스도께서 이방 애굽에서 자라나셔야 했는가에 대해서 의문, 또는 "구속주가 애굽에서 나오다니!" 라는 경멸감을 품을 수도 있을 것이다. 그러나 그가 경험했던 애굽에서의 피난 생활은 전적으로 하나님의 섭리에 의해 이루어졌지만 인간에게는 감추어져 있었기 때문에 인간의 이해를 초월하는 것이었다. 그리스도에 대한 의문과 경멸감을 자아내는 듯한 오해를 불러일으킬 가능성을 지닌 섭리의 이 목적은 앞서 언급된 목적과는 달리 가시적으로 드러난 부정적 차원을 극복하고 이를 수용하는 자들의 믿음을 더욱 강화시킨다는 사실에서 발견된다.

---

[21] *CO* 45, 219 (마 7:11); *CO* 45, 562 (막 10:52); *CO* 45, 424 (눅 17:19); *CO* 45, 142 (눅 4:18).
[22] *CO* 45, 296 (눅 14:28).
[23] *CO* 45, 745 (마 26:75).
[24] *CO* 45, 99. 이 구절과 호세아 11:1과의 관계에 대한 칼빈의 견해를 교회론적 차원에서 상세히 논의하는 글로는 다음을 참고할 것. Dieter Schellong, *Calvins Auslegung der synoptischen Evangelien* (München: Chr. Kaiser, 1969), 239f.

2. 결과

그렇다면 이런 목적을 지닌 섭리가 인간에게 주어질 때 어떤 구체적 결과 또는 반응이 나타나게 되는가? 칼빈은 섭리에 대한 인간의 반응을 긍정적인 것과 부정적인 것으로 구분하여 논의하면서 양자를 대조시키는 방법을 선택한다. 예수께서 거라사인의 땅에 거주하던 귀신들린 사람을 고치신 이적을 설명하는 눅 8:37-38에 나타난 대조적 표현은 칼빈의 관심을 집중시킨다.[25] 그리스도의 이적이 행해진 후에, 먼저 37절에는 이를 직접 체험하지 못했고 단지 듣기만 했던 일반 백성들이 "예수께 떠나가시기를" 구했지만, 38절에 고침을 받은 자는 예수께 "함께 있기를" 구했다는 대조적 기사 내용이 활용된다. 칼빈은 여기에서 전자를 하나님의 능력만을 깨닫게 된 자들로, 후자를 하나님의 이런 능력을 포함하여 그의 선하심까지 깨닫게 된 자들로 대조하여 정의하면서 다음과 같이 설명한다.

> 여기에서 우리는 하나님의 선하심을 아는 것과 하나님의 능력을 아는 것은 아주 큰 차이라는 것을 알게 된다. 하나님의 능력을 알게 된 자들은 두려움에 사로 잡혀서, 하나님의 임재로부터 도망쳐서 가능하면 하나님과의 거리를 더 멀리 두고자한다. 그러나 하나님의 선하심을 알게 된 자들은 그 온유하심에 이끌리어 하나님과 하나 되는 것보다 더 바람직한 일은 없다는 것을 느끼게 된다.[26]

---

[25] 유사한 사고를 바리새인들이 예수님을 시험하고자 데려온 맹인과 벙어리가 고침 받았을 때 이에 대한 반응으로서 이들의 신성모독과 백성들의 환호성 사이에 나타난 대비에서 찾아볼 수 있다. *CO* 45, 261 (마 9:34).

[26] *CO* 45, 272.

여기에서 섭리를 행하신 예수님의 관심은 두 가지 문제, 즉 자신과 하나님에 대한 신앙과 불신앙의 문제로 요약됨을 발견할 수 있다.

첫째, 신앙으로 섭리가 수용된 경우 삶에서 경험되었던 곤경이 때가 되면 해소될 것이며,[27] 비록 만물이 혼란 중에 놓여 있고 마귀가 세상 질서를 전복시킨다 하더라도 하나님이 이런 혼란을 끝내고 궁극적으로 질서를 가져오시게 될 것을 직시할 수 있는 영안이 제공된다.[28] 또한 이적을 통해 역사하시는 하나님을 목격하면서 그의 놀라운 영광을 체험하고 자신의 신앙을 고백하게 된다.[29] 이렇게 하나님의 영광을 체험한 신앙은 하나님의 은밀한 섭리에 대한 경외감의 기초로 작용하며 이를 통해 자기를 부인하고 섭리 이면에 숨겨진 하나님의 작정의 위대함을 묵상하는 법을 배우도록 이끈다.[30]

신앙은 성령 하나님의 역사로 주어진 것이지만 인간에 의해서 수용된 신앙은 불완전하며 연약한 것이다. 앞서 언급된 바와 같이 섭리의 목적은 신앙을 견고히 하는 것인데 구체적으로 이는 신앙의 불완전함과 연약함을 채워주고 강화시키는데 놓여 있다. 이것이 가능한 이유는 하나님의 자비하심이 인간의 믿음에 나타난 결점들을 부드럽게 감싸 안고 격려하는 방식으로 나타나기 때문이다. 12년 동안 혈루증을 앓고 있던 여인이 예수께 나아와 그의 겉옷에 손을 대자 놀라운 치유의 역사를 체험하게 되었다는 기사의 일부분인 마 9:20을 주해하면서 칼빈은 이 사실을 다음과 같이 설명한다. "그리스도께서는 그녀의 믿음을 칭찬하셨다. ... 하나님은 자기 백성을 인자하심

---

27 *CO* 45, 283 (마 10:19).
28 *CO* 45, 734 (마 26:56).
29 *CO* 45, 261 (마 9:32,34).
30 *CO* 45, 312 (마 11:21). R. Stauffer, *Dieu, la Création et la providence dans la prédication de Calvin* (Berne: Peter Lang, 1978), 269. 여기에서 슈타우페르는 섭리에 있어서 '감사'의 모티브를 언급한다. 이오갑, "칼빈의 섭리론," 『한국조직신학논총』16 (2006), 29에서 인용.

과 온유하심으로 대하시기 때문에, 그들의 믿음이 불완전하고 연약하다고 할지라도 그 믿음을 받아주시고 그 믿음과 결부되어 있는 흠들과 불완전한 것들과 관해서는 그들에게 책임을 묻지 않으신다."[31] 그리스도는 성령의 역사에 의한 이 여인의 믿음이 비록 불완전하고 부족하다는 것을 아셨지만 이 부족한 믿음을 귀하게 여기시고 그 연약한 믿음을 칭찬하실 뿐 아니라 치유를 통해 이를 더욱 견고하게 하셨던 것이다. 그런데 여기에서 주목해야 할 사실은 칼빈이 하나님의 말씀과 함께 주어지지 않는 섭리는 그 자체로서 인간의 믿음을 견고하게 만들지 못한다는 사실을 지적하고 있다는 점이다. 칼빈은 이적 자체가 믿음을 견고하게 하는 도움이라고 인정하지만 믿음의 진정한 확증은 이적이 아니라 그리스도의 말씀을 통해서 이루어진다는 것을 분명하게 밝힌다. "이 여인이 경험을 통해서 이미 배운 것을 그리스도의 입에서 직접 들었을 때, 그녀가 받은 혜택이 그리스도에 의해서 온전한 인정을 받게 되었다는 결론을 얻는다."[32] 이 사실은 섭리가 하나님의 약속과 말씀이라는 방식을 통해서 주어지며 다른 방식을 통해서 주어지지 않는다는 진리를 재차 상기시킨다.[33]

둘째, 불신앙으로 인해 섭리 배후에 숨어있는 하나님의 손길을 발견하지 못하는 경우이다. 불신앙은 하나님의 섭리를 가로 막는 장애물일 뿐 아니라, 이를 향한 문을 닫아 버린다.[34] 불신앙은 인간의 마음이 하나님의 선하심에서 비롯되어 그에게 제공되는 은혜가 올바로 체험되지 않았음을 가리킨다.[35]

---

[31] *CO* 45, 256.
[32] *CO* 45, 257 (마 9:22). 기적은 "... 그 믿음이 말씀에 의해 생겨날 때 그 믿음을 더욱 확고하게 해주는 기능"을 갖고 있다. *CO* 47, 53 (요 3:2 주석). 로널드 S. 월레스, 『칼빈의 말씀과 성례전 신학』, 정장복 옮김 (서울: 장로회신학대학교출판부, 2002), 124에서 재인용.
[33] *CO* 45, 131 (마 4:3).
[34] *CO* 45, 36 (눅 1:45); *CO* 45, 144 (눅 4:24).
[35] *CO* 45, 238 (마 8:13).

칼빈은 이를 막 9:23을 주해하면서 시각적 언어를 사용하여 다음과 같이 설명한다.

> 여기에서 우리는 우리 모두에게 공통적으로 사용될 수 있는 유익한 가르침, 즉 주님의 엄청난 선하심이 우리에게 차고 넘치도록 흘러들어오지 못하고 겨우 한 방울씩 우리에게 떨어지는 이유는 주님 탓이 아니라, 우리의 믿음이 좁기 때문이며, 이렇게 한 방울씩 떨어지는 혜택들마저도 우리가 잘 느끼지 못하는 것은 불신앙이 우리의 마음을 가로막기 때문이라는 것을 배우게 된다.[36]

불신앙은 단순히 섭리를 가로막는 장애물에 머무르지 않고 하나님의 선하신 섭리를 왜곡하여 이를 악한 것으로 변질시켜 버린다.[37] 그 결과 불신앙은 악인들의 마음속에 완악함으로 자리 잡고 하나님을 비난하고 대적하는 불경건으로 그 모습을 드러내도록 만든다.[38] 그러나 칼빈은 이렇게 불신앙에서 비롯된 그리스도를 대적하는 행위가 결국 자멸을 초래하게 된다는 사실을 아울러 지적한다. 왜냐하면 악은 자신의 비참한 상태에 대하여 무지하므로 자신의 잘못된 부분을 치유할 수 있는 치유책에 대해서도 무지하게 되어 자멸의 결과를 낳을 수밖에 없기 때문이다.[39]

예수님 당시에 이런 사악한 행위들은 하나님을 전적으로 배반하고 마귀와 공모하여 악을 꾀하던 당시의 서기관들과 이에 협조하는 외식하는 자들의 행위와 관련되어 있었다. 여기에서 칼빈은 이들의 배은망덕함에 상응하는 하나님의 형벌이 임할 것을 지적한다.[40] 이는 섭리를 왜곡하고 마귀를 좇는

---

[36] *CO* 45, 495 (막 9:23); *CO* 45, 258 (막 5:36); *CO* 45, 238 (마 8:13); *CO* 45, 427 (마 13:58).
[37] *CO* 45, 292 (눅 12:51); *CO* 45, 261 (막 9:34); *CO* 45, 197 (마 6:9).
[38] *CO* 45, 361 (막 4:12); *CO* 45, 771 (마 27:42).
[39] *CO* 45, 380 (눅 7:49).

자들에게 하나님의 무서운 심판이 기다리고 있음을 뜻한다. 바리새인들은 예수님을 시험하기 위한 목적으로 자신들이 데리고 왔던 맹인들과 벙어리들이 예수님의 이적으로 병자들이 고침 받는 장면을 목격하게 되었을 때, 이런 기이한 일이 하나님의 능력이 아닌 귀신의 왕의 힘에 의해 일어난 것이라고 치부했다. 칼빈은 예수의 귀신 축출의 능력의 근원을 이렇게 왜곡하는 것이 그에 대한 가장 강력한 모독이라고 보았으며 이에 마땅한 심판은 하나님의 원수들인 악인들에 대한 하나님의 보복으로 간주했다.[41] 마 23:34을 주해하면서 칼빈은 하나님께 반역한 이스라엘 백성들에게 선지자들이 보냄을 받은 것은 악인들의 악을 최고조에 달하도록 하셔서 이들에게 하나님의 심판에 대해서 아무런 변명의 여지가 없도록 하기 위한 것이라고 주장한다. 이로 인해 악인들은 더욱 무거운 심판을 받을 수밖에 없다고 주장한다.[42]

IV. 섭리와 예수 그리스도

지금까지 섭리는 기독론적 관점에서 거의 다루어지지 않았다. 그러나 칼빈은 그의 『공관복음 주석』에서 그리스도의 사역에 대한 고찰의 핵심적 주제로 섭리를 설정하고 이를 복음서 이해의 중요한 주제로 다루었다. 복음서에 언급된 많은 이적들은 그리스도의 신성을 증명하는데 이는 구체적으로 그가 하나님의 권세를 지닌 자임을 보여준다.[43] 칼빈은 이제 그리스도께서

---

[40] *CO* 45, 346 (마 12:43); *CO* 45, 152 (마 4:23).
[41] *CO* 45, 597 (마 21:43).
[42] *CO* 45, 638.
[43] *CO* 45, 152 (마 4:23); *CO* 45, 237 (마 8:8); *CO* 45, 247 (마 9:8); *CO* 45, 153 (막 1:22; 눅 4:32). 이는 구체적으로 그리스도의 신적 위엄과 죄사함의 권세에 의해 입증된다.

행하신 이적의 섭리가 그가 친히 섭리의 주체임과 동시에 객체라는 사실을 통해서 더 분명하게 증거된다는 사실을 강조한다. 또한 이에 근거해서 섭리의 두 가지 요소인 보존과 통치가 어떻게 그리스도와 관계되는가에 관한 견해를 밝힌다.

1. 섭리의 객체와 주체이신 그리스도

여기에서 우리의 관심은 그리스도께서 어떻게 섭리의 대상이 되셨으며 또한 어떻게 섭리를 행하시는가에 관한 두 가지 사실로 집중된다. 이 단락에서는 그리스도께서 어떻게 섭리의 객체(object)임과 동시에 주체(subject)이신가를 두 가지로 나누어서 살펴보고자 한다.

첫째, 그리스도께서 어떤 의미에서 하나님의 섭리의 대상, 즉 객체가 되시는가에 관한 것이다. 먼저 그리스도의 탄생과 성장과 관련해서 마리아를 포함하여 이와 관련된 인물들의 행동들을 살펴볼 필요가 있다. 왜냐하면 이들의 행동들이 직접적으로 그리스도의 탄생과 관련된 것은 아니었지만, 이들은 하나님의 섭리에 의해 행동함으로서 그의 탄생에 일조했기 때문이다. 하나님은 마리아와 요셉, 가이사 아우구스도, 동방 박사들에게 각각 다른 방식으로 역사하심으로써 이들이 그리스도의 신변을 보호하는 일에 협력할 수 있도록 섭리하셨다.[44] 그리스도께서 성인이 되신 후에 사탄에게 시험을 받게 되었을 때, 하나님은 성령의 능력을 통해서, 그리고 천사를 동원해서 그를 보호하셨다.[45] 이런 일련의 사건들은 모두 하나님께서 인간의 몸을 입고 오

CO 45, 150 (마 5:8); *CO* 45, 244 (마 9:1).
[44] *CO* 45, 63 (마 1:19); *CO* 45, 71 (눅 2:1이하); *CO* 45, 82 (마 2:1); *CO* 45, 85 (마 2:7); *CO* 45, 86 (마 2:9); *CO* 45, 97 (마 2:13); *CO* 45, 99 (마 2:15).

신 그리스도를 보호하기 위한 차원에서 행하신 섭리에 해당된다고 볼 수 있다. 칼빈은 또한 그리스도의 죽음을 위해서 음모를 꾸몄던 유다의 행위를 구약의 예언의 성취로 인정하고 이를 하나님의 섭리로 간주한다.[46] 그리스도께서 로마 군병들이 행했던 여러 폭력을 참으시면서 겪으셨던 모욕은 하나님의 섭리에 의해서 죄인들을 위한 구속의 재료로 승화되었다.[47] 총독 앞에서 범죄자로 낙인찍힌 채 그가 죽음을 맞이하게 된 것도 하나님의 뜻을 성취하기 위한 섭리에서 비롯된 것이었다.[48] 칼빈은 그리스도의 죽음 이후에 하나님께서 아리마대 요셉을 예비하셔서 그의 장사를 치르게 하였던 사건 또한 하나님의 섭리로 이해한다.[49] 탄생에서 성장, 죽음, 그리고 장사에 이르기까지 그리스도의 모든 일생이 하나님의 섭리의 대상이었음이 칼빈의 관련 구절 주해에서 분명하게 드러난다.

둘째, 그리스도께서 어떤 방식으로 섭리를 주관하시며 이를 직접 행하시는가에 관한 것이다. 섭리의 주체로서 그리스도는 다양한 종류의 이적을 행하셨다.[50] 그가 이적을 행하신 목적은 주로 구원에 관계되는데 이는 구체적으로 자신이 베푸시는 구원의 확증과 사람들을 자신에게 초청하기 위한 것이었다.[51] 그리스도께서 다양한 방식으로 이들에게 자신의 은혜를 허락하시되 차고 넘치도록 부어주신 것은 사죄에 나타난 그의 풍성한 은혜가 더 극대화하기 위한 것이었다.[52] 또한 그는 온 세상을 친히 다스리실 뿐 아니라 성

[45] *CO* 45, 131 (마 4:1); CO 45, 137 (마 4:11); *CO* 45, 135 (마 4:6).
[46] *CO* 45, 702 (마 26:24).
[47] *CO* 45, 740 (마 26:67).
[48] CO 45, 751 (마 27:11). 이는 그리스도 자신에 의해서 이미 예언된 바이기도 하다(마 21:16). 폴 헬름, 『하나님의 섭리』, 이승구 옮김 (서울: 한국기독학생회출판부, 2004), 119.
[49] *CO* 45, 787 (마 27:57); *CO* 45, 789 (마 27:59).
[50] *CO* 45, 231 (마 8:1), *CO* 45, 237 (마 8:8); *CO* 45, 239 (눅 7:11, 12, 14); *CO* 45, 257 (눅 8:45); *CO* 45, 422 (눅 17:12).
[51] *CO* 45, 262 (마 9:35); *CO* 45, 311 (마 11:20).

령을 통하여 자기 백성들의 마음속에 내주하시며 다스리신다.[53]

그런데 여기에서 우리의 주목을 끄는 것은 그리스도께서 어떻게 동시에 섭리의 객체이자 주체가 되시는가를 보여주는 구절들에 대한 칼빈의 이해이다. 이 구절들은 특히 그리스도의 죽음을 통한 구속 사역과 관련된 것들인데 대표적인 것으로 눅 23:42과 마 27:50을 들 수 있다. 칼빈은 먼저 눅 23:42에 대한 주해에서 그리스도의 십자가 우편에 달린 강도가 죽어가는 그리스도를 믿음의 눈으로 바라보았다고 설명하는 가운데 그리스도의 모습을 다음과 같이 대조적으로 묘사한다.

> 이것으로부터 우리는 이 강도가 지닌 마음의 눈이 얼마나 예리했는가를 보게 된다. 이 마음의 눈으로 그는 그리스도의 죽음 속에서 생명을, 비천하신 모습 속에서 높아지신 모습을, 멸시와 천대를 받으신 모습 속에서 영광을, 패배하신 것처럼 보이는 모습 속에서 승리를, 결박당하신 모습 속에서 그리스도의 나라를 볼 수 있었다.[54]

이 강도에게 그리스도의 비참한 모습은 하나님의 보호라는 섭리를 필요로 하는 그리스도로, 그의 높아지신 모습은 인류를 향하여 구원을 베푸시고 통치하시는 그리스도로 생생하게 다가왔던 것이다. 달리 말하자면, 칼빈은 십자가 사건을 통해서 섭리의 주체이자 객체이신 그리스도의 모습을 발견했음을 파악할 수 있다. 또한 칼빈은 마 27:50을 주해하면서 그리스도의 죽음에서 그가 자신을 아버지의 돌보심, 즉 보호하심에 의탁했다고 이해할 뿐 아니

---

[52] *CO* 45, 798 (마 28:8); *CO* 45, 244 (마 9:1); *CO* 45, 246 (마 9:6). 헬름, 『하나님의 섭리』, 118: "그 성격상 섭리는 은혜로운 경우가 많고, 은혜는 반드시 섭리적이다."

[53] *CO* 45, 828 (막 16:19); *CO* 45, 826 (마 28:20).

[54] *CO* 45, 774.

라 또한 하나님으로부터 자신을 믿는 모든 영혼들을 섭리의 차원에서 보호할 권세를 위임받았다는 사실을 다음과 같이 설명한다.

> 우리는 그리스도께서 단지 그의 영혼만을 아버지 하나님께 맡기신 것이 아니라, 그를 믿는 모든 자들의 영혼도 한 묶음으로 맡기심으로써 그들의 영혼도 그의 영혼과 더불어 하나님의 보호하심을 받게 하셨을 뿐 아니라, 그리스도께서는 이 기도를 통해서 모든 영혼을 구원하시는 권세를 얻으신 것이기 때문에, 황송하게도 천부께서는 모든 영혼을 친히 보호하시는 것은 물론이고, 그 권세를 그리스도의 손에 넘기셔서, 그 영혼들을 보호하시는 일을 그리스도께 맡기셨다는 것을 기억해야 한다.[55]

이 두 구절의 주해를 통해서 칼빈이 그리스도께서 그의 십자가 사역의 맥락에서 어떻게 동시에 섭리의 주체와 객체가 되시는가에 대한 그의 견해를 피력하고 있는가를 발견할 수 있다.

2. 그리스도의 사역으로서의 보존과 통치

칼빈의 섭리에 관한 이해는 '보존(preservatio)'과 '통치(gubernatio)'의 두 가지 개념을 포괄한다. 이 두 개념은 때로는 각기 개별적으로 발생하는 것으로 묘사되기도 하며 때로는 함께 발생하는 것으로 이해되기도 한다. 칼빈에게 그리스도의 보존과 통치는 피조세계, 하나님의 백성, 그리고 교회라는 세 가지 영역에서 실행되는 것을 파악할 수 있다.

첫째, 칼빈은 그리스도께서 피조세계에 나타난 하나님의 섭리의 능력을

---

[55] *CO* 45, 782.

인식하고 이를 행하신다는 사실을 강조한다. 그는 이 개념을 설명하기 위해서 그리스도의 섭리 행위가 아버지 하나님께서 자신을 향하여 행하시는 섭리를 인식하고 이에 근거하여 피조세계를 향하여 하나님의 특별한 능력을 행사하는 방식으로 이루어진다고 주장한다.[56] 마 8:23을 주해하면서 칼빈은 먼저 하나님 아버지께서 "격렬한 풍랑이 자기 아들을 제멋대로 가지고 노는 것을 허락하지 않으셨을 것"[57]이라는 표현을 사용하여 그리스도에 대한 아버지 하나님의 보호하심, 즉 보존의 사역을 언급한다. 거센 풍랑이 일어난 사실, 그리스도께서 배 안에서 깊이 잠드셨던 사실, 그럼에도 불구하고 그리스도의 생명이 보존된 사실, 이 모든 것이 하나님의 은밀한 섭리에 의한 것이라고 칼빈은 이해했다. 이제 자신의 생명의 보존이라는 하나님 아버지의 섭리를 체험한 그리스도께서 피조세계를 대상으로 친히 통치의 능력을 행사하시는데 이는 구체적으로 하나님 아버지 사역의 연장 또는 완결이라는 차원에서 바람과 바다를 순종하도록 만드신 놀라운 능력으로 묘사된다.[58]

또한 마 14:28을 주해하면서 칼빈은 기적을 행하는 그리스도의 능력이 하나님 아버지의 능력을 대체한다는 차원에서 동일하다는 사실을 밝히고 있다. 믿음이 부족하여 물속에 빠져 들어가는 베드로를 건져낸 그리스도의 능력은 절망 상태에 빠진 자를 향한 그리스도의 자비를 나타낼 뿐 아니라 그에게서 사라져 가는 하나님의 능력을 대체하는 것으로 간주된다. "그러나 베드로는 자기가 확실한 믿음을 지니고서 주님을 신뢰하지 않을 때, 방금 전에 물을 마치 단단한 길처럼 만들어 주었던 저 하나님의 감추어진 능력이 사라

---

[56] 『기독교 강요』, 1.16.6. 여기에서 이는 특별섭리로 이해된다. Cf. 이오갑, "칼빈의 섭리론," 24.

[57] *CO* 45, 264.

[58] *CO* 45, 266. 이를 구체적으로 설명하는 실례가 이 구절 바로 다음에 언급된 예수님께서 가다라 지방에서 귀신들린 자들을 고치신 사건(마 8:28-34; 막 5:1-20; 눅 8:26-39)에서 발견된다.

지기 시작하는 것을 알았고 …. 그러나, 주님은 … 물이 우리를 완전히 삼켜 버리지 않도록 그의 손을 내밀어 우리를 건져 주신다."[59]

둘째, 그리스도의 보존과 통치 사역은 하나님의 백성들 가운데서 행해진다. 칼빈은 그리스도의 이 두 가지 사역을 구원론적 관점에서 접근한다. 그가 자기 백성들을 구원하시는 것은 그들을 "온갖 악과 참상에서 건져내시기 위한" 아버지 하나님의 목적과 결부된 것이며 이를 위한 사역이었다.[60] 칼빈은 이렇게 구원받은 하나님의 백성들이 악한 자들의 위험에 처할 때 그리스도께서 이들을 친히 보호하신다는 사실을 깨닫고 그에게 나아갈 수 있도록 분별의 영을 내려주시도록 기도할 것을 강조한다.[61] 칼빈에게 그리스도의 보호하심에 대한 신자들의 신뢰는 그의 구원을 베푸시는 능력에 대한 믿음에서 비롯된 것이며 이 믿음은 곧 그의 통치에 대한 믿음과 동일한 것이다.[62] 그리스도는 모든 믿는 자들의 왕으로서 이들을 친히 다스리신다.[63] 또한 그리스도의 통치는 사탄과 원수들을 제압하여 하나님의 권세에 굴복하도록 만드는 사역을 가리키는데[64] 이는 자기 백성을 보호하고 통치하는 그의 사역의 완성을 궁극적 목적으로 삼는다. 그리스도의 이적을 통해서 나타난 보존과 통치의 사역은 이런 방식으로 그리스도의 구속 사역과도 관련될 뿐 아니라 그의 가르침의 구체적 내용에 해당하는 복음을 인치고 확증하는 역할을 담당한다. 이런 맥락에서 칼빈은 마 9:35을 주해하면서 그리스도의 섭리 사역과 복음의 관계를 다음과 같이 구체적으로 표현한다.

[59] *CO* 45, 443.
[60] *CO* 45, 156 (마 8:17).
[61] *CO* 45, 601 (마 22:18).
[62] *CO* 45, 380-81 (눅 7:50).
[63] *CO* 45, 618 (마 22:43).
[64] *CO* 45, 197 (마 6:9).

그리스도께서는 자신의 직분을 수행하시기 위해서 쉬지 않고 끊임없이 돌아다
니시면서, 구원의 가르침을 선포하시고, 거기에 이적들을 더하심으로써 그 가르
침을 확증하시는 일을 계속하셨다. 이미 말했듯이, 천국복음은 복음전도라는
결과를 염두에 두고서 붙여진 명칭이다. 왜냐하면 하나님은 이런 방식으로 흩어
져 비참하게 살고 있던 백성을 자기에게로 모으셔서, 그들 가운데서 통치하시고
자 하셨기 때문이다.65

보존과 통치의 영역으로서 피조세계와 하나님의 백성에 대한 고찰에 있어
서 칼빈의 강조점은 아버지 하나님의 섭리의 사역이 그리스도의 섭리의 사
역과 동일시되며 또한 이를 통해서 드러난다는 사실에 놓여 있음을 파악할
수 있다.

셋째, 칼빈은 교회를 향한 그리스도의 보존과 통치를 현재와 종말의 이중
적 구조 속에서 파악한다.66 여기에서 현재와 종말의 이중적 구조라는 개념
은 어떤 의미를 지니고 있는가? 칼빈은 먼저 교회에 대한 '현재'의 구조를
하나님께서 베푸시는 구원과 관련하여 마 24:22을 주해하면서 다음과 같이
설명한다.

그리고 그[그리스도]의 말씀으로 교회를 통치하시고, 그의 보호하심으로 교회를
지키시며, 성령의 은사들로 교회를 부요하게 하시며, 그의 은혜로 교회에 영양

---

65 CO 45, 262.
66 교회가 그리스도의 몸이므로 하나님의 섭리의 대상이어야 한다는 주장에 관해서는 다음을
참고할 것. 빌헬름 니이젤, 『칼빈의 신학』, 이종성 역 (서울: 대한기독교서회, 1991), 70-71.
독일의 칼빈 연구가 크루쉐는 성령론적 차원에서 칼빈의 교회 이해를 성령의 통치를 받는 교회
와 그리스도의 영적 왕국으로 나누어서 고찰한다. 이러한 성령론적 고찰은 여기에 언급된 현재
와 미래의 구도와 정확하게 일치하지는 않지만 일맥상통한다고 볼 수 있다. Werner Krusche,
Das Wirken des Heiligen Geistes nach Calvin (Göttingen: Vandenhoeck & Ruprecht,
1957), 316-38.

분을 공급하시며, 그의 능력으로 교회를 붙드시는 등, ... 그리고 사탄 및 모든
불경건한 자들을 억제하시고, 그들의 온갖 궤계를 무너뜨리신다는 점에서, 현재
에 있어서도 그리스도께서 통치하고 계시는 것이 사실이다. 그러나 이런 방식의
통치는 육신에는 감추어져 있기 때문에, 그리스도의 나라의 나타나심은 마지막
날까지 연기되어 있다고 말하는 것이 합당하다.[67]

현재라는 관점에서 볼 때 교회에 대한 그리스도의 통치와 보존은 하나님
의 백성들이 겪는 많은 환난을 모두 제거하거나 해결하지는 않는다. 그렇다
면 교회의 현재적 의미가 어떻게 이해될 수 있는가? 이 의미는 그리스도께
서 깃발로서 자기 백성들을 모으시고,[68] 구원을 완성하시기 위해서 교회를
유지하시며,[69] 그리고 자신의 통치를 통해 교회에 속한 자들을 자기 제자로
삼으신다는 진리에서 발견된다.[70] 비록 그리스도의 통치가 현재 감추어져 있
지만 이는 교회를 향하여 구원의 완성을 위한 발걸음을 재촉할 것을 명령하
고 격려하고 있다. 이것이 육신의 눈에는 환난과 어려움을 당하는 교회가 무
척 연약한 것처럼 보이지만, 실제로는 그 활기를 조금도 잃지 않는 이유에
해당된다.[71]

그렇다면 칼빈은 '종말'의 구조를 통하여 교회에 대한 그리스도의 보존과
통치라는 사역을 어떻게 이해하고 있는가? 앞서 언급된 그리스도의 감추어
진 현재적 통치는 단지 교회에서만 인식되고 수용되므로 교회 밖의 사람들
에게는 비가시적인 것에 불과하지만, 종말에 이르러서는 감추어진 현실이

---

67 *CO* 45, 662; 유사한 사고가 그의 누가복음 19:12 주석에서도 발견된다(*CO* 45, 568).
  Krusche, *Das Wirken des Heiligen Geistes nach Calvin*, 337.
68 *CO* 45, 676 (마 24:40); *CO* 45, 668 (마 24:31).
69 *CO* 45, 595 (마 21:42).
70 *CO* 45, 625 (마 23:10).
71 *CO* 45, 670 (마 24:32).

모든 사람들에게 가시적인 실재로 그 모습을 드러내게 될 것이다. 종말의 징조로 발생할 일들은 하나님의 섭리에 의한 것이며,[72] 이러한 가시적 징조들과 더불어 임하게 될 큰 환난은 복음을 멸시하고 그리스도의 통치를 배척하는 자들에게 주어질 형벌로서 하나님의 최종적으로 임하게 될 엄중하고 무서운 진노를 미리 보여준다.[73] 칼빈은 마 25:31을 주해하는 가운데 현재와 종말의 이중적 관점에서 교회를 향한 그리스도의 두 가지 섭리 사역을 다음과 같이 분명하게 제시하고 있다.

> 그는 이 세상에 계실 때에 그의 통치를 시작하셨고, 지금은 아버지 하나님 우편에 좌정하셔서, 하늘과 땅에 대한 최고의 통치권을 행사하고 계시지만, … 그리스도께서 지금은 하늘 보좌에 앉으셔서 그의 원수들을 억제하시고 교회를 보호하는데 필요한 정도로만 통치하시지만, 그때에는 모든 사람들이 보는 앞에서 나타나셔서 하늘과 땅에 온전한 질서를 세우시고, 그의 원수들을 발로 짓밟으시고, … 그의 심판 자리에 오르실 것이다. 한 마디로 말해서, 아버지 하나님께서 그에게 그의 나라를 주신 목적이 현실의 사건을 통해서 명백하게 드러나게 될 것이다.[74]

칼빈의 견해에는 현재의 구조 속에서 그리스도께서 행하시는 섭리의 사역에 교회의 보존이 필요한 것과 마찬가지로 세상에 대한 통치가 제한적이지만 분명히 포함된다는 견해가 드러난다. 그리고 종말에 이르러서 이렇게 제한적 성격을 지녔던 그의 통치가 완전하게 드러나게 될 것이라는 사실이 두드러지게 강조된다.[75]

---

[72] *CO* 45, 652 (마 24:6).
[73] *CO* 45, 661 (마 24:21).
[74] *CO* 45, 686 (마 25:31).

V. 마치면서

지금까지 논의된 칼빈의 섭리에 대한 논문은 그의 『기독교 강요』를 중심으로 해서 몇몇 소논문에 국한되어 왔다는 비판을 피하기 어려운 것이 사실이다. 섭리는 하나님의 현존의 신학을 위한 토대로 작용하는데 이는 섭리가 다른 모든 교리와의 상관관계 속에서 고찰되어야 함을 뜻한다. 칼빈의 섭리 이해가 성경에서 도출된 교리이어야 한다는 확신에 근거해서 이 문제점을 극복하기 위한 일환으로 이 장에서는 칼빈의 『공관복음 주석』에 나타난 섭리에 대한 이해를 다음의 몇 가지 관점에서 살펴보았다.

첫째, 섭리의 기원은 하나님의 속성, 즉 그의 전능, 자비하심 그리고 선하심에서 찾을 수 있다. 이러한 기원은 그가 이해한 섭리의 네 가지 성격과 관련되는데 이는 하나님의 뜻에 의해 섭리가 인간에게 감추어져 있음을 뜻하는 은밀성, 하나님의 계획이 모든 것을 포괄하므로 이의 시행에 해당하는 섭리가 모든 만물에 적용되어야 한다는 보편성, 그럼에도 불구하고 섭리는 하나님의 주권에 의해 행해진다는 임의성, 그리고 섭리가 구체적 목적, 특히 인간 구원이라는 구체적 목적을 향해 주어진다는 목적 지향성이 이에 해당된다.

둘째, 섭리는 구원과 관련된 목적을 지니는데 이는 궁극적으로 믿는 자들을 하나님께로 이끈다. 이 목적은 이들에게 영적 유익을 끼쳐주기 위한 것이

---

75 와타나베 노부오, 『칼빈의 교회론』, 김산덕 역 (서울: 도서출판 칼뱅, 2010), 88. 노부오는 이러한 관점을 섭리에 있어서 진전으로 이해한다. Cf. 오토 베버, 『칼빈의 교회관: 교회에 대한 올바른 이해』, 김영재 옮김 (서울: 풍만, 1985), 187-88.

며 이를 통해 믿음을 더욱 강화시키고 견고하게 만드는 것이다. 이러한 섭리의 목적은 인간의 삶에서 구체적이며 가시적인 결과를 초래한다. 이 결과는 크게 두 가지로 구별될 수 있는데 하나는 신앙적 수용에 관한 것이며 또 다른 하나는 불신앙이 섭리에 대한 장애물로 작용하는 것을 들 수 있다. 섭리에 대한 신앙적 수용은 하나님의 일을 제대로 파악하는 영안이 주어지는 것이며 이로 인해 하나님께 영광을 돌리고 자신의 신앙을 고백하는 삶이 가능해진다. 반면에 불신앙이 섭리를 가로막는 장애물로 작용되는 경우는 이에 대한 왜곡과 하나님의 선한 섭리를 악한 것으로 바꾸어 버리는 불경건함을 초래한다. 이는 하나님을 버리고 오히려 마귀를 신뢰하고 좇는 참람함의 극치로 이끈다.

셋째, 섭리는 기독론적 관점에서 이해된다. 여기에서 칼빈은 섭리와 그리스도와의 관계를 다음의 두 가지 관점에서 고찰한다. 먼저 그리스도가 섭리의 객체임과 동시에 주체라는 관점에서 그리스도의 섭리가 아버지 하나님의 섭리에 나타난 능력을 동일한 선상에서 또는 이의 완성이라는 차원에서 이루어진다고 보았다. 또한 섭리는 그의 구속사역과 관련하여 이루어진다는 사실에 대해서도 고찰했다.

그리스도의 사역으로서 보존과 통치의 섭리는 피조세계, 하나님의 백성, 그리고 교회의 영역에서 이루어진다. 이 세 가지 영역에 대한 칼빈의 관심은 그리스도의 섭리가 현재와 미래의 구조 속에서 교회와 관련된 것에 주로 집중되는데 이는 구체적으로 그리스도의 통치가 현재에는 교회의 보존이라는 관점에서 이루어진다는 사실로 나타난다.

이상과 같은 고찰을 통해서 『공관복음 주석』에 나타난 칼빈의 섭리 이해는 그 자체에 제한되지 않으며 다양한 교리와의 연관성 속에서 고찰되어야 함을 알 수 있다. 이런 고찰을 통해서 칼빈이 하나님에 대한 이해를 드높이는 신학을 추구하고 있으며 이는 그의 신학에서 섭리가 얼마나 중요한 위치를 차지하는가를 잘 보여주는 분명한 증거라고 볼 수 있다.

〈참고문헌〉

노부오, 와타나베. 『칼빈의 교회론』. 김산덕 옮김. 서울: 도서출판 깔뱅, 2010.

니이젤, 빌헬름. 『칼빈의 신학』. 이종성 옮김. 서울: 대한기독교서회, 1991.

바빙크, 헤르만. 『개혁교의학 2』. 박태현 옮김. 서울: 부흥과개혁사, 2011.

베버, 오토. 『칼빈의 교회관: 교회에 대한 올바른 이해』. 김영재 옮김, 서울: 풍만, 1985.

셀더르하위스, 헤르만. 『중심에 계신 하나님: 칼빈의 시편신학』. 장호광 옮김, 서울: 대한기독교서회, 2009.

월레스, 로널드 S. 『칼빈의 말씀과 성례전 신학』. 서울: 장로교신학대학교출판부, 2002.

이오갑. "칼빈의 섭리론," 「한국조직신학논총」16 (2006).

이양호. "섭리론," 『칼빈신학해설』. 한국칼빈학회 엮음. 서울: 대한기독교서회, 1998.

헬름, 폴. 『하나님의 섭리』. 이승구 옮김. 서울: 한국기독학생회출판부, 2004.

Bohatec, J. "Calvins Vorsehungslehre," in *Calvinstudien: Festschrift zum 400. Geburtstage Johann Calvins*. Leipzig: Haupt, 1909.

Crisp, Oliver D. "Calvin on Creation and Providence," in *John Calvin and Evangelical Theology: Legacy and Prospectiv*e. ed. Sung Wook Chung. Louisville, KY: Westminster/John Knox, 2009.

Krusche, Werner *Das Wirken des Heiligen Geistes nach Calvin*. Göttingen: Vandenhoeck & Ruprecht, 1957.

McCormack, Bruce. "Grace and Being: The Role of God's Gracious Election in Karl Barth's Theological Ontology," in *The Cambridge Companion to Karl Barth*. Edited by John Webster. Cambridge: Cambridge Univ. Press, 2000.

Parker, T. H. L. *Calvin's New Testament Commentaries*. Louisville, KY: Westminster/John Knox, 1993.

Schellong, Dieter. *Calvins Auslegung der synoptischen Evangelien.* München: Chr. Kaiser, 1969.

Schreiner, Susan E. *The Theater of His Glory: Nature and Natural Order in the Thought of John Calvin.* Grand Rapids: Baker, 1991.

_____ . *Where Shall Wisdom Be Found? Calvin's Exegesis of Job from Medieval and Modern Perspectives.* Chicago: Univ. of Chicago Press, 1994.

Torrance Kirby, W. J. "Stoic *and* Epicurean? Calvin's Dialectical Account of Providence in the *Institutes*," *International Journal of Systematic Theology* 5 (2003).

4. 칼빈의 자연과학 이해

John Calvin(1509-1564)

I. 시작하면서

칼빈은 루터보다 한 세대 뒤에 태어난 프랑스 출신의 종교개혁자로서 주로 스위스의 제네바에서 활동했던 인물이었다. 우리는 칼빈을 종교개혁의 지도자, 제네바의 목회자이자 제네바 아카데미(Geneva Academy)의 설립자로서 개혁주의 신학에 토대를 놓았던 탁월한 신학자로 기억하고 있다. 그렇다면 칼빈은 당대의 자연과학을 어떤 관점에서 이해했는가? 그가 신학자이며 성경주석가이라는 사실을 염두에 두고 이 장에서는 종교개혁자 칼빈이 제네바 종교개혁의 맥락 속에서 자연 과학을 어떻게 이해했는가에 대해서 다음의 세 가지 주제를 중심으로 살펴보고자 한다: 적응이론, 하나님의 피조물로서의 자연에 대한 이해, 그리고 구체적 자연과학에 대한 이해.

II. 적응이론

먼저 칼빈은 적응 또는 조정이론(theory of accommodation)을 통해서 인간이 이해할 수 있는 수준으로 하나님이 스스로를 낮추실 때 인간에게 신 지식이 가능하다는 주장을 내세웠다. 여기에서 주목할 만한 사실은 적응이론이 사실상 중세의 신과 당대의 과학의 관계 설정에 대한 부정적 평가에서 비롯되었다는 점일 것이다. 신과 과학에 관한 중세의 사고방식은 행성과 별들은 항상 원모양의 궤도에 놓여 있어야 하며, 이들은 마땅히 똑같은 속도로 지구 주위를 회전한다는 등속(等速) 회전 운동을 하여야 한다는 주장을 내세웠다. 이것은 하나님께서 원모양의 등속 회전운동을 제외한 다른 방식을 동원하여 우주의 별들을 창조하는 것이 불가능하다는 필연적 사고인데 이는 하나님의 전능성에 심각한 제한을 가하는 사고방식에 해당된다고 볼 수 있다.

칼빈은 이런 방식에 맞서서 하나님의 주권적 전능성을 주장하기 위해서 하나님께서 어떤 방식으로 우주를 창조했는가의 문제는 전적으로 하나님의 자유로운 결정에 달린 것이라고 보았다. 중세 스콜라주의는 필연적 사고 방식에 지나치게 매몰되어 하나님의 자유를 제한하는 오류를 범한 반면에, 칼빈은 하나님은 수단들에 얽매이지 않고 오히려 이를 자유롭게 그리고 섭리적으로 사용하시기도 한다는 사실을 강조했던 것이다. 예를 들면, 칼빈은 신 28:12 설교에서 하늘에서 내리는 비가 그가 농작물을 자라도록 사용하시는 유일한 수단이 아니라는 사실을 밝히고 있다.[1] 세상이 처음 만들어졌을 때, 창 2:6에 언급된 바와 같이 하늘에서 내리는 '비'라는 일반적 방식이 아닌 "안개가 땅에서 올라와 지면을 적시는"[2] 또 다른 방식을 사용하여 하나님께서 농작물을 자라도록 하셨다는 사실이 다음과 같이 지적된다.

지구는 지금과 동일한 방식이 아니라(왜냐하면 발아할 수 있는 씨앗도, 뿌리도, 나무도 아직 없었기 때문이다) 각 개체들이 하나님의 명령과 그의 말씀의 능력에 의해 갑자기 튀어나와 존재하게 된 것이다. 이들은 지속적인 활력을 지니고 있었기에 자신들의 본성에 근거한 능력에 의해서 존재할 수 있었다. 이는 지금 인식되는 활기를 부여하는 영향력이나, 비의 도움이나, 인간의 경작에 의한 것이 아니었다. 이는 단지 하나님께서 지구에 뿌렸던 수증기에 발생했다. 여기

[1] CO 28, 378: Jon Balserak, *Divinity Compromised: A Study of Divine Accommodation in the Thought of John Calvin* (Dordrecht: Springer, 2003), 153.
[2] 현대 구약학자들은 이 구절에 언급된 '안개'가 지하수와 관련된 것으로 간주한다. 빅터 해밀턴, 『창세기 I』, 임요한 옮김 (서울: 부흥과개혁사, 2016), 165.

에서 그는 두 가지 사실을 제외시키고 있다. 즉 지구가 수분을 도출하여 농작물
이 자연적 영양분을 지니도록 만드는 비와 자연을 돕는 인간의 경작이 이에
해당된다.[3]

  이런 사고를 중세 유명론의 관점에서 해석한다면, 하나님께서 자신의 절
대적 능력(potentia absoluta)을 사용하여 우리에게 거의 알려지지 않은 독
특한 방식으로 식물들을 자라게 하신 것으로 간주될 수 있다.[4] 또한 하나님
께서는 자신의 능력을 인간의 차원과 한계에 적응시켜서 우리가 이해할 수
있는 방식을 택하시고 이 방식을 따라 행하신다는 주장도 주어진다. 칼빈에
게 적응은 성경 저자들이 성경 독자의 눈높이에 맞게 적응하여 성경을 기록
했다는 주장에서 더 구체적인 예를 찾아 볼 수 있다. 이것은 마치 부모가 어
린 아이들을 대할 때 그들의 언어로 말하기 위해서 눈높이를 낮추듯이, 하나
님께서도 인간의 언어를 사용하셔서 그들이 이해할 수 있는 방식으로 말씀
하셨고, 그 결과 성경이 기록되었음을 가리킨다.[5]

  칼빈은 이 사실에 근거해서 우주가 한 순간에 피조되었다고 주장하는 자
들의 견해를 오류로 지적한다. 하나님은 우주를 한 순간에 만드실 수 있는
전능한 분이지만 우주를 창조하실 때 이런 방식으로 자신의 절대적 능력을
사용하지 않으셨다는 것이 칼빈의 견해였다. 하나님은 오히려 6일에 걸쳐
세상을 창조하시기로 작정하셨을 뿐 아니라 실제로 이를 행동으로 옮기셨다

3 CO 23, 34-35 (창 2:6 주석).
4 Susan E. Schreiner, *The Theater of His Glory: Nature and Natural Order in the Thought of John Calvin* (Grand Rapids: Baker, 1991), 19-20.
5 칼빈의 적응 또는 조정이론에 대해서는 다음을 참고할 것. 포드 루이스 배틀즈, "하나님께서는 자신을 인간의 한계에 맞춰 조정하셨다." 『칼빈 신학의 이해』, 도날드 맥킴(편), 이종태 역(서울: 생명의 말씀사, 1991), 22-51. 칼빈의 적응 이론을 피조세계에 적용시켜 양자의 관계를 연구한 글로는 다음을 참고할 것. Davis A. Young, *John Calvin and the Natural World* (Lanham, MD: University Press of America, 2007), 175-79.

고 주장한다. 그런데 칼빈은 6일 동안의 창조라는 개념 자체가 일종의 적응에 해당된다고 생각했다.[6] 왜냐하면 하나님께서 한 순간에 우주의 모든 것을 만드셨다는 생각은 인간의 이해 력을 초월한 것이라고 판단했기 때문이었다. 그래서 하나님께서 자신을 인간에 적응시키셔서 6일에 걸쳐 우주를 창조하셨기 때문에 아주 평범한 인간도 이를 이해할 수 있게 하셨다고 보았다. 평범한 인간의 관심을 집중시키기 위해서 하나님께서는 그의 창조 행위를 시간을 따라 연속적으로 발생하는 부분으로 나누어서 행하셨고 그 결과 창세기 1장을 읽는 독자들은 이 창조기사를 통해 드러난 하나님의 엄청난 영광 앞에서 놀라운 경외감을 느낄 수 있게 되었던 것이다.

이런 맥락에서 창조 기사의 내용도 천문학과 같은 전문적인 교육을 받지 않은 평범한 사람들도 이해할 수 있도록 서술되었다고 볼 수 있다. 칼빈은 고대 이집트의 왕자로서 당대 최고의 교육을 받았고 그 나라의 천문학에 능통했던 모세가 창세기의 창조기사를 기록함에 있어서 이를 자신의 전문적 지식수준에 맞추어서 기록하지 않고 일반인들이 이해할 수 있는 일상적인 언어로 기록했다고 창세기 1:16에 대한 주석에서 다음과 같이 설명한다.

> 모세는 상식을 지닌 모든 일반인들이 특별한 전문 교육을 받지 않고도 이해할 수 있도록 평이한 스타일로 모든 일을 기록하였다. 그러나 천문학자들은 현명한 지성을 지닌 사람들만이 이해할 수 있는 것을 세심한 노력을 기울여서 탐구한다. 그럼에도 불구하고 이 연구는 하나님으로부터 버림받은 것으로 간주되어서도 아니 되며 또한 이 과학이 정죄되어서도 아니 된다. 왜냐하면 자신들이 모르는 것을 뻔뻔스럽게 거부하는 것은 일부 광적인 사람들이나 할 일이기 때문이다. 더 나아가서 천문학은 즐거운 것일 뿐만 아니라 매우 유익한 것을 알려준다.

---

6 요한 칼빈, 『기독교 강요』, 1.14.22.

이 학문이 하나님의 놀라운 지혜를 드러내 준다는 사실을 부인할 수 없다. …
또한 모세가 이 학문[천문학]의 고유한 성과들을 기록하지 않은 것은 우리가
이런 탐구들을 하지 못하도록 하지 못하도록 하기 위한 것은 아니었다. 그러나
모세는 교육받지 못한 사람들의 교사였을 뿐 아니라 또한 불학무식한 사람들의
교사이기도 했기 때문에 그처럼 지나치다 싶을 정도로 단순한 방식으로 가르치
는 것 외에는 달리 자신의 임무를 완수할 방법이 없었던 것이다. … 그러므로
모세는 자신의 이야기를 일상적인 스타일에 맞추어야 했다.[7]

이 인용문에서 하나님의 천지창조가 모든 사람이 쉽게 이해할 수 있는 방
식으로 이루어졌다는 사실이 특별히 강조되었다고 볼 수 있다. 칼빈에게 하
나님께서 천지창조를 6일 동안에 행하셨다는 사실은 하나님의 규정적 능력
(potentia ordinata)에 근거한 것이라는 평가도 가능할 것이다.[8]

III. 하나님의 피조물로서 자연에 대한 이해

칼빈은 만약 자연에 대한 하나님의 지속적이며 부단한 활동이 없다면, 자
연은 더 이상 존재하지 않게 되거나 또는 전례 없는 무질서와 혼돈 속에 빠
지게 될 것이라고 주장했다. 시편 104:29을 주해하면서 그는 만약 하나님께
서 자신의 뜻을 철수하신다면, 만물은 무로 전락하게 될 것이라는 해석을 제
공한다.

---

[7] *CO* 23, 22 (창 1:16 주석).
[8] Balserak, *Divinity Compromised*, 152, 154.

이 글들에서 시편 기자는 하나님의 뜻을 따라 우리가 존재하거나 사라진다고 선언한다. 그의 능력으로 그가 우리를 유지하시는 한 우리는 계속 살게 된다. 플라톤도 이 사실을 알고 있었다. 그는 단지 하나의 신 밖에 존재하지 않으며, 만물은 그 안에서 유지되며 존재를 지닐 수 있다고 자주 가르쳤다. 이방인 저자를 통해서 모든 사람을 지식으로 깨우치는 것이 하나님의 뜻이었음을 나도 부인하지 않는다.[9]

창조가 완성되었던 첫 순간부터 피조세계로서의 자연은 그 존재를 유지하기 위해서 항상 하나님의 능력을 필요로 한다고 볼 수 있다. 이런 하나님의 능력은 무질서와 혼돈의 위협에서 자연을 보호하기 위해서, 그리고 6일 동안 창조에 있어서 만물의 질서 유지를 위해서도 필요 한 것이었다. 칼빈은 이 사실을 놓고 창 1:2 주석에서 '혼돈'과 관련하여 다음과 같이 설명한다.

> 만약 그 혼돈이 녹아서 없어지지 않도록 하기 위해서 하나님의 숨겨진 영감이 필요로 한다면, 아름답고 독특한 이 질서가 다른 곳에서 힘을 얻어내지 않는 한, 어떻게 스스로를 유지할 수 있는가? 따라서 "주의 영을 보내어 그들을 창조하사 지면을 새롭게 하시나이다."라는 성경이 성취되도록 하라.[10]

칼빈은 자연의 질서에 내재한 불안정성을 무시하거나 망각하지 않았다. 자연의 질서는 전적으로 하나님의 전능성과 만물을 유지하는 능력에 기인한 것으로 간주되었다. 칼빈은 자연에 대해 논의하면서 하늘의 별과 행성들이 항상 질서 속에서 운행되고 있다는 사실을 중요시했다. 칼빈에게 매우 복잡한 궤도로 운행하는 다른 별들이 서로 충돌하지 않고 운행된다는 점은 상당

---

9 *CO* 32, 95 (시 104:29 주석).
10 *CO* 23, 16 (창 1:2 주석).

한 흥미와 감탄, 그리고 경외감을 불러 일으켰다. 별들은 원래 쉽사리 서로 충돌할 것처럼 보이지만 이들 사이에 존재하는 규칙성과 조화는 전적으로 하나님의 간섭하심에 의한 것이며 이를 통해 별들이 주어진 경로를 따라서 안전하게 운행할 수 있음을 의미한다. 『기독교 강요』(*Institutes of Christian Religion*)에서 칼빈은 천체의 조화가 하나님의 직접적 통치의 결과로 발생한다는 사실에 대해서 다음과 같이 설명하고 있다.

> 이 법칙의 첫째 부분에 대한 실례로, 이보다 더 아름다운 것을 도저히 상상할 수 없는 저 하늘의 무수한 별들을 이토록 아름답게 위치시키시고, 정리 정돈하시고, 만들어 놓으시고, 그 중에 어떤 별들은 그 위치에 고정시켜 두셔서 움직이지 않도록 해 놓으셨고, 또 다른 별들은 자유롭게 움직이게 하셨지만, 그 지정된 경로를 따라 이리 저리 방황하지 않도록 하셨고, 낮과 밤, 달과 해와 계절들의 모든 움직임들을 지정하시되 일정하게 하셨으며, 항상 보는 바와 같이 낮의 길이가 균등하게 차이가 나도록 하셔서 혼란이 없도록 만드신 창조주의 위대하심을 깊이 생각해 볼 수 있을 것이다. 또한 그렇게 광대한 덩어리를 유지하시고 천체들의 신속한 운행을 지도하심에서 나타나는 하나님의 권능을 바라보는 또 다른 예가 될 것이다. 이런 몇 가지 실례만으로도 세상의 창조에 나타난 하나님의 권능을 깨닫는 것이 무엇인가를 분명하게 파악하게 될 것이다.[11]

이 인용문에서 칼빈은 광대한 덩어리로 구성된 우주에 질서가 지속적으로 유지되고 있다는 사실이 하나님의 놀라운 권능을 드러내는 충분한 증거에 해당된다고 강조했다. 또한 그는 "내 오른손이 하늘을 폈나니 (또는 측량했나니)"라고 기록된 사 48:13을 주해하면서 동일한 진리를 다음과 같이 아름

---

11 칼빈, 『기독교 강요』, 1.14.21.

답게 표현하고 있다.

> 여기에서 '측량하다'라는 단어는 정확한 비율로서 광활한 하늘의 모든 면들
> (sides)을 균등하게 만들어서 질서를 보존함에 있어서 지구에 아주 가깝거나
> 혹은 아주 멀지 않도록 하셔서 이 엄청난 우주에 서로 연결되지 않거나 모양이
> 일그러진 것이 하나도 존재하지 않도록 하시는 하나님의 놀라운 지혜를 가리킨
> 다. 만약 '펴다'라는 단어를 선호한다 하더라도 이 단어 또한 하나님께서 지속적
> 움직임 가운데 놓인 하늘의 엄청난 무게를 붙드셔서 하늘이 비틀거리거나 다른
> 한 쪽 보다 어느 한쪽으로 더 기울어지지 않도록 하시는 하나님의 능력과 지혜에
> 대한 예사롭지 않은 칭송에 해당된다.[12]

  그렇다면 이런 그의 논의들을 고려해 볼 때, 칼빈이 자연으로서의 피조세
계가 망가지기 쉽고 그 자체로서는 항상 불완전하다는 사실을 염두에 두고
있었다고 볼 수 있다. 자연의 질서는 원래부터 이에 내재한 특징이 아니라
간접적이고, 지속적이며, 그리고 능력 있는 하나님의 임재에서 비롯되었다.
자연은 이렇게 단순히 다른 어떤 것에 의존적인 존재일 뿐 아니라 그 자체로
서 아주 불확실하고 애매모호한 성격을 지닌 것으로 간주되었다.
  자연의 이런 성격을 자세히 설명하기 위해서 칼빈은 물을 예로 들고 있다.
고대 헬라 철학자들의 견해에 따르면 물은 공기 또는 대기보다 무겁고 땅보
다는 가벼운 물체였다. 창 1:9을 주해하면서 칼빈은 헬라철학자들의 이
주장이 사실이라면, 물이 넘쳐흘러서 우리가 살고 있는 땅을 완전히 뒤덮어
버리지 않는 것은 마치 자연을 거스르는 것과(quasi praeter naturam) 같
다고 주장했다.[13] 물은 그 성격상 땅을 뒤덮어야 마땅하기 때문에 우리가 흔

---

[12] *CO* 37, 180 (사 48:13 주석).
[13] *CO* 23, 19 (창 1:9 주석).

히 발견할 수 있는 물로 뒤덮이지 않고 수분이 결여된 메마른 땅의 존재는 칼빈에게 하나님의 항존적 기적에 대한 하나의 증거였다고 볼 수 있다. 하나님의 능력은 바닷물이 넘쳐서 땅을 뒤덮지 못하도록 막는다는 사실에서 잘 드러난다. 이런 자연 현상은 하나님께서 땅과 바다 사이에 경계선을 그으셔서 물이 땅으로 넘어오지 못하도록 미리 정하셨다는 사실에서 비롯된다. 시 65:7에 기록된 대로 바다는 자신의 주인인 주님의 명령에 마땅히 복종해야 한다. 왜냐하면 하나님께서 자신의 능력으로 바다를 향해서 명령하시고 그 소용돌이를 잠잠하게 하시기 때문이다.[14] 물이 지닌 내재적 특징에 의하면 바닷물이 온 땅을 뒤덮어야 하며, 그 결과 땅은 인간이 거주 불가능한 정도의 많은 양의 물로 가득 차게 되는 것이 당연하다고 볼 수 있다. 이 사실을 염두에 두고 생각해보면 태초에 하나님이 하늘과 땅을 만드셨을 때 땅이 혼돈하고 공허했다는 창 1:2의 설명은 물이 온 땅을 뒤덮고 있었던 상태로 해석하는 것이 바람직한 것으로 보인다. 이 구절의 주해에 있어서 실제로 칼빈은 이를 깊음(abbys)과 물(aqua)의 상태로 묘사한다.[15] 칼빈은 렘 5:22을 주해하면서 이 사실에 대해서 더욱 상세한 설명을 다음과 같이 제공한다.

> 출렁이는 바다를 바라보는 것보다 더 끔찍한 장면은 없다. 바다의 파도가 엄청난 힘으로 한껏 부풀어 오르는 것은 마치 바다가 온 세상을 뒤덮어 버릴 것처럼 보인다. ... 그러나 모든 사람에게 위협을 제공하는 바다는 그 자체로서 조용하게 하나님께 복종한다. 왜냐하면 아무리 사납게 요동친다 하더라도, 바닷물은 제어되고 있기 때문이다. 만약 어떤 사람이 왜 이런 현상이 발생하는가 하고

---

14 *CO* 31, 607 (시 65:7 주석).
15 *CO* 23, 15-16 (창 1:2 주석); *CO* 35, 321 (욥 37:1-6 설교); Richard Stauffer, *Dieu, la Création et la providence dans las prédication de Calvin*(Berne: Peter Lang, 1979), 216.

질문한다면, 어떤 이성도 이를 설명할 수 없으므로 이는 기적임이 틀림없다. 우리는 공기와 불과 같은 다른 물질들과 마찬가지로 물도 둥글다는 것을 알고 있다. 지구가 둥근 것과 같이, 물도 둥글다. 이 물질이 원형 모양을 지니고 있다면, 땅 보다 더 낮게 위치할 수는 없다. 하지만 더 가볍다는 사실은 물이 땅보다 위에 있음을 의미한다. 하나님의 비밀스러운 능력과 충동이 아니라면, 액체로서 한 곳에 머무를 수 없는 바닷물이 어떻게 즉각적으로 온 세상에 범람하지 않게 되었는가? 비록 우리 귀에 들려지거나 공중에 울려 퍼지지는 않았지만, 하나님의 말씀은 바다에 들려지게 되었다. 왜냐하면 바다가 그 정해진 경계 내에 머무르고 있기 때문이다.[16]

창 1:6-7에 의하면 하나님은 궁창을 만드시고 물을 궁창 아래의 물과 궁창 위의 물을 나누셨고 이 물들이 움직이지 않도록 정지시키셨다. 칼빈은 하나님께서 사람을 궁창 아래 살도록 하셨는데 이는 자세히 살펴보면 이중적으로 위험한 일이었다고 밝힌다. 궁창 위의 물은 언제든지 아래로 떨어져서 그 아래 땅 위에 살고 있는 사람을 위협할 수 있고, 또한 궁창 아래의 물도 어느 때나 땅을 뒤덮어서 사람을 위협할 수 있기 때문이었다. 칼빈은 온 인류가 궁창 위의 물과 궁창 아래의 물로 둘러싸인 채 지속적으로 위험에 노출되어 있다고 보았다. 이렇게 지구상에 살아가는 사람들이 두 가지 위험에 노출된 채로 살아가는 것은 우연이 아니라 하나님의 의도에 의해서 발생한 일이었다. "하나님은 우리가 안전한 곳에 놓여 있다는 상상을 하지 못하도록 의도적으로 우리를 두 무덤 속에 놓으셨다. ... 왜냐하면 (헬라) 철학자들에 의해서 생명의 원리 중 하나로 간주되는 물이라는 요소는 하나님의 손에 의해서 제재를 받지 않는 한, 위와 아래로부터 죽음으로서 우리를 위협하고 있

---

[16] *CO* 37, 632 (렘 5:22 주석); Young, *John Calvin and the Natural World*, 62.

기 때문이다."[17] "천하의 물이 한 곳으로 모이라"고 기록된 창 1:9을 주석하면서 칼빈은 둥근 물체인 물이 움직이기를 멈추고 한 곳에 모이게 되는 현상 자체가 자연의 진리를 거스르는 기적이라고 지적한다. 그 결과 물은 한 곳으로 모이게 되어 뭍이 드러나게 되었고 마침내 인간이 거주할 수 있는 땅이 형성될 수 있었다. 칼빈은 이 현상이 하나님의 놀라운 능력과 지혜에 의해서 이루어진 기적이며 이로 인해 우리가 마른 땅에 거주할 수 있게 되었다고 간주했다. 그는 하나님의 즉각적 능력(immediate power)이 작용하지 아니한다면, 바닷물은 언제든지 정해진 경계를 넘어서 땅으로 넘쳐 들어 와서 땅을 뒤덮어 버릴 수 있다고 인정했다. 왜냐하면 고대 헬라 자연철학자들의 주장에 의하면, 물은 땅보다 가벼운 것이기 때문에 물이 땅 위에 놓이는 것이 마땅하다.[18] 칼빈도 물이 땅을 뒤덮는 것이 자연의 순리라는 사실을 수용했다. 이와 같이 바닷물이 정해진 경계 안에 머무는 현상은 사실상 자연의 법칙에 위배되는 것이며, 만약 하나님이 이 경계를 자신의 능력으로 계속 유지하지 않으신다면 우리가 살고 있는 이 땅은 물로 뒤덮이는 태초의 상태로 되돌아가게 될 것이다.

칼빈은 바다의 무서운 소리, 격렬한 폭풍우, 밀려오는 파도 등을 바라보면서 자연의 불확실성과 불안정성을 떠올렸다. 그럼에도 불구하고 그가 마음의 평정을 유지할 수 있었던 이유는 자연을 제어하시는 하나님의 놀라운 능력에 대한 신뢰에서 발견된다.[19] 칼빈에게 노아의 시대에 발생했던 대홍수는 우리를 둘러 싼 물에 의해서 우리가 끊임없이 위험에 노출되어 있다는 사실에 대한 일종의 상징 또는 유비이었다. 창 7:11에 '하늘의 창문들이 열려'라

---

[17] *CO* 23, 131 (창 7:11 주석).
[18] *CO* 31, 244 (시 24:2 주석).
[19] *CO* 34, 510 (욥 28:11 설교).

는 표현은 창1:6에 기록된 궁창으로 인해 둘로 나뉘게 된 궁창 위의 물과 궁
창 아래의 물을 가로막고 있던 경계가 허물어져서 마침내 그 물들이 땅 위에
흘러넘치게 되었다는 다음과 같은 설명이 주어진다.[20]

> 성경은 이를 이적 중의 하나로 기록하고 있는데, 이는 하나님께서 바다의 힘을
> 제어하여 그 장벽이 인간의 거주지로 허락된 부분에 해당하는 지구를 뒤덮지
> 않도록 만드셨던 것을 가리킨다. 모세는 첫째 장에서 어떤 물들은 하늘에 매달
> 려 있었다고 말한다. 이와 유사한 방식으로 다윗은 이들이 상자 속에 갇혀 있었
> 다고 선언한다. 마지막으로 하나님께서 지구에 인간이 거주할 수 있는 지역에
> 극장을 만드셨고, 그의 비밀스런 능력에 의해서 땅 아래 물들이 터져 나와서
> 우리를 뒤덮지 못하도록 하셨다. 또한 천상의 물들도 이런 목적으로 음모를
> 꾸미지 못하도록 하셨던 것이다. 이제 모세는 하나님께서 홍수로 지구를 멸망시
> 키려고 작정하셨을 때, 그 장벽들이 터져 버렸다고 주장한다.[21]

또한 칼빈은 물 뿐 아니라 지구의 위치 자체도 확실하지 않고 안정적이지
않은 것으로 간주했다. 왜냐하면 땅이 대기보다 더 무거운 요소이므로 땅으
로 구성된 지구가 대기위에 놓여 있다는 것은 그 자체로서 불안한 생각이 아
닐 수밖에 없다는 생각을 지니고 있었기 때문이었다. 칼빈에게 우리가 살고
있는 지구는 자체의 무게 때문에 언제든지 현재의 위치에서 아래로 떨어질
수 있는 불안함을 지닌 물체에 지나지 않았다. 고대 헬라 자연 철학자들은
이런 현상에 대해서 다음과 같은 해답을 내놓았다고 전해진다. 탈레스

---

20 칼빈의 설명과 유사한 제안은 중세 신학자 랑겐슈타인의 헨리(Henry of Langenstein, 1325-1397)에 의해 주어지기도 했다. Christopher B. Kaiser, *Creational Theology and the History of Physical Science: The Creationist Tradition from Basil to Bohr* (Leiden: Brill, 1997), 111-12.
21 *CO* 23, 131 (창 7:11 주석).

(Thales)는 만물의 근원이 물이라고 믿었는데 그는 지구가 물 위에 놓여 있으며 마치 배가 물 위에 떠 있듯이 지구는 물 위에 떠 있다는 생각을 지니고 있었다. 이에 대해서 아리스토텔레스(Aristoteles)는 모든 물체는 중심을 향해서 움직인다는 구심력의 원리에 기초해서 지구의 안정성을 주장했는데 그 근거는 지구가 우주의 중심이라는 전제에 근거한 것이었다. 지구가 이렇게 중심의 역할을 하지 못하고 다른 곳으로 떨어진다는 전혀 불가능한 생각일 수밖에 없었다. 따라서 지구는 그 자체로서 안정적이라고 주장할 수 있었다.22 그러나 이런 아리스토텔레스적 발상이 지닌 문제점을 알고 있었다. 칼빈에게 적어도 지구가 움직이지 않고 현재의 위치에 안정적으로 그리고 지속적으로 놓여 있게 된 것은 지구가 우주의 중심이라는 증명되지 않은 전제 때문이 아니라 하나님의 능력에 의해서만 가능한 것이었다. 이 사실을 더욱 분명하게 보여 주는 예로서 "주께서 땅을 세우셨으므로 땅이 항상 있사오니"라는 시편 119:90에 대한 설교에서 다음과 같은 내용이 선포된다.

우리는 땅을 바라보면서 그것이 무엇에 근거해서 세워져 있다고 생각합니까? 땅은 물과 공기로 세워졌습니다. 이것이 땅의 근거입니다. 누구도 기초를 닦지 아니하고서는 15피트 높이의 집을 단단한 장소에 세울 수 없습니다. 모든 땅은 단지 흔들림에 기초해 있습니다. 땅은 너무도 깊은 심연에 자리잡고 있으므로 매 순간 자체적으로 혼동될 정도로 뒤집힐 수 있습니다. 따라서 지금의 상태를

---

22 칼빈이 언제부터 아리스토텔레스의 자연철학에 대해서 관심을 갖게 되었는가라는 질문에 대해서는 아마도 지롤라모 장키우스(Girolamo Zanchius)가 제네바에 도착한 후(1552-53), 그리고 피터 마터 버미글리(Peter Martyr Vermigli)가 옥스퍼드에서 스트라스부르로 돌아온 후(1553)에 이들의 영향력 아래 아리스토텔레스의 자연철학에 관심을 갖게 되었다는 답변도 가능한 것으로 보인다. Christopher B. Kasier, "Calvin's Understanding of Aristotelian Natural Philosophy: Its Extent and Possible Origins", *Calviniana: Ideas and Influence of Jean Calvin*, ed. Robert V. Schnucker (Kirksville, MO: Sixteenth Century Publishers, 1988), 90-91.

유지하기 위해서는 하나님의 놀라운 능력이 있어야 합니다.[23]

그러므로 칼빈이 자연에서 질서를 느끼고 거기에서 하나님의 놀라운 영광에 주목하여 이를 '하나님의 영광의 극장'이라고 표현했던 것은 하나님께서 자신의 피조세계를 지속적으로 유지하시고, 이에 제재를 가하시고, 질서를 부여하시며, 다스리신다는 그의 섭리에 대한 신뢰에 근거한 것이었다. 칼빈은 하나님이 창조하신 자연을 감상하면서 형언할 수 없는 기쁨과 즐거움을 누릴 수 있었다. 그런데 칼빈이 말하는 기쁨과 즐거움은 우리가 거주하고 있는 지구가 하언제든지 불확실성과 불안정성에 의해서 위협을 처할 수도 있다는 사실을 깨달았음에도 불구하고 주어지는 기쁨과 즐거움이었다. 이 희열의 원천은 자연의 안정성이란 하나님의 섭리 사역에 대한 신뢰에서만 비롯될 수 있었다. 이런 관점에서 칼빈이 누렸던 기쁨과 즐거움은 하나님의 손에서 비롯된 선물이었다.

요약하자면, 적응이론과 하나님의 능력에 의해서 보존되는 자연에 대한 이해를 통해서 칼빈은 과학에 대한 자신만의 독특한 견해를 추구했다고 볼 수 있다. 여기에서 중요한 것은 하나님의 전능성에 대한 칼빈의 이해가 중세의 필연적 사고에 근거한 과학적 사고에 의존하지 아않고 자신만의 자연에 대한 사고로 나타나기 시작했다는 사실이다. 그의 자연적 사고에는 아리스토텔레스를 위시한 고대 헬라 철학자들의 사고가 잔존해 있었다고 보는 것이 옳지만, 칼빈은 인간의 이해를 초월하여 자연에 발생하는 이해 불가능한 현상들에 대해서 당대의 자연철학적 사고의 한계를 인식하고 이에 대한 대안을 하나님의 놀랍고 신비스러운 능력에서 찾고자 했던 것이다.[24] 칼빈에게

---

23 *CO* 32, 617 (시 119:90 설교).
24 칼빈의 이런 해결책을 '틈새의 하나님 이론'(God of the gaps theory)으로 평가하는 견해도

과학은 하나님의 전능성이 작용하고 표현되는 방법 중의 하나였다고 볼 수 있다. 그는 자신의 신학적 사고를 기초로 삼아 필연적 사고에 얽매인 중세의 과학적 사고를 비판하고 이를 통해서 과학의 발전에 필요한 새로운 장을 열어가는 개척자적 정신을 함양했던 인물이었다.

IV. 구체적 자연과학에 대한 이해: 천문학을 중심으로

그렇다면 칼빈은 어떤 방식으로 구체적 학문에 해당되는 중세의 자연과학을 평가했는가? 이 질문에 대한 대답을 추구함에 있어서 천문학(점성술)을 이 단락의 고찰 대상으로 삼고자 한다.

1. 천문학에 대한 칼빈의 긍정적 태도

칼빈은 천문학을 특별히 긍정적인 시각으로 평가했다. 그는 당대의 신학생들에게 천문학이 신학을 위한 첫 걸음이라는 주장을 다음과 같이 전개하기도 했다.

> 그리고 실제적으로, 천문학은 정당하게 신학의 알파벳으로 불리워질 수 있다.
> 왜냐하면 올바른 정신을 지닌 사람이라면 하나님 지혜의 현현과 그의 능력과
> 선하심에 의해 감탄으로 붙들리지 아니할 수 없기 때문이다. 나는 갈대아인들과

찾아 볼 수 있다. 기적은 하나님께서 이차적 원인(secondary cause)을 사용하셔서 행하시는 방식을 자연 과학이 아직까지 파악하지 못한 경우에 해당된다. Young, *John Calvin and the Natural World*, 63-64.

이집트인들이 그 자체로서 인정되어야 할 뿐 아니라 가장 유용하며 또한 가장 유쾌한 사고를 포함할 뿐 아니라 하나님을 높이 경외함에 있어서 인간의 마음을 자극하는데 크게 기여하는 이 학문을 익혔다는 것을 의심하지 아니한다. 따라서 모세는 어린 시절부터 이 학문을 배웠으며, 갈대아인들 가운데 거했던 다니엘도 그러했다(행 7:22; 단 1:17, 20).[25]

칼빈은 천문학을 하나님의 능력과 지혜를 드러내는 학문으로서 어떤 다른 것으로 대체될 수 없으며 절대적으로 필요한 학문이라고 생각했다. 천문학은 경멸이나 저주의 대상이 아니라 그 자체로서 존중되어야 할 학문에 해당된다. 왜냐하면 이 학문은 고대로부터 우리에게 즐거움을 제공하고 하나님의 놀라운 지혜가 어떠한가를 깨닫게 해 주기 때문이다.[26] 참된 지혜는 하나님께서 성경을 통해서 우리에게 제시한 바를 겸손과 온유함으로 받아들이는 데서 발견된다는 그의 입장이 천문학을 대하는 그의 태도에도 동일하게 적용되었다.[27] 따라서 칼빈은 신학을 시작하는 모든 학생들은 하나님이 어떤 분이신가를 이해하기 위해서 천문학을 필수적으로 공부해야 한다는 견해를 지니게 되었다. 이런 맥락에서 칼빈에게 천문학은 신학의 알파벳, 즉 시작이었던 것이다. 칼빈은 태양과 별들이 나타내는 질서는 하나님이 창조주라는 사실을 가장 강력하게 우리에게 가르친다고 다음과 같은 설명을 제공한다.

그는 별을 언급하면서 하늘에서 밝게 빛나는 놀라운 질서가 한 분 하나님과 세상의 창조자가 존재하신다는 크게 선포한다고 더욱 분명하게 주장한다. 그리고 수 없이 많고 다양한 별들 가운데, 그렇게 규칙적인 질서와 운행경로가 그렇

---

[25] *CO* 38, 59 (렘 10:1-2 주석).
[26] *CO* 23, 22 창 1:16 주석).
[27] 칼빈, 『기독교 강요』, 1.18.4.

게 잘 유지된다는 사실을 관찰한 모든 사람들은 이 고백을 하지 않을 수 없게 될 것이다. 왜냐하면 모든 별들이 정해진 자리에 위치하고 있는 것은 우연이 아니며, 그렇게 엄청난 속도와 더불어 균일하게 움직인다는 것은 아무렇게나 일어나는 것이 아니기 때문이다. … 따라서 이들의 놀라운 정렬은 하나님이 저자이며 이를 행하시는 자임을 보여주고 있으므로 사람은 하나님의 세계에서 그 분의 위엄을 붙들도록 요구받지 아니하고는 눈을 열 수 없는 것이다.[28]

그럼에도 불구하고 부패 타락한 인간은 이렇게 놀라운 방식으로 창조를 통해 나타난 하나님의 영광을 깨닫지 못하고 오히려 자신이 하나님의 능력에 대한 재판관들(aestimatores)이 되려 한다고 칼빈은 다음과 같이 비판한다. "우리는 너무 사악하며 하나님의 능력에 대하여 감사할 줄 모르는 재판관들이다. 우리는 자주 하나님을 연약한 사람보다 더 못하다고 상상한다."[29] 사악한 인간은 천문학을 통해 인간에게 유익을 제공하려는 하나님의 선한 의도를 올바로 깨닫지 못한 채, 그 유익의 장본인 되시는 하나님께 영광을 돌리지 아니하고 오히려 잘못된 유익을 추구하는 방식으로 이를 오용하게 된 것이다. 이런 왜곡의 결과로서 사람들은 모든 피조세계의 참된 주인이신 하나님 대신에 자신들이 주인이라는 착각 속에 빠지게 되었다. 그 결과 천문학은 마술로 변질되었으며, 다양한 형태의 미신적 행위를 추구하기에 이르렀다. 이런 이유에서 칼빈은 천문학과 마술을 구별하는 것이 중요하다고 생각하게 되었다. 그의 이런 생각은 바벨론에서 왕의 꿈을 해석했던 다니엘의 경우에 대한 해설에서 잘 드러난다. 그는 다니엘이 당대의 많은 갈대아인들이 추구했던 학문의 타락한 형태에 해당하는 점성술을 추구하는 마술사가

---

[28] *CO* 37, 25 (사 40:26 주석).
[29] *CO* 37, 24 (사 40:26 주석).

아니었다고 주장한다.

> 다니엘은 특별한 재능을 부여받았는데 그는 꿈의 해석자이었으며 비전의 해설
> 자이었다. 여기에서 다니엘은 문학(literature)을 언급하고 있는데, 이는 의심의
> 여지없이 단순히 교양학문(liberal arts)을 지칭했으며 당시와 그 이후 갈대아에
> 서 유행했던 마술에 관한 학문을 포함하지는 않았다. ... 다니엘은 그 나라에서
> 당대에 대단하게 평가되었던 미신에 빠지지 않았다. 그들은 순수한 학문에 대한
> 불만으로 인해 별들에 대한 연구를 왜곡했지만, 다니엘과 그의 동료들은 갈대아
> 인들 가운데 참된 학문과는 구별되는 이런 혼탁하고 타락한 것들에 물들지
> 아니하도록 교육받았던 것이다.[30]

칼빈은 천문학이 우리에게 유익을 제공하는 것이 분명한 사실로 드러났지
만, 사람들은 점성술과 마술을 통해서 천문학의 참된 본질을 호도함으로서
하나님의 지혜와 능력을 폄하하게 되었다고 보았다. 이를 가능하게 했던 주
된 사고로 칼빈은 아리스토텔레스의 자연철학을 언급한다. 먼저 칼빈의 글
에 아리스토텔레스가 내세웠던 원동자(the Prime Mover)개념이 언급되
지만 그는 전반적으로 이를 강하게 부인하는 경향을 드러낸다.[31] 그는 아리스
토텔레스가 주장하는 여러 이차적 원인들(secondary causes)이 지닌 연속
적 차원을 수용하는 것은 삶에서 일상적으로 발생하는 다양한 자연적 원리
나 법칙으로부터 하나님을 완전히 배제하는 위험에 처하게 된다는 사실을

---

30 *CO* 40, 553-54 (단 1:17 주석).
31 하나님이 원동자라는 개념을 단순히 언급하는 것으로 보이는 예로서 다음을 들 수 있다. *CO*
23, 73 (창 3:17 주석): "Sicut enim primum mobile coelestes omnes sphaeras secum
volvit, ..." 그러나 그 다음 인용문에서 이 개념은 강력한 비난의 대상이 된다. 칼빈, 『기독교
강요』, 1.16.3: "... 하나님은 모든 운동의 시작이시오 원인이시므로 그가 최초의 동인(primum
mobile)이라는 식으로 이해하는 것은 정말 지각없는 것이다."

알고 있었다. 이런 이유에서 그는 점성술에 대해서 부정적인 견해를 지니게 되었던 것으로 보인다.[32]

2. 『재판적 점성술에 대한 경고』(A Warning against Judiciary Astrology, 1549)[33]에 나타난 칼빈의 점성술 이해

이 글에는 칼빈의 천문학 또는 점성술에 대한 태도가 가장 잘 드러나 있는데 메리 포터(Mary Potter)는 칼빈의 다른 어떤 작품, 특히 『기독교 강요』에도 이에 대한 그의 견해가 명확하게 드러나 있지 않다고 평가한다.[34] 이런 점에서 칼빈의 이 글은 비록 짧지만 일반 학문에 대한 평가, 참된 점성술, 그리고 하나님의 섭리에 대한 그의 견해를 일목요연하게 제공하고 있다는 점에서 높은 가치를 지닌 글로 평가될 수 있다. 또한 이 글은 그가 당대의 자연과학과 기독교의 관계에 대해서 어떤 견해를 표방했는가를 파악하는 데 좋은 기회를 제공해 준다고 볼 수 있다.

칼빈은 먼저 이 글이 아직까지 참된 점성술과 거짓 점성술을 구분할 능력을 지니지 못한 영적으로 미성숙한 자들을 대상으로 작성되었다고 밝힌다.[35]

---

32 Kasier, "Calvin's Understanding of Aristotelian Natural Philosophy", 84. 카이저는 멜랑흐톤이 점성술적 결정론(astrological determinism)을 믿었다고 밝힌다. Clyde Menschreck, *Melanchthon, the Quiet Reformer* (Nashville: Abingdon, 1958), 102-12; Bruce Moran, "The Universe of Philip Melanchthon: Criticism and Use of the Copernican Theory", *Comitatus* 4 (1973), 8-10.

33 *CO* 7, 513-42 (*Advertissement contre l'astrologie qu'on appelle iudiciaire et autres curiositez qui regnent auiourd'huy au monde*). 이 글의 영역본은 다음에 실려 있다. John Calvin, "A Warning against the Judiciary Astrology and other Prevalent Curiosities", trans. Mary Potter, *Calvin Theological Journal* 18/2 (1983), 157-89. 이 글은 1549년에 Jean Girard에 의해서 제네바에서 출판되었으며 1561년에 처음으로 Goddred Gilby에 의해 영어로 번역된 것으로 알려져 있다.

34 Mary Potter, "Introduction to the Translation" in Calvin, "A Warning against the Judiciary Astrology and other Prevalent Curiosities", 158-59.

그리고 참된 점성술을 다음과 같이 정의하고 있는데 이는 사실상 천문학에 대한 정의라고 보아도 무방하다. "참된 점성술이란 하나님께서 행성과 별들에 그들의 직무와 특성 및 능력을 부여하시고, 모든 학문을 자신의 목적과 자신의 사용에 부합되도록 하시는 자연적 질서와 운행에 대한 지식이다."[36] 그러므로 점성술은 행성과 별들의 운행을 측정하는데 도움을 준다. 또한 일식과 월식이 어떻게 발생하는가를 파악하고 이를 예측하는데도 반드시 필요한 학문이다. 칼빈은 참된 점성술에 의하면 달, 행성, 그리고 별들이 다양한 방식으로 인간의 삶에 어느 정도 영향력을 행사할 수 있다고 주장한다. 예를 들면, 행성과 별들의 상태와 인체의 상태 사이에 어떤 일치점이 존재한다는 주장은 참된 점성술의 결과로 간주되었다.[37] 그러나 칼빈에게 중요한 것은 참된 점성술의 원리들이 거짓 점성술가들에 의해서 악용되며 왜곡된다는 사실이다.[38] 거짓 점성술은 별을 통해 예언하고 거짓으로 점을 쳐서 사람들을 속이는 날조된 행위를 추구한다. 칼빈은 참된 점성술과 구별되는 거짓 점성술을 '재판적'(judiciary) 점성술[39]이라고 부르는데 이는 두 가지 주요 항목으로 구성되어 있다고 다음과 같이 설명한다.

> 첫째는 사람들의 본질과 기질(complexion)[40]뿐 아니라, 그들에게 일어나는 우연적인 일들 (fortunes)과 그들의 삶 속에서 해야 하거나 겪어야 하는 일들을

---

35 Mary Potter, "Introduction to the Translation", 164.
36 Mary Potter, "Introduction to the Translation", 165.
37 Mary Potter, "Introduction to the Translation", 165.
38 Mary Potter, "Introduction to the Translation", 166.
39 *CO* 37, 123 (사 44:25 주석): "Ab ipsis enim orta est astrologia adulterina, quam iudiciariam vocant, qua etiamnum praeclara ingenia permulta corrumpuntur."
40 여기에서 '기질'이란 인간의 모든 건강 상태, 물리적 구성, 다른 사람들로부터 구분되는 물리적이며 정신적인 자질을 가리킨다. Lynn Thorndike, *A History of Magic and Experimental Science*, vol. 4 (New York: Columbia Univ. Press, 1934), 190.

아는 것이며, 둘째는 어떤 사람이 다른 사람들과 관계를 맺는 가운데 그들의 시도를 알고자 하는 것이다. 일반적으로 그들은 세상의 모든 상황을 파악하기를 원한다.[41]

칼빈은 이렇게 재판적 점성술가들의 잘못된 점을 두 가지로 지적한 후에, 이 글의 상당한 지면을 이들의 오류들이 이미 구약 성경에 나타난 점성술에 관한 가르침을 통해서 논박되었음을 설명하는데 할애한다. 예를 들면, 칼빈은 이사야에 언급된 하나님께서 엄청난 점성술을 자랑했던 이집트와 갈대아인을 조롱하셨던 사건을 해설한다. 먼저 칼빈은 만약 점성술이 존재했다면, 그 나라는 이집트라고 지적한다. 그러나 하나님께서는 이집트인들의 점성술 왜곡에 대해서 선지자들을 통해 매우 신랄하게 비난하셨다(사 19:12).[42] 미래에 발생할 일들의 순서를 파악하는 것은 그들의 직무가 아니었던 것이다. 갈대아인들도 참된 점성술을 왜곡하여 이집트인들과 동일한 지식을 추구했으므로 그들도 하나님의 심판의 대상이 되어 멸망당할 것이라는 경고가 이사야를 통해서 주어졌다(사 44:25).[43] 또한 칼빈은 거짓 점성가들이 그들의 술객 행위를 정당화하기 위해서 창 1:14에 언급된 해와 달을 '징조(signs)'로 지칭한 사실에 주목한다. 그는 징조가 이들에 의해 오용되었으며 어떻게 이런 오용이 시정될 수 있는가에 대해서 다음과 같은 설명을 제공한다.

하나님의 신비로운 엄위를 인정해야 하는 천문학을 우리는 정죄하지 아니한다.

---

[41] Calvin, "A Warning against the Judiciary Astrology and other Prevalent Curiosities", 167-68.

[42] Calvin, "A Warning against the Judiciary Astrology and other Prevalent Curiosities", 176; *CO* 36, 336-37.

[43] Calvin, "A Warning against the Judiciary Astrology and other Prevalent Curiosities", 179; *CO* 37, 123.

그러나 호기심에 도취되어 어떤 나라가 얼마나 오랜 기간 동안 지속될 것인가, 그리고 이 도시 또는 이 사람들에게 무슨 일이 일어날 것인가를 배우기를 원하는 사람들을 정죄한다. 왜냐하면 이들은 한계를 넘어서서 원래 미래에 발생할 일들에 대한 조짐(omen)을 뜻하지 아니하는 '징조'를 오용하기 때문이다. 우리가 때로 우리가 주님의 노여움을 자극했음을 보도록 만드는 천상의 징조에 의해 경고를 받는다는 사실을 나는 인정한다. 그러나 (장래에 발생할 사건에 대한) 자세한 해설과 결론을 제공하거나, 우리에게 이를 탐구하거나 살펴볼 권한이 주어지지 아니한 숨겨지고 비밀에 붙여진 사건을 결정하려는 시도를 인정하지 아니한다.**44**

마지막으로 칼빈은 재판적 점성술로 인해 발생하는 악에 대한 치료책을 간략하게 제시하면서 이 글을 마무리한다.**45** 그는 사도 바울이 제시한 '냉철함'(sobriety)을 먼저 언급한다. 하나님을 두려워하는 경외심이 우리를 모든 오류에서 보호해 주는 요새와 같다는 설명도 첨가된다. 칼빈은 이에 머무르지 않고 각자가 자신이 맡은 임무에 충실하고 학문에 임하는 자들은 유익한 연구에 몰두하라고 권면한다. 왜냐하면 천문학은 우리에게 유익을 제공해 주는 학문 중의 하나로서 마땅히 존중받아야 할 뿐 아니라 지속적 연구의 대상이기 때문이다. 재판적 점성술이 참된 점성술이 아니라 거짓 점성술이며 음녀의 점성술(astrologia adulterina)로 왜곡된 이유도 점성가들이 천문학적 지식에 정진하기 보다는 헛된 호기심과 허영에 자신의 시간을 허비해 버리기 때문이었다.

결론적으로 칼빈은 무익하고 유해한 '재판적 점성술'을 정죄하면서 모든

---

44 *CO* 37, 123-24.
45 Calvin, "A Warning against the Judiciary Astrology and other Prevalent Curiosities", 188-89.

신자들이 자신의 삶을 돌아보아 한다고 주장한다. 또한 그는 과학적 지식을 추구하는 천문학자들과 점성가들은 자신의 임무에 충실하며 우주와 자연에 나타난 하나님의 질서를 올바르게 탐구하여 모든 사람들에게 유익을 가져다 줄 수 있는 결과를 도출해 내어야 한다는 실질적 입장을 취했다.

V. 마치면서

이 장에서 칼빈의 자연과학 이해에 관해서 적용이론, 하나님의 피조물로서의 자연에 대한 이해, 그리고 구체적 자연과학에 대한 이해로 나누어서 고찰해 보았다.

칼빈의 적응이론을 이론을 통해서 그가 이해한 하나님의 절대적 능력이 어떻게 그의 창조론에 영향력을 행사했는가를 파악할 수 있었다. 태초에 6일 동안에 창조가 이루어졌다는 사실 자체가 하나님께서 인간의 이해 능력에 맞추어서 이를 행하셨음에 대한 증거에 해당된다.

또한 하나님의 피조물로서의 자연 이해에 대하여 칼빈은 당대의 자연을 탐구하는 원리나 법칙들로서 설명될 수 없는 자연적 현상 이면에 숨겨져 있는 하나님의 능력을 드러내고 이를 높이고 찬양하는 입장을 취하였다. 특히 그는 아리스토텔레스의 자연철학의 원리를 수용하면서도 이 원리에 위배되는 다양한 자연 현상들(예, 물이 지구 표면 위를 완전히 뒤덮지 못하고 지면이 물위로 솟아난 경우)을 하나님의 직접적인 능력과 섭리의 결과로 간주했던 것이라고 볼 수 있다.

마지막으로, 구체적 자연과학으로서 천문학 또는 점성술에 대한 이해는 사실상 참된 점성술과 거짓 점성술에 대한 분별로 귀결되어 나타났다. 칼빈은 다른 학문들과 마찬가지로 천문학을 긍정적인 관점에서 이해하려는 태도를 지니고 있었다. 천문학과 점성술은 그 자체로서 인간에게 유익을 가져다 줄 수 있는 자연과학의 한 분야로 이해되었던 것이다. 그러나 소위 '재판적 점성술'에 대한 비판에 있어서 칼빈은 우주와 자연에 나타난 하나님의 질서를 왜곡하여 만물의 미래를 판단하려는 이들의 어리석음과 이로 인한 폐해들을 날카롭게 지적하고 신랄하게 비판했다. 자연과학에 대한 칼빈의 기본적 입장은 과학적 지식을 추구하는 자들이 그들의 연구 결과를 사리사욕을 위해 악용하거나 왜곡하지 아니하고 우주와 자연에 나타난 하나님의 질서를 올바르게 탐구하여 모든 사람들에게 유익을 제공하는 방식으로 나타나야 한다는 주장에 의해 잘 드러났다고 볼 수 있다.

참고문헌

강대훈. "마태의 탄생기사(1-2장)에 나타난 유대 묵시언어(꿈, 천사, 별)의 기능". 「신약논단」 22 (2015), 1-28.

길리스피, 찰스. 『객관성의 칼날: 과학 사상의 역사에 관한 에세이』, 이필렬 옮김, 서울: 새물결, 1999.

배틀스, 포드 루이스. "하나님께서는 자신을 인간의 한계에 맞춰 조정하셨다." 『칼빈 신학의 이해』. 도날드 맥킴 (편). 이종태 역. 서울: 생명의 말씀사, 1991, 22-51.

셀더르하위스, 헤르만. 『중심에 계신 하나님: 칼빈의 시편신학』, 장호광 옮김. 서울: 대한기독교서회, 2009.

이신열. 『종교개혁과 과학』. 서울: SFC, 2016.

이오갑. 『칼뱅의 신과 세계』. 서울: 대한기독교서회, 2010.

조덕영·안명준. "칼빈의 과학관". 「조직신학연구」 4 (2004), 193-208.

조영호. "생태 위기 시대에 있어 칼빈의 창조에 대한 이해의 의미". 「한국개혁신학」 46 (2015), 8-32.

천사무엘. "칼빈의 성서해석과 자연과학". 「대학과 선교」 11 (2006), 147-58.

해밀턴, 빅터. 『창세기 I』. 임요한 옮김. 서울: 부흥과개혁사, 2016.

호이카스, R. 『종교개혁과 과학혁명』. 이훈영 역. 서울: 솔로몬, 1992.

Balserak, Jon. *Divinity Compromised: A Study of Divine Accommodation in the Thought of John Calvin.* Dordrecht: Springer, 2003.

Calvin, John. "A Warning aginst the Judiciary Astrology and other Prevalent Curiosities". trans. Mary Potter. *Calvin Theological Journal* 18/2 (1983), 157-89.

Helm, Paul. *John Calvin's Ideas.* New York: Oxford Univ. Press, 2004.

Huijgen, Arnold. *Divine Accommodation in John Calvin's Theology:*

Analysis and Assessment. Göttingen: Vandenhoeck & Ruprecht, 2011.

Kaiser, Christopher B. *Creational Theology and the History of Physical Science: The Creationist Tradition from Basil to Bohr.* Leiden: Brill, 1997.

_____ . "Calvin's Understanding of Aristotelian Natural Philosophy: Its Extent and Possible Origins". *Calviniana: Ideas and Influence of Jean Calvin.* ed. Robert V. Schnucker, Kirksville, MO: Sixteenth Century Publishers, 1988.

Menschreck, Clyde. *Melanchthon, the Quiet Reformer.* Nashville: Abingdon, 1958.

Moran, Bruce T. "The Universe of Philip Melanchthon: Criticism and Use of the Copernican Theory". *Comitatus: A Journal of Medieval and Renaissance Studies* 4 (1973), 1-23.

Potter, Mary. "Introduction to the Translation" in Calvin, "A Warning against the Judiciary Astrology and other Prevalent Curiosities".

Schreiner, Susan E. *The Theater of His Glory: Nature and Natural Order in the Thought of John Calvin.* Grand Rapids: Baker, 1991.

Stauffer, Richard. *Dieu, la création et la providence dans les prédication de Calvin.* Berne: Peter Lang, 1979.

Thorndike, Lynn. *A History of Magic and Experimental Science.* vol. 4, New York: Columbia Univ. Press, 1934.

White, Andrew Dickson. *A History of the Warfare of Science with Theology in Christendom.* New York: Brazilier, 1955.

Young, Davis A. *John Calvin and the Natural World,* Lanham, MD: Univ. Press of America, 2007.

Zachman, Randall C. *Reconsidering John Calvin.* New York:

Cambridge Univ. Press, 2012.

5. 로버트 보일의 계시,
그리고 창조와 섭리에 대한 이해

Robert Boyle(1627-1691)

I. 시작하면서

　로버트 보일(Robert Boyle)은 과학과 신학의 대화에 있어서 중요한 역할을 차지하는 17세기 영국의 과학자이자 신학자였다. 특히 그의 입자론적 철학 또는 기계론적 철학은 데카르트(Rene Descartes)와 가상디(Pierre Gassendi)를 위시한 당대의 중요한 철학자들의 자연철학 이해와도 깊은 관련을 지닌 자연철학의 진면목을 보여주었다.[1] 그는 근대적 화학 개념이 등장하기 이전에 과학자로 활동하면서 수많은 실험을 통해서 자신의 자연철학에 근거한 근대 실험철학의 토대를 놓은 인물로 평가받는다. 이 장에서는 먼저 그의 계시에 대한 이해를 살펴본 후, 자연철학에 근거하여 창조와 섭리에 대한 그의 견해를 살펴보는 가운데 이 견해가 어떻게 그의 자연신학에 영향력을 행사했는가에 대한 답변도 아울러 추구하고자 한다. 이 작업을 위해서 보일의 생애와 작품을 중심으로 그의 생애를 전기적 차원에서 고찰한 후, 그의 계시에 대한 이해를 자연과 이성에 대한 논의를 중심으로, 그리고 창조와 섭리 이해를 입자철학과 기계철학의 관점에서 살펴보고자 한다.

II. 보일은 누구인가? 그의 생애와 작품을 중심으로

---

[1] 이 두 철학자의 기계론적 철학에 대한 비교 연구서로는 다음을 참고할 것. Margaret J. Osler, *Divine Will and the Mechanical Philosophy: Gassendi and Descartes on Contingency and Necessity in the Created World* (Cambridge/New York: Cambridge Univ. Press, 1994). 이 글에서는 보일의 데카르트 비판과 더불어 보일의 자연철학이 개괄적으로 소개되어 있다.

로버트 보일은 자연과학과 신학에 대해서 어떤 견해를 지닌 인물이었는가? 이 광범위한 질문에 답하기 위해서 먼저 그의 생애에 대해서 간략하게 살펴보되 지면 관계상 그가 옥스퍼드에 정착했던 1656년까지를 중심으로 고찰하고자 한다. 그의 부친 리처드 보일(Richard Boyle, 1566-1643)은 엘리자베스 1세(1533-1603)에 의해 아일랜드로 파송되어 그곳에서 위대한 공작(the Great Earl)의 칭호를 받았던 코크의 공작(the Earl of Cork)으로서 아마도 당대에 가장 성공한 기업가로 그 지역에 널리 알려진 인물이었다.[2] 로버트는 베이컨(Francis Bacon)이 사망하던 해인 1627년 1월 5일 문스터(Munster)의 린스모어 성(Linsmore Castle)에서 14명의 자녀들 중 막내로 출생했다. 그는 주로 가정에서 교육을 받았는데 비록 불어와 라틴어를 배우는데 많은 시간을 보내야 했지만, 학업보다는 누릴 수 있는 자유로움이 더 많았다고 볼 수 있다. 그러나 11살이 되던 해인 1638년에 로버트는 부친의 결정에 따라 형제들과 함께 스위스의 제네바로 보내지게 되었는데 이곳에서 마르콤(Marcombes)의 보살핌을 받게 되었다. 제네바에서 보일은 엄격한 학문 훈련을 받게 되었는데 라틴어 문법을 포함한 수사학과 논리학을 배울 수 있었다. 그가 에피쿠로스(Epicurus)의 원자론을 접할 수 있게 되었던 곳도 바로 제네바였다. 이런 교육과 더불어 칼빈이 작성했던 교리문답서를 배우면서 그는 또한 칼빈주의에 젖어들게 되었다.[3] 그가 받았던 칼빈주의적 가르침은 마르콤이 칼빈의 『기독교 강요』를 매일 두 섹션(section)씩 그와 그의 형제들에게 읽어주었다는 사실에 의해서 확인된다고 볼 수 있다.[4]

[2] Michael Hunter, *Boyle: Between God and Science* (New Haven/London: Yale Univ. Press, 2009), 12.
[3] R. E. W. Maddison, *The Life of the Honourable Robert Boyle F.R.S.* (London: Taylor & Francis, 1969), 30; Hunter, *Boyle,* 47.
[4] Jan W. Wojcik, *Robert Boyle and the Limits of Reason* (Cambridge/New York: Cambridge Univ. Press, 1997), 202; Peter Anstey, "The Christian Virtuoso and the

이렇게 철저한 칼빈주의적 신앙 교육을 받은 보일은 진정한 의미에서 회심을 체험하기에 이르렀다. 21세에 기록한 자서전에서 그는 1640년에 제네바에서 겪었던 극적인 회심이 모든 삶에 있어서 가장 심각한 고려의 대상이 될 만한 것이었다고 밝혔다. 그는 기독교의 진리 앞에서 자신의 부족함과 최후의 심판대에 설 준비가 없음을 심각하게 깨달았고 이로 인해 한때 자살을 생각하기도 했다. 이제 그는 전 생애를 통해서 기독교 진리에 대한 확신을 찾아 나서게 되었던 것이다.5

그런데 1642년 5월에 보일은 부친으로부터 아일랜드에 내란이 발발했으며 이로 인해 더 이상 재정적 도움을 제공해 줄 수 없게 되었다는 통보를 받게 된다. 충격에 휩싸인 그는 아일랜드를 향한 애국심에서 국왕을 위해서 헌신하기로 다짐했다. 그러나 당시 겨우 15세에 불과했던 그가 자신의 행보를 쉽사리 결정짓지 못하고 고민하던 가운데, 이듬해인 1643년에 그의 부친이 사망했다는 소식을 접하게 되었고 그는 누나 캐서린(Katherine)이 기거하던 영국으로 떠나기로 결심하게 되었다. 동생의 아일랜드 행 결심을 파악한 캐서린의 만류로 그는 아일랜드로 가서 국왕을 위해 싸우겠다는 계획을 포기하게 되었고 보일은 1644년부터 1652년까지 도르셋(Dorset)의 스톨브릿지(Stalbridge) 성에 체류했다. 이곳에서 지내는 동안 보일은 다양한 신학적 작품을 저술하였는데 이 가운데 가장 대표적인 것은 1648년 8월 6일에 작성된 하나님의 사랑을 다룬 '세라픽 사랑(Seraphic Love)'이라는 글이다.6

Reformers: Are there Reformation Roots to Boyle's Natural Philosophy?" *Lucas* 27/28 (2000), 24, note 45.

5 Hunter, *Boyle*, 47-49; Reijer Hooykaas, *Robert Boyle: A Study in Science and Christian Belief* (Lanham, MD: Univ. Press of America, 1997), 8-9.

6 1:51ff. 이하 *Works* (1999-) 1, 51ff. 이 저작은 상당한 부분이 재작성되어 1659년에 출판되기도 하였다. 완전한 제목은 *Some Motives and Incentives to the Love of God, Pathetically Discoursed of, in a Letter to a Friend*인데, 여기에서 'friend'는 지상적

이 글은 천상의 사랑이 지상의 어떤 사랑보다도 탁월함을 논증하는 도덕적 내용을 다룬다. 보일은 라넬라 자작의 부인(the Viscountess of Ranelagh)이었던 자신의 누나에 의해 독일 지성인으로서 런던에 정착했던 사무엘 하트리브(Samuel Hartlib, 1600-1662)를 소개 받게 되었다. 하트리브는 프러시아 태생으로서 당대에 '유럽의 지성인'으로 널리 알려진 인물이었는데 다양한 분야에서 탁월한 지성적 능력을 활용하여 공공의 유익을 위해 활동하는 박애가(philanthropist)였다. 그는 베이컨의 『신기관』(The New Atlantis)에 나타난 새로운 사고에 기반을 둔 기독교 국가(Christian Commonwealth)를 건설하겠다는 이상을 지니고 이를 실천에 옮기기 위해서 과학적 지식의 발전과 흥왕을 도모했다.[7] 그의 이러한 이상적 계획에 동조하는 자들은 당시에 하트리브 써클(the Hartlib Circle)로 알려지게 되었는데 보일은 이러한 과학적 지식의 발전에 흔쾌히 동의하여 이 써클의 일원이 되었다. 보일은 하트리브 써클의 영향력 아래 자연철학에 관한 네 편의 에세이를 저술하기 시작했는데 제 1부가 1649년에 완성되어 1663년에 출판되었다. 그 제목은 널리 알려진 '실험철학의 유용성에 관한 고찰(Considerations Touching the Usefulness of Experimental Philosophy)'이었다. 이 에세이에는 자연에 대한 연구가 지닌 신학적 의미를 아주 경건한 필치로 표현했다. 특히 자연을 통해 인간이 인식할 수 있는 하나님의 속성들과 더불어 인간을 자연의 위대한 제사장으로 파악하고 그가 마땅히 창조주 하나님께 감사와 찬양과 영광을 돌려야 한다는 송영적 결론에 도달한다. 보일에게 자연에 대한 탐구를 증대시키는 것은 곧 하나님에 대

사랑을 헛되이 추구했다는 이유로 보일의 비판의 대상이었던 Lindamore를 가리킨다.

[7] Rose-Mary Sargent, *The Diffident Naturalist: Robert Boyle and the Philosophy of Experiment* (Chicago: Univ. of Chicago Press, 1995), 89.

한 감탄을 증대시키는 것이었다.[8] 또한 대부분이 1652년에서 1658년에 걸쳐 작성되었으나 1665년에 완성되어 1671년에 출판되었던 동일한 에세이의 2부에서 보일은 실험과학자로서의 자신의 진면목을 드러내었다. 실험에 근거한 그의 과학적 지식은 실질적 삶에 유용한 것으로서 발효된 빵에서 추출되어 부식되는 술, 아스파라가스의 효능, 여러 종류의 의학적 처방 등을 위시한 광범위한 주제를 아우르는 것이었다.[9]

1648년에 보일은 여러 어려움을 겪으면서도 마침내 자신의 거주지인 스톨브릿지 성에 실험실을 갖게 되었다.[10] 이제 과학적 지식을 이론적으로만 추구하는 작업에서 벗어나서 실험을 통해서 이 지식을 증명하는 실험과학자로서의 삶이 시작되었다. 1649년까지 그의 저작물의 대부분은 신학적이며 도덕적인 주제들을 다루었으나 그 이후로 보일은 자신의 신학적 연구와 더불어 실험철학과 자연철학에 더욱 집중할 수 있게 되었다. 이에 크게 기여한 것으로 1655년과 1656년에 걸쳐서 옥스퍼드(Oxford)로 거처를 옮긴 후 옥스퍼드대학의 과학자들과 협력하기 시작한 것을 들 수 있다. 이 시기에 그의 과학자로서의 삶이 시작되었다고 볼 수 있다.[11] 당시 이곳에는 존 월리스(John Wallis), 존 윌킨스(John Wilkins)과 같은 수학자, 세스 워드(Seth Ward)와 같은 천문학자, 윌리엄 페티(William Petty)와 같은 물리학자를 위시한 탁월한 자연과학자들이 동역하고 있었으며 특히 윌킨스의 영향력 아래 보일은 옥스퍼드에 오게 되었다.[12] 나중에 건축가로 전향한 크리스토퍼

---

[8] *Works (1999-)* 13:151-60.
[9] Hunter, *Boyle*, 96.
[10] Sargent, *The Diffident Naturalist*, 62.
[11] Michael Hunter, "How Boyle Became a Scientist," *History of Science* 33 (1995), 59-103.
[12] B. J. Shapiro, "Latitudiarianism and Science in Seventeenth-Century England," *Past & Present* 40 (1968), 23.

렌(Christopher Wren)과 같은 과학자들도 동참했으며 아직 학부에서 재학 중이었지만 나중에 보일의 수제자로 명성을 떨쳤던 로버트 후크(Robert Hooke)도 포함되었다.[13] 이 기간 동안에 그는 다양한 주제에 관한 수많은 실험을 할 수 있게 되었는데 그 중에 가장 널리 알려진 것은 공기 펌프에 관한 실험이었다. 그는 1657년 오토 폰 게릭(Otto von Guericke)의 공기 펌프에 관한 글을 읽다가 후크의 도움을 받아 이를 개선할 수 있는 장치 고안에 착수했고, 마침내 1659년에 널리 알려진 '보일의 기계'(machina Boyleana) 또는 '기학 엔진'(Pneumatic engine)을 발명하게 되었다. 이 엔진을 활용한 43회에 걸친 실험의 결과는 1660년에 '공기의 용솟음에 관한 새로운 물리-역학적 실험과 그 영향력'(*New Experiments Physico-Mechanicall, Touching the Spring of the Air, and its Effects*)이라는 제목의 책에 포함되어 출판되었다.[14] 이 글에서 그는 자연이 진공상태를 싫어한다는 스콜라 철학의 주장에 일격을 가했다고 알려져 있다.

마이클 헌터(Michael Hunter)가 지적한 바와 같이 옥스퍼드 과학자들과의 교류와 협력을 통해 보일은 1650년대 이후로 자연철학의 독창적 존재(the original voice of natural philosophy)로 부각될 수 있었다.[15] 그가 이 시기 이후에 남긴 실험철학과 자연철학에 관한 글들을 그 양에 있어서 방대할 뿐 아니라 자연과학의 거의 모든 주제들을 다루는 역작에 해당된다. 먼저 실험철학에 관한 글로는 연금술(alchemy)을 타파하고 근대화학의 발전

---

[13] Marie Boas Hall, *Robert Boyle on Natural Philosophy: An Essay with Selections from His Writings* (Bloomington: Indiana Univ. Press, 1965), 21-23; Hooykaas, *Robert Boyle*, 10.

[14] Steven Shapin & Simon Schaffer, *Leviathan and the Air-Pump: Hobbes, Boyle, and the Experimental Life* (Princeton: Princeton Univ. Press, 1985), 특히 23-79.

[15] Hunter, *Boyle*, 104.

에 한 획을 그었던 것으로 평가받는 '회의적 화학자'(*The Sceptical Chymist*, 1661)를 들 수 있다.[16] 이 글은 화학이 이성적으로 조망될 수 있는 학문임을 보여주고 증명하려는 목적을 지니고 있었다. 이 목적을 위해서 실험은 모든 사람이 쉽게 파악할 수 있는 방식으로 행해져야 하며 이를 통해서 화학을 둘러싼 숨겨진 신비가 제거되어야 한다는 자신의 실험철학이 피력되었다.[17] 또한 아리스토텔레스가 주장하였던 4가지 원인의 정당성과 유효성이 그의 실험을 통해서 부인되었다. 그러나 이 글에서 그는 화학이라는 학문의 실질적이며 긍정적인 필요성과 유용성을 철학적인 차원에서 제시하지 못한 가운데 단지 이를 스콜라 철학의 문제점만을 지적하는데 활용하기에 머물렀고 그 결과 이 글 전체는 사실상 부정적 성격을 지니고 있다는 비판을 받게 게 되기도 했다.[18] '입자철학에 근거한 형태와 질의 기원'(*The Origin of Forms and Qualities according to the Corpuscular Philosophy*, 1666-67)이라는 글에서는 신학적 논리를 활용하여 아리스토텔레스주의에 근거한 스콜라철학이 지닌 문제점을 예리하게 비판했는데 이는 주로 이 철학이 자신의 논리적 주장에만 스스로를 국한한 결과 그 논의가 일반적 사고를 지닌 사람들이 이해할 수 없는 난해한 방식의 형이상학에만 머무르게 되었고 이로 인해 사실상 물리적 세계에 대한 무지를 드러내게 된 것이라고 주장했다.[19] 그 외에도 자연철학에 관한 대표적 작품으로는 '통속적으로 수용된 자연이라는 개념에 대한 자유로운 연구'(*A Free Inquiry into the Vulgary Received Notions of Nature*, 1685-86), '자연적 사

[16] Hunter, *Boyle*, 119. 이 글은 만물이 소금(salt), 유황(sulphur), 그리고 수은(mercury)으로 구성되어 있다는 파라셀수스(Paracelsus)의 주장을 반박한다.
[17] *Works* 1, 461, 510. Sargent, *The Diffident Naturalist*, 71.
[18] Sargent, *The Diffident Naturalist*, 73.
[19] *Works*, 3:17, 41, 75; Sargent, *The Diffident Naturalist*, 26-27.

물의 최종인에 대한 탐구'(*A Disquisition about the Final Causes of Natural Things*, 1688)를 들 수 있다. 특히 전자를 통해 보일은 자연이라는 거대한 개념이 사실상 내용이 결여된 허상의 개념임을 밝혔고 더 나아가서 하나님의 섭리에 의해서 자연이 정의되어야 한다고 주장했다.[20] 후자는 전자와의 연속선상에서 작성되었는데 여기에서는 논지를 강화하기 위해서 목적론적 논증이 활용되었다.[21]

보일은 1656년부터 사망하기 3년 전인 1688년까지 30년이 넘는 기간을 옥스퍼드에서 지내면서 많은 자연과학자들과의 교류와 협력에 힘입어 실험에 근거한 자신의 자연철학을 발전시켜 나갔다. 그러나 그가 실험과 자연철학에만 정통했던 인물은 아니었다. 그는 지속적으로 개신교 신앙을 견지했으며 그의 과학은 이 신앙을 위한 도구이었다. 그의 개신교 신앙은 성경에 기초한 것이었고 그는 탁월한 성경적 지식을 소유한 신학자로서 특히 성경 원어에 정통했던 것으로 알려져 있다. 여기에 가장 중요한 동기를 부여한 인물은 그의 부친의 친구이었던 아일랜드의 개혁주의 신학자 제임스 엇셔 (James Ussher, 1581-1656)였는데 보일의 성경에 대한 무지를 강력하게 질책하는 그의 권고는 보일에게 원어에 충실한 성경의 학생이 되는 계기를 마련해주었다.[22] 옥스퍼드에 정착해서 과학자로서 실험과 자연철학에 매진

---

[20] Richard S. Westfall, *Science and Religion in Seventeenth-Century England* (New Haven: Yale Univ. Press, 1957), 84-88; Sargent, *The Diffident Naturalist*, 93-98, 101-103.

[21] Timothy Shanahan, "Teleological Reasoning in Boyle's Disquisition about Final Causes," in *Robert Boyle Reconsidered*, ed. Michael Hunter (Cambridge: Cambridge Univ. Press, 1994), 177-92.

[22] Hunter, *Boyle*, 80-81. 아르마(Armagh)의 주교이었던 엇셔는 창세기에 나타난 창조의 연대를 기원전 4004년으로 계산했다. 그의 주장에 의하면 지구의 나이는 약 6000년에 불과한 것으로 파악된다. 밀라드 J. 에릭슨, 『복음주의 조직신학, 상: 서론 · 신론』, 신경수 역 (서울: 크리스챤다이제스트, 2000), 430-31. 그의 생애와 사상에 대한 자세한 글로는 다음을 참고할 것. Alan Ford, *James Ussher: theology, history, and politics in early-modern Ireland*

하는 가운데 그는 신학자, 고전학자, 그리고 언어학자들과 지속적 교류를 유
지했는데 이런 학자들 가운데 보일에게 교부학에 대해서 조언했으며 후에
런던의 주교가 되었던 토마스 발로우(Thomas Barlow), 찰스 2세의 궁정목
사이었던 존 빌(John Beale), 리처드 백스터(Richard Baxter), 미국 인디
언들의 선교사로 활동했던 존 엘리엇(John Eliot), 그리고 삼위일체론 논쟁
을 촉발시켰던 사무엘 클라크(Samuel Clarke)이 포함되었다.[23] 그는 많은
신학적 작품을 남겼는데 그 중에 가장 대표적인 것들을 살펴보면 다음과 같
다: "성경의 스타일에 관한 논고"(*Some Considerations touching the
Style of Holy Scripture*, 1661), "자연철학과 비교해 본 신학의 탁월함"
(*The Excellency of Theology compared with Natural Philosophy*,
1674), "하나님께 빚진 인간의 지성에 대한 숭고한 존경심에 대하여"(*Of
the High Veneration of Man's Intellect Owes to God*, 1685), "기독
교 거장"(*The Christian Virtuoso*, 1690). "자연철학과 비교해 본 신학의
탁월함"에서 보일은 자연철학은 단지 순수하게 물질적인 사물만을 다루므로
데카르트(Rene Descartes)가 자연적 수단으로 인간 영혼의 불멸성을 증명
했다는 것은 불가능한 것이라고 비판한다. 이를 통해서 그는 성경에 대한 연
구가 자연철학에 기초한 자연신학을 통해서 하나님을 인식하는 것보다 지적
으로 훨씬 더 탁월함을 보여주고자 했다.[24] 특히 그의 마지막 작품인 "기독
교 거장"은 1681년부터 집필되기 시작되었는데 기독교인은 자연과학적 거
장이 될 수 없다는 리버틴주의적 주장을 배격하면서 과학의 입장에서 기독

and England (Oxford: Oxford Univ. Press, 2007).
[23] Sargent, *The Diffident Naturalist*, 112; Hooykaas, *Robert Boyle*, 10-11. 호이카스는
보일이 교회 직분으로 부름을 받았지만 성령의 부르심을 받지 못해서 이를 거절하였다고 보았
다.
[24] *Works* 4, 7, 12, 18; Sargent, *The Diffident Naturalist*, 113-14.

교를 탁월하게 변증한 작품으로 평가된다.[25] 따라서 보일은 자연과학과 기독교의 관계는, 만약 올바르게 이해된다면, 긍정적 상호관계를 유지할 수 있다고 주장했던 것이다.[26]

III. 보일의 계시론

보일의 신학적 저작에서 가장 많은 분량을 차지하는 것은 계시와 성경에 관한 글들이다. 계시는 그의 신학에 나타난 특징들을 이해하는데 중요한 역할을 차지하는 주제이다. 계시는 인간의 이성에 작용하여 하나님에 대한 지식을 갖도록 이끄는 역할을 담당하므로 모든 신학은 계시에서 비롯되고 출발한다.[27] 그러므로 보일의 신학에 대한 총체적 평가를 위해서는 그의 계시론에 대한 고찰이 필수적이라고 볼 수 있다. 이 단락에서는 앞서 언급된 보일의 신학적 작품들을 중심으로 그가 이해했던 계시의 정의, 계시에 대한 인간의 반응, 그리고 영감설과 적응이론을 중심으로 계시와 성경의 관계에 대해서 살펴보고자 한다.

1. 계시의 정의

---

[25] *Works* 5, 508; Sargent, *The Diffident Naturalist*, 273. n. 32; Hunter, *Boyle*, 201-202.
[26] Hooykaas, *Robert Boyle*, 12; Sargent, *The Diffident Naturalist*, 93.
[27] Bruce A. Demarest, *General Revelation: Historical Views and Contemporary Issues* (Grand Rapids: Zondervan, 1982), 13-14. 데마레스트는 신학에 있어서 계시의 중요성을 '신학의 아킬레스 건'이라는 표현을 사용하여 기독교의 체계가 계시에 달려 있다고 강조한다.

보일은 "헨리 올덴베르그에게 보내는 편지"에서 계시에 대한 정의를 제공
한다. 먼저 이성과 더불어 계시는 성부 하나님의 빛으로서 기독교인을 모든
빛으로 인도하는데 여기에서 빛은 진리를 지칭한다.28 계시는 신적 진리 자
체로서 인간을 이 진리로 이끄는 일종의 도구에 해당된다. 계시는 인간 영혼
에 부여된 플라톤적 의미에서의 신적 형태(form)도, 인간 마음에 주어진 능
력(faculty)도 아니다.29 보일은 계시가 인간에게 주어질 때 그의 이성에 작
용한다는 사실을 인식하고 계시를 설명하면서 이성을 빈번하게 언급할 뿐
아니라 계시의 정의를 제공함에 있어서도 양자의 관계를 중심으로 이를 파
악하고자 한다. 그러나 계시는 이성의 작용만으로는 결코 발견될 수 없는 탁
월하고 바람직하며 중요한 진리를 드러내는 것이었다. 이성 작용에 근거한
자연신학이 희미하고 설득력이 부족하며 불완전하게 진리에 대한 설명을 제
공하는 것과는 대조적으로, 계시는 분명한 정보와 더불어 이성으로는 파악
불가능한 진리의 구체적인 단면들을 제공한다.30 이로 인해서 계시는 기독교
인에게 하나님을 섬기고 즐길 수 있는 방법을 교육시킬 수 있다. 여기에서
계시에 대한 보일의 견해가 이성과의 관계 속에서 그 결점과 불완전한 부분
을 보완하고 수정하는 차원에서 더욱 완전한 진리를 제공한다는 수단적이며
인식론적(epistemological) 차원에 집중되고 있음을 발견할 수 있다.

또한 보일은 계시가 신적 증언과 다르지 아니하며 인간의 어떤 증언보다

---

28 *Works (1999-   )* 14, 267 (*A Letter Mr. H[enry] O[ldenberg]*). 이 글은 Royal Society
   Boyle Papers 4. fols. 8-25에 수록되어 있다. Henry Oldenberg(1618-1677)는 독일 출신의
   신학자이며 외교관이었고 또한 자연철학자였다. 영국 왕립협회(The Royal Society)의 초대
   서기(Secretary)로 활동했으며 최초로 전문가들의 심사를 거친 과학 논문들을 저널에 발간하기
   시작했다. 보일의 후견인이자 그의 작품의 출판을 대행하였다. 그에 관한 전기로는 다음을 참고
   할 것. Marie Boas Hall, *Henry Oldenburg: Shaping the Royal Society* (Oxford: Oxford
   University Press, 2002).
29 *Works (1999-   )* 14, 273.
30 *Works (1999-   )* 14, 268-69.

도 더욱 고귀하며 확실한 증언이라고 주장한다. 이런 이유에서 신적 증언으로서 계시는 이성이 진리를 발견하고 이 발견된 진리를 명제화하고 추론화하는 작업에 있어서 반드시 사용되어야 할 수단으로 간주되었다.31 이는 앞서 언급된 바와 같이 계시는 이성이 진리를 이해하고 수용함에 있어서 필요한 '수단'(medium)으로 작용함을 뜻한다. 보일이 계시를 증언이라고 부르는 이유는 자연의 빛에 의해서 발견 가능한 진리가 계시를 통해서 확증될 뿐 아니라 이를 증진시키고 보완하여 완성시키는 차원을 지니고 있기 때문이다.32 계시는 이성이 가르치는 바를 확인시켜 줄 뿐 아니라 이성이 발견할 수 없는 부족한 부분을 보완하여 신학적 진리를 완성시킨다. 이런 이유에서 계시는 신학적 진리의 완성을 향한 열쇠에 해당된다.33 자연신학과 계시를 조화의 관점에서 이해하는 보일의 신학적 위치가 여기에서 재확인된 것이라고 볼 수 있다. 그가 추구하는 자연신학은 자연을 하나님이 스스로를 계시하시는 수단으로 수용하는 개혁주의적 관점을 지니고 있다.34 이런 자연신학에서 출발하여 보일은 계시가 인간의 이성에 의해서 확인된 바를 확증하고 완성할 뿐 아니라 이성으로서 결코 파악될 수 없는 진리를 제공한다고 주장한다. 보일의 계시 이해에 나타난 두 가지 특징은 이성과의 조화와 초월이라는 두 개념과 더불어 파악될 수 있다. 계시를 통해서 조명된 진리를 이성의 작용을 통해서 더 완전하게 깨닫는 것과 이성으로서 결코 파악할 수 없는 감춰진 진리가 이성에 주어진다는 사실을 가리킨다. 보일은 이를 망원경이 지닌 두 가지 기능에 비유하여 설명한다.35 육안으로는 전혀 볼 수 없는 것과 희

---

31 *Works (1999-)* 14, 274.
32 *Works (1999-)* 14, 275.
33 *Works (1999-)* 14, 276.
34 Cf. Hooykaas, *Robert Boyle*, 64.
35 *Works (1999-)* 14, 274.

미하고 불완전하게 밖에 볼 수 없는 두 가지 경우 모두 망원경의 도움을 받게 될 때 볼 수 있게 되는 것과 같은 원리로 계시도 이성에 작용한다고 주장했던 것이다.

2. 계시에 대한 인간의 반응; 철학적 예배와 유순함

계시가 자연을 통해 주어진 결과로서 인간은 하나님의 지혜, 능력, 그리고 선하심을 깨닫게 된다.[36] 보일은 하나님의 계시가 담긴 자연세계를 편견이나 악의적 생각 없이 고결함(probity)으로 탐구한다면, 계시에 올바르게 반응할 수 있다고 주장한다.[37] 이렇게 계시에 대해서 올바른 인식을 지니게 된 사람은 하나님이 누구이시며 그가 얼마나 위대한 분이신가를 깨닫게 될 뿐 아니라, 자신에 대한 올바른 인식을 지니게 된다.[38] 계시를 통해 주어지는 하나님의 지혜와 능력을 비롯한 다양한 속성에 대한 인식은 우리 삶의 거의 모든 곳에서 발생한다.[39] 하나님의 위대함에 대한 인식은 인간의 마음속에 그 분에 대한 강렬한 흠모의 감정을 제공한다. 이에 근거해서 보일은 계시에 대한 형이상학적 의미에서의 자연적 탐구가 아니라 자연에 대해서 올바른 반응을 불러일으키는 과학적 탐구가 요구된다고 다음과 같이 주장한다. "그러나 이 하나님이 이러한 피조물들에 자신에 합당한 능력, 지혜, 선하심을 드러내셨다는 것을 발견하기 위해서는 주의력을 지니고 부지런한 통찰이 필요하다."[40] 보일이 과학적 탐구를 강조하는 결정적 이유는 자연에 대한 이

---

[36] *Works* 3, 270 (*Some Considerations touching the Usefulness of Experimental Natural Philosophy*).
[37] *Works (1999-)* 11, 293, 300 (*The Christian Viruoso I*).
[38] *Works (1999-)* 10, 161 (*Of the High Veneration Man's Intellect Owes to God*).
[39] *Works* 3, 236.

탐구가 곧 '철학적 예배(philosophical worship)'에 해당하며 이는 모든 인간이 마땅히 행해야 할 의무로 간주되었기 때문이다. "이것은 종교의 첫째 행위이며 모든 종교에서 동일하게 행해져야 할 의무이다. 이것은 인간의 의무이며 이성이라는 특권을 부여받은 자가 반드시 갚아야 할 조공에 해당된다."[41] 철학적 예배로서 자연에 대한 탐구는 자연에 나타난 하나님의 계시를 피상적으로 인식하거나 찬양하는 차원을 넘어서서 분명하고 이성적인 방식으로 하나님을 피조물로부터 구분하고 합당한 영광을 그분에게 돌리는 행위이어야 한다. 이는 어떤 종교적 행위보다 하나님께서 기뻐 받으시는 행위이며 더 나아가서 하나님께 몸으로 드리는 산제사(롬 12:1)로 승화된다.[42] 특히 보일에게 중요한 것은 자연에 대한 탐구를 담당하는 모든 피조물들이 창조자에게 마땅히 드려야 하는 경배 행위를 인간이 선도해야 한다는 견해이다. 달리 말하자면, 인간은 '자연의 제사장'이 되어야 한다.[43] 이렇게 자연의 제사장으로서 과학자의 역할이 강조된 이유가 인간이 하나님께 감사와 찬양을 돌려 드려야 하는 것이 합당할 뿐 아니라 이는 자신을 위한 것이며 더 나아가서 다른 모든 피조물들을 위해서도 그렇게 해야 하기 때문이라는 사실에 놓여 있기 때문이다. 또한 보일은 자신이 주장하는 철학적 예배의 정당성을 종말론적 차원에서 다음과 같이 설명한다.

> 앞으로 다가오게 될 삶에는, 즉 아무런 의심 없이 가장 정확하신 하나님께 영화롭게 하게 될 때는, 신앙, 기도, 자유, 인내, 은혜가 거의 또는 전혀 사용되지

---

40 *Works (1999-   )* 11, 145 (*A Disquisition about the Final Causes of the Natural Things*).

41 *Works* 3, 278. Edward B. Davis, "Robert Boyle's Religious Life, Attitudes, and Vocation," *Science & Christian Belief* 19 (2007), 130.

42 *Works* 3, 279.

43 *Works* 3, 238. Sargent, *The Diffident Naturalist*, 90-92; Hunter, *Boyle*, 73.

않을 것이다. 그러나 우리의 예배는 주로 승화된 개념과 하나님의 전능, 지혜,
선하심에 대해서 꿇어 경배하는 것으로 이루어질 것인데 이는 요한계시록에
나타난 것과 같을 것이다.**44**

철학적 예배와 관련된 개념으로서 함께 고찰되어야 할 계시에 대한 인간
의 반응으로는 '유순함(docility)'을 들 수 있다.**45** "기독교 거장"(*The
Christian Virtuoso*)에서 보일은 거장의 특징으로서 유순함에 대해서 다음
과 같은 설명을 제공한다.

> 그러므로 우리의 거장이 지녀야 할 특징으로 우리가 인정한 유순함은, 쉽게
> 파악되든 그렇지 않든 간에, 그로 하여금 영감된 자들의 증언에 담긴 초자연적
> 질서의 대상들과 관련된 많은 진리들에 대해서 큰 신뢰를 지니도록 만들 것이
> 다. 이런 대상들 가운데 특히 하나님 자신과 그의 목적은 빼 놓을 수 없는
> 것이다. 왜냐하면 그와 같은 진리는 탐구자들에게 계시 없이는 알려질 수 없으
> 며, 다른 것은 계시를 통해 알려질 수 있기 때문이다.**46**

위 인용문에서 파악될 수 있는 것은 보일이 계시, 특히 신적 영감으로 기
록된 성경에 나타난 계시를 통해서 하나님의 진리의 일부를 깨달을 수 있는
태도로서의 유순함을 지니게 되었다는 사실이다. 이 단어는 "기독교 거장"에
서 5회 사용되었는데 이는 세 가지로 나누어서 분석해볼 수 있다. 먼저 '거

---

44 *Works* 3, 239-40.
45 유순함(docilitas)은 칼빈이 자신의 회심에 대해서 기술할 때 사용되었던 단어로서 그는 이를
특히 말씀에 대한 유순함으로 이해했다. 이 유순함을 그의 예기치 못한 회심과 관련하여 다루는
글로는 다음을 참고할 것. 양신혜, "칼빈의 프로테스탄트로서의 종교적 정체성 -시편 주석의
서문의 '수비타 콘베르시오(subita conversio)'를 중심으로-", 「한국개혁신학」 31 (2011),
252-79.
46 *Works (1999-)* 11, 313-14.

장'의 정의와 관련해서 '유순함'은 그가 갖추어야 할 기질 또는 경향 (disposition)으로서 2회 언급된다.[47] 이 경우에 '유순함'이란 보일이 신뢰 하는 계시 종교, 즉 기독교의 구성에 있어서 필수 불가결의 요소로 수용된 다. 단어의 사전적 의미를 적용한다면, 하나님으로부터 주어진 계시에 대해 서 까다롭게 이의를 제기하거나 의심하는 경우가 아니라 이를 있는 그대로 신뢰하고 순종하는 태도를 가리킨다. 그리고 이 단어는 기독교 학자 (scholar)의 자질에 대한 설명에도 사용된다.[48] 보일은 신적인 진리를 가르 치는 교사는 먼저 자신이 추구하는 진리에 관한 참된 정보를 받아들이기에 합당한 마음을 지닌 자이어야 한다고 주장한다. 성경을 통해서 계시로 주어 진 진리에 관한 정보가 참된 것이라면 이는 다른 사람을 속이기 위한 것이 아니라 조심성 있게 그리고 깊이 있게 다루어져야 한다는 방식으로 유순함 이 이해된다. 이렇게 해석되고 적용될 경우, 유순함이란 성경에 주어진 계시 와 이를 통해 주어지는 진리를 배우고 익혀서 다른 사람에게 더욱 효과적으 로 가르치려는 교사에게 '유익한'(advantageous) 것이라고 볼 수 있다. 마 지막 용례는 계시를 대하는 모든 기독교인에게 진정으로 필요한 것은 손쉽 게 믿는 태도(credulity)가 아니라 유순함이라고 설명한다.[49] 여기에서 유순 함의 의미는 경솔함과 반대되는 것이라고 볼 수 있는데 이는 앞서 설명된 두 번째 용례가 심화된 것이라고 볼 수 있다. 이를 더 자세하게 설명하기 위해 서 보일은 자연과학적 설명을 활용했는데 여기에서 금전(golden coin)이 예로 등장한다. 화학자는 정확성과 엄정성과 기술을 가지고 주어진 동전에

---

[47] *Works (1999-)* 11, 304, 324. 17세기 영국문화의 관점에서 '거장'(viruoso)을 소개하는 글로는 다음을 참고할 것. 성영곤, "기독교 버튜오소와 로버트 보일," 「서양사론」 제 114호 (2012), 187-92.

[48] *Works (1999-)* 11, 323.

[49] *Works (1999-)* 11, 324.

대하여 과학적으로 신중한 검증 작업에 임하게 된다. 이런 신중한 검증의 결과로서 과학자는 일반인보다 더 철저하고 더 분명한 확신을 지니고 이것이 금으로 만들어진 동전임을 확인하게 된다. 이와 마찬가지로 계시 종교에 있어서 성경에 기록된 기적, 예언 등과 같은 초자연적 진술들은 엄격하고 신중한 검증을 필요로 하며 이런 과학적 검증을 통해서 진리의 참된 특징들이 더욱 신빙성을 지닌 것으로 드러나게 되며 궁극적으로 진리에 대한 신뢰도가 더욱 상승하게 되는 것을 뜻한다.

여기에서 보일이 주장하는 유순함이란 앞서 제시된 두 가지 의미(주어진 계시를 신뢰하고 순종하는 태도, 계시의 진리를 전적으로 신뢰하되 이를 조심성 있게 다루는 태도)가 보다 심화된 것으로서 이를 과학적 방식으로 설명하고자 한 부분이 독특하다고 볼 수 있다. 유순함은 성경에 기록된 계시에 대한 검증에 있어서 거장이 마땅히 지녀야 할 엄정함에서 비롯되는 과학적 의미에서의 '신중함'(diffidence)과 관련된 태도를 가리키며 이를 통해서 진리에 대한 더욱 철저한 신뢰가 가능하도록 돕는 것을 뜻한다.

3. 계시와 성경 이해: 영감설과 적응이론을 중심으로

"성경의 스타일에 관한 몇 가지 고찰"(*Some Considerations Touching the Style of Holy Scriptures*, 1661)에서 보일은 17세기 당대에 가장 건전한 성경 비평의 예를 제시하고 있다.[50] 성경에 대한 여덟 가지 종류의 반박에 대한 답변으로 구성된 이 글은 그가 1652년에 이미 작성해 두었던 것

---

[50] 이 글에 대한 체계적 분석을 제시하는 글로는 다음을 참고할 것. Sorana Corneau, *Regiments of the Mind: Boyle, Locke, and Early Modern Cultura Animi Tradition* (Chicago: University of Chicago Press, 2011), 210-19.

으로 파악되는 "성경에 관한 에세이"(*Essay of the Holy Scriptures*)의 후
속으로 간주된다.[51] 여기에서는 이 두 작품에 나타난 그의 견해에 기초하여
영감설(theory of inspiration)과 적응이론(theory of accommodation)
을 중심으로 성경에 대한 보일의 이해를 살펴보고자 한다.

첫째, 보일은 성경의 영감을 철저하게 신뢰하는 영감주의자이었다.[52] 위
대한 물리학자 아이작 뉴턴(Isaac Newton, 1642-1726)은 신구약 성경이
하나님에 의해 영감된 책인가를 의심했으며 성경의 진리는 신학적 사고에
의해 재조정되어야 한다고 믿었다.[53] 그러나 보일은 기독교에 대한 극단적
형태의 합리주의적 비판과 무신론의 공격에 맞서서 성경의 영감과 진정성을
변호했으며 이를 통해서 기독교의 정통성을 옹호하고자 했다. 성경의 영감
에 대한 그의 사고는 주로 "성경에 관한 에세이"에 잘 드러나 있다. 이 글에
서 그는 성경의 저자들이 성령에 의해 영감되었다는 사실을 강조하면서 정
경을 제외한 외경(apocrypha)은 '성령의 스타일'로 영감되지 않았다고 밝
힌다.[54] 보일은 영감의 개념을 모든 성경의 저자들이 성령과의 대화를 통해
서 그 스타일에 익숙해지게 되었다는 사실과 이를 통해 즉각적으로 그리고

---

[51] Hunter, *Boyle*, 78, 318, note 35. *Works (1999-)* 13, 173-223 (= Royal Society
Boyle Papers 7, fols. 1-94) 이 글은 갑작스럽게 끝나서 미완성인채로 남겨져 있었으나 "성경
의 스타일에 관한 몇 가지 고찰"에 편집되어 포함되었다고 볼 수 있다. 이 글은 1744년에
토마스 버치(Thomas Birch)에 의해 편집된 보일의 작품집이나 재판(1772)에 포함되지 않았으
며 1990년까지 미공개로 남아있었다. Royal Society Boyle Papers는 London에 소재한
Royal Society Library에 Boyle Letters와 Boyle Notebooks와 함께 소장되어 있다. 1990년
에 Boyle Papers는 마이크로필름 형태로 출판되었다. *Letters and Papers of Robert Boyle*,
ed. Michael Hunter (Bethsada, MD: University Publications of America, 1990).

[52] Hooykaas, *Robert Boyle*, 112.

[53] Scott Mandelbrote, "'A Duty of the Greatest Moment': Isaac Newton and the
Writings of Biblical Criticism," *British Journal for the History of Science* 26/3 (1993),
284; B. J. T. Dobbs, "Newton as Alchemist and Theologian," in *Standing on the
Shoulders of Giants*. ed. Norman J. W. Thrower (Berkeley, CA: University of
California Press, 1990), 128-40.

[54] *Works (1999 -)* 13, 221-22.

오류 없이 진리와 비진리를 분별하여 성경에 기록하게 되었다는 사실에서 찾는다.[55] 성경의 영감에 근거해서 성경의 신적 기원은 의심 없이 인정되었다.[56] 그러나 저자들이 기원에 대해서 빈번하게 그리고 정확하게 언급하지 않는다는 사실이 성경 원저자의 전능성을 인식함에 있어서 장애물로 작용하지는 않는다고 보았다. 성경에 많은 오류들이 존재한다는 비판에 대해서도 보일은 성경의 사본들은 하나님이 아닌 인간들에 의해서 필사되었고 전수되었기 때문에 발생하는 오류들이며 이는 필사자들이 무오하지 아니하며 다른 많은 사람들과 마찬가지로 간과와 실수에 노출될 수밖에 없었기 때문에 발생하는 현상이라고 지적한다.[57] 성경의 많은 독자들이 성경이 모순과 비합리적인 오류를 지니고 있다고 비판할 수 있지만 보일에게 이는 사실상 성경에 대한 무지에서 비롯된 주장에 지나지 않았다. 성경이 더 올바르게 이해된다면 성경은 더 많은 설득력과 더 높은 권위를 지닌 책이 될 것이라고 판단했기 때문이었다. 성경에 대한 이해를 증진시키기 위해서 보일은 성경 원어에 대한 풍부한 지식과 더불어, 성경 원어의 방언, 문체, 그리고 관용구에 등장하는 모순을 지닌 것으로 보이는 다양한 표현들, 그리고 더 나아가서 성경이 기록된 시대의 이스라엘의 지리와 관습 등에 대한 지식이 필요하다고 보았다.[58] 이런 방식으로 성경의 영감에 대한 확신에서부터 보일은 성경 원어에 대한 방대한 지식을 습득하게 되었을 뿐 아니라 이를 활용하여 성경의 비판자들과 공격자들로부터 성경의 진정성을 당대의 어떤 인물보다 더욱 뛰어난 방식으로 변호할 수 있었던 것으로 평가될 수 있다.

둘째, 적응이론은 보일의 성경 이해에 있어서 중요한 원리이었다.[59] 보일

---

55 *Works (1999-)* 13, 222.
56 *Works (1999-)* 13, 183.
57 *Works (1999-)* 13, 185.
58 Hunter, *Boyle*, 79.

에게 이 이론은 우선적으로 성경이 전문적 학자가 아닌 일반인들도 이해할
수 있는 언어와 문체로 작성되었음을 뜻한다.60 이 목적을 달성하기 위해서
하나님께서 스스로를 낮추시고 인간을 향하여 내려오신다. 또한 인간 편에
서도 이러한 신적 진리를 깨닫기 위해서 노력하되 이를 자신의 성취로 간주
하지 않도록 주의해야 한다는 사실이 강조된다. 이 두 가지 진리를 보일은
다음과 같이 설명한다.

> … 거기에 [정경에] 모든 종류의 독자에게 … 가장 위대한 박사들을 제공하여
> 그의 가르침을 탐구하게 하셔서 그의 빛에 의존하게 하셨다. 우리의 연약함을
> 굽어 살피는 많은 구절들을 허락하셔서 성경을 폄하지 않고 하나님에 의해서
> 그의 진리의 계시가 마치 강물처럼 거기에 주어지게 되는 특권을 허락하셨다.
> 이 강에서는 어린 양이 갈증을 면하게 되며 그 강물은 코끼리에 의해서 마르지
> 아니한다. … 하나님의 낮추심(condescention)의 위대함에 대해서 푸념하면
> 서 단지 우리가 획득한 몇 가지 지식이나 성취를 내세우는 것은 아주 적합하지
> 않은 것이다.61

보일은 사람마다 이해력과 관심, 그리고 경향 등에 있어서 차이가 있다는
사실에 비추어 하나님께서 자신의 계시를 다양한 방식으로 표현하셨음에 주
목한다.62 그러므로 성경의 어떤 구절이 특정한 개인의 영적 이해나 필요를

---

59 보일이 취했던 적응이론은 칼빈과 칼빈주의자들의 견해와 동일한 것이다. David L. Woodall, "The Relationship between Science and Scripture in the Thought of Robert Boyle," *Perspectives on Science and Christian Faith* 49 (1997), 32-39. 칼빈의 적응이론에 관해서는 다음을 참고할 것. Ford Lewis Battles, "God was accommodating himself to human capacity." *Interpretation* 31/1 (1977), 19-38.
60 *Works* 2, 401-402.
61 *Works* 2, 409.
62 *Works* 2, 402-403.

모두 만족시키지 못한다는 사실이 곧 다른 사람에게도 이 구절이 소용이 없다고 주장하는 논리는 배격되어야 한다고 보았다. 각자에게 가장 적합한 것을 아시는 전지하신 하나님께서 각자의 능력과 처지에 맞게 계시의 진리를 성경에 제공하셨다. 여기에 보일이 말하는 적응이론의 기본적 의미가 발견된다. 성경은 동일한 계시의 진리를 교육적 목적을 위해서 다양한 방식으로 표현한 것이다. 또한 보일은 "왜 성경이 많은 경우에 반복적 현상을 활용하여 동일한 진리를 설명하는가?" 라는 질문에 대해서 다음과 같은 답변을 제공한다. 창세기 41장에서 바로 왕의 꿈에 나타난 일곱 암소와 일곱 이삭의 경우는 동일한 현상(즉 풍년과 흉년)을 반복적으로 지시한 것으로 간주될 수 있지만 요셉은 둘 중의 어떤 것도 피상적으로 해석하지 않았다는 사실을 예로 들면서 보일은 이를 장미를 구성하는 여러 잎에 비유하여 설명했다.63 장미의 여러 잎은 서로 유사한 것처럼 보이므로 일종의 반복으로 간주될 수 있지만, 꽃으로서의 장미의 아름다움과 완전함의 특징에 기여하지 않는 잎은 하나도 존재하지 아니한다. 이와 마찬가지로 성경에 나타난 반복적 가르침도 불필요한 것으로 간주될 수 있지만, 이러한 반복이 성경의 가르침을 습득함(inculcation)에 있어서 반드시 필요한 것이라고 보일은 주장한다.

보일이 이렇게 적응원리를 사용하여 성경에 접근했던 이유는 무엇인가? 성경의 탁월성은 성령의 작용으로 발생한 것인데 이를 드러내기 위해서 인간의 노력이 필요하며 그의 이성이 올바르게 사용되어야 한다고 보았다. 이성이 아무리 뛰어나다 하더라도 인간은 하나님의 소생에 불과하다(행 17:28). 하나님의 생각은 인간의 생각보다 훨씬 높으며(사 55:8-9) 인간은 하나님 뿐 아니라 자연의 작용에 대해서도 완전히 이해하지 못한다. 이 사실

---

63 *Works (1999-)* 13, 221; 2, 427.

이 인간에게 근본적 겸손을 가져다주는 계기가 되어야 한다고 보일은 다음과 같이 설명한다.

우리 위에 존재하는 엄청난 물체에 관련된 많은 사물들에 대해서 우리의 지식이 얼마나 보잘 것 없는 것인가! … 우리가 지식이라고 부르는 것이 우리 마음에 높은 수준의 감사를 불러일으키도록 허락되어야 하며 우리 마음을 교만하게 해서는 아니 될 것이다. 시스템과 물질로 구성된 사물의 본성에 대해서 우리가 아는 것은 영적인 것에 대한 발견을 경멸할 정도로 그렇게 완벽한 것도 만족을 제공하는 것도 아니다.[64]

인간의 이성과 지식이 지닌 한계에 대한 이런 현실적 인식은 보일로 하여금 성경에 주어진 신적 계시에 대해서 겸손한 자세를 가져다주었다.[65] 그는 태양과 시계의 관계를 설명하면서 계시와 이성의 관계가 어떤 관계 속에 놓이게 되는가를 다음과 같이 해설한다.

태양이 부재하거나 구름이 끼여 있을 때 나는 나의 시계를 가지고 시간을 측정한다. 그러나 태양이 분명하게 비칠 때 시계를 고치거나 맞추기를 주저한다. 마찬가지로 더 좋은 빛이 없는 곳에서는 나 자신의 이성으로 진리를 탐구하게 된다. 그러나 신적 계시가 주어진 곳에서, 천체의 빛에 의해서 제공되는 확실한 정보 앞에서 나는 오류를 지닌 나의 이성을 내려놓는다.[66]

---

[64] *Works (1999-)* 8, 79 (*The Excellency of Theology compar'd with Natural Philosophy*).
[65] Hooykaas, *Robert Boyle*, 110. 호이카스는 보일의 이러한 인간과 그의 이성의 유한성에 대한 인식을 기독교 실재론(Christian realism)으로 명명한다.
[66] *Works (1999-)* 8, 241 (*Some Considerations about the Reconcileableness of Reason and Religion*).

신적 계시 앞에서 인간의 이성이 본질적 차원에서 자신을 부인하고 계시의 종이 되어 순종해야 함을 뜻한다. 왜냐하면 신적 계시에는 인간의 이성이 다 깨달을 수 없는 본질적 차원에서의 더 고차원적 이성이 존재하며 작용하고 있다고 보일은 믿었기 때문에 그는 성경을 믿음의 눈으로 수용할 수 있었다. 신학은 성경에 나타난 계시의 이성적 차원을 이해하려는 끊임없는 노력의 산물이었다. 달리 표현하자면, 올바르게 사용될 경우 이성은 성경의 가르침에 대한 수용이 합당하다고 여기게 된다. 이런 맥락에서 보일은 이성의 올바른 사용이 교리적인 차원에서 정통주의적 입장으로 귀결되는 것이 옳다고 주장했다.[67] 예를 들면, 그는 성경에 계시된 진리의 교리로서 부활을 수용함에 있어서 이성의 역할에 대해서 다음과 같은 자신의 주장을 내세운다.

> 이런 신비에 관하여 이성의 의무는 성경의 일반적 진리를 확인하는 것이며, 구체적 본문 또는 이에 포함된 교리적 항목의 참된 의미를 변호하는 것이다. 이를 통해서만 부활에 관한 골리앗, 즉 모순의 함의와 교의 자체가 성경에서 분명하게 밝혀질 것이다. 이성의 과제는 부활이 반드시 존재해야 하는지 또는 부활이 존재하는 방식에 대한 증거를 보여주는 것이 아니라 부활이 존재할 수 없다는 불가피한 입증이 주어질 수 없다는 것을 보여주는 것이다.[68]

부활의 가능성은 하나님의 전능성에 대한 강력한 선언이었다.[69] 왜냐하면 부활을 가능하게 하는 육체와 영혼의 결합은 이성을 초월하는 개념에 속하

---

67 Hooykaas, *Robert Boyle*, 115.
68 *Works (1999-)* 13, 202.
69 *Works (1999 -)* 8. 299-300 (*Some Physico-Theological Considerations about the Possibility of the Resurrection*). Salvatore Ricciardo, "Robert Boyle on God's "experiments": Resurrection, immortality and mechanical Philosophy," *Intellectual History Review* 25/1 (2015), 105.

기 때문이다. 보일에게 부활은 "이성을 초월한 것에 대한 담론"(*A Discourse of Things above Reason*)에 언급된 이성으로 '설명될 수 없는'(inexplicable) 것에 해당된다.[70]

그러므로 보일은 성경적 교리의 수용에 있어서 이성이 계시와 모순되는 것처럼 보일 때, 계시의 진정성이 먼저 고려되고 수용되어야 한다고 역설했다.[71] 그는 성경의 비합리성과 모순성을 지적하며 비난하는 많은 사람들을 향하여 성경의 가르침이나 교리가 모순적인 것으로 보이는 이유는 성화되지 않은(unsanctified) 이성의 결과라고 설명한다.[72] 발가벗겨진(bare) 이성은 마치 빛을 발하면서도 어두운 스모크와 공기를 탁하게 만드는 연기를 내뿜는 양초와 유사한 것으로 묘사된다. 이로 인해 이성은 자신보다 더 고귀한 성경이 보여주는 신적 진리를 흐리게 할 따름이다. 보일은 이런 이성의 잘못된 사용을 계시와의 관계 속에서 다음과 같이 설명한다; "자신의 영역을 벗어나 솟아오를 때 이성은 실패하게 되며 계시와 신앙의 직무와 특권을 침범하게 된다."[73] 신적 진리를 올바르게 표현하기 위해서 이성은 자신이 지닌 고유한 원리에 스스로를 순응시켜야 하는 것이 아니라 성경의 저자의 마음에 자신을 일치(conformity)시켜야 한다.[74] 이런 방식으로 작용될 때 이성은 성경의 권위를 올바르게 드러내고 이를 입증하는데 유용한 도구가 된다.

---

70 *Works* 9, 388. 보일이 이성을 초월하는 영적 진리에 대해서 다루는 이글에 대한 최근의 논의로는 다음을 참고할 것. Thomas Holden, "Robert Boyle on Things above Reason," *British Journal for the History of Philosophy* 15/2 (2007), 283-312; Jonathan S. Marko, "Above Reason Propositions and Contradiction in the Religious Thought of Robert Boyle," *Forum Philosophicum* 19 (2014), 227-39.
71 Hooykaas, *Robert Boyle*, 112.
72 *Works* 13, 187. 보일의 성경에 관한 견해를 비난하는 자들에 대해서는 다음을 참고할 것, Hunter, "How Boyle Became a Scientist," 74-78.
73 *Works* 13, 202.
74 *Works* 13, 188.

이런 방식으로 전개되는 그의 주장들을 종합해 볼 때, 보일이 종교개혁자들이 견지했던 성경의 권위를 전적으로 신뢰하였다는 사실을 발견할 수 있다. 이런 관점에서 보일은 종교와 이성의 관계를 왕자와 그의 군대의 관계로 비유하기도 하였다.

> 왜냐하면 종교와 이성은 마치 왕자와 그의 군대와 같다. 후자는 왕자를 만들거나 그를 의심하지 않아야 하며, 그의 임무는 왕자의 적들을 제압하고 배반자의 폭력으로부터 그를 보호하는 것이다. 따라서 이성이 신앙에 제공하는 봉사는 그 영역에 존재하는 오류와 그 원리에 모순적인 것을 논박하는 것이다. …[75]

보일이 내세우는 성경의 신적 권위와 진리를 입증하는 합리주의는 이성 그 자체를 가장 우선적인 것으로 생각하는 19세기 독일의 성경 고등비평 학자들이 전제조건으로 삼았던 합리주의와는 분명히 다른 것이었다.[76]

IV. 보일의 창조와 섭리 이해: 입자철학과 기계철학을 중심으로

창조에 대한 보일의 이해는 그의 다양한 작품들에 전면적으로 부각되지 아니하므로 이를 집중적으로 고찰하기에는 상당한 어려움이 상존하고 있음이 분명한 사실이다. 여기에서는 그의 입자철학(corpuscular philosophy)

---

[75] *Works* 13, 188.
[76] Harold Fisch, "The Scientist as Priest: A Note on Robert Boyle's Natural Theology," *Isis* 44/3 (1953), 258.

또는 기계철학(mechanical philosophy)을 중심으로 창조에 대한 그의 견해를 다음의 4가지로 나누어서 살펴보고자 한다: 1) 무운동상태에로의 창조 2) 운동 법칙의 부여로서의 창조 3) 하나님의 전능성과 창조 4) 창조와 협력.

1. 무운동 상태(motionless)에로의 창조

물질의 본래적 피조 상태에 대해서 보일은 자신의 입자철학에 근거해서 이를 '무운동 상태'로 규명한다. 원래 모든 물질은 분화되지 아니하였으며 (undifferentiated) 거기에는 어떤 종류의 움직임도 존재하지 아니하였다.[77] 보일은 어떤 이유에서 물질이 원래 쪼개지지 않은 상태로 지음을 받게 되었는가에 대해서는 설명하거나 언급하지 아니한다. 이렇게 쪼개지지 아니하고 아무런 운동도 없는 상태로 물질이 존재하는 것이 창세기 1-2장의 증언에 가장 근접한 것이라고 생각했던 것이라고 볼 수 있다. 물질을 여럿으로 쪼개기 위해서는 반드시 움직임이 필요하다고 보일은 언급한다. 이러한 그의 주장은 사실상 고대헬라 철학자들, 특히 에피쿠로스주의자들 (Epicureans)이 생각했던 원자론적 견해와는 전혀 다른 것이었다. 왜냐하면 이들은 물질이 영원 전부터 영속적으로 운동의 상태에 놓여 있다고 보았기 때문이다. 일찍이 데모크리투스(Democritus, 460 - 370 BC)의 원자와 진공에 관한 주장을 계승한 에피쿠로스(Epicurus, 341 - 271 BC)를 추종하는 자들은 마치 하늘에서 비가 내리는 것처럼 물질은 위로부터 진공으로 쏟

---

[77] Works 3, 15 (*The Origins of Forms and Qualities, according to Corpuscular Philosophy*, 1666-67).

아져 내리는 것이라고 믿었는데 이들에게 운동은 물질의 본질적 속성을 규명하는 것이었다.[78] 그러나 보일은 운동이 물질에 내재하는 경향성이라는 에피쿠로스주의자들의 원자론적 견해에 동의할 수 없었고 원래 창조에 있어서 운동은 물질에 본질적인 것이 아니며 쪼개지지 아니한 물질의 모든 부분은 오히려 '영속적으로 쉬는'(perpetually at rest) 상태에 놓여 있었다고 주장했다.[79] 따라서 물질은 쪼개지거나 나누어지지 아니하는 상태로 지음 받았다는 보일의 주장은 성경적 창조론에 입각한 견해로서 에피쿠로스주의자들이 주장하는 원자론의 배경에 작용하는 무신론적 사고를 철저하게 배격하는 것이었다. 그의 입자론적 철학에 비추어 볼 때, 보일의 창조론은 하나님께서 원래 물질을 나누어지거나 쪼개지지 않는 상태로 창조하셨다는 사실을 전제로 삼고 있음을 발견할 수 있다. 그렇다면 운동은 물질의 고유한 속성이 아니며 이는 하나님의 창조 행위에 의해서 나중에 부여된 것임을 뜻한다.

그렇다면 입자 또는 원자로 구성된 물질에 대한 구체적인 논의에 있어서 먼저 "얼마나 많은 수의 입작 또는 원자가 피조되었는가?"라는 질문이 제기될 수 있다. 이 질문에 대해서 보일은 자신의 여러 작품 속에서 '셀 수 없는 입자'(innumerable corpuscles)와 '수 없이 많은 원자'(numberless atoms)들이 물질에 존재한다는 표현을 사용했다.[80] 이런 표현들에 대해서 생각해 볼 때 적어도 그의 원자의 수에 대한 견해는 데모크리스투스를 위시한 고대 헬라 원자론자들의 그것과 유사하다고 볼 수 있다. 또한 하나님에 의해 피조된 "입자 또는 원자로 구성된 물질은 어떤 성질을 지니고 있는가?"

---

[78] 데모크리투스의 진공 상태에 있어서 원자의 운동에 관한 간략한 해설로는 다음을 참고할 것. Daniel W. Graham, "Democritus," in *The Cambridge Dictionary of Philosophy*, ed. Robert Audi (Cambridge: Cambridge Univ. Press, 1999, 2nd ed.), 217-18.

[79] *Works* 3, 15.

[80] *Works* 3, 48; 5, 179 (*A Free Inquiry into the Vulgary Receiv'd Notions of Nature, 1686*); 2, 48.

라는 물질의 정의에 관한 질문에 대해서 보일은 다음과 같이 답변한다: "모든 물체에 공통적인 하나의 보편적 또는 우주적인 물질이 존재하는데 나는 이를 확장될 수 있고(extended), 나누어질 수 있으며(divisible), 침투 불가능한(impenetrable) 실체로 이해한다."[81] 여기에서 먼저 균일성(homogenity)의 원리는 모든 물질이 동일한 실체로 구성되었음을 뜻한다. 보일의 균일성의 원리는 그의 초기 작품 중 하나인 『회의적 화학자』(*The Sceptical Chymist*)에서 이미 주장되기도 했다.[82] 모든 물질이 하나의 동일한 실체로 구성되었다는 보일의 주장은 일원론적(monistic) 견해로서 우주가 두 가지, 즉 원자와 진공의 상태로 영원 전부터 조성되었다는 고대 헬라 원자론자들의 주장과는 근본적으로 다른 주장에 해당된다. 둘째, 확장성(extension)의 개념은 기본적으로 데카르트에게서 비롯된 것이지만 그와는 달리 보일은 이 개념을 물질 이해에 있어서 필요한 것이지만 물질의 고유한 정체성에 관한 것은 아니라고 보았다. 즉 확장성은 물질 이해에 있어서 필요 개념이었지만 필요충분한 개념은 아닌 것으로 정리될 수 있다. 셋째, 분할가능성(divisibility)에 대해서 보일은 상세한 설명을 제공한다. 균일한 실체로 이루어진 물질은 하나님의 능력에 의해 분할 가능한 성질을 지니게 된다. 이렇게 나누어진 물질은 서로 다른 고유한 크기(size)와 형태(figure) 또는 모양(shape)을 지니게 되었는데 운동을 위해서 이런 크기와 형태를 지니게 된 것이므로 운동은 이에 선행한다.[83] 이는 우리가 눈으로 확인할 수 있는 크기와 모양이 물질의 운동이라는 전제에 의해 주어진 것임을 뜻한다.[84] 마지막으로 불침투성(impenetrability)에 관해서는 보일은 사실상 이를 더 이상

---

[81] *Works* 3, 15.
[82] *Works* 1, 504, 506.
[83] *Works* 3, 16.
[84] *Works* 3, 297 (*History of Particular Quantities*).

자세하게 설명하지 아니한 것으로 평가된다.[85]

2. 운동법칙(laws of motion)의 부여로서의 창조

앞서 언급된 바와 같이 보일에게 하나님의 창조는 무운동 상태의 창조를 의미하는데 여기에서 파생되는 문제점 중의 하나는 어떻게 이 세상에 운동이 부여되었는가에 관한 것이다. 운동은 물질을 쪼개기 위한 목적으로 하나님에 의해서 제정된 것이다(instituted).[86] 보일은 하나님에 의해서 제정된 운동에는 확인 가능한 법칙이 존재한다고 보았다. 창조주께서 법칙을 허락해주시고 자연은 이를 받아들인다는 방식으로 법칙은 이해되었다. 그러므로 자연이나 사물의 본질에는 어떤 운동의 법칙이 내재적으로 포함되어 있지 않다고 보일은 주장한다. 창조주로부터 수용된 법, 즉 이에 근거하여 모든 활동이 발생하는 법이 곧 사물의 본성이라는 주장은 보일에게는 잘못된 주장이었다.[87] 따라서 그는 '법칙'이라는 용어가 부주의하게 또는 잘못 사용되어질 경우 자연에 대한 오해를 불러일으킬 가능성이 있다고 생각했다. 이런 이유에서 법칙(law)은 또한 상위자의 선포된 의지에 근거한 관념상의 (notional) 규칙(rule)으로 정의된다.[88] 보일이 '관념상'이라는 형용사를 채택하여 법칙을 정의한 이유는 법칙 그 자체는 수학적이며 의미적인 정확성

---

[85] Alan F. Chalmers, "The Lack of Excellency of Boyle's Mechanical Philosophy", *Studies in the History and Philosophy of Science* 24 (1993), 545; Alan Gabbey, "The Mechanical Philosophy and Its Problems: Mechanical Explanations, Impenetrability and Perpetual Motion", in *Change and Progress in Modern Science*, ed. J. C. Pitt (Dordrecht: Kluwer, 1985), 31-32.

[86] *Works* 3, 47; 2, 42 (*Requisite Digression*).

[87] *Works* 5, 170.

[88] *Works* 5, 170.

을 지닐 수 없다는 자신의 신념이 반영된 것으로 볼 수 있다. 이런 이유에서 법은 자연에 대한 잘못된 견해를 제공할 가능성이 있으며 이에 근거해서 보일은 수학에 대한 비판적 입장을 견지하게 된 것이었다.[89] 이를 달리 표현하자면, 그에게 자연의 법칙(natural law)이란 하나님에 의해 부여되고 제정된 원래적 법칙으로서 뉴턴(Isaac Newton)이 추구했던 수학적 원리와는 다른 방식으로 이해되었음을 뜻한다. 수학적 원칙이 운동법칙의 주된 이론으로 채택되지 않고 사실상 거부된 상황에서 보일에게 관념적인 차원을 지닌 이 법칙은 만물이 발생하는 원인적 과정(causal process)으로 수용되었던 것이다. 이는 물질의 상태를 결정하고 더 나아가서 물질로 구성된 세계와 우주를 구성하는 대 원칙, 즉 '우주의 법칙'으로 이해되었다.[90] 보일은 자연을 운동의 법칙과 관련하여 다음과 같이 정의했다: "일반적으로, 현재의 세상의 구조와 구성 속에서 고안된 대로 고려한다면, 자연은 보편적 물질, 또는 우주의 입자적 실체의 결과물에 해당되는데 세상을 구성하는 모든 물체는 일정한 운동법칙을 따라 서로를 향하여 움직이며 서로에 의해 고통을 당하게 된다."[91] 따라서 세상은 운동법칙에 근거해서 일종의 관계 속에 놓이게 되는데 이 관계는 세상의 모든 구성 요소들이 일정한 움직임 속에서 작용하는 가운데 발생하며 그 결과 이 관계가 지속적으로 유지되는 것을 뜻한다. 여기에서 보일이 이해한 '일정한 움직임'은 '일정한 운동법칙'에 근거한 것으로서 이는 마치 스트라스부르(Strasbourg)의 벽시계가 일정하게 움직이는 것과 같은 기계적 움직임을 가리킨다. 시계의 모든 부품들이 일련의 관계를 맺으며 일정한 움직임을 창출하는 것과 마찬가지로 우리가 살고 있는 세상들도

---

[89] Sargent, *The Diffident Naturalist*, 96.
[90] *Works* 3, 782 (*A Paradox of the Natural and Preternatural State of Bodies*).
[91] *Works* 5, 177.

이런 일정한 움직임을 통해 자연이라는 최종적 결과물을 창출하게 되는 것이다. 이런 맥락에서 보일은 자연을 창출해내는 운동법칙을 '더욱 간명한'(more compendius) 우주적 법칙으로 표현하기도 하였다.[92] 하나님에 의해 제정되고 부여된 일정한 운동법칙은 자연을 기계로 이해할 수 있는 동기를 마련하였으며 여기에 보일이 추구했던 기계론적 철학의 핵심적 요소가 발견된다. 그의 기계론적 철학의 주요 내용은 세상이 균일한 물질로 피조되었다는 사실과 이에 근거해서 세상에 일정한 운동 법칙이 주어지게 되었다는 두 가지 사실로 요약적으로 정리될 수 있다.[93]

그렇다면 여기에서 한 가지 질문이 제기될 수 있을 것이다: 어떻게 운동법칙이 관념적 개념으로서 우주의 원인적 과정으로 이해됨과 동시에 또한 일정한 움직임과 법칙을 지닌 일종의 기계로서 이해되어 기계론적 철학의 토대로서 작용할 수 있는가?[94] 전자의 경우는 자연이 지닌 결점을 염두에 두고 자연의 형성과정에 있어서 하나님에 의해서 제정된 운동법칙의 기본적 성격을 강조하는 차원이 두드러진다고 볼 수 있다. 후자는 자연법칙이 창출해내는 운동의 일정성이 강조된 결과 그가 주장하는 기계 철학의 전반적 내용이 사실상 수학적 원리에 의해서 설명되어야 비로소 정당화될 수 있다는 문제점이 내포되어 있다고 볼 수 있다. 그렇다면 전자의 관념적 운동법칙과 후자의 기계적이며 수학적인 운동법칙 사이에 어떤 상이성 또는 상반성이 존재하는 것이 아닌가하는 질문이 제기될 수 있다. 이런 맥락에서 보일이 이해한 운동법칙의 부여로서의 창조라는 개념은 그 자체로서 수학적 원리를 요청하

---

92 *Works* 5, 178.
93 Hunter, *Boyle*, 117.
94 Sargent, *The Diffident Naturalist*, 95. 사전트는 여기에서 세상에서 실제로 작용하는 메카니즘으로서의 자연 이해를 위해서 자연을 원인적 대리자(causal agent)로 간주하기를 포기했다는 주장은 옳지 않은 것으로 보인다.

는 개념이라고 볼 수 있는데 여기에 그의 운동 법칙 이해가 아직 완전하게 성숙한 차원에 도달했다고 보기에는 어려움이 있다고 판단된다.[95]

3. 하나님의 전능성(omnipotence)과 창조: 의지주의(voluntarism)을 중심으로

앞서 언급된 하나님의 법칙은 그의 자유의지의 표현이며 이는 또한 전능성을 요구하는 개념이다. 왜냐하면 하나님의 피조세계에 법칙이 부여되었다는 사실 자체가 그의 간섭(intervention)을 무효화하지 못하기 때문이다. 하나님의 능력이 그가 만드신 물질에 내재하지 않으며 신적 섭리의 한 요소로서의 협력(concurrence)은 법칙을 보존하고 유지하고 집행함에 있어서 반드시 필요하기 때문이다. 이런 맥락에서 법칙은 신적 전능과 협력의 표현에 해당된다고 볼 수 있다. 보일에게도 법칙은 하나님의 전능한 간섭에 의존적이며 우발적인(contingent) 개념에 해당된다.[96] 이는 신적 전능성에 의해서 법칙이 일시적으로 중단될 수 있음을 뜻하며 이와 더불어 법칙을 초월하는 기적이 의지주의적(voluntaristic) 관점에서 발생할 수 있다는 사실이 보일에 의해 인정된다. 앞서 언급된 그의 기계론적 철학에 있어서도 신적 전능성은 여전히 유효한 개념으로 작용한다. 프랜시스 오클리(Francis Oakley)가 올바르게 지적한 바와 같이 보일의 철학에서 모든 이신론(deism)의 가능성은 완전히 배제된다.[97] 보일의 의지주의는 중세 오캄의 윌리엄(William of

---

[95] Peter R. Anstey, *The Philosophy of Robert Boyle* (London & New York: Routledge, 2000), 205-208.

[96] *Works* 5, 414 (*A Disquisiton about the Final Causes of Natural Things*, 1688).

[97] Francis Oakley, *Omnipotence, Covenant and Order: An Excursion in the History of Ideas from Abelard to Leibniz* (Ithaca, NY: Cornell Univ. Press, 1984), 85.

Ockham)의 유명론적 사고에 뿌리를 둔 개념이며 이로 미루어 볼 때 보일
은 하나님의 전능성을 아주 중요한 개념으로 간주했다고 볼 수 있다.

그렇다면 보일의 창조 이해에 있어서 하나님의 전능성에 근거한 의지주의
는 어떤 영향력을 행사했는가? 이 질문에 대한 답변으로서 보일은 먼저 세
상의 원래적(original) 창조와 그 이후에 주어지는 사물의 질서 형성 과정을
구분하는 것이 중요하다고 보았다.98 원래적 창조는 무에서의 창조를 가리키
며 이는 전적으로 하나님의 전능성의 작용의 결과로 주어진다. 의지주의에
의하면 세상은 필연에 의해서 창조된 것이 아니므로 하나님의 전능성은 어
떤 외적인 조건이나 환경에 의해서도 제약받지 않으며 만물은 그의 능력에
의해 직접적으로 생성된다. 이는 일반적으로 오감을 위시한 의지주의자들이
주장하는 하나님의 '절대적' 능력(potentia absoulta)의 개념과 유사한 것
이라고 평가될 수 있다. 이와 달리 원래적 창조 이후에 주어지는 사물의 형
성 과정에 있어서 하나님의 전능성은 약간 다른 방식으로 작용하여 물체에
운동법칙을 부여하고 그 결과 사물의 질서가 형성된다. 이는 하나님의 즉각
적이며 절대적 능력이 아니라 그의 피조세계에 이미 부여된 운동법칙을 따
라 하나님의 능력이 작용한 결과로 발생한다.99 의지주의자들은 이런 하나님
의 능력을 '규정적' 능력(potentia ordinata)이라고 부르기도 하였다. 따라
서 하나님의 창조와 관련해서 하나님의 전능성은 그의 절대적 능력과 규정
적 능력이라는 두 가지 차원에서 작용하며 이 두 개념은 상호 모순적인 개념
이 아니라 상호 보완적이라는 사실을 파악할 수 있다.100 비록 보일이 의지

---

98 *Works* 4, 68-69 (*Excellency and Grounds of Mechanical Hypothesis*, 1674).
99 *Works* 3, 23 (*The Origins of Forms and Qualities*).
100 Sargent, *The Diffident Naturalist*, 99: "The presence of physical determinism in the world did not in any way decrease the power that God had over his creation. Rather, determinism was an actual manifestation of power."

주의자들의 이런 용어들을 사용하지 않았지만, 이 두 용어는 그의 원래적 창조와 세상의 질서 형성이라는 개념 속에 이미 녹아 들어가 있었다고 볼 수 있을 것이다.101

이제 세상의 질서 형성을 위해서 운동법칙이 부여되었을 때 모든 만물이 이 질서에 순종해야 하며 또한 실제로 지금까지 순종하고 있다. 그렇다면 물질이 하나님의 운동법칙에 순종한다는 표현은 어떻게 이해되어야 하는가? 보일은 이 문제에 대해서 하나님의 전능성의 작용으로 운동법칙이 입자들이나 원자들에게 부여된 상황에서 이들의 활동 자체를 부인하거나 무시하지 아니한다. 예를 들면, 하나님의 법칙을 따라 해나 달은 정해진 궤도를 일정하게 움직인다.102 또한 이들은 법칙을 따라 자신들의 움직임의 방향을 변경할 수 있다. 하나님께서 이들이 실제로 어떤 방향으로 움직임을 변경할 것인가를 작정하셨기 때문이다. 그러나 만약 하나님께서 운동법칙을 통하여 자신의 전능을 더 이상 행사하지 않으신다면, 입자들 사이의 충돌은 여전히 발생할 것이지만 이는 질서를 상실한 혼란 속에서의 운동에 지나지 않을 것이라고 보일은 이해했다.103 이런 이유에서 앞서 언급된 바와 같이 보일은 물질의 본질과 자연법칙 사이에 직접적 상관성이 존재하지 않는다는 사실을 다음과 같이 밝혔다: "운동법칙은 … 필연적으로 물질의 본질에서 비롯된 것이 아니라, 오히려 사물의 신적 저자의 의지에 의존적이다." 104 여기에서 자연법칙이 하나님의 전능의 의지 작용의 결과로 주어진 것이라는 보일이 이해했던 의지주의의 핵심적 사안이 발견된다.

---

101 *Works* 5, 179. 보일은 세상의 질서 형성과 관련하여 하나님의 능력이라는 개념만이 적용될 경우 이는 기회원인론적 경향을 지닐 수 있다고 판단하고 그 대신에 '그분의 일상적이며 보존적인 협력'(his ordinary and preserving concourse)이라는 용어를 선호했다.
102 *Works* 5, 199 (*A Free Inquiry into the Vulgary Receiv'd Notions of Nature*).
103 *Works* 5, 519 (*The Christian Virtuoso, I*).
104 *Works* 5, 521 (*The Christian Virtuoso, I*).

4. 협력(concourse)과 창조의 관점에서 살펴 본 보일의 섭리 이해

섭리 교리의 한 요소로서 협력에 대한 이해는 보일의 자연신학 이해에 있어서 중요한 역할을 차지한다. 맥과이어(J. E. McGuire)는 보일이 『기독교거장』(*The Christian Virtuoso*) 이라는 중요한 작품에서 내세웠던 '능력'이라는 개념은 궁극적으로 어떤 피조물의 능력이 아니라 하나님의 능력이라고 해석했다.[105] 그러나 이 해석은 사실상 데카르트주의자들(Cartesians)이 내세웠던 기회원인론의 관점에서 보일을 해석한 것에 지나지 않는다. 이런 기회원인론적 해석에 대항하여 샤나한(Timothy Shanahan)은 보일의 자연 이해에는 협력이라는 섭리의 요소가 강하게 작용한다고 주장했다.[106] 샤나한은 자신의 논지를 전개하기 위해서 협력의 교리가 이신론과 기회원인론 사이에 놓인 진리임을 강조한다. 이신론은 창조에 있어서 하나님의 능력이 완전히 행사되었음을 인정하지만, 창조 이후 섭리에 있어서는 하나님의 전능성을 부인하여 그를 은퇴한 군주에 빗대어 설명한다. 이신론의 문제점은 창조에 대한 전적 시인에도 불구하고 섭리에 있어서 하나님의 역할을 불필요한 것으로 간주하거나 이를 완전히 배제한 채, 피조물이 자신의 능력으로 모든 것을 행한다는 주장을 내세운 데 놓여 있다. 이와 정반대로 기회원인론은 피조물들이 자신의 능력을 발휘하여 어떤 행위가 이루어지는 것처럼 보이지만 실제로 이들의 행위는 전적으로 하나님의 능력에서 비롯된 것이며

---

[105] J. E. McGuire, "Boyle's Conception of Nature", *Journal of the History of Ideas* 33/4 (1972), 536.
[106] Timothy Shanahan, "God and Nature in the Thought of Robert Boyle", *Journal of the History of Philosophy* 26 (1988), 554-59.

그 행위자체는 하나님의 능력을 행사함에 있어서 기회를 제공하는 역할에 불과하다는 주장을 내세운다. 이런 양 극단에 맞서서 보일은 협력의 교리를 내세움으로서 두 진영의 견해에 드러난 위험을 극복하고자 했다고 샤나한은 평가한다. 이와 비슷한 견해를 내세웠던 신학자로서 아퀴나스(Thomas Aquinas, 1224/5-1274)와 몰리나(Luis de Molina, 1535-1600)가 언급된다.

보일의 협력에 대한 이해를 살펴보기에 앞서 먼저 종교개혁자 칼빈의 견해를 간략하게 살펴볼 필요가 있다. 칼빈이 내세웠던 자연 만물에 행사되는 신적 협력 개념은 보편적 작용(universal operation)이라는 단어를 활용하여 설명될 수 있다.[107] 이는 하나님께서 그가 창조시에 허락하셨던 상태에 근거하여 모든 피조물들을 인도하시는 행위를 가리킨다. 칼빈은 이 작용이 개별적 피조물이 지니고 있는 고유한 성질과 본질을 유지할 수 있도록 방해하지 아니하도록 협력한다고 밝힌다. 이는 구체적으로 피조물들이 자신들의 역량(capacity)에 걸맞게 행동하여 하나님을 순종하고 그의 뜻을 위반하지 않는 행위를 가리킨다.[108] 이와 같은 칼빈의 협력 이해에 나타난 특징은 먼저 이 교리를 창조에서 출발하여 정의하고 설명한다는 사실에서 협력의 뿌리가 다름 아닌 창조에 놓여 있음을 파악할 수 있다. 그러나 칼빈은 자연 만물에 대한 협력과 인간이라는 이성적 피조물을 향한 협력을 사실상 구분하지 아니하고 오히려 전자를 후자를 설명하기 위한 토대 또는 유비로서 활용하여 양자를 같은 범주 속에서 논의하고 있음이 드러난다. 이와 달리 보일은

---

107 John Calvin, "Against the Fanatics and Furious Sect of the Libertines who are Called 'Spirituals'," in *Calvin: Theological Treatises*, ed. J. K. S. Reid, *Library of Christian Classics* (Philadelphia: Westminster, 1954), 242f.

108 Calvin, "Against the Fanatics and Furious Sect of the Libertines who are Called 'Spirituals'," 247.

자연 만물, 특히 비이성적 사물이 하나님의 뜻에 순종하는 행위는 자연의 법칙에 순응하는 차원에서 발생하는 것이 아니라 실제적 능력(real power)에 의해 발생하는 행위임을 강조한다.109 그럼에도 불구하고 보일은 이들의 이러한 행위가 전지하신 하나님에 의해 정해진 자연 법칙에 따라서 이루어지는 행위임을 동시에 주장한다.110 피조물의 역량에 적합한 행위로서의 협력을 강조함으로서 칼빈에게 이 교리는 더욱 일반적이며 포괄적인 성격을 지닌 교리로 발전해 나갔으며 궁극적으로 하나님의 주권과 인간의 책임을 모순 없이 함께 강조하는 방식을 택하게 되었다고 볼 수 있다. 이를 통해서 칼빈은 인간의 잘못된 행위에 대한 책임이 인간 자신에게 있음을 더욱 강조할 수 있었고 그 결과 일반 섭리와 특별 섭리 사이에 연결고리가 자연스럽게 형성되었다는 점이 특별히 강조되었다고 볼 수 있다. 그러나 보일의 협력에 대한 이해에는 비이성적 피조물의 행위가 자신의 이성과 상관없이 실제적 능력에 의해 인도함을 받는다는 맥락에서 이를 논의함으로서 사실상 자신의 논의가 기회원인론적 차원을 지니고 있음을 인정했음을 발견할 수 있다. 그러나 그는 자신의 기회원인론적 발주장을 궁극적으로 자연법칙에 일치하는 행위라고 주장하는 모순에서 벗어나지 못했다. 그렇다면 보일에게 협력의 교리는 아주 구체적이며 개별적이며 또한 비인격적인 교리로 다가온다. 그러나 이런 방식으로 그는 협력을 포함하는 섭리 교리에 대한 논의를 자신의 입자론적 철학과 기계론적 철학의 토대로 삼을 수 있었다고 평가할 수 있을 것이다.111 그러나 이런 협력에 대한 구체적이며 개별적이며 비인격적인 이해는 보일의 자연철학에 근거한 신학이 구원론과 연결되지 못한다는 한계를

---

109 *Works* 5, 521.
110 *Works* 5, 517.
111 *Works* 4, 161 (*Some Considerations about the Reconcileableness of Reason and Religion*, 1675).

드러내게 되었고 이로 인해 자연신학의 한계를 탈피하지 못하는 결과를 초래하였던 것이다. 결론적으로, 보일의 협력 이해는 앞서 살펴보았던 하나님의 창조행위로서의 운동법칙을 비이성적 피조물에 구체적으로 적용한 차원에 그침으로서 칼빈이 주장하는 협리가 지닌 인격적 차원에 대한 강조와는 다른 방식으로 발전해 나갔다는 평가가 가능할 것이다.

V. 마치면서

이 장에서는 보일의 계시, 그리고 창조와 섭리에 대해서 살펴보았다. 그에게 자연에 대한 탐구는 곧 자연의 창조자이신 하나님에 대한 철학적 예배를 의미하였다. 보일의 자연 신학은 로마 가톨릭 신학에서 내세우는 유비에 근거한 아래로부터의 신학(theology from above)을 추구하는 것은 아니었으며 칼빈이 주장했던 대로 위로부터 주어지는 하나님의 계시를 통해서 신에 대한 올바른 인식이 가능하다는 주장에 더 가깝다고 볼 수 있다.

또한 보일은 성경을 칼빈과 칼빈주의자들이 내세웠던 적응이론에 따라서 이해하고자 하였다. 성경은 모든 사람들의 이성에 호소하도록 평이하고 친숙한 언어로 기록되었다. 이는 하나님의 계시가 인간에 의해 이해될 수 있도록 하나님께서 자신을 인간의 이성에 따라 낮추셨음을 뜻한다. 그러나 성경에는 또한 인간의 이해를 초월하는 계시가 존재한다. 보일은 인간의 이해를 초월하는 성경의 가르침에 대해서 이를 비합리적인 것으로 간주하지 않는다. 보일은 인간의 이성에 의해 파악이 불가능한 성경에 기록된 계시에도 이성적 차원이 존재한다고 믿는다. 따라서 그는 종교에 관해서 이성의 역할은

자신의 독특한 영역을 추구하기 위해서 성경에 나타난 계시를 부인하는 것
이 아니라 적의 공격으로부터 종교적 진리를 변호하는 것이어야 한다고 믿
었다. 이성은 성경에 나타난 계시의 진리를 수용해야 한다는 결론에 도달한
보일이 교리적으로 정통주의적 입장을 취한 것은 당연한 귀결에 해당된다고
볼 수 있다.

　이런 차원에서 성경은 이성적이며 합리적인 차원을 따라 기록된 책이므로
문학적이며 과학적 비평의 대상의 대상이 되어야 한다는 것이 보일의 견해
였다. 여기에서 그가 주장하는 비평은 성경의 진정성과 권위를 세우기 위한
작업의 일환으로 간주되었으며 합리성 그 자체를 이성을 판단하는 잣대로
삼았던 19세기 독일에서 시작된 성경고등비평과는 전혀 다른 비평에 해당된
다. 보일의 계시론에 대한 고찰을 통해서 그가 종교개혁자 칼빈이 주장했던
계시에 대한 이해와 많은 부분에서 일치하고 있다는 결론에 도달하게 된다.

　보일의 창조와 섭리에 대한 이해에 관해서 먼저 그의 자연철학은 무신론,
고대 헬라 원자론을 위시한 다양한 비기독교적 철학에 맞서서 기독교 자연
철학으로 발전해 나갔다. 그의 창조 이해는 다음의 네 가지 관점에서 요약될
수 있었다: 1) 물질의 무운동상태를 지향하는 창조 2) 운동법칙을 부여하는
행위로서의 창조 3) 하나님의 전능성과 관계를 통해 살펴본 창조 4) 협력과
창조의 관계. 이런 네 가지 관점을 통해서 그의 창조와 섭리 이해에 관한 이
장의 기여는 보일의 자연신학이 사실상 지나치게 자연철학에 의해 지배되었
으며 자신의 신앙적 토대를 형성했던 칼빈의 신학에서 강조되었던 자연신학
과 구원론의 연결고리를 오히려 상실해버렸음을 파악할 수 있었다. 이는 그
의 창조와 섭리의 이해에 있어서, 특히 협력에 근거를 둔 섭리론이 지나치게
입자철학과 기계철학적 요소에 지나치게 함몰된 결과를 초래하였다. 협력을

중심으로 한 보일의 섭리에 대한 이해는 칼빈이 추구했던 섭리의 일반성과 포괄성을 상실하게 되었으며 이로 인해 사실상 구원론과의 연결 고리에 해당하는 특별섭리와 일반섭리 사이의 거리가 더욱 벌어지게 되는 문제점이 노출되었다고 평가할 수 있다.

참고문헌

성영곤. "기독교 버튜오소와 로버트 보일," 「서양사론」 114 (2012).

에릭슨, 밀라드 J. 『복음주의 조직신학, 상: 서론 · 신론』, 신경수 역, 서울: 크리스챤다이제스트, 2000.

양신혜. "칼빈의 프로테스탄트로서의 종교적 정체성 -시편 주석의 서문의 '수 비타 콘베르시오(subita conversio)'를 중심으로-". 「한국개혁신학」 31 (2011).

Anstey, Peter R. *The Philosophy of Robert Boyle.* London & New York: Routledge, 2000.

_____ . "The Christian Virtuoso and the Reformers: Are there Reformation Roots to Boyle's Natural Philosophy?" *Lucas* 27/28 (2000).

Battles, Ford Lewis. "God was accommodating himself to human capacity." *Interpretation* 31/1 (1977).

Boyle, Robert. *Letters and Papers of Robert Boyle.* ed. Michael Hunter, Bethsada, MD: University Publications of America, 1990.

Calvin, John. "Against the Fanatics and Furious Sect of the Libertines who are Called 'Spirituals'," in *Calvin: Theological Treatises.* ed. J. K. S. Reid, *Library of Christian Classics,* Philadelphia: Westminster, 1954.

Chalmers, Alan F. "The Lack of Excellency of Boyle's Mechanical Philosophy". *Studies in the History and Philosophy of Science* 24 (1993).

Corneau, Sorana. *Regiments of the Mind: Boyle, Locke, and Early Modern Cultura Animi Tradition.* Chicago: University of Chicago Press, 2011.

Davies, Edward B. "Robert Boyle's Religious Life, Attitudes, and Vocation," *Science & Christian Belief* 19 (2007).

Demarest, Bruce A. *General Revelation: Historical Views and Contemporary Issues*. Grand Rapids: Zondervan, 1982.

Dobbs, B. J. T. "Newton as Alchemist and Theologian," in *Standing on the Shoulders of Giants*. ed. Norman J. W. Thrower, Berkeley, CA: University of California Press, 1990.

Fisch, Harold. "The Scientist as Priest: A Note on Robert Boyle's Natural Theology," *Isis* 44/3 (1953).

Ford, Allan. *James Ussher: theology, history, and politics in early-modern Ireland and England*. Oxford: Oxford Univ. Press, 2007.

Gabbey, Alan. "The Mechanical Philosophy and Its Problems: Mechanical Explanations, Impenetrability and Perpetual Motion". in *Change and Progress in Modern Science*. ed. J. C. Pitt. Dordrecht: Kluwer, 1985.

Graham, Daniel W. "Democritus," in *The Cambridge Dictionary of Philosophy*. ed. Robert Audi. Cambridge: Cambridge Univ. Press, 1999.

Hall, Marie Boas. *Henry Oldenburg: Shaping the Royal Society*, Oxford: Oxford University Press, 2002.

_____ . *Robert Boyle on Natural Philosophy: An Essay with Selections from His Writings*. Bloomington: Indiana Univ. Press, 1965.

Holden, Thomas. "Robert Boyle on Things above Reason," *British Journal for the History of Philosophy* 15/2 (2007).

Hooykaas, Reijer. *Robert Boyle: A Study in Science and Christian Belief*. Lanham, MD: Univ. Press of America, 1997.

Hunter, Michael. "How Boyle Became a Scientist," *History of Science*

33 (1995).

_____ . *Boyle: Between God and Science*, New Haven/London: Yale Univ. Press, 2009.

McGuire, J. E. "Boyle's Conception of Nature". *Journal of the History of Ideas* 33/4 (1972).

Maddison, R. E. W. *The Life of the Honourable Robert Boyle F.R.S.*, London: Taylor & Francis, 1969.

Mandelbrote, Scott. "'A Duty of the Greatest Moment': Isaac Newton and the Writings of Biblical Criticism," *British Journal for the History of Science* 26/3 (1993).

Marko, Jonathan S. "Above Reason Propositions and Contradiction in the Religious Thought of Robert Boyle," *Forum Philosophicum* 19 (2014).

Oakley, Francis. *Omnipotence, Covenant and Order: An Excursion in the History of Ideas from Abelard to Leibniz*. Ithaca, NY: Cornell Univ. Press, 1984.

Osler, Margaret J. *Divine Will and the Mechanical Philosophy: Gassendi and Descartes on Contingency and Necessity in the Created World.* Cambridge/New York: Cambridge Univ. Press, 1994.

Ricciardo, Salvatore. "Robert Boyle on God's "experiments": Resurrection, immortality and mechanical philosophy," *Intellectual History Review* 25/1 (2015).

Sargent, Rose-Mary. *The Diffident Naturalist: Robert Boyle and the Philosophy of Experiment.* Chicago: Univ. of Chicago Press, 1995.

Shanahan, Timothy. "God and Nature in the Thought of Robert Boyle", *Journal of the History of Philosophy* 26 (1988).

_____ . "Teleological Reasoning in Boyle's Disquisition about Final

Causes," in *Robert Boyle Reconsidered*, ed. Michael Hunter. Cambridge: Cambridge Univ. Press, 1994.

Shapin, Steven & Simon Schaffer. *Leviathan and the Air-Pump: Hobbes, Boyle, and the Experimental Life*. Princeton: Princeton Univ. Press, 1985.

Shapiro, B. J. "Latitudiarianism and Science in Seventeenth-Century England," *Past & Present* 40 (1968).

Westfall, Richard S. *Science and Religion in Seventeenth-Century England*. New Haven: Yale Univ. Press, 1957.

Wojcik, Jan W. *Robert Boyle and the Limits of Reason*. Cambridge/New York: Cambridge Univ. Press, 1997.

Woodall, David L. "The Relationship between Science and Scripture in the Thought of Robert Boyle," *Perspectives on Science and Christian Faith* 49 (1997).

6. 조나단 에드워즈의 창조론에 나타난
만유재신론의 역할

Jonathan Edwards(1703-1758)

I. 시작하면서

에드워즈(Jonathan Edwards, 1703-1758) 연구의 새로운 장을 개척했던 것으로 평가받는 페리 밀러(Perry Miller)는 에드워즈를 그의 동시대는 물론이고 우리 시대조차도 따라잡기 힘든 천재적 탁월성을 지닌 인물로 평가했다.[1] 그의 탁월함과 놀라운 영향력은 어디에서 비롯된 것인가? 그는 미국 뉴잉글랜드의 칼빈주의적이며 청교도적인 신학에 정통한 신학자이면서 영국을 위시한 유럽에서 전파되는 당대의 새로운 철학적이며 과학적인 흐름을 두루 섭렵하고 자연세계에 대한 관심과 성경의 지식 사이에 조화를 추구했던 18세기 미국 기독교의 대표적 인물이었다. 조지 마스던(George Marsden)은 에드워즈를 '신앙과 과학, 윤리와 자연 사이에 어떤 충돌도 느끼지 않았던 마지막 미국인'으로 평가했다.[2] 에드워즈는 자연과학을 통해서 성경의 가르침과 기독교의 정당성이 더욱 분명하게 입증될 수 있다고 믿었다. 이런 이유에서 그의 과학적 작품을 고찰하는 것은 중요한 일이 아닐 수 없다. 『천지 창조의 목적』(1765)에서 에드워즈는 하나님의 영광을 창조의 궁극적 목적으로 천명했다.[3] 여기에서 그는 창조를 통해 드러난 하나님의 영광이 어떻게 구체적으로 하나님께 기쁨과 즐거움, 그리고 만족을 제공하는가를 살펴볼 뿐 아니라 창조가 지닌 심미적, 그리고 도덕적 차원에 대해서도 고찰한다.[4]

---

[1] Perry Miller, *Jonathan Edwards* (Lincoln, NE: University of Nebraska Press, 2005), xvii.

[2] 조지 M. 마즈던, 『조나단 에드워즈 평전』, 한동수 옮김 (서울: 부흥과개혁사, 2006), 101-102.

[3] 에드워즈의 사망 후 7년 만에 홉킨스(Samuel Hopkins)에 의해 출판되었는데 일반적으로 1753-54년에 완성된 것으로 간주된다. Paul Ramsey, "Editor's Introduction", *YE* 8, 8.

[4] "천지창조의 목적"에 대한 개별적 연구로는 다음을 참고할 것. Stephen R. Holmes, *God of Grace and God of Glory: An Account of the Theology of Jonathan Edwards*

이 장에서는 에드워즈의 창조론을 신론을 중심으로 조명하되 특히 만유재신론에 초점을 맞추고자 한다. 창조론이 지닌 철학적이며 과학적 특성을 고려하여 에드워즈의 이 교리 이해에 나타난 이 두 가지 측면을 집중적으로 고찰하는 가운데 만유재신론이 그의 창조론 전반에 걸쳐 어떤 역할과 영향을 미쳤는가를 살펴보게 될 것이다. 이를 위해서 우선 예비적 차원에서 에드워즈의 존재론과 신론을 함께 고찰하되 논의의 주된 골격은 철학적이며 자연과학적인 차원을 지니게 될 것이다. 이런 철학적이며 과학적인 토대위에 그가 어떻게 자신의 삼위일체론을 조명했는가를 살펴보는 가운데 내재적 삼위일체론이 자연스럽게 경륜적 삼위일체론의 첫 번째 항목인 창조론에 대한 논의를 요청한다는 사실에 주목하고자 한다. 이를 토대로 삼아 창조론을 고찰한 후에 마지막으로 에드워즈의 만유재신론을 살펴봄에 있어서 특히 현대 신학에서 일반적으로 논의되는 만유재신론과의 차별화를 시도하게 될 것이다.

II. 존재론과 신론

에드워즈는 하나님을 어떻게 정의하는가? 이 정의에 앞서 먼저 그에게 존재(being)는 무엇인가라는 질문이 먼저 제기되어야 할 것이다. 그에게 존재는 다음의 두 가지로 정의될 수 있다: 1) 존재는 알려지거나 인식되는 것(to

(Edinburgh: T & T Clark, 2000), 44-62; Walter Schultz, "Jonathan Edwards's *End of Creation*: An Exposition and Defense," *Journal of the Evangelical Theological Society* 49 (2006), 247-71; 박찬호, "조나단 에드워즈에게 있어서 천지창조의 목적," 「창조론 오픈포럼」 4/1 (2010), 1-12; Oliver D. Crisp, *Jonathan Edwards on God and Creation* (Oxford/New York: Oxford University Press, 2012).

be is to be known or to be perceived)이며   2) 존재는 사랑받는 것(to be is to be loved)이다.[5]

첫째, 존재하는 것은 알려지거나 인식되는 것이라는 그의 주장은 "존재에 관하여(Of being, 1723)"라는 초기 작품에 잘 드러난다. 여기에서 존재하는 것은 인식되는 것이며 모든 존재는 인식되기를 원한다는 주장이 나타난다. 우리가 절대적 무(absolute nothingness)를 인식하는 것은 불가능한데 그 이유는 무는 그 자체로서 모순이기 때문이다.[6] 어떤 것도 무의 상태로 존재할 수 없으므로 무엇인가가 반드시 영원 전부터 존재해야 한다. 이는 에드워즈가 중세의 안셀름(Anselm of Canterbury)이 인식 가능한 모든 존재들 가운데 '최고의' 또는 '최상의' 존재를 신으로 간주하는 존재론적 증명에 나타난 존재론과는 다른 존재론을 지니고 있음을 보여준다. 따라서 에드워즈는 무의 불가능성과 모순성에서 출발하여 존재의 당위성을 보여주며 이에 기초해서 이 존재가 곧 하나님이라고 주장한다. "어떤 것에 대한 가정은 곧 하나님이라는 존재에 대한 가정이다. 하나님은 모든 존재의 총합(sum)이며 그의 존재 없이는 어떤 존재도 존재하지 않는다."[7] 그러나 여기에서 그가 전제하는 것은 이 존재가 절대적이며 무한하며(infinite) 또한 모든 곳에 존재한다(omnipresent)는 사실이다.[8] 따라서 에드워즈에게 공간이란 그 자체로서 필수불가결한 것이며, 영원하고, 무한하고, 또한 모든 곳에 존재할 수밖에 없으며 이는 곧 하나님에 해당된다.[9] 또한 이 존재는 다른 존재 또는 대

---

[5] Wallace E. Anderson, "Editor's Introduction", *YE* 6, 75-94. 에드워즈의 존재론적에 대한 철학적 논의로는 다음을 참고할 것. 이진락, "조나단 에드워즈의 신학에 나타난 철학적 요소들," 「한국개혁신학」 43 (2014), 111-18.

[6] *YE* 6, 206 ("Of Being").

[7] *YE* 20, 122 ("The Miscellanies", no. 880).

[8] *YE* 6, 202 ("Of Being").

[9] *YE* 6, 203 ("Of Being").

상을 인식하는 지적 존재이다. 우주에 존재하는 모든 것은 하나님에 의해서 인식되거나 그에게 알려진 것들이다.10 따라서 모든 존재는 하나님 안에 존재할 뿐 아니라 그에게 알려진 것이다(*esse est percipi*). 이러한 그의 주장은 홉스(Thomas Hobbes)의 유물론(materialism)을 반박하는 관념론(idealism)에 근거한 개념에 해당된다. 에드워즈는 "알려지지 않고는 어떤 것도 존재하지 아니한다."는 철학적 주장에서 출발하여 종교의 기본적 요소가 인식, 즉 신을 아는 지식에 놓여 있음을 파악했을 뿐 아니라 이렇게 파악된 하나님이 곧 피조세계가 지향해야 할 궁극적 목적이라고 주장하게 된 것이다.11

둘째, 존재는 사랑받는 존재라는 에드워즈의 주장 또한 그의 존재론적 입장을 요약하는 대표적 표현에 해당된다. 앞서 설명된 첫 번째 정의는 존재를 인식론적 차원에서 파악한 것이라면, 두 번째 정의는 이를 관계론적인 차원에서 이해한 것이라고 볼 수 있다. 존재에 있어서 인식이 발생하는 장소가 마음이며 여기에서 아름다움(beauty)과 즐거움(pleasedness), 그리고 한 걸음 더 나아가서 사랑(love)이 작용한다는 사실이 "마음(*The Mind*, 1723)"이라는 초기 작품에 분명하게 드러난다. 여기에서 탁월함(excellency), 조화(harmony), 그리고 비례(proportion)라는 개념들이 활용되는데 이들은 우선적으로 서로 다른 존재들과의 관계를 전제로 한다. 또한 관계는 존재의 복수성(plurality)을 떠나서는 논의될 수 없는 개념이다. 조화와 비례는 아름다움의 인식에 있어서 필수불가결한 것이며 탁월함의 전제조건으로 작용한다.12 왜냐하면 탁월함이란 위대함(greatness)과 아름다

---

10 *YE* 6, 204 ("Of Being"). 마즈던, 『조나단 에드워즈 평전』, 121.
11 Anderson, "Editor's Introduction", 78.
12 *YE* 6, 332 ("The Mind").

움으로 이루어진 것이기 때문이다.[13] 모든 아름다움은 관계의 유사성과 동일성에 대한 인식에서 비롯되며[14] 탁월함은 이런 인식을 통하여 하나의 존재가 다른 존재가 지닌 위대함에 대해 동의함으로서 이루어진다.[15] 따라서 탁월함은 아름다움에 대한 동의(consent)에 관한 것이다. 그런데 여기에서 에드워즈가 주장하는 '동의'란 상호적인 개념이며 이 상호성의 또 다른 이름이 바로 '사랑'에 해당된다. 이런 이유에서 사랑은 '최상의 탁월함 가운데 하나'(one of the highest excellencies)로 정의된다.[16] 탁월함은 아름다운 것이며 또한 사랑스러운 것이다.[17] 여기에 에드워즈가 말하는 존재에 관한 관계론적 정의의 핵심이 드러난다. 존재는 알려지는 것일 뿐 아니라 탁월함이 불러일으키는 동의에 근거한 사랑받는 존재(esse est amari)로 이해된다. 그렇다면 탁월함의 의미가 사랑으로 흡수되는 것이 에드워즈의 존재론에 나타난 두드러진 특징 중의 하나에 해당된다.[18] 하나님은 자신의 탁월함에 기초하여 스스로를 사랑하고 또한 사랑 받는 존재, 즉 사랑 안에 있는 존재라는 삼위일체론적 표현이 다음과 같이 주어진다.

> 하나님의 탁월함에 관해서는 이것이 자신에 대한 사랑으로 이루어졌다는 것은 명백한 것이다. ... 그러나 하나님은 스스로를 자신을 향해서 기울이는데 이는 바로 다름 아닌 자신을 무한히 사랑하고 즐거워함으로, 즉 아버지와 아들 사이

---

[13] *YE* 6, 382 ("The Mind").
[14] *YE* 6, 332 ("The Mind"). 에드워즈의 아름다움에 관한 더욱 자세한 연구서로는 다음을 참고할 것. Roland Delattre, *Beauty and Sensibility in the Thought of Jonathan Edwards* (New Haven: Yale University Press, 1968).
[15] *YE* 6, 336 ("The Mind").
[16] *YE* 6, 337 ("The Mind").
[17] *YE* 6, 344 ("The Mind").
[18] *YE* 6, 365 ("The Mind"): "So that we are to conceive of divine excellence as the infinite general love, that which reaches all proportionality, with perfect purity and sweetness."

의 상호적 사랑으로 이루어진다. 이는 인격적인 성령 또는 하나님의 거룩함에 해당되는 제 삼자를 구성하는데 이 거룩함은 그의 무한한 사랑과 일반적 존재에 대한 하나님의 무한한 동의를 가리킨다.[19]

이렇게 삼위일체론적 사랑은 전적으로 하나님 자신에 대한 사랑 (self-love)임과 동시에 외적으로는 피조물을 향한 사랑으로 나타난다. 왜냐 하면 하나님의 자기 사랑은 자신을 교통하는 것이며 이는 궁극적으로 다른 모든 것에 대한 사랑이기 때문이다.[20]

III. 삼위일체론

에드워즈의 삼위일체론은 앞서 언급된 바와 같이 하나님은 사랑이라는 대 명제에서 출발한다. 하나님의 사랑은 자신에 대한 사랑임과 동시에 자신의 사랑을 받을 대상을 필요로 하는 사랑이다. 이런 차원에서 에드워즈의 삼위 일체론은 어거스틴(Augustine)의 삼위일체론과 상당히 유사한 측면을 지니 고 있다.[21] 이 단락에서는 에드워즈의 삼위일체론을 다음의 세 가지 측면으 로 나누어서 살펴보고자한다: 탁월성(excellency, 단수성과 복수성), 이해와 사랑(위격적 관계), 그리고 교통(communication).

---

19 *YE* 6, 364 ("The Mind").
20 *YE* 6, 365 ("The Mind").
21 에드워즈의 삼위일체론이 어거스틴의 견해를 따르는 정통적인 삼위일체론과 일치하지 않는다 는 주장에 맞서서 정통성을 변호하는 글로는 다음을 참고할 것. Richard M. Webber, "The Trinitarian Theology of Jonathan Edwards: An Investigation of Charges against Its Orthodoxy", *Journal of the Evangelical Theological Society* 44 (2001), 297-318.

첫째, 하나님의 탁월성은 그의 복수성에서 비롯되며 단수성에 의해서 전적으로 보장된다. 에드워즈는 탁월성과 복수성의 관계를 다음과 같이 강조한다.

> 다른 것에 대한 언급 없이 하나 만으로는 탁월성이 있을 수 없다. 왜냐하면 이런 경우에 어떤 종류의 관계도 있을 수 없으며, 그러므로 동의와 일치 또한 있을 수 없기 때문이다. ... 절대적으로 어떤 복수성도 지니지 않는 존재에게 탁월성이 있을 수 없는데 거기에는 동의나 일치와 같은 개념이 있을 수 없기 때문이다.[22]

탁월성은 앞서 언급된 것과 같이 다른 존재들의 동의(consent)를 필요로 하는 개념이다. 탁월성은 "존재에 대한 존재의 동의 또는 개체에 대한 존재의 동의"로 정의되며 "동의가 더욱 많아지고 더욱 확장될수록, 탁월성은 더욱 커진다."[23] 존재가 진정으로 탁월하다는 것은 다른 존재로부터 최대한의 동의가 주어질 때 가능하며 본질적으로 관계적 개념에 해당된다. 탁월성이 하나님에게 적용될 때 이는 신적 본질에 관한 것이 아니라 그가 지닌 내적 관계, 즉 위격적 복수성에 관한 것을 다룬다. 하나님에게 동의란 자신의 존재에 대한 동의를 가리키며 이는 구체적으로 자신에 대한 사랑으로 나타난다.[24] 에드워즈는 전통적 삼위일체론에서 하나님의 복수성에 대해 설명하면

---

22 *YE* 6, 337 ("The Mind").
23 *YE* 6, 336 ("The Mind").
24 *YE* 6, 365 ("The Mind"); Jonathan Edwards, *Treatise on Grace and Other Posthumously Published Writings Including Observations on the Trinity*, ed. Paul Helm (Cambridge: James Clark, 1971), 100; "That in John God is love shews that there are more persons than one in the deity, for it shews love to be essential and necessary to the deity so that His nature consists in it, and this supposes that there is an eternal and necessary object, because all love respects another that

서 거의 다루어지지 않았던 동의와 탁월성의 개념을 도입함으로서 하나님의 사랑에 대한 더 풍성한 이해를 제공할 수 있었다. 그가 삼위일체론을 직접적으로 다르는 작품에서 복수성에 근거한 탁월성의 개념을 논의하지 않았던 것은 사실이다. 그러나 탁월성은 그의 삼위일체론 개념에 있어서 중요한 위치를 차지하는 사랑을 이해하는데 핵심 사안으로 작용한다. 왜냐하면 에드워즈에게 삼위일체론적 사랑이란 궁극적으로 아름다움과 탁월함과 밀접한 관련을 맺고 있기 때문이다.25

둘째, 성자와 성령은 성부 하나님의 자기 이해와 자기 사랑으로 파악된다. 에드워즈에게 하나님은 모든 존재의 존재이며 모든 것의 근원(fountain)과 토대(foundation)에 해당된다. 에드워즈는 이 개념을 어떻게 성부, 성자, 성령의 관계로 설명하는가? 하나님은 인식되는 존재일 뿐 아니라 스스로를 인식하고 이해하는 존재이다. 달리 말하면, 하나님은 자신에 대한 실제적 이해 또는 관념(idea)을 지닌 존재이다. 이 관념은 너무나 완전한 것이어서 절대적으로 자기 자신이며 또한 자기 자신의 반복에 해당된다.26 하나님의 자기 이해는 하나님의 아들로 표현되는 자신의 반복으로 구성되므로 성자는 성부 하나님에 대한 완전한 관념으로 간주된다. 에드워즈는 "삼위일체에 관한 논의(*Discourse on the Trinity*)"에서 이를 다음과 같이 표현한다: "이 위격은 삼위일체에 있어서 제 2의 위격으로서, 유일하게 나셨으며 하나님에 의해 사랑받는 아들이다. 그는 하나님이 자신에 대해서 갖는 영원하고 필수적이며 완전하고 실체적이며 인격적인 관념이다."27 그러나 하나님의 탁월성은 이런 관념뿐 아니라 동의로서의 사랑을 아울러 요구한다. 에드워즈에

---

is loved."

25 Crisp, *Jonathan Edwards on God and Creation*, 96-100.

26 *YE* 21, 116 ("Discourse on the Trinity").

27 *YE* 21, 117 ("Discourse on the Trinity").

게 이런 동의가 곧 성령으로 나타난다. 성령은 하나님의 무한하고 영원한 사랑으로서 하나님 자신에 대해서 즐거워하는 즐거움 또는 기쁨 자체로 이해된다. "성령은 성부와 성자 사이에서 무한히 서로를 사랑하고 즐거워하는 하나님의 행위이다. 만약 성부와 성자가 무한히 서로를 즐거워한다면, 이들 사이에 무한히 순수하고 완전한 행위, 즉 우리가 즐거움이라고 부르는 무한히 달콤한 에너지가 존재하여야 한다."28 이제 성자는 하나님의 완전한 지식과 동일시되며, 성령은 하나님의 의지 속에 나타난 자신에 대한 완전한 기쁨(delight)으로 간주된다.29 에드워즈는 성령을 성부와 성자 사이에 공통적으로 존재하는 것으로만 생각하지 아니하고 한걸음 더 나아가서 자신에 대한 의식을 통해서 스스로를 즐거워하는 하나님의 자기 사랑으로 간주한다. 이런 즐거움 또는 사랑은 하나님의 인격성(personhood)을 구성하는 요소로 작용하기 때문에 비록 성령이 하나님의 사랑에 대한 '반사적 행위(reflex act)'로 간주된다 하더라도 성령은 실제적으로 삼위의 한 위격에 해당된다.30 따라서 에드워즈에게 성자는 하나님의 인격적 지혜 그리고 그의 형상으로, 성령은 하나님의 '인격적' 사랑과 자신에 대한 즐거움으로 간주된다. 이런 삼위일체론적 이해는 궁극적으로 위격들이 원래 지닌 위격적 독특함을 상실하지 아니하면서도 하나의 신적 본질에 참여한다는 삼위일체론적 상호 침투(perichoresis) 개념으로 나아가도록 만든다.31

---

28 *YE* 13, 260 ("The Miscellanies", no. 94).
29 Edwards, *Treatise on Grace and Other Posthumously Published Writings Including Observations on the Trinity*, 99-131.
30 Edwards, *Treatise on Grace and Other Posthumously Published Writings Including Observations on the Trinity*, 130; William J. Danaher, Jr., *The Trinitarian Ethics of Jonathan Edwards* (Louisville, KY: Westminster John Knox, 2004), 33-35.
31 Edwards, *Treatise on Grace and Other Posthumously Published Writings Including Observations on the Trinity*, 120.

셋째, 하나님은 삼위일체론적으로 소통하는 존재(a communicative being)이시다.[32] 그의 신성은 직접적 실존(direct existence)에만 머무르지 아니하고 지식(관념)과 사랑이라는 반사적 행위에 의해서 소통하는데 이는 성부가 성자를 낳고 성령은 성부와 성자로부터 발출하는 내재적 삼위일체론 (the immanent Trinity)의 핵심요소에 해당된다. 여기에서 하나님의 '소통'은 자신이 지닌 탁월함, 아름다움 등을 전달하는 성향(disposition) 또는 경향(inclination)을 가리킨다. 에드워즈는 이를 하나님 영광이라는 개념과 결부하여 다음과 같이 설명한다. "그분 안에 존재하는 것으로서 하나님의 내적 영광은 그의 지식 또는 의지에 놓여 있다."[33] 여기에서 '지식'은 성부가 성자를 자신에 대한 완전한 지식으로 동일시하는 것을 가리키며, '의지'는 자신에 대한 완전한 즐거움으로 표현되는 성령을 가리킨다. 자신의 영광의 방출로도 표현되는 하나님의 자신에 대한 소통은 지식과 의지라는 이중적 차원을 지니게 되며 이는 구체적으로 성자의 출생(generation)과 성령의 발출(procession)로 나타난다. 하나님의 신성은 직접적 실존으로만 존재하지 아니하고 지식과 사랑이라는 반사적 행위에 의해서 자신과 교통하는데 이 교통의 결과로 성부는 성자를 낳고 성령은 성부와 성자로부터 발출한다는 삼위일체론적 진리가 이해된다. "성자는 하나님의 이해에 의해 출생된 신성이거나 또는 자신에 대한 관념을 지니고 그 관념으로 구성된다. 성령은 행위 또는 하나님의 무한 사랑과 자신에 대한 즐거움에서 유출되고 호흡하는 본질로 구성된다."[34] 하나님의 이런 교통은 자신에 대한 무한하고 완전한 지식에 근거한 것으로서 영원하고 직접적이며 또한 즉각적이다. 이 교통은 하나

---

32 *YE* 13, 410 ("The Miscellanies", no. 332).
33 *YE* 8, 528 ("Diss. I. Concerning the End for which God Created World").
34 Edwards, *Treatise on Grace and Other Posthumously Published Writings Including Observations on the Trinity*, 118.

님의 영광, 즉 '엄청나게 빛나고 가득한 그의 완전한 신성'의 방출을 가리키며 이는 궁극적으로 '넘쳐 흘러서 확장되고 또한 한 마디로 외부(ad extra)'에까지 이르는 것을 뜻한다.[35] 따라서 에드워즈에게 하나님의 교통은 내재적 삼위일체의 내향적 차원(ad intra)을 규명할 뿐 아니라 더 나아가서 자신의 외부로 방출되는 자신의 무한한 영광의 표현까지 포괄하는 개념에 해당된다. 다시 말하자면, 하나님은 자신의 내부에 존재하는 영원하고 완전한 것을 외부를 향해 지속적으로 교통하신다고 볼 수 있다.[36] 이 외부를 향한 하나님의 교통은 우선 '창조'라는 행위를 통해서 나타난다.

IV. 창조론

에드워즈의 창조론은 앞서 언급된 삼위일체 하나님의 내적 교통에 근거한 외적 교통에서 비롯된다. 그의 후기 작품 중 하나인 "천지창조의 목적"에서 에드워즈는 "무슨 동기로 하나님께서 이 세상을 창조하셨는가?"라는 질문에 답한다. 이 질문은 "자신을 교통하는 하나님의 내재적 성향이 어떻게 세상을 향한 하나님의 교통과 관계되는가?", 그리고 더 넓은 차원에서 "내재적 삼위일체론과 경륜적 삼위일체론(the economical Trinity)이 어떤 관계를 맺고 있는가?"라는 질문으로도 표현될 수 있다. 하나님이 세상을 창조하신 이유는 우선적으로 그가 지닌 자신을 교통하기 위한 성향에서 비롯된 것일 뿐 아

---

35 YE 8, 527 ("Diss. I. Concerning the End for which God Created World").
36 YE 13, 410 ("The Miscellanies", no. 332); William M. Schweitzer, *God is a Communicative Being: Divine Communicativeness and Harmony in the Theology of Jonathan Edwards* (London: Bloomsbury, 2012), 17.

니라 또한 자신의 영광을 위한 것이기도 하다.

> 외부를 향한 또는 자신이 관계되지 아니한 상태에서 그의 선의 무한한 완전함을
> 영광스럽고 풍부하게 방출하는 것이 최종적 목적이다. 그리고 우리는 자신을
> 교통하거나 자신의 완전함을 확산시키려는 성향은 하나님의 본질의 완전함으로
> 서 원래 하나님께 존재하는 것으로 인식해야 하는데 이것이 그를 세상을 창조하
> 도록 이끈 동기이다.[37]

하나님의 창조 행위는 그의 본질에 필연적인 것이 아니라 하나님이 자신
의 의지를 따라 행하시기에 적절하고 아름다운 것으로 이해된다.[38] 하나님은
자족성(aseity)을 지닌 존재이므로 창조를 통해서 그에게 무엇인가가 추가적
으로 주어지는 것은 아니다. 창조 행위를 통해 하나님은 자신이 지은 피조물
들을 통해 즐거움과 행복을 누리게 되지만 그는 그들로부터 아무 것도 받지
아니하신다. 그의 모든 교통은 내재적 역동성에서 비롯되는 것이기 때문에
하나님께서 피조물로부터 어떤 것을 취하실 이유나 필요성은 없다고 볼 수
있다.[39]

그렇다면 에드워즈의 창조론에 나타난 특징은 무엇인가? 여기에서는 다음
의 세 가지로 나누어서 살펴보고자 한다: 1) 계속적 창조 2) 수학적으로 이
해되는 완전한 자연 법칙의 존재를 부인함 3) 자연에 대한 모형론적 해석.

첫째, 에드워즈는 이신론자들의 주장에 맞서서 계속적 창조(continuous
creation)를 주장한다.[40] 이신론(deism)은 하나님이 세상을 창조한 후 더

---

[37] YE 8, 433-34 ("Diss. I. Concerning the End for which God Created World").
[38] YE 13, 410 ("The Miscellanies", no. 332); Holmes, *God of Grace and God of Glory*, 40.
[39] YE 13, 495-96 ("The Miscellanies", no. 448).
[40] William M. Schweitzer, "Rage against the Machine: Jonathan Edwards vs. The God

이상 세상에 관여하지 않고 이를 관망하거나 또는 이에 대하여 부재하다는
사고를 지칭한다. 에드워즈는 이신론을 경계하고 세상을 향한 하나님의 행
위가 지속적이라는 사실을 강조하기 위해서 "창조가 새로운 매 순간에 행해
진다고 생각하는 것이 성경과 일치하는 것"이라고 주장한다.[41]

저항이라는 개념에 기초한 자신의 독특한 원자론적 관점에서 태초의 창조
에 대해서 다음과 같이 그는 설명한다. "처음 창조는 이런 저항을 일으키는
이 능력의 첫 번째 행사이었고, 보존은 매 순간 이런 저항을 일으키는 이 능
력의 지속 또는 반복만을 뜻한다. 따라서 우주는 매 순간 무로부터 피조된
다."[42] "존재로서 피조된 것에 대한 하나님의 보존은 계속적 창조 또는 매
순간 이들의 실존에 있어서 무에서 이들을 창조하는 것과 완전히 동일하다
."[43] 그렇다면 에드워즈에게 창조는 지속적인 창조이며 이는 마치 필름에서
영상이 끊임없이 지속적으로 투사되는 현상에 대해 유비적인 것으로 이해될
수 있다. 세상은 원래 존재하던 것이 그대로 남아 있는 것이 아니라 존재하
던 것들이 매 순간 사라지지만 하나님의 능력으로 매 순간 새로운 것이 계속
적으로 피조되는 결과물에 해당된다.[44] 이상현은 에드워즈가 이해한 계속적
창조의 개념을 삼위일체 하나님의 역동적이며 내적인 경향성이 외적으로 재
현된 것이라는 설명을 다음과 같이 제공한다.

of Deism", *Scottish Bulletin of Evangelical Theology* 25 (2007), 70-71.
[41] *YE* 13, 418 ("The Miscellanies", no. 346).
[42] *YE* 6, 241 ("Things to be Considered an[d] Written fully about"); Avihu Zakai, *Jonathan Edwards's Philosophy of Nature: The Re-Enchantment of the World in an Age of Scientific Reasoning* (London/New York: T & T Clark, 2010), 250-51. 뉴턴에게 원자는 태초의 창조의 결과로 단회적으로 만들어진 것으로 이해되는 반면, 에드워즈는 원자와 우주가 매 순간 만들어지며 이런 방식으로 창조가 지속된다고 믿었다는 점에서 양자 사이의 차이점이 드러난다.
[43] *YE* 3, 401 ("Original Sin").
[44] Crisp, *Jonathan Edwards on God and Creation*, 25-26, 162-63.

하나님의 외향적 실천은 곧 세계의 창조이다. 그렇다면 피조물의 존재는 하나님의 내재적 삼위일체적 충만성의 시공간적 재현인데 이 과정은 영원히 계속되는 것이다. 이러한 방식으로 하나님은 그 어느 면으로도 결핍되거나 부족하지 않은 모습으로 시간 또 공간과 관련을 맺는다. 그리하여 시간 또 공간과 펼쳐지는 하나님의 창조의 행위는 내재적 삼위일체 하나님의 역동적 삶 그 자체에 기반을 둔 것이다.45

둘째, 에드워즈는 피조세계에 하나님의 능력을 배제하는 수학적이며 기계적인 자연법칙 또는 역학적 원리(mechanism)가 단지 부분적으로만 존재한다고 믿었다. 물리적 법칙은 하나님이 자신이 지으신 세상에 더 이상 현존하지 않는다는 이신론적 신념을 확증하는 수단이 아니다. 오히려 이 법칙은 자연에 대한 하나님의 직접적 다스림과 보존을 의미하는 섭리의 부분적 수단으로 파악되어야 함을 뜻한다. 그의 자연 법칙 이해에 결정적인 역할을 담당한 것은 원자론(atomism)이었다. 그의 원자론은 관념론에 의해서 형성된 독특한 원자론이었는데 원자는 자신의 힘으로 존재 가능한 실체(substance)를 지닌 것으로 이해되지 않았다. 그 이유는 하나님을 제외한 다른 실체는 존재하지 않으며 모든 실재가 정신적이라는 자신의 관념론적 사고에서 발견된다.46 원자는 견고성(solidity), 불침투성(impenetrability), 불가분성(indivisibility)을 지니고 외부의 파괴력에 맞서서 이를 극복하려는 저항성

45 이상현, 『조나단 에드워즈의 철학적 신학』, 노영상 · 장경철 옮김 (서울: 한국장로교출판사, 1999), 244.
46 로크(John Locke)와 버클리(George Berkeley)의 관념론이 에드워즈의 관념론에 미친 역할에 대한 자세한 분석으로는 다음을 참고할 것. George Rupp, "The "Idealism of Jonathan Edwards", Harvard Theological Review 62 (1969), 209-26; Anderson, "Editor's Introduction", 101-102, 116-17, 130-31; 102-103.

(resistibility)을 지닌 최소의 물체 단위로 정의되었다.[47] 원자가 자신을 보존할 수 있는 힘은 전적으로 하나님의 전능한 창조를 통하여 매 순간 지속적으로 주어진다고 파악되었다. "원자들이나 물체들의 부분들이 서로 부딪히도록 하는 것은 하나님 자신이거나 또는 그의 능력의 즉각적 작용이다. ... 물체를 보존하는데 하나님의 무한한 능력의 일정한 작용이 필요하다는 사실이 뒤따른다."[48] 하나님의 무한한 능력은 원자를 포함한 모든 물체에 직접적으로 작용하기 때문에 일반적 의미에서 모든 자연 현상의 직접적이며 유일한 원인에 해당된다. 따라서 에드워즈에게 하나님이 이차적 원인을 사용하여 물체에 자신의 힘을 작용하신다는 개념과 하나님과 세상 사이에 매개적 실체가 존재한다는 사고는 수용되기 어려운 것이었다.[49] 그 이유는 이 사고가 세상 모든 것 안에 존재하시는 하나님의 범재신론적 내재를 축소시킴과 동시에 그의 주권을 제약하는 결과를 초래하기 때문인 것으로 볼 수 있다. 에드워즈는 하나님의 능력이 배제된 상태에서 역학적 원리(mechanism)의 존재 가능성을 다음과 같이 부인한다. "만약 이 단어가 물체들이 상호간에 힘을 순수하게 그리고 적합하게 그들 행사하는 것으로 받아들여진다면, 우리는 역학적 원리와 같은 것은 존재하지 않는다고 인식한다."[50] 에드워즈에게 기계적이며 수학적 원리를 토대로 자연현상을 운동에 관한 원리로만 환원하는 자연 법칙은 물리적 현상의 모든 원인(omnicausality)으로 간주되지 않는다. 그렇다면 물체의 보존과 움직임을 기술하고 지배하는 자연 법칙은 부분적으로만 필요한 것에 불과하며 하나님의 무한한 능력만이 절대적으로 필요한 것이다.[51] 물체가 존재 가능하고 계속적으로 존재하기 위해서 필

---

47 *YE* 6, 210-11 ("Of Atoms").
48 *YE* 6, 214 ("Of Atoms").
49 Zakai, *Jonathan Edwards's Philosophy of Nature*, 254, 257.
50 *YE* 6, 216 ("Of Atoms").

요한 것은 하나님의 무한한 능력이다. 이런 관점에서 에드워즈는 태초의 창
조를 하나님의 전능이 처음으로 작용한 결과로 정의한다.[52]

셋째, 에드워즈는 하나님의 피조세계로서의 자연을 모형론적으로 해석한
다. 이는 구체적으로 물리적 세계가 영적 세계 또는 진리에 대한 모형
(type)이라는 해석학적 원리를 따라 작용함을 뜻한다.[53] 이 사실을 증명하기
위해서 먼저 에드워즈는 피조세계에 존재하는 하등한 물체는 고등한 물체를
모방하여 만들어졌다는 사실에 주목하고 이 사실을 유비(analogy) 개념을
활용하여 다음과 같이 모형론적으로 논의한다.

> 자연세계의 모든 체계를 통해서 나타나는 창조주의 사역에 놀랄만한 유비가
> 있다면, 이는 하나의 사물이 다른 사물을 모방해서 만들어 졌다는 사실로 보이
> 는데 특히 덜 완전한 것이 더욱 완전한 것을 모방해서 만들어졌으므로 덜 완전한
> 것은 더욱 완전한 것의 상징 또는 이미지로 보인다는 사실이다. 즉 동물은 인간
> 을 모방해서 만들어졌으며 식물은 동물의 모형에 해당한다.[54]

여기에서 식물은 동물 아래에, 그리고 동물은 인간 아래에 놓인다는 위계
질서를 파악할 수 있다. 또한 물질적 세계는 인간을 포함한 도덕적 또는 영
적 세계에 종속된다는 주장도 전개된다.[55] 이는 전자가 후자를 보여주기 위

---

[51] YE 15, 373 ("Notes on Scripture", no. 389); Zakai, *Jonathan Edwards's Philosophy of Nature*, 258.

[52] YE 6, 214-15 ("Of Atoms").

[53] Mason I. Lowance, "Images or Shadows of Divine Things: The Typology of Jonathan Edwards", *Early American Literature* 5 (1970), 141-81; Conrad Cherry, "Symbols of Spiritual Truth: Jonathan Edwards as Biblical Interpreter", *Interpretation* 39 (1985), 263-71; Janice Knight, "Learning the Language of God: Jonathan Edwards and the Typology of Nature," *William and Mary Quarterly* 48 (1991), 531-51.

[54] YE 11, 69 ("Images of Divine Things").

[55] William J. Wainwright, "Jonathan Edwards and the Language of God", *Journal of*

해서 피조되었다는 사실을 보여주는데 에드워즈는 이에 대해서 다음과 같이
설명한다.

> ... 존재의 그림자에 불과한 모든 외적 세계는 영적인 것을 드러내기 위해서
> 지음 받았다. ... 하나님의 사역의 열등하고 그림자와 같은 부분이 더욱 실제적
> 이며 탁월한 것을 표상하도록 만들어지는 것은 하나님의 지혜와 일치한다. ...
> 이런 방식으로 하나님은 자신을 영광스럽게 하시고 그가 만드신 마음들을 가르
> 치신다.[56]

하나님께서 사람들의 마음속에 영적 진리를 가르치는 방식에 대해서 에드
워즈는 기적을 예로 들어 설명한다. "물질적 세계와 이에 포함된 모든 것들
은 창조주에 의해서 영적이며 도덕적인 세계에 종속된다. 이를 섭리라는 차
원에서 보여주기 위해서 기적의 경우와 같이 하나님은 물질적 세계의 일상
적 질서를 영적이며 도덕적인 세계의 목적에 종속시키신다."[57] 이런 방식으
로 모형론을 자연에 적용한 결과, 에드워즈는 자연의 모든 실재에 삼위일체
적으로 주어진 아름다움과 조화가 스며들어 있다고 파악하게 되었다. 이는
모형론이 더 이상 자연 현상을 우연적인 것으로 해석하는 도구가 아니라 그
의 창조론의 중요한 한 부분으로 자리 매김하게 되었음을 뜻한다고 볼 수 있
다.[58]

---

the American Academy of Religion 48 (1980), 522.
[56] *YE* 13, 434 ("The Miscellanies", no. 702).
[57] *YE* 11, 61 ("Images of Divine Things").
[58] Schweitzer, *God is a Communicative Being*, 49-50.

V. 만유재신론

　에드워즈의 만유재신론(panentheism)에 대한 논의에 앞서 먼저 일반적 차원에서 그 정의를 살펴보는 것이 타당할 것이다. 만유재신론의 사전적 정의는 "하나님의 존재가 우주 전체를 포함하고 관통하므로 우주의 모든 부분이 하나님 안에 존재하지만, (범신론과는 반대로) 하나님의 존재는 우주보다 크며 이에 의해 소진되지 않는다는 믿음"[59]을 가리킨다. 그레거슨(Niels Gregersen)은 만유재신론을 다음의 세 가지로 분류하고 이에 대한 설명을 제공한다. 첫째, 양극적 또는 엄격한(dipolar or strict) 만유재신론이 제시된다.[60] 이 주장은 하나님이 세상을 창조하지 않고는 자기 자신이 존재할 수 없다는 견해로서 형이상학적으로 하나님과 세상은 공존하며 서로에게 영향을 주고 받는다는 사실이 강조된다. 세상에서 발생하는 일시적 사건들이 신적 본질에 영향을 미쳐서 이를 새롭게 정의하도록 이끌 뿐 아니라 존재하는 모든 것은 아무 조건 없이 하나님의 삶에 참여함을 가리키는데 이는 과정사상과도 연결된다. 둘째, 조건적 또는 기독교적(qualified or Christian) 만유재신론이 제시되는데 구원론적(soteriological) 만유재신론으로 명명되기도 한다.[61] 세상은 하나님 없이 존재할 수 없지만 하나님은 세상없이도 존재할 수 있다는 견해에 해당된다. 이 견해는 만약 신적 은혜가 주어진다면, 세상은 하나님에게 영향을 미칠 수 있다고 주장한다. 구속함을 받은 모든 피조

---

[59] F. L. Cross, & E. A. Livingstone, *Oxford Dictionary of Christian Church* (Oxford/New York: Oxford University Press, 2005), 1027.

[60] Niels Henrik Gregersen, "Three Varieties of Panentheism", *In Whom We Live and Move and Have Our Being: Panentheistic Reflections on God's Presence in a Scientific World*, eds. Philip Clayton & Arthur Peacocke (Grand Rapids: Eerdmans, 2004), 23, 31-35.

[61] Gregersen, "Three Varieties of Panentheism," 23, 24-27.

물은 신적 삶에 참여한다는 사실이 강조되는데 이는 신격화를 주장하는 동
방신학의 구원론과 유사하다고 볼 수 있다. 셋째, 표현주의적(expressivist)
만유재신론은 독일 관념론에서 비롯된 것이다.62 이 견해는 헤겔(Georg F.
W. Hegel)의 신론에서 출발하여 하나님이 자연과 역사의 시간적 과정을 거
쳐 자기실현에 도달한다는 주장으로 나타난다. 하나님은 이 세상으로부터
독립적인 존재로서 영원한 원초성과 추상성을 지닌 존재로 인정됨과 동시에
세상에서 발생하는 구체적 실체 또는 경험된 삶을 받아들여 자신의 존재를
재구성한다고 주장한다. 따라서 이 만유재신론은 사실상 하나님의 자존성과
무에서의 창조를 부인하는 견해로 볼 수 있다.

　이러한 만유재신론의 정의와 분류에 비추어 볼 때 에드워즈의 만유재신론
은 어떻게 분류될 수 있는가?63 이는 크게 관념론적(idealistic), 구원론적
(soteriological), 그리고 모형론적(typological) 만유재신론의 세 가지로
분류될 수 있다. 여기에서는 이 세 가지를 각각 정의하고 이 이론들이 그의
창조 이해에 어떤 역할을 하는가를 살펴보고자 한다.

　첫째, 관념론적 만유재신론은 만물이 영원 전부터 하나님 안에 존재한다
는 주장으로 만유재신론의 일반적이며 기본적 의미를 포괄한다. 이는 에드
워즈의 형이상학적 존재론에서 비롯된 것으로 신적 존재가 실재와 동일시된
다는 사고에서 출발한다.64 에드워즈는 그의 관념론적 만유재신론을 다음과
같이 표현한다. "그(하나님)는 무한하고, 우주적이며, 전 포괄적인(all
comprehending) 실존"65이며 "모든 것의 총합이며 그의 존재 없이는 아무

62 Gregersen, "Three Varieties of Panentheism," 23, 28-31.
63 에드워즈의 신학에 나타난 고전적 유신론의 요소들을 배제하지 않으면서 그의 신론이 어떤
　측면에서 만유재신론적인가를 탁월하게 논증하는 글로는 다음을 참고할 것. Crisp, *Jonathan
　Edwards on God and Creation*, 138-63.
64 Rupp, "The "Idealism" of Jonathan Edwards", 210.
65 *YE* 6, 381 ("The Mind").

것도 존재하지 않는다. 모든 것은 그 안에 존재하며 그는 모든 것 안에 존재한다."[66] 공간은 하나님과 동일시되는데 이는 주관적 관념론자인 버클리(George Berkeley)가 주장했던 인간이 경험하는 상대적 공간이 아니라 오히려 뉴턴(Isaac Newton)이 주장했던 절대적 공간에 더 가깝다.[67] 이 관념론적 만유재신론은 만물이 하나님 안에 놓여 있음을 설명하면서 모든 실재를 경험과 주관의 차원으로 수용하고 설명하려 했던 로크(John Locke) 또는 버클리와는 달리 이를 하나님의 능력이 구체적이며 실제적으로 그리고 객관적으로 작용한 것으로 이해한다. 그러나 이 만유재신론은 앞서 언급된 '양극적' 또는 '엄격한' 만유재신론, 즉 과정사상과 연결되는 만유재신론적 이해와는 다른 견해임을 파악할 수 있다. 에드워즈의 하나님은 창조적 행위에 임한다는 차원에서 생산적이며 자신의 존재를 교통한다는 차원에서 전달적인 존재이다. 그는 다른 어떤 존재에 전혀 의존적이지 않으며 주권적으로 생산성을 표출하며 자신을 피조세계에 전달한다.[68] 이 점이 그가 주장하는 관념적 만유재신론의 독특성에 해당된다고 볼 수 있다. 이 만유재신론은 하나님의 존재가 피조물의 영향력 아래 변화되거나 확장되어 새롭게 정의되는 것이 아니라 단지 그의 영광과 능력이 전달되어 발생하는 자기 확장성에 의해 특징 지워진다.[69] 이 관념론적 만유재신론은 관념에 머무르지 아니하고 하나님의 생산성과 자기 전달성에 근거하여 과학적 차원을 지니게 된다. 하나님께서 태초에 모든 원자들을 만드시되, 자신의 결정을 따라 이들이 특정한 모양과 부피를 지닌 상태를 갖도록, 그리고 이 상태를 지속적으로 미래에

---

[66] YE 20, 122 ("The Miscellanies", no. 880).
[67] 뉴턴의 절대적 공간에 대해서는 다음을 참고할 것. 이신열, "뉴턴의 절대공간과 하나님 이해", 「조직신학연구」 13 (2011), 262-80.
[68] 이상현, 『조나단 에드워즈의 철학적 신학』, 244-45.
[69] Delattre, Beauty and Sensibility in the Thought of Jonathan Edwards, 168-84.

도 지닐 수 있도록 세상은 창조되었다. 세계는 객관적 질서에 의해서 다스려 지며 조화 속에 실존하면서 하나님에 의해 정해진 물리적 질서에 의해 다스 림을 받는 자연세계를 가리킨다는 취지에서 에드워즈의 관념적 만유재신론 은 또한 과학적 만유재신론으로 정의될 수 있다. 정리하면, 모든 물체는 피 조되기 전부터 이미 하나님의 마음속에 실존했으며 그의 창조 행위를 통해 물리적 법칙을 따라 세상에 구체적으로 그리고 실재적으로 존재하게 되는데 이는 하나님의 자기 전달과 자기 확장의 경향성과 일치한다. 자연세계의 질 서는 하나님의 직접적 능력이 작용해서 형성된 것이므로 이는 객관적이며 안정적이며 또한 (하나님께) 의존적이다.[70] 에드워즈는 이렇게 하나님의 능 력에 의해서 자연 세계에 작용하는 질서의 대표적인 예로 뉴턴이 내세웠던 중력과 운동의 법칙을 들었다.[71]

둘째, 에드워즈의 만유재신론은 구원론적 만유재신론에 해당된다. 이는 앞서 그레거슨이 제안했던 구원론적 만유재신론과 어느 정도 유사성을 지닌 견해로 볼 수 있다. 그렇다면 에드워즈의 구원론적 만유재신론은 그레거슨 에 의해 제안된 동방신학의 신격화 이론과 연결되는 만유재신론과 어떤 점 에서 차별화되는가? 에드워즈의 구원론적 만유재신론은 그레거슨의 그것과 유사하게 피조세계가 하나님의 삶에 참여함을 말하지만 피조물의 신격화를 주장하지는 아니한다. 이런 이유에서 피조물은 하나님과 존재론적으로 구별 된 상태에서 단지 그의 영광과 생명에만 참여한다는 사실이 강조된다.[72] 에 드워즈가 피조세계의 참여로 인한 하나님 안에 존재하는 피조물에 신격화가 발생하고 이로 인해 하나님의 존재에 어떤 변화가 발생한다는 점을 강조하

---

70 Rupp, "The "Idealism" of Jonathan Edwards", 225.
71 YE 6, 357-58 ("The Mind").
72 Seong-Kong Tan, *Fullness Received and Returned: Trinity and Participation in Jonathan Edwards* (Minneapolis: Fortress, 2014), 56.

는 그런 종류의 구원론적 만유재신론을 주장한 것은 아니었다.

그렇다면 그가 주장하는 구원론적 만유재신론의 핵심은 무엇인가? 그의 만유재신론적 사고는 삼위일체론적이며 동시에 이중예정과 관계된다. 하나님 안에 있는 모든 피조물들에게 특히 지적 존재들에게 그의 영광이 전달된다.[73] 에드워즈에게는 신적 형벌도 그의 영광의 한 측면에 해당되므로 그의 영광은 지옥에서 고통당하고 있는 유기된 자들에게도 전달되지만 이들은 그 영광을 하나님께 돌려드릴 수 없다. 이들이 여전히 하나님 안에 존재하지만 선택된 자들이 하나님 안에서 누리는 기쁨과 행복, 그리고 그를 사랑하고 신적 거룩에 참여하는 것과 동일한 특권을 누리지는 못한다. 따라서 에드워즈의 구원론적 만유재신론은 선택의 유무와 상관없이 모든 자들이 하나님 안에 존재함을 뜻한다. 그러나 선택 받은 자들만이 신적 거룩에 참여하게 된다는 결론은 이중예정론에 전적으로 부합되는 진리에 해당된다. 이는 바르트(Karl Barth)를 위시한 많은 현대 신학자들이 부인하는 이중예정론을 에드워즈가 올바르게 견지하였음을 잘 보여주는 대목이라고 볼 수 있다.

셋째, 에드워즈의 만유재신론은 모형론적 만유재신론으로 평가될 수 있다. 앞서 창조론에 대한 단락에서 언급한 바와 같이, 그는 물리적 세계에 대한 영적 세계의 우월성을 주장한 신학자이었다. 그에게 피조세계는 신적 세계의 그림자에 해당된다. 모든 것은 하나님 안에 존재한다는 그의 만유재신론적 사고는 하나님에 의해 창조된 영적 세계는 물질세계보다 우월하다는 차원에서 모종의 위계질서를 지닌 세계에 해당된다. 여기에서 에드워즈에게 영향력을 행사한 신플라톤주의와 모어(Henry More)를 위시한 케임브리지 플라톤주의자들(Cambridge Platonists)의 흔적이 발견된다.[74] 에드워즈는

---

73 *YE* 13, 410 ("The Miscellanies", no. 332).
74 Anderson, "Editor's Introduction", 23-24, 57-63, 111-12.

하나님의 피조세계에 일종의 조화와 모방이 나타나는 것은 열등한 것이 우
월한 것을 따라 유비적으로 지음 받았다는 사실에 대한 증거로 간주했다.[75]
이를 확대해서 적용하면, 세상에 존재하는 만물은 신적 세계를 모방하여 지
음 받았기 때문에 하나님과 세상의 관계는 마치 인간의 영혼과 몸의 관계와
가장 유사함을 의미하는데 이는 구체적으로 '만유재신론적 유비
(panentheistic analogy)'로도 표현된다.[76] 마치 인간의 몸이 그 영혼에 의
존적인 것처럼 세상은 하나님에게 의존적이다. 그러나 마치 영혼이 몸을 떠
나 그것과 구분되어 존재할 수 있듯이, 하나님은 세상과 더불어 존재하시지
만 또한 이로부터 구분된다. 작은 시내가 모여서 강을 이루고, 강물이 굽이
굽이 흘러 내려 바다로 모여 드는 것과 마찬가지로, 세상의 모든 일은 무한
하고 다함없는 근원이신 하나님으로부터 나와서 그분에게로 나아간다.[77] 강
물이 바다로 흘러들어가는 자연 현상은 세상의 모든 것은 그분을 위하여 존
재하고, 또한 그 안에 존재한다는 사실을 유비적으로 보여준다. 바다는 강물
을 포함하지만 이와 구분되는 것처럼 하나님은 세상을 포함하지만 이와 구
별되는 존재이다. 피조물이 하나님 안에 존재한다는 사실이 하나님의 존재
에 어떤 영향력을 행사하여 그의 존재를 새롭게 구성하지 못한다. 여기에서
에드워즈의 모형론적 만유재신론과 하나님과 피조물 사이의 구분을 파괴하
는 현대신학의 양극적 또는 엄격한 만유재신론과 차이가 드러난다고 볼 수
있다.

에드워즈의 모형론적 만유재신론은 하나님의 피조세계에는 그분이 의도
한 질서가 있다고 강조한다. 이 질서를 유지하고 증진시키기 위해서 세상에

---

[75] *YE* 11, 53 ("Images of Divine Things").
[76] Philip D. Clayton, *God and Contemporary Science* (Grand Rapids: Eerdmans, 1997), 101, 233-42.
[77] *YE* 11, 77-79 ("Images of Divine Things").

는 서로 다른 위계에 놓인 존재들 사이에 교통이 발생한다.[78] 이는 하등한 단계의 존재가 더 고등한 단계의 존재를 위해서 존재한다는 사실을 반영한다. 동물은 자신 보다 더 높은 단계의 존재인 인간을 위해 존재한다. 그리고 인간은 피조세계에서 최고의 존재에 해당하지만 그보다 높은 단계에 하나님이 존재하신다. 따라서 하나님은 자신의 영광을 위해서 인간을 창조하셨다는 사실이 여기에서 논리적으로 파악될 수 있다. 에드워즈가 주장하는 '창조의 질서'는 목적과 가치, 그리고 의미와 완전을 추구하는 질서이다. 이런 관점에서 칼빈은 세상을 '하나님의 영광의 극장'이라고 표현했는데 이는 세상이 하나님의 영광을 유비적으로 반영하고 드러낸다는 사실을 강조하기 위한 것이었다. 사람의 존재 목적 또한 하나님의 영광을 드러내는데 놓여 있다. "우리가 창조된 목적은 지구상에서 하나님의 이름을 경축하는 것이다."[79] 이는 "천지창조의 목적"에 나타난 자신의 창조론의 핵심적 내용과 잘 부합되는 신론에 대한 유비적이며 모형론적 해석으로 평가될 수 있다.

VI. 마치면서

이 장에서는 에드워즈의 창조론에 나타난 만유재신론의 역할을 살펴보기 위해서 먼저 그의 존재론과 신론, 삼위일체론, 그리고 창조론을 간략하게 살펴보았다. 존재론과 신론은 주로 철학적 사고에 근거한 것으로 하나님은 인식되기 원하고 사랑받기 원하는 존재로 규명되었다. 삼위일체론에 나타난

---

[78] YE 13, 190 ("The Miscellanies", no. tt): "In the creation, there is an immediate communication between one degree of being and the next degree of being, ..."
[79] CO 31, 97.

에드워즈의 강조점은 다음의 세 가지 주제로 집중되었는데 이는 하나님의 단수성과 복수성, 삼위일체의 위격들의 상호관계, 그리고 하나님의 소통에 해당된다. 창조론에 나타난 에드워즈의 특징적 사고는 당대의 이신론적 사고에 맞서서 계속적 창조를 주장했을 뿐 아니라, 당대의 과학적 사고에 나타난 기계론적이며 수학적인 자연의 법칙을 하나님의 전능성이 행사된 결과로 이해한다. 이와 더불어 그의 자연 해석은 성경 해석에 중요한 틀을 제공하는 모형론적 해석으로 나타난다. 마지막으로 에드워즈는 하나님이 세상의 모든 것을 포괄한다는 것을 믿는 만유재신론자로 이해될 수 있는데 이는 그의 신학적 사고에 있어서 상당히 논쟁적인 주제 중의 하나로 간주된다. 이 장에서 그의 만유재신론은 관념론적, 구원론적, 그리고 모형론적 만유재신론으로 제시되었다. 필자가 이해한 에드워즈의 신론에는 대부분의 현대 신학자들이 이해하는 양극적 또는 엄격한 만유재신론에 나타난 과정 사상이 수용되지 않는 것으로 보인다. 그는 동방신학에서 주장하는 신격화를 주된 내용으로 삼는 구원론적 만유재신론과는 달리 삼위일체론이 지닌 역동성에 토대를 두면서 이중예정을 적극적으로 수용하는 독특한 구원론적 만유재신론을 주장한다. 또한 그는 자신의 창조에 대한 모형론적 해석에 기반을 둔 모형론적 만유재신론을 내세운다. 그의 견해에는 만유재신론적 유비 개념이 활용되었으며 자연 세계가 하나님의 존재를 새롭게 정의하도록 돕는다는 방식이 아니라 그의 위대함과 영광을 드러낸다는 칼빈의 사고와 유사한 창조에 대한 그의 기본적 입장이 재확인된다.

참고문헌

마즈던, 조지 M. 『조나단 에드워즈 평전』. 한동수 옮김. 서울: 부흥과개혁사, 2006.

박찬호. "조나단 에드워즈에게 있어서 천지창조의 목적."「창조론 오픈포럼」 4/1 (2010), 1-12.

이상현. 『조나단 에드워즈의 철학적 신학』. 노영상·장경철 옮김. 서울: 한국장로교출판사, 1999.

이신열. "뉴턴의 절대공간과 하나님 이해."「조직신학연구」 13 (2011), 262-80.

이진락. "조나단 에드워즈의 신학에 나타난 철학적 요소들."「한국개혁신학」 43 (2014), 108-29.

Calvin, John. *Ioannis Calvini opera quae supersunt omnia*. ed. G. Baum et al. Brunsvigae: C. A. Schwetschke et filium, 1894.

Cherry, Conrad. "Symbols of Spiritual Truth: Jonathan Edwards as Biblical Interpreter."*Interpretation* 39 (1985), 263-71.

Clayton, Philip D. *God and Contemporary Science*. Grand Rapids: Eerdmans, 1997.

Cooper, John W. *Panentheism, the Other God of Philosophers: From Plato to the Present*. Grand Rapids: Baker, 2006.

Crisp, Oliver D. *Jonathan Edwards on God and Creation*. Oxford/New York: Oxford University Press, 2012.

Danaher, William J. Jr. *The Trinitarian Ethics of Jonathan Edwards*. Louisville, KY: Westminster John Knox, 2004.

Delattre, Roland. *Beauty and Sensibility in the Thought of Jonathan Edwards*. New Haven: Yale University Press, 1968.

Edwards, Jonathan. *Treatise on Grace and Other Posthumously Published Writings Including Observations on the Trinity*. ed.

Paul Helm. Cambridge: James Clark, 1971.

_____. *The Works of Jonathan Edwards*. Vol. 6: *Scientific and Philosophical Writings*. Ed. Wallace E. Anderson. London & New Haven: Yale University Press, 1980.

_____. *The Works of Jonathan Edwards*. Vol. 8: *Ethical Writings*. ed. Paul Ramsey. London & New Haven: Yale University Press, 1989.

_____. *The Works of Jonathan Edwards*. Vol. 11: *Typological Writings*. ed. Wallace E. Anderson et al. London & New Haven: Yale University Press, 1993.

_____. *The Works of Jonathan Edwards*. Vol. 13: *The Miscellanies (Nos. a-z, aa-zz, 1-500)*. ed. Thomas A. Schafer. London & New Haven: Yale University Press, 1994.

_____. *The Works of Jonathan Edwards*. Vol. 15: *Notes on Scripture*. ed. Stephen J. Stein. London & New Haven: Yale University Press, 1998.

_____. *The Works of Jonathan Edwards*. Vol. 18: *The Miscellanies (Nos. 501-832)*. ed. Ava Chamberlain. London & New Haven: Yale University Press, 2000.

_____. *The Works of Jonathan Edwards*. Vol. 20: *The Miscellanies (Nos. 833-1152)*. ed. Amy Plantinga Pauw. London & New Haven: Yale University Press, 2002.

_____. *The Works of Jonathan Edwards*. Vol. 21: *Writings on the Trinity, Grace and Faith*. ed. Sang Hyun Lee. New Haven: Yale University Press, 2003.

Gregersen, Niels Henrik. "Three Varieties of Panentheism", *In Whom We Live and Move and Have Our Being: Panentheistic Reflections on God's Presence in a Scientific World*. eds. Philip Clayton & Arthur Peacocke. Grand Rapids: Eerdmans,

2004: 19-35.

Holmes, Stephen R. *God of Grace and God of Glory: An Account of the Theology of Jonathan Edwards*. Edinburgh: T & T Clark, 2000.

Lee, Sang Hyun. "Jonathan Edwards's Dispositional Conception of the Trinity." *Toward the Future of Reformed Theology: Tasks, Topics, Traditions*, ed. David Willis & Michael Welker. Grand Rapids: Eerdmans, 1999: 444-55.

Miller, Perry. *Jonathan Edwards*. Lincoln, NE: University of Nebraska Press, 2005.

Rupp, George. "The Idealism of Jonathan Edwards." *Harvard Theological Review* 62 (1969), 209-26.

Schultz, Walter. "Jonathan Edwards's *End of Creation*: An Exposition and Defense." *Journal of the Evangelical Theological Society* 49 (2006), 247-71.

Schweitzer, William M. *God is a Communicative Being: Divine Communicativeness and Harmony in the Theology of Jonathan Edwards*. London: Bloomsbury, 2012.

_____. "Rage against the Machine: Jonathan Edwards vs. The God of Deism." *Scottish Bulletin of Evangelical Theology* 25 (2007), 61-79.

Tan, Seong-Kong. *Fullness Received and Returned: Trinity and Participation in Jonathan Edwards*. Minneapolis: Fortress, 2014.

Wainwright, William J. "Jonathan Edwards and the Language of God." *Journal of the American Academy of Religion* 48 (1980), 519-30.

Webber, Richard M. "The Trinitarian Theology of Jonathan Edwards: An Investigation of Charges against Its Orthodoxy." *Journal of the Evangelical Theological Society* 44 (2001), 297-318.

Wilson-Kastner, Patricia. "God's Infinity and His Relation to Creation in the Theology of Gregory of Nyssa and Jonathan Edwards." *Foundation: A Baptist Journal of History and Theology* 21 (1978), 305-21.

Zakai, Avihu. *Jonathan Edwards's Philosophy of Nature: The Re-Enchantment of the World in an Age of Scientific Reasoning*. London/New York: T & T Clark, 2010.

7. 헤르만 바빙크의 창조와 섭리 이해에 나타난 연속성과 불연속성

Herman Bavinck(1854-1921)

I. 시작하면서

헤르만 바빙크(Herman Bavinck, 1854-1921)는 네덜란드를 대표하는
개혁주의 신학자로 평가받는다. 그의 신학은 다양한 주제들이 보편성이라는
토대위에 유기체적으로 통일성을 추구하는 가운데 많은 영향력을 행사해왔
다.[1] 지금까지 그의 신학에 나타난 다양한 교리들에 대한 분석과 평가가 제
시되었지만 창조론과 섭리론에 대한 글들을 찾아보기 힘들다. 그 이유로는
먼저 상대적으로 신학 전반에 걸쳐 공통적으로 이 주제에 대한 관심이 부족
한 현실을 들 수 있다. 그리고 이 주제가 그의 신학 전체에 어떤 영향력을
행사했는가에 대한 인식 부족을 들 수 있다. 최근의 창조과학에 대한 관심은
창조론에 대한 관심을 아울러 증가시켰는데 바빙크가 100여 년 전에 집필한
『개혁교의학』은 진화론을 중심으로 한 당대의 과학적 발전과 연구 결과에
민감하게 반응하였으며 이를 자신의 창조론에 창의적으로 반영하여 진화론
에 대응하는 신학적 분위기를 형성하였다고 볼 수 있다. 최근의 섭리론에 대
한 이해에는 창조를 무로부터 창조를 넘어서서 계속적 창조로 확대하여 정
의한 결과로 인해 섭리를 창조의 일부로 이해하려는 경향이 두드러진다.[2] 따
라서 창조와 섭리 두 교리 사이의 차이점보다는 두 교리가 어떻게 동일선상
에 놓이게 되는가를 출발점으로 삼게 되었고, 그 결과 섭리론은 창조론에 포
함되어서 상대적으로 보존을 중심으로 한 섭리론은 자주 논의의 대상에서

---

[1] J. Veenhof, *Revelatie en inspiratie: De Openbarings, en Schriftbeshowing van Herman Bavinck in vergelijking met die der ethische theologie* (Amsterdam: Buijten & Schipperheijn, 1968), 263ff.
[2] 위르겐 몰트만, 『창조 안에 계신 하느님: 생태학적 창조론』, 김균진 옮김 (서울: 한국신학연구소, 2007), 302-12; Howard J. Van Til, Robert E. Snow, John H. Stek & Davis A. Young, *Portraits of Creation: Biblical and Scientific Perspectives on the World's Formation* (Grand Rapids: Eerdmans, 1990), 212ff.

제외되기에 이르렀다.

이 장에서는 그의 창조론과 섭리론을 그의 『개혁교의학』을 중심으로 연구하고 비교 분석하되 이를 더욱 집중적으로 조명하기 위해서 연속성과 불연속성이라는 관점에서 고찰하고자 한다. 이를 위해서 먼저 그의 창조론과 섭리론을 몇 가지 주제로 나누어서 살펴본 후에 이에 근거하여 마지막으로 두 교리 사이의 연속성과 불연속성 사이의 비교 고찰을 시도하고자 한다.

II. 창조

바빙크 신학의 중요한 동력 가운데 하나는 유신론적 일원론인데 이는 범신론과 유물론을 전적으로 배격한다.[3] 창조론에 나타난 특징 중의 하나는 성경적 창조 개념을 부인하는 이원론(dualism), 범신론(pantheism) 그리고 유물론(materialism)과의 투쟁이라고 볼 수 있다.[4] 이 사고들에 대항해서 바빙크는 참된 종교는 성경적 창조론, 즉 하나님과 세상 사이의 올바른 관계에 근거한 것이라고 밝힌다.[5] 세상은 하나님의 피조물이며 그에게 전적으로 의존한다(출 20:11; 느 9:6; 골 1:16-17; 계 4:11; 롬 11:36; 히 11:3). 그러나 성경은 이 관계에 있어서 유출 개념에 근거한 혼동을 결코 허락하지 아니하는 세계관을 보여준다.[6] 또한 성경적 세계관은 피조세계는 다양성에도 불구하고 통일, 질서와 조화를 지닌 일원론적 체계이며 더 나아가서 이는 하

---

3 헤르만 바빙크, 『계시철학』, 위거찬 옮김 (서울: 성광문화사, 1985), 116.
4 헤르만 바빙크, 『개혁교의학 2』, 박태현 옮김 (서울: 부흥과개혁사, 2011), 518.
5 바빙크, 『개혁교의학 2』, 511.
6 헤르만 바빙크, 『개혁교의학 개요』, 원광연 옮김 (고양: 크리스챤다이제스트, 2004), 196; 바빙크, 『개혁교의학 2』, 522.

나님의 통일성에 대한 강력한 증거임을 주장한다. 바빙크는 디오니시우스(Dionysius)가 하나님이 세상의 중심점이며 이에 속한 모든 피조물은 그 분을 중심으로 삼는 동심원이라는 주장을 언급한다. 이 세상은 이원론적 영지주의의 주장처럼 하나님이 대결해서 극복해야 하는 어떤 세력이 아니라 하나님에 의해 지음 받은 그의 소유물이며(창 14:19, 22; 시 24:1-2; 89:11, 95:4-5) 자신의 지속적인 내재적 원인에 해당하는 하나님 안에 존재하는 존재이다.[7] 그렇다면 바빙크는 성경적 창조론을 구체적으로 어떻게 제시하였는가? 이 질문에 대해서 다음의 네 가지 주제를 중심으로 답변하는 가운데 그의 창조론을 살펴보고자 한다.

1. 무로부터의 창조(creatio ex nihilo)

바빙크는 무로부터 창조를 아리스토텔레스가 주장하였던 '아무 것도 무로부터 발생하지 않는다(ex nihilo nihil fit)'라는 명제가 기본적으로 비존재가 존재의 근원 또는 원리임을 보여주는 규칙으로 이해한다. 비존재라는 개념을 통해서 아리스토텔레스가 의미하는 것은 결국 영원한 무형의 물질(amorphous material)에서 모든 존재가 비롯되었다는 이교도적 개념이다. 이러한 개념으로부터 성경적 창조 교리를 변호하기 위해서 바빙크는 무로부터 창조라는 용어가 비록 성경에 문자적으로 사용되지 아니하였지만 이를 기꺼이 수용한다.[8] 여기에서 '무'는 신적 개념을 지칭하는 비존재인 동시에 존재, 무인 동시에 모든 것, 가능성과 구체성에 있어서 아직 확정되지 않은

---

7 바빙크, 『개혁교의학 2』, 526.
8 바빙크, 『개혁교의학 2』, 523, 525.

것으로 해석 가능한 이미 존재하는 본질을 가리키는 것이 아니라 순수한 의미에서 존재하지 않는 '부정의 무'(nihil negativum)를 뜻한다.[9] 여기에는 신적 본질의 유출이라는 개념이 전적으로 부인되며 세상은 신적 본질과는 다른 고유한 본질을 지니게 된다. 따라서 이 용어는 범신론적 차원에서 언급되는 유출과 이에서 비롯된 하나님과 세상의 본질적 일치와 이에서 비롯되는 양자 사이의 혼동을 완전히 배제한다.[10]

이 용어는 구체적으로 창세기 1장 1절에 언급된 창조를 가리키지만 1장 3절 이하에 언급된 6일 동안의 창조에는 해당되지 않는 것으로 파악된다.[11] 이는 즉각적이며 직접적인 창조, 즉 이용 가능한 물질의 존재를 전제로 삼지 않고 시간의 창조와 더불어 이루어지는 창조로서 첫 번째 창조에 해당된다. 존재하게 된 것은 이미 존재하였음을 가리키는 것이 아니라 하나님의 전능한 능력으로만 존재하게 되었음을 뜻한다.[12] 이는 하나님의 절대적 주권과 완전한 독립성을 드러낸다. 그러나 3절에 언급된 창조는 두 번째 창조로서 1절에 언급된 피조된 물질을 전제하며 이를 활용하여 이루어지며 간접적이며 비즉각적(mediate) 창조이며 6일에 해당하는 시간 안에서 발생했다. 성령의 단장하는 사역으로 말미암아 이 땅은 비옥하게 되었으며 그 땅위에 만물이 하나님의 말씀을 통해 존재하게 되었다.[13]

그렇다면 이런 방식으로 첫 번째 창조와 두 번째 창조를 구분하는 근거는 무엇인가? 바빙크는 2절에 언급된 땅을 묘사하면서 사용된 '깊음', '공허와 혼돈'과 같은 용어들은 1절의 창조행위를 통해 존재하게 된 땅이 원래부터

---

9 바빙크, 『개혁교의학 2』, 522, 527.
10 바빙크, 『개혁교의학 2』, 525.
11 바빙크, 『개혁교의학 2』, 599-600.
12 바빙크, 『개혁교의학 2』, 525.
13 바빙크, 『개혁교의학 2』, 523, 622-23.

무형의 상태에 놓여 있었던 사실을 설명한다고 해석한다.14 이는 어떤 신화론적 연상과 관계없이 순수한 의미에서 아직 정형화된 형태를 갖추지 못한 상태를 가리킨다. 이미 피조되었으나 아직 사람이 거주하기에 적합하지 않은 원시적 상태 그대로의 땅을 가리킨다. 즉 2절의 형태가 없는 상태의 땅은 첫 번째 창조와 두 번째 창조를 구분하는 근거로 작용한다. '공허'라는 단어는 텅 빈 형식으로 존재한 채 피조물들로 채워지기를 기다리는 땅의 상태를 지칭하는 것이 아니라 단순히 형체도 없고 모양도 없는 상태로, 빛과 어두움으로 구분되지 않은 상태로, 물과 마른 땅과 바다 등의 여러 개체들로 구분되지 않은 상태로서의 땅이 존재했음을 표현하기 위해서 사용되었다.15

2. 삼위일체론적 창조

바빙크는 삼위일체론을 논의하면서 피조물들이 삼위일체의 흔적들 (vestigia trinitatis)이라고 주장한다.16 이는 하나님이 본성에 있어서 충만한 생명이며 생산적이며 확대, 전개, 전달이 가능하다는 사실에 기인한다.17 하나님은 본질적으로 자신의 존재 안에 자기 생명의 무한한 충만 가운데 최상의 다양성을 지닌다. 이에 대한 구체적 증거가 피조세계에 나타난 다양성이다.18 하나님은 자신의 말씀을 통해 세상을 창조하고 자신의 영을 보냄으로 만물에 생명을 부여하고 이를 풍성하게 만드신다. 창조는 로고스를 통해

---

14 바빙크, 『개혁교의학 2』, 597.
15 바빙크, 『개혁교의학 개요』, 202-3.
16 바빙크, 『개혁교의학 개요』, 420. 아우구스티누스는 이를 더욱 강력하게 다음과 같이 표현하였다: "만물은 최상이고 동일하며 변함없이 선한 이 삼위일체에 의해 창조되었으므로 온 피조세계는 삼위일체의 흔적이다."
17 바빙크, 『개혁교의학 개요』, 387-88.
18 바빙크, 『개혁교의학 개요』, 324.

중보되며 하나님은 성령을 통해 피조세계에 내재하며 만물을 돌본다.19 따라서 바빙크는 두 교리(삼위일체론과 창조론)는 결코 분리될 수 없으며 창조론은 오로지 삼위일체 하나님에 대한 고백 가운데서만 견지될 수 있다고 주장한다.20

그렇다면 바빙크에 의해 창조사역은 구체적으로 어떻게 이해되는가? 이는 신학의 원리라는 관점에서 다음과 같이 제시된다: "하나님이 창조한 세상은 하나님의 말씀을 객관적 원리로, 하나님의 영을 주관적 원리로 갖는다." 그런데 여기에 언급된 객관적/주관적 원리는 사실상 자신이 내세운 신학의 본질적 기초원리(principium essendi)를 창조라는 계시에 적용한 것이다. 왜냐하면 성경에 기록된 그리스도 안에 있는 객관적 계시는 신학의 '외적 인식의 기초원리(principium cognoscendi externum)'이며 성령은 그 '내적 인식의 기초원리(principium cognoscendi internum)'에 해당되기 때문이다.21

이를 성자와 성령의 관점에서 구체적으로 살펴본다면 다음과 같이 구분하여 이해할 수 있다. 먼저 창조에 있어서 성부의 관점에서 성자의 기능은 다음과 같이 제시된다: "성부가 성자 안에서 선언하는 말씀은 신적 존재에 대한 완전한 표현이며, 따라서 또한 그 말씀을 통해 피조물로서 신적 존재의 외부에 존재하게 될 모든 것들에 대한 완전한 표현이기도 하다."22 말씀인 로고스는 성자와 구별되고 그에 의해서 사용되는 도구가 아니라 성자의 고

---

19 S. Meijers, *Objectiviteit en existentialiteit: een onderzoek naar hun verhouding in de theologie van Herman Bavinck en in door hem beinvloede concepties* (Kampen: Kok, 1979), 100-102. 메이어스는 창조와 관련된 성령의 사역을 일반 섭리의 차원과 관련짓는다. 즉 창조와 섭리는 성령론적 차원에서 연속선상에 놓여 있다.
20 바빙크, 『개혁교의학 2』, 530, 419.
21 바빙크, 『개혁교의학 1』, 657.
22 바빙크, 『개혁교의학 2』, 534.

유한 명칭으로서 자신을 계시하시는 인격을 뜻하는데 그는 태초부터 존재했다(요 1:1).[23] 로고스는 창조를 통해서 비로소 존재하게 된 것이 아니라 영원 전부터 존재한 하나님 자신이었다(요 1:3). 성부는 자신을 로고스에게 절대적으로 전달했고 로고스는 하나님을 우리에게 상대적으로 전달하신다. 로고스를 향한 성부의 자기 전달은 삼위일체적으로 출생(generation)으로 표현되는데 이를 통해서 창조라는 외적 계시가 가능해진다. 그래서 어거스틴은 이 자기 전달을 창조 사역의 모델 또는 원형으로 파악하였다.[24]

성령은 인격적, 내재적 원인으로서 자신을 통해 만물이 하나님 안에 존재하고 살고 움직이도록 구체적 모양과 형태를 제공하며 이 목적을 향하여 만물을 인도한다.[25] 성자의 창조사역이 성자를 향한 성부의 자기 전달인 출생을 모델로 삼는 것과 같이 성령의 동일한 사역도 신적 존재 안에 이루어지는 자기 전달을 원형으로 삼아서 이루어진다. 그런데 여기에서 신적 존재 내에서 성령을 향한 하나님의 자기 전달은 성령의 발출(spiration)에 해당되는데[26] 이는 그가 성부와 성자로부터(filioque) 보냄을 받았다는 사실에 기초한다.[27] 그렇다면 성령의 창조사역은 성경에서 어떻게 제시되는가? 이는 창세기 1장에 나타난 6일간의 사역에 해당되며 두 번째 창조를 가리킨다. 이 사역의 특징은 구분(distinctio)과 장식(ornatus)으로 요약된다.[28] 2절에 하나님의 신이 수면위에 운행하였다는 언급은 그가 아직 형성되지 아니한 땅에 해당하는 대규모의 물에 형태를 부여하고 생명을 일으키게 함으로서, 6일에 걸쳐 다양한 형태의 피조물들이 발생되기에 이르렀다. 성자, 즉 말씀을

---

23 바빙크, 『개혁교의학 2』, 340.
24 바빙크, 『개혁교의학 2』, 419-420.
25 바빙크, 『개혁교의학 2』, 531.
26 바빙크, 『개혁교의학 2』, 393.
27 바빙크, 『개혁교의학 2』, 403.
28 바빙크, 『개혁교의학 2』, 600-3.

통한 하나님의 창조 사역은 아직 완성된 단계에 이르지 아니한 실행이라는 차원을 강조한 반면, 성령을 통한 사역은 창조의 실제적 완성에 초점이 맞추어진다. 그렇다면 이제 성령의 사역을 통해서 바빙크가 내세우는 창조에 관한 이데아적 이해가 역사 속에서 비로소 현실화되고 구체화된다는 사실을 발견할 수 있는데 이는 사실상 성경적 개념을 벗어난 플라톤적 개념으로서 비판의 대상에 해당된다.[29]

3. 창조의 중보자 그리스도

바빙크는 그리스도가 창조의 중보자라는 개념을 어떻게 이해하는가? 그는 이 문제에 대한 해답을 제시하기에 앞서 창조와 유출(emanation)의 차이점에 주목한다. 유출은 한 존재의 본질이 다른 존재에게 전달되는 것을 가리키므로 두 존재 사이에 본질적 일치가 발생한다. 이는 한 존재의 본질이 다른 본질로 흘러 들어가(uitstromen) 거기에서 그 본질을 전개시키고 (ontplooien) 원래 본질의 일부가 되는 것을 가리킨다. 그러나 성경적 개념으로서 창조는 비존재가 존재로 나타나는 세상의 전이(overgang)를 뜻하므로 여기에는 창조자와 피조물 사이에 본질적 일치는 배제되며 피조물은 자신만의 고유한 본질과 존재를 지니게 된다.[30] 창조자의 능력에 의해서 과거

---

29 바빙크, 『개혁교의학 2』, 252-57, 419, 533-34. 바빙크가 내세우는 창조의 이데아적 이해는 성부가 창조에 관한 모든 것을 자신 속에서 생각하였으며 이를 성자 안에서 말씀으로 표현하여 실행에 옮겨지게 되었음을 보여준다. 모든 것은 더 높은 실재의 반영이라는 세계 관념에서 비롯된 것이다. 이 개념은 원래 헬라 철학, 특히 플라톤의 사고에 그 뿌리를 두고 있다. 이에 대한 비판으로는 다음을 참고할 것. 유해무, 『헤르만 바빙크: 보편성을 추구한 신학자』 (서울: 살림, 2004), 165; R. H. Bremer, *Herman Bavinck als dogmaticus* (Kampen: Kok, 1961), 208-10; Meijers, *Objectiviteit en existentialiteit*, 98-99; Cornelis van der Kooi, "Herman Bavinck and Karl Barth on Christian Faith and Culture," *Calvin Theological Journal* 45 (2010), 76-77.

에 존재하지 않았던 비존재가 하나님의 경륜을 따라 본질상 창조자와 전적
으로 다른 존재로 피조되는 것을 가리키는데[31] 이런 의미에서 경륜은 피조
물의 유효적 원인(causa efficiens)에 해당된다.[32] 따라서 모든 피조물은 창
조자에 의해 지음 받았기 때문에 그에게 절대적으로 의존적인 존재이지(시
115:3; 단 4:35) 독립적인 존재가 될 수 없음을 보여준다. 즉 피조물의 존재
의 내재적 원인(causa immanens)은 자신이 아닌 창조자 안에서 발견된
다.[33]

　이러한 유출과 창조의 차이점에 주목하면서 바빙크는 이를 신적 존재 내
의 위격적 차원으로 적용한다. 신적 내부에 있는 위격들 간의 상호 교통(성
자의 발생과 성령의 발출)을 본질적 교통의 관점에서 유출로 파악한다.[34] 성
자의 발생은 하나님의 경륜에 의한 창조가 아니라 유출의 한 형태인 성부의
본질이 성자에게 주어지는 본질적 전달로 이해된다. 그러나 바빙크가 말하
는 유출이란 범신론적 차원의 무의식적이며 주체의 의지가 작용하지 않는
무작위적 유출과는 다르다.[35] "출생을 통해 하나님의 온전한 형상이 성자에
게 영원히 전달되며, 창조를 통해 단지 하나님의 희미하고 약한 비유만이 피
조물에게 전달된다." 이에 근거해서 바빙크는 "만일 하나님이 삼위일체적으
로 존재하지 않았다면, 창조는 불가능했을 것"이라고 선언한다.[36] 즉 성자의
영원한 발생과 피조세계의 창조는 서로 다른 하나님의 행위임에도 불구하고

30 바빙크, 『개혁교의학 2』, 525-26.
31 바빙크, 『개혁교의학 2』, 389.
32 바빙크, 『개혁교의학 2』, 465 유효적 원인이라는 용어를 통해서 창조는 하나님의 주권에 의해
　서 이루어진 행위임이 강조된다. 바빙크, 『개혁교의학 개요』, 193, 197.
33 바빙크, 『개혁교의학 2』, 526.
34 바빙크, 『개혁교의학 2』, 527.
35 바빙크, 『개혁교의학 2』, 389-90.
36 바빙크, 『개혁교의학 2』, 527.

후자는 전자 없이 발생하지 아니한다. 이런 차원에서 성자는 창조의 중보자에 해당된다. 만물이 성자를 통해 창조되었다는 성경의 가르침(요 1:3; 고전 6:8; 골 1:15-17)은 이런 차원에서 이해되어야 한다. 또한 만물은 그리스도를 위해서 창조되었고(엡 1:10) 그는 창조의 근본(계 3:14)이며 만물의 알파와 오메가, 처음과 나중(계 1:17, 21;6, 22;6)으로 지칭된다.

그러나 앞서 언급된 성경구절들을 통해서 바빙크는 그리스도가 또한 세상의 최종인(causa finalis)임을 지적한다. 창조의 궁극적 목적은 모든 피조물이 하나님의 미덕을 계시하고 그를 칭송하며 그에게 영광을 돌리는 것이며, 여기에서 한 걸음 더 나아가 모든 나라들이 하나님께 복종하는 그의 통치의 차원에 관한 것이다.[37] 성자 안에서 지음 받고 만물의 머리인 성자 아래 집결된 모든 피조물들은 최종적으로 만물의 근원인 성부에게로 돌아가게 될 것이다. 즉 그리스도는 구원론적 의미와 우주론적 의미를 동시에 지니며 그가 창조의 중보자임과 동시에 재창조의 중보자임을 보여준다.[38] 바빙크는 이를 삼위일체적 맥락에서 최종적으로 다음과 같이 설명한다: "그러므로 창조가 성부로부터 성자를 통하여 성령 안에서 나오는 것은 성령 안에서 성자를 통하여 다시 성부에게로 되돌아가기 위함이다."[39]

III. 섭리

---

[37] 바빙크, 『개혁교의학 2』, 544.
[38] 바빙크, 『개혁교의학 2』, 531.
[39] 바빙크, 『개혁교의학 2』, 534. 바빙크, 『개혁교의학 개요』, 187: "창조나 구속에서나 재창조에 있어서, 모든 것들이 성부로부터, 또한 성자와 성령으로 말미암아 오는 것이다. 그리고 성령 안에서, 성자로 말미암아, 성부께로 돌려진다."

바빙크에게 하나님의 섭리는 그의 창조만큼 중요한 성경적 가르침이다. 모든 피조물들은 존재하게 된 그 순간부터, 곧 바로 하나님의 섭리의 손길 아래 놓이게 되는데 이는 창조와 섭리의 관계가 동반관계임을 뜻한다.[40] 양자 사이의 긴밀한 관계는 섭리를 계속적 창조(creatio continua)로 파악할 수 있는 이유를 제공한다. "섭리와 창조는 모두 단일 행위이고, 단지 나타나는 양식에서 다를 뿐이다."[41]

섭리의 기본적 정의에는 하나님의 예지, 계획, 목적으로 표현되는 내적 행위가 포함되지만 바빙크는 자신의 논의를 창조론 후에 나타나는 외적 행위, 즉 만물에 대한 정돈의 시행으로서 보존, 협력, 통치에 관한 외적 행위로 제한한다.[42] 그는 계속해서 섭리가 창조라는 하나님의 계시를 통해 모든 사람에게 객관적으로 주어지지만 이들이 모두 이를 하나님의 행위로 인식하고 알게 되는 것은 아니라고 밝힌다. 바빙크는 이런 이유에서 섭리를 혼합 조항(articulus mixtus)이라고 부른다.[43] '혼합조항'이라는 용어는 원래 자연적 이성과 특별 계시를 통해 파악되는 신앙고백의 조항을 가리킨다.[44] 그렇지만 그가 이 용어를 선택했다는 사실이 그가 비기독교적이며 헬라 철학에서 주장하는 섭리 이해를 수용했음을 뜻하지는 않는다. 비기독교적 섭리 이해는 사실상 우연과 운명 사이를 오가는 개념으로서 참된 진리를 배척하는 것이므로 만물에 대한 하나님의 주권을 인정하고 이에 근거한 성경적 섭리개념

---

40 바빙크, 『개혁교의학 개요』, 210. 바빙크, 『개혁교의학 2』, 600: "1절에서 하나님이 천지를 창조한 같은 순간에, 천지는 또한 하나님에 의해 보존된다."
41 바빙크, 『개혁교의학 2』, 754, 755.
42 바빙크, 『개혁교의학 2』, 742. 섭리를 계획으로 논의하는 글로는 다음을 참고할 것. John H. Wright, S.J., "The Eternal Plan of Divine Providence," *Theological Studies* 27 (1966), 27-57.
43 바빙크, 『개혁교의학 2』, 737.
44 G. C. Berkouwer, *The Providence of God*, trans. Lewis B. Smedes (Grand Rapids: Eerdmans, 1952), 38.

과 조화될 수 없다. 따라서 바빙크가 이 용어를 사용하는 이유는 실천을 배제한 채 이론에만 국한되는 비기독교적 섭리 개념에 대한 단순한 부정에 머무르기를 원하지 않는다는 점에서 찾을 수 있다.[45] 그는 자연 신학의 한 조항에다 기독교만의 독특한 이해가 추가된 것이 섭리라는 견해에 반대하는 주장을 내세운다: "섭리론은 철학적 체계가 아니라 신앙의 고백인데, 즉 사물들의 현상이 자주 모순된다고 할지라도, … 오로지 하나님 한 분만이 자신의 전능하고 편재한 능력으로 만물을 보존하고 통치한다는 고백이다. 그러한 고백은 … 피상적인 낙관론과 … 거만한 비관론에 대해 우리를 지킬 수 있다."[46] 바빙크는 개혁신학의 입장에서 섭리를 앞서 보존, 협력, 그리고 통치의 세 가지 요소로 나누어서 고찰하는데 여기에서는 이를 구체적으로 살펴보고자 하는데 이 작업은 창조와 섭리의 관계를 더욱 선명하게 규명하기 위한 일종의 예비적 작업이 될 것이다.[47]

1. 보존

보존은 피조된 세계를 유지하고 발전시키기 위한 하나님의 전능하고 지속적인 행위를 뜻한다. 이는 하나님의 편재하는 능력에서 비롯된다.[48] 따라서

---

[45] Berkouwer, *The Providence of God*, 41. 종교개혁자 칼빈은 구체적인 행동이 수반되지 않는 이론에 머무르는 에피쿠로스 철학자들의 일반 섭리 개념을 반대했으나 이 일반 섭리에 하나님의 개별적 돌보심이라는 특별한 차원이 인정된다면 이들의 논지를 전적으로 거부하지는 않을 것이라고 밝힌다. 존 칼빈, 『기독교 강요』, 1.16.4.

[46] 바빙크, 『개혁교의학 2』, 769. 그러나 그의 이러한 주장은 이차 원인을 인정하는 자신의 협력 이해와 모순된다. 유해무 『헤르만 바빙크』, 188.

[47] 바빙크, 『개혁교의학 2』, 752. 섭리의 이 세 가지 요소들은 내용적으로 그리고 시간적으로 구분되지만 하나가 다른 것을 뒤따르는 부분들이나 일부가 아니다. 오히려 이들은 서로 연관되며 언제나 서로를 포괄한다.

[48] 바빙크, 『개혁교의학 2』, 755.

이는 그의 창조 행위만큼 위대하고 영광스러운 행위이다. 세상은 존재하게 되는 순간부터 하나님에게 의존적이므로 하나님 안에서, 그리고 하나님을 통해서만 존재한다(느 9:6; 시 104:30; 행 17:28; 롬 11:32; 골 1:15; 히 1:3; 계 4:11).

보존은 세상을 향한 하나님의 수동적 감독이 아니라 하나님이 적극적으로 세상이 지속적으로 존재하도록 만드시는 것을 뜻한다. 즉 자신의 편재하시는 전능의 능력으로 하늘과 땅과 세상의 모든 피조물들을 떠받치고 계신다. 이러한 하나님의 유지 사역은 구체적으로 그의 말씀과 성령을 통해 이루어진다(시 104:30, 107:25).[49] 이는 사람에게 생명을 주시고(욥 33:4), 모든 인생들을 굽어 살피시며(시 33:13), 사람의 코에 숨결을 유지하시는(욥 27:3) 하나님의 지속적이며 현재적인 사역을 가리킨다. 이는 온 피조물에 퍼진다. 공중의 새들(마 6:26), 들의 백합화(마 6:28), 참새들(마 10:29), 까마귀 새끼들(시 147:9), 심지어 사람의 머리카락(마 10:30) 에도 미친다. 피조물 하나하나가 모두 그의 능력으로 말미암아 그 본질대로 존재한다.

또한 보존을 가능하게 하는 하나님의 현존은 무의식적인 현존이 아니라 자기 존재의 의식적인 현존에 해당된다.[50] 의식적 현존은 그가 만물을 보존하심에 있어서 모든 피조물과 개별 사건에 직접적으로 개입하시는 것을 뜻한다. 토마스 아퀴나스(Thomas Aquinas)는 이를 "정돈의 방식에 있어서 하나님은 직접적으로 만물을 돌보신다."라고 표현했다.[51] 이에 대한 구체적인 예는 기적에서 발견되는데 이는 자연 질서에 대한 외부적 개입으로서 예외적인 현상이 아니라 그의 경륜에 근거한 직접적 행위로서 그의 다른 모든

---

[49] 바빙크, 『개혁교의학 개요』, 210; 바빙크, 『개혁교의학 2』, 324.
[50] 바빙크, 『개혁교의학 2』, 210-11.
[51] 바빙크, 『개혁교의학 2』, 758.

행위들과 조화를 이루면서 고유한 결과를 산출한다. 또한 이 현존은 피조물의 본성을 따라 차별화되는 현존이다. 따라서 보존의 방식에 있어서 차이가 발생한다.[52] 그러나 보존은 하나님이 피조물들을 본질을 따라 자신의 고유한 존재를 그대로 유지하는 차원을 넘어선다. 오히려 이는 피조물들의 존재를 더욱 향상시키고 발전시키도록 유도하는 하나님의 사역에 해당된다: "창조는 단지 존재의 시작을 가능하게 한 반면, 보존은 자신의 피조물들을 향한 점진적이고 항상 증가하는 하나님의 자기 전달이기 때문이다."[53]

보존을 논의함에 있어서 범신론적 사고에 해당하는 운명은 하나님과 세상 사이의 차이를 용해시키고 섭리를 단순히 자연의 과정으로 이해한다. 바빙크는 운명이 여기에서 한 걸음 더 나아가 기독교적 개념과 연결되기도 하였지만 거부되었다는 사실에 주목한다. 예를 들면, 어거스틴은 운명(fate)이라는 단어가 라틴어 '말하다(fari)에서 비롯된 파생어임을 인식하고, "그래서 하나님이 만물을 붙들고 지지하는 영원하고 불변하는 말씀을 지시한다면," 이 용어가 기독교적으로 정당화될 수 있는 가치를 지닌 것으로 간주하였던 것이 사실이다.[54] 그러나 어거스틴은 일반적으로 인간의 자유의지와 상관없이 필연적으로 발생하는 개념으로서의 운명을 더욱 중시하는 사고에 대해서 "우리는 모든 것이 운명으로부터 발생한다고 말하지 않고, 오히려 우리는 아무 것도 운명으로부터 발생하지 않는다고 말한다."고 주장함으로서 이를 궁극적으로 거부하였다.[55]

2. 협력

---

[52] 바빙크, 『개혁교의학 2』, 759.
[53] 바빙크, 『개혁교의학 2』, 756-57.
[54] 바빙크, 『개혁교의학 2』, 745.
[55] 바빙크, 『개혁교의학 2』, 746.

협력(concurrence)은 하나님이 일어나는 모든 일의 제일 원인이지만 하나님 아래서, 또한 하나님으로 말미암아, 피조물들이 제이의 원인들로서 적극적으로 활동하며, 제일 원인과 함께 작용한다는 사실을 가리킨다.56

범신론은 하나님, 즉 제일 원인과 피조물인 제이 원인이 동일하다고 가르치므로 사실상 원인들이 더 이상 존재하지 않게 되는데 이는 신과 세상이 본질적으로 일치한다는 사고에서 비롯된 것이다. 이를 달리 표현하면, 인간의 모든 행위는 곧 신의 행위로 귀결되는데 이는 하나님을 인간이 범하는 죄악의 원인으로 규명하도록 만든다는 점에 있어서 비성경적인 사고이다. 성경은 인간이 범하는 죄악의 원인을 인간 자신에게 돌리고 하나님을 그 원인으로 삼지 않는 근본적인 이유는 하나님과 세상이 한편으로는 서로 분리되어 있지 않지만 이와 동시에 다른 편으로는 서로 본질적으로 구별된다는 사고에 놓여 있다.57 이와 정반대로 이신론에서 제이 원인은 제일 원인으로부터 분리되어 독립적이 되었다. 이로 인해 두 원인들은 마치 말 두 필이 마차를 끄는 것처럼 나란히 실재를 불러일으키는 동반 원인들(causae sociae)로 간주되었고 피조물이 자신의 행위의 원인이자 창조자가 된 것이다.58

그러나 제이 원인들은 제일 원인인 하나님께 절대적으로 종속되지만, 이 종속 가운데 여전히 참된 원인으로 작용한다. 이러한 원인들의 결과는 전적으로 제일 원인의 산물임과 동시에 또한 전적으로 제이 원인의 산물이다. 바빙크는 이를 더욱 정확하게 원인들의 산물은 형식적으로 제이 원인들의 행

56 바빙크, 『개혁교의학 개요』, 216; 칼빈, 『기독교 강요』, 1.17.6; Karl Barth, *Church Dogmatics*, III/3, ed. G. W. Bromiley & T. F. Torrance (Edinburgh: T & T Clark, 1961), 99.
57 바빙크, 『개혁교의학 개요』, 215-16; 바빙크, 『개혁교의학 2』, 762-63.
58 바빙크, 『개혁교의학 2』, 763.

위에서 비롯된 것이지만 실제적으로는 전적으로 두 원인 모두의 결과라고 설명한다. "나무가 타고, 나무가 타도록 하는 주체는 하나님뿐이지만, 형식적으로 타는 행위는 하나님에게 돌려져서는 아니 되고, 단지 주체로서의 나무에게 돌려져야만 한다."[59] 즉 인간이 범죄함에 있어서 필요한 에너지와 능력을 하나님이 제공하시지만, 단지 사람이 죄를 범하므로 전적으로 죄악의 원인 제공자인 인간에게 그 범죄에 대한 책임이 있다. 하나님의 행위는 제이 원인을 전제하고 선행적으로 활동하며 더 나아가 이 활동 가운데 목적된 결과가 도출될 때 까지 동행한다는 사실에서 신적 협력의 의미가 발견된다.[60]

제일 원인과 제이 원인의 올바른 관계는 이신론의 주장처럼 서로 독립을 유지하는 병립관계도 아니며 범신론의 주장처럼 후자가 전자에 흡수되어 폐기되는 통합관계도 아니다. 제일 원인은 제이 원인을 통해서 작용하므로 양자사이에 구별이 존재한다. 그러나 그 결과는 단일하다는 점에 있어서 양자의 관계는 일원론적이다. 따라서 양자의 관계는 독립적임과 동시에 일원론적이라는 용어로 표현될 수 있을 것이다. 이 관계는 하나님이 세상과 맺는 관계에 대하여 유비적이다. 왜냐하면 창조자와 피조물의 관계 또한 독립적이면서도 일원론적이기 때문이다.[61]

3. 통치

바빙크는 『하이델베르크교리문답』(1563)과 개혁신학에서 시도된 것과 마

---

59 바빙크, 『개혁교의학 2』, 765.
60 바빙크, 『개혁교의학 2』, 764.
61 바빙크, 『개혁교의학 개요』, 216. 그는 여기에서 하나님과 세상이 절대로 분리되지 않으면서도 언제나 서로 구별되는 관계에 놓여 있다고 설명한다.

찬가지로 통치를 주로 보존과 함께 다룬다.[62] 그 이유는 보존과 통치가 서로 구분되는 요소들임에도 불구하고 실제에 있어서 서로 관련되는 상호적인 차원이 더욱 두드러지기 때문이다. 보존의 궁극적 목적은 통치이며 통치는 보존을 전제로 한다. 성경적 관점에서 모든 피조물은 정의상 독립적이지 않으며 하나님에게 의존하는 존재로서 그의 통치아래 놓여 있다. 따라서 바빙크에게 통치란 보존을 전제로 하는 섭리의 궁극적 목적이라는 차원에서 섭리 전체를 포괄하는 아름답고 풍성한 개념에 해당된다.[63]

바빙크는 여기에서 한 걸음 더 나아가 통치를 하나님의 행위라는 관점에서 고찰한다.[64] 하나님의 통치는 자연세계에 국한되는 것이 아니라 한 개인으로서 인간을 포함하는 그리고 모든 인류의 역사와 전 우주에 미치는 개념이다. 하나님은 만왕의 왕이며 만주의 주이시며(딤전 6:15; 계 19:6), 그의 왕국은 전 우주에 해당된다. 만물이 그의 통치 아래 놓여 있으며(시 10:16, 24:7-8, 29:10, 44:4, 47:6-7, 74:12, 115:3, 사 33:22), 열방을 통치하며 (시 22:28, 47:8, 96:10; 렘 10:7; 말 1:14), 모든 나라를 소유하며(시 22:28, 82:8), 저주와 파멸을 보내고(신 28:15ff), 그 어떤 것도 하나님을 대적할 수 없다(시 93:3-4). 하나님은 사람의 마음을 조성하고, 그들의 모든 행위들을 지켜보며(사 33:15; 잠 5:21), 사람의 마음을 다스리고(잠 21:1), 모든 사람의 거주와 그 경계를 정하며(신 32:8; 행 17:26), 모든 걸음을 인도하며(잠 5:21, 16:9, 19:21; 렘 10:23), 하늘의 군대와 땅의 거민들에게 자기 뜻대로 행한다(단 4:35).

---

[62] 바빙크, 『개혁교의학 2』, 743, 744f, 751ff. 루터란 신학에서 섭리를 보존, 협력, 통치로 삼분화하는 고찰은 크벤슈테트(J. A. Quenstedt)에 의해 정형화 되었다. Charles M. Wood, *The Question of Providence* (Louisville: Westminster/John Knox, 2008), 78, n. 10.

[63] 바빙크, 『개혁교의학 2』, 765.

[64] 바빙크, 『개혁교의학 2』, 765ff; 바빙크, 『개혁교의학 개요』, 217.

하나님의 통치 방식은 피조물의 개별적 성격에 따라 달라진다.[65] 그의 통치는 보존과 마찬가지로 다양한 방식으로 제시된다. 자연세계에는 자연법칙을 통해서, 인간을 포함한 이성적 피조물에게는 도덕법과 양심을 통해서 죄의 금지와 궁극적으로 이를 심판하는 하나님의 정의가 확립된다.[66] 그런데 자연과 도덕법에 기초한 윤리에 대한 하나님의 통치를 제한하려는 사고로는 하나님과 세상을 완전히 분리시키는 이신론을 들 수 있다. 자연에 대한 과학적 지식이 크게 확대된 19세기 이후 이신론자들은 자연을 하나님의 통치로부터 분리시키고, 그 안에 독립적인 기초를 확립하여 섭리를 종교적, 윤리적 영역에 제한시키려는 경향을 지니게 되었다.[67] 이신론은 하나님을 세상과 자연으로부터 분리하고 이를 통해 양자 사이의 경쟁 구도를 확립시켰고 더 나아가 신의 도움 없이 세상을 설명하고 스스로에게 자활적이며 자족적인 신성을 부여하려는 무신론으로 치닫는다. 이런 이유에서 바빙크는 "이신론자란 자신의 짧은 인생 가운데 무신론자가 될 시간을 갖지 못한 사람이다"라고 비판한다.[68]

IV. 두 교리에 나타난 연속성과 불연속성

개혁신학은 창조와 섭리의 밀접한 연관성을 인정하고 그 관계가 상호적이

---

65 바빙크, 『개혁교의학 2』, 766.
66 바빙크, 『개혁교의학 2』, 757, 767.
67 바빙크, 『개혁교의학 2』, 749. 이신론과 19세기 자연과학의 흐름에 대한 간략한 설명으로는 다음을 참고할 것. Herman Bavinck, "Christianity and Natural Science," in *Essays on Religion, Science, and Religion*, ed. John Bolt, trans. Harry Boonstra & Gerrit Sheeres (Grand Rapids: Baker Academic, 2008), 100ff.
68 바빙크, 『개혁교의학 2』, 750.

며 보완적이라고 가르쳐 왔다.[69] 교회사에서 양자를 동일시하거나 혼동하는 예들을 찾아볼 수 있다.[70] 그러나 바빙크에게 이들 사이에는 유사점이 존재할 뿐 아니라 중요한 차이점 또한 발견된다: "섭리는 한편으로 하나님의 창조 활동과 가장 긴밀하게 연관될지라도, 다른 한편으로 그것과는 본질적으로 구별된다."[71] 여기에서는 그가 이해한 두 교리의 관계를 집중적으로 조명하기 위해서 '연속성(continuities)'과 '불연속성(discontinuities)'이라는 주제를 사용하고자 한다. 전자는 두 교리에 공통적으로 발견되는 특징을 가리키는데 이는 구체적으로 통일성과 발전으로 포괄될 수 있을 것이다. 후자는 두 교리 가운데 한 교리가 강조하는 바가 다른 교리에 의하여 더 이상 강조되지 않거나 그 특징이 전환되어 원래 특징이 상실되는 경우를 가리킨다. 여기에서는 성격, 범신론과 이신론, 그리고 삼위일체론으로 나누어서 이를 고찰하고자 한다.

1. 성격

무로부터 창조는 우선적으로 과거의 한 시점에 발생했던 하나님의 행위로서 단회적이며 비반복적인 성격을 지닌 반면에 섭리는 현재에 발생하는 하나님의 행위로서 지속적이며 반복적이다.[72] 창조는 실질적 행위이며 섭리는

---

[69] 칼빈, 『기독교 강요』, 1.16.1; Benjamin W. Farley, *The Providence of God* (Grand Rapids: Baker, 1988), 27-30.

[70] 루터는 그의 〈창세기 강해〉에서 섭리를 창조와 동일시하는 경향을 드러내었다. Johannes Schwanke, *Creatio ex nihilo: Luthers Lehre vom der Schöpfung aus dem Nichts in der Großen Genesisvorlesung (1535-1545)* (Berlin: Walter de Gruyter, 2004), 141-48.

[71] 바빙크, 『개혁교의학 2』, 752; 바빙크, 『개혁교의학 개요』, 213.

[72] 바빙크는 창조 행위를 하나님의 영원한 행위로 규명하는데 이는 전적으로 하나님의 관점에서 볼 때 타당한 주장이지만 세상이나 인간의 관점에서 볼 때 창조는 일시적이며 단회적인 행위에

이에 의존하고 후속하는 지속적인 행위라는 점에 있어서 창조와 구분된다.[73] 따라서 바빙크가 섭리를 계속적 창조라고 부를 수 있는 가능성을 인정하면서도 이를 부인한 것은 사실상 두 교리의 성격을 올바르게 파악한 것이라고 볼 수 있다.[74] 두 교리의 성격에 있어서 구분과 불연속성이 확인되지만, 그 본질에 있어서 섭리는 기본적으로 창조에 의존하고 그 계속이라는 관점에서, 그리고 창조의 후속조치라는 점에 있어서만 양자 사이에 제한적 연속성이 담보된다.

첫째, 창조와 섭리는 그 성격에 있어서 모두 보편적이며 이 점에 있어서 연속성을 지닌다. 두 교리는 모두 하나님의 전능한 행위가 피조세계에 직접 미친다는 차원에서, 전자는 피조세계의 생성에 있어서, 후자는 피조세계에 대한 보존과 통치에 있어서, 그 범위가 전 우주에 미치는 보편적 행위임을 보여준다. 창조에 있어서 바빙크가 강조하는 보편성은 피조세계의 통일성과 다양성을 통해 증명된다.[75] 그의 유기체적 세계관의 배경에는 창조와 섭리에 있어서 공통분모에 해당하는 보편성이 자리 잡고 있다.

둘째, 창조와 섭리는 모두 인류의 향상과 발전을 지향하나 이에 대한 구체적 실현은 창조가 아니라 섭리를 통해서 이루어진다. 바빙크가 이해한 무로부터 창조 교리는 피조세계의 기원과 생성에 관한 질문에 답변을 제공하는 것이지, 인류의 향상과 발전에 관한 문제는 전적으로 섭리에 차원에 관한 것이다. 성경은 삶의 발전이 창조에 기초해 있지만 그 발전의 실제는 하나님의 섭리 사역에 의해서 이루어진다고 가르치는데 여기에 두 교리의 불연속성이

해당된다. 『개혁교의학 2』, 538-39.

73 바빙크, 『개혁교의학 2』, 755.

74 바빙크, 『개혁교의학 개요』, 213. 바르트는 '계속적 창조(continuata creatio)'라는 대신에 '창조의 계속(continuatio creationis)'이라는 용어를 선호한다. Barth, *Church Dogmatics* III/3. 7f.

75 바빙크, 『개혁교의학 2』, 547ff.

발견된다: "창조와 섭리가 동일한 것은 아니다. 만일 섭리가 매 순간 새롭게 갱신하는 창조였다면, 피조물들 역시 매 순간 무로부터 산출되어야 했을 것이다. 그래서 원인들의 연관, 연계, 질서는 전적으로 상실되고, 발전과 역사란 전혀 언급될 수 없을 것이다."[76]

셋째, 창조와 섭리는 둘 다 하나님의 행위이지만 후자는 전자의 목적이며 전자는 후자의 전제조건에 해당된다.[77] 내용에 있어서 양자는 구별되지 아니한다. 왜냐하면 이 두 교리에는 하나님의 전능하고 편재한 능력이 요구되며 작용하기 때문이다. "하나님은 창조하지 않음에서 창조로 전이되지도 않고, 창조에서 보존으로 전이되지도 않는다."[78] 두 교리는 한 분 하나님의 존재 안에 있는 행위를 지칭하는데 이는 단지 하나님 외부에서 나타나는 양식에서만 구별되며 그 차이는 전적으로 하나님이 피조물과 맺으시는 관계에 의해 규명된다. 그렇다면 이 차이는 무엇인가? 세상을 향한 첫 번째 계시 행위로서의 창조는 삼위일체 하나님의 출생과 발출이라는 내적 자기 전달 행위와 비교해 볼 때 외적 사역(opera ad extra)으로서 삼위의 협력 사역을 통해 이루어진다.[79] 이와 달리 섭리는 창조 이후에 나타난 하나님의 내적 사역으로 이해된다. 여기에서 바빙크는 과거에 섭리를 하나님의 경륜의 차원에서 이해하여 이를 그의 내적 사역으로서 작정(decree)과 동일시했던 과거의 개혁파 신학자들과는 다른 입장을 취한다.[80] 창조는 삼위일체적 차원에서 외적 사역으로 이해되지만, 섭리는 하나님의 작정과 구별되는 외적 사역으로 이해되었다고 볼 수 있다.

---

76 바빙크, 『개혁교의학 2』, 754.
77 바빙크, 『개혁교의학 2』, 757.
78 바빙크, 『개혁교의학 2』, 755.
79 바빙크, 『개혁교의학 2』, 419-20, 402.
80 바빙크, 『개혁교의학 2』, 740-44, 466-67.

2. 범신론과 이신론

앞서 살펴본 바와 같이 바빙크의 창조와 섭리 이해에 있어서 범신론과 이신론은 부정적인 차원에서 중요한 역할을 담당한다. 먼저 범신론은 하나님과 세상을 동일시하므로 사실상 창조와 섭리 사이의 구별을 무시하게 되어 창조를 보존에 희생시키는 우를 범하게 된다. 범신론은 하나님을 세상의 본질로, 세상을 하나님의 현현으로 간주하므로 세상에서 발생하는 하나님의 행위를 이해하는 것이 곧 그의 본질을 이해하는 것이라는 사고로 나아가게 된다.81 이를 섭리론에 적용한다면, 범신론에서는 창조와 섭리가 지나치게 동일시되는 경향이 두드러지며, 더 나아가서 양자는 서로 혼합되어 버린다. 이는 양자의 연속성에 대한 신뢰가 그 차이를 완전히 부인하도록 만드는 경우에 해당된다. 그 결과 범신론에서 협력도 의미를 상실한다.82 왜냐하면 협력의 차원에서 논의되는 이차적 원인들이 일차적 원인에 해당하는 하나님과 동일시되기 때문이다. 원인과 결과에 해당하는 창조자와 피조물, 또는 실체와 결과 사이의 구분이 망각되어 사라진 상황에서 범신론은 세상의 모든 현상들은 재현들로만 존재하고 이것들 배후에는 오직 하나의 원인, 하나의 실재, 하나의 능력만 존재하게 되는데 이것이 바로 하나님 자신이라고 가르친다.83

반면에 이신론은 창조만을 지나치게 강조한 결과 섭리를 무시하고 이를 부인하려는 경향을 지닌다. 하나님의 창조는 세상에 단지 독립적 존재를 부

---

81 바빙크, 『개혁교의학 개요』, 213; 바빙크, 『개혁교의학 2』, 209.
82 바빙크, 『개혁교의학 2』, 762.
83 바빙크, 『개혁교의학 2』, 762-63.

여하는 차원에만 머무르게 되는데 이를 통해서 성경적 의미의 창조, 즉 피조세계가 지닌 하나님에 대한 의존성은 전적으로 부인된다.[84] 여기에서 창조와 섭리 사이의 연속성은 전적으로 부인된다. 범신론에서 양자의 연속성이 지나치게 강조된 결과, 창조자와 피조물 사이의 구분이 무시되거나 사라지는 반면, 이신론에서는 양자 사이의 연속성이 전적으로 부인되고 불연속성이 강조되는 결과가 나타난다. 이는 하나님과 피조물 사이의 불연속성에 근거하여 양자 사이의 구분을 최소화하려는 경향에서 비롯된 것이다. 그렇다면 이신론은 어떤 방식으로 이런 경향을 합리화하는가? 이는 하나님을 어떤 특정한 시공간에 제한하여 본질상 사람으로 간주함으로서 가능해진다.[85] 즉 하나님이 마치 사람처럼 자신의 능력을 행사하기 때문에 세상에 제한적으로 내재할 수 밖에 없다고 이해한다. 이는 사실상 성경이 증거하는 편재성의 가르침을 부인하는 결과를 초래한다.[86] 따라서 창조와 관련해서 하나님은 창조주로서 인정되지만, 그의 섭리에 있어서 그는 더 이상 하나님으로 인정되지 아니하고 한낱 사람과 같은 존재로 간주되므로 전능성은 사라지고 세상이 스스로 돌아가도록 내버려 둘 수밖에 없을 정도로 능력을 상실하였음을 뜻한다. 이를 협력의 관점에 적용해 보면, 제일 원인의 전능한 능력이 부인되는데 그치지 않고 한 걸음 더 나아가 독립된 이차 원인이 진정한 원인으로 간주되므로 이차 원인 스스로가 자신의 행위의 창조주로 인식된다.[87] 따라서 창조와 섭리는 불연속선상에 놓이게 되며 양자 사이의 연속성은 단지 창조주와 피조물 사이의 관계가 완전히 도치(reversal) 된다: "피조물이 하나님을 되물리치고 하나님에게서 주도권을 빼앗을 때, 단지 자신의 자기 활동을

---

84 바빙크, 『개혁교의학 개요』, 211.
85 바빙크, 『개혁교의학 2』, 224.
86 바빙크, 『개혁교의학 2』, 209.
87 바빙크, 『개혁교의학 2』, 763.

견지할 수 있다."[88] 즉 이신론의 창조와 섭리 이해에 있어서 연속성은 창조주가 인간으로, 피조물이 인간으로 인식되는 경우에만 가능하다.

3. 삼위일체

앞서 살펴본 바와 같이 바빙크에게 창조론에 대한 삼위일체론적 이해는 중요한 역할을 차지한다. 창조의 삼위일체적 차원을 반대하거나 부정하는 것은 삼위일체론을 이탈한 증거로 간주될 정도로 두 교리는 밀접한 관계에 놓여 있다.[89] 그렇다면 그의 섭리론에서 삼위일체론은 어느 정도의 역할을 차지하는가? 삼위일체론적 관점에서 살펴볼 때 바빙크에게 창조와 섭리 두 교리 사이의연속성은 어떤 차원에서 보장되는가? 이 질문에 대한 답변은 불연속성의 차원에서 추구되어야 한다. 왜냐하면 바빙크의 섭리론은 더 이상 하나님의 사역 그 자체를 논의하는 것이 목적이 아니라 그가 피조물들과 맺는 관계에 집중하기 때문이다. 섭리가 비록 하나님의 적극적인 사역으로서 만물이 매 순간 존재하고 활동하도록 하는 사역인 것은 분명하다. 그러나 그의 섭리론에 나타난 강조점은 모든 피조물들 가운데 하나님이 자신의 존재와 함께 내재한다는 사실에 놓여 있다.[90] 이 내재적 현존은 하나님의 성령에 의해서 보장되는데 이는 구체적으로 섭리가 헬라철학에서 말하는 운명이나 결정론에 머무르는 추상적인 개념이 아님을 보여준다.[91] 창조가 피조물의 존재를 가능하게 하는 삼위 하나님의 외적 행위에 초점을 맞춘다면 섭리는 이

---

88 바빙크, 『개혁교의학 2』, 750.
89 바빙크, 『개혁교의학 2』, 530.
90 바빙크, 『개혁교의학 2』, 752-53.
91 Meijers, *Objectiviteit en existentialiteit*, 101-102.

피조세계에 대한 하나님의 내재적 사역을 가능하게 하는 편재적 능력에 집중한다. 이 점에 있어서 더 이상 삼위일체적 논의는 섭리론의 핵심 사안이 아니며 여기에서 창조와 섭리 사이의 기본적 불연속성이 발견된다.

그러나 이러한 기본적 불연속성이 삼위일체적 차원에서 창조와 섭리 사이에 발견되는 모종의 연속성을 전적으로 배제하는 것은 아니다. 앞서 언급된 바와 같이 창세기 1장에 기록된 창조기사의 내용은 '창조'(creatio, 창 1:1, 2), 처음 삼일 동안의 '구별'(distinctio), 그리고 둘째 삼일 동안의 '장식'(ornatus)으로 구성된다.[92] 여기에서 구별과 장식은 2절에 언급된 공허와 혼동을 종결짓는 내재적 활동으로 간주된다. 성령, 즉 하나님의 신은 창조에 있어서 말씀과 더불어 창조주로 인식된다(창 1:2; 시 33:6, 104:30). 또한 육일 동안의 창조 기간 중에 창조와 보존과 통치를 주관하는 창조주이자 섭리자로 나타난다. 이제 제 3위 하나님은 창조와 섭리를 연결하는 고리로서 작용한다. 적어도 이 기간 중에 발생한 '구별'과 '장식'으로 이해될 수 있는 창조기사의 내용은 창조와 보존의 연속적이라는 전제하에서 발생한 것이며 이는 삼위일체적 사역, 즉 말씀의 전능과 성령의 현존을 통해 담보되었다: "모든 것이 성부로부터 성자를 통하여 성령 안에서 동시적이다. ... 성령은 인격적, 내재적 원인으로, 이를 통해 만물이 하나님 안에 살고 움직이고 존재하며, 그들의 모양과 형태를 받으며, 그들의 목적으로 인도된다."[93]

V. 마치면서

---

[92] 바빙크, 『개혁교의학 2』, 600-601.
[93] 바빙크, 『개혁교의학 2』, 530-31; Meijers, *Objectiviteit en existentialiteit*, 102.

바빙크는 다른 신학자들과는 달리 섭리를 창조와 비교하고 공통점과 차이점을 세밀하게 분석하고 지적한다. 두 교리의 관계를 집중적으로 고찰하는 가운데 섭리론에 대한 이해가 창조론과의 관계라는 관점에서 더욱 분명하게 조명되었다고 평가될 수 있다. 이는 칼빈의 관점을 더욱 발전시킨 것으로도 볼 수 있는데 이를 통해서 바빙크 신학이 지닌 유기적 통일성이 잘 드러난다고 평가될 수 있을 것이다. 그러나 바르트(Karl Barth)는 이러한 전통적 섭리론에 대해 상당히 부정적인 평가를 내린다. 왜냐하면 이 섭리론이 피조물을 향한 모든 하나님의 편재적 능력과 행위를 고찰함에 있어서 기독론적 기초가 결여된 것으로 간주되기 때문이다.[94] 『하이델베르크 요리문답서』의 섭리에 대한 해설에 나타난 하나님의 부성적(fatherly) 사랑이 정통주의 신학의 섭리론에서 더 이상 발견되지 않음이 지적된다(26-28문). 이런 비판은 그의 섭리론에도 동일한 방식으로 적용될 수 있을 것이다.

물론 바빙크의 섭리 이해는 전적으로 하나님의 언약과 약속에 기초한 것으로 하나님의 용서하는 사랑에 근거하는 구원으로 연결된다.[95] 그는 타락을 인간의 운명이 아니라 하나님의 섭리에 기초한 것으로 보았으며 이를 통해서 섭리론에서 적어도 하나님의 언약에 나타난 은혜의 풍성함과 사랑의 위대함을 강조하려 하였다.[96] 비록 섭리론과 구원론이 전적으로 구별되고 전자의 관점에서 후자와 기독론을 논의할 필요성은 없지만 적어도 그리스도가 하나님의 사랑과 은혜를 전적으로 드러내는 그의 아들이며 은혜언약의 완성자라는 사실이 기초로 작용하였더라면 그의 섭리론이 추구하는 풍성함이 더

---

[94] Barth, *Church Dogmatics*, III/3, 30ff.
[95] 바빙크, 『개혁교의학 2』, 738.
[96] 바빙크, 『개혁교의학 2』, 734.

욱 증진될 수 있었을 것이라고 볼 수 있다.

그렇다면 바빙크의 섭리론이 창조론과의 비교 속에서 전개되고 기독론적 차원이 배제된 이유는 무엇인가? 그의 창조론에서 이에 대한 답변을 찾을 수 있는데 특히 이데아론에 근거한 창조론을 들 수 있다. 이는 앞서 설명된 바와 같이 성자가 창조의 모델 또는 원형으로 간주 되어 그 결과 삼위의 내재적 사역과 창조 사이에 유비적 관계가 설정되었다. 그러나 이는 신성의 수여가 질적 차원이 아니라 양적 차원에 관한 것이라는 심각한 오해를 불러일으킬 수 있는 것이므로 마땅히 비판의 대상으로 사료된다.[97] 그의 이데아 개념은 섭리에도 영향력을 행사하여 이를 창조와 비교하여 고찰하도록 유도하는 원인을 제공한다. 섭리를 하나님의 현존하는 편재적 능력으로서 성령의 사역으로 이해하는 것이 이러한 추상적 사고를 어느 정도 극복하도록 돕는다고 볼 수도 있지만, 바빙크의 이데아 개념은 섭리를 고찰함에 있어서 궁극적으로 구원의 실체인 그리스도를 드러내기보다는 이를 하나의 관념화된 실재로만 간주하도록 이끌었다는 평가가 더욱 설득력을 지닌다고 볼 수 있다.

---

97 유해무, 『헤르만 바빙크』, 177; Meijers, *Objectiviteit en existentialiteit*, 114-15.

참고문헌

몰트만, 위르겐. 『창조 안에 계신 하느님: 생태학적 창조론』. 김균진 옮김. 서울: 한국신학연구소, 2007.

바빙크, 헤르만. 『계시철학』. 위거찬 옮김. 서울: 성광문화사, 1985.

_____ . 『개혁교의학 개요』. 원광연 옮김. 고양: 크리스챤다이제스트, 2004.

_____ . 『개혁교의학 1』. 박태현 옮김. 서울: 부흥과개혁사, 2011.

_____ . 『개혁교의학 2』. 박태현 옮김. 서울: 부흥과개혁사, 2011.

유해무. 『헤르만 바빙크: 보편성을 추구한 신학자』. 서울: 살림, 2004.

칼빈, 존. 『기독교 강요』.

Barth, Karl. *Church Dogmatics*, III/3, ed. G. W. Bromiley & T. F. Torrance. Edinburgh: T & T Clark, 1961.

Bavinck, Herman. "Christianity and Natural Science," in *Essays on Religion, Science, and Religion.* ed. John Bolt, trans. Harry Boonstra & Gerrit Sheeres. Grand Rapids: Baker Academic, 2008.

Berkouwer, G. C. *The Providence of God.* trans. Lewis B. Smedes. Grand Rapids: Eerdmans, 1952.

Bremer, R. H. *Herman Bavinck als dogmaticus.* Kampen: Kok, 1961.

Farley, Benjamin W. *The Providence of God*, Grand Rapids: Baker, 1988.

Meiers, S. *Objectiviteit en existentialiteit: een onderzoek naar hun verhouding in de theologie van Herman Bavinck en in door hem beinvloede concepties.* Kampen: Kok, 1979.

Schwanke, Johannes. *Creatio ex nihilo: Luthers Lehre vom der Schöpfung aus dem Nichts in der Großen Genesisvorlesung (1535-1545).* Berlin: Walter de Gruyter, 2004.

Van der Kooi, Cornelis. "Herman Bavinck and Karl Barth on

Christian Faith and Culture," *Calvin Theological Journal* 45 (2010).

Van Til, Howard J. & Robert E. Snow, John H. Stek & Davis A. Young, *Portraits of Creation: Biblical and Scientific Perspectives on the World's Formation.* Grand Rapids: Eerdmans, 1990.

Veenhof, J. *Revelatie en inspiratie: De Openbarings, en Schriftbeshowing van Herman Bavinck in vergelijking met die der ethische theologie.* Amsterdam: Buijten & Schipperheijn, 1968.

Wood, Charles M. *The Question of Providence.* Louisville: Westminster/John Knox, 2008.

Wright, John H., S.J. "The Eternal Plan of Divine Providence," *Theological Studies* 27 (1966).

8. 위르겐 몰트만의 창조와 진화를 통해
살펴본 섭리 이해

Jürgen Moltmann(1926-)

I. 시작하면서

위르겐 몰트만(Jürgen Moltmann, 1926-)은 독일의 신학자로서 특히 볼프하르트 판넨베르크(Wolfhart Pannenberg, 1928-2014)와 더불어 종말론을 새롭게 부흥시킨 널리 알려진 세계적 신학자로 평가된다. 그는 『희망의 신학』(1964)과 『십자가에 달리신 하나님』(1972)를 통해서 종말론과 그리스도론의 새로운 경지를 개척하기에 이르렀다.[1] 또한 『삼위일체와 하나님의 나라』(1980)에서는 자신의 신학을 더욱 총체적인 차원으로 발전시키기에 이르렀다.[2] 여기에 나타난 삼위일체론은 그의 신학의 집대성을 보여주는데 특히 사회적 삼위일체론을 통해서 하나님의 삼위일체적 존재가 피조세계의 역사를 통해 현실화되어야 한다는 자신만의 독특한 삼위일체론을 내세우기에 이르렀다. 이는 만유재신론적 삼위일체론으로 정통적 삼위일체론과는 달리 하나님의 존재가 인간의 역사를 통해 정의된다는 의미를 지닌다.

이런 삼위일체론적 사고는 그로 하여금 창조론을 새롭게 조망할 수 있는 계기를 마련해 주었다. 『창조 안에 계신 하나님』(1989)에서 그는 자신의 창조론을 정립함에 있어서 종합적인 방법론을 도입하였는데 이를 통해서 하나님의 행위로서의 창조가 피조세계를 가능하게 하였을 뿐 아니라 또한 하나님의 존재 자체가 피조세계에 의해 영향을 받는다는 사실을 보여준다.[3]

이 장에서는 이 단행본을 중심으로 몰트만이 이해한 창조와 진화를 관계

---

[1] 위르겐 몰트만, 『희망의 신학』, 전경연 · 박봉랑 옮김 (서울: 대한기독교서회, 1973); J. 몰트만, 『십자가에 달리신 하나님: 기독교 신학의 근거와 비판으로서의 예수의 십자가』, 김균진 옮김 (서울: 한국신학연구소, 1979).

[2] Jürgen Moltmann, *The Trinity and the Kingdom: The Doctrine of God*, trans. Margaret Kohl (Minneapolis: Fortress, 1993).

[3] 위르겐 몰트만, 『창조 안에 계신 하느님: 생태학적 창조론』, 김균진 옮김 (서울: 한국신학연구소, 2007).

를 살펴보고 이에 기초하여 섭리가 어떻게 이해되는가를 고찰하고자 한다. 이를 통해서 몰트만의 창조에 대한 이해를 드높일 뿐 아니라 지금까지 거의 논의의 대상이 되지 않았던 그의 섭리에 대한 이해를 추구하여 그의 신학을 더욱 총체적으로 평가할 수 있는 밑거름으로 삼고자 한다.[4] 이런 목적을 달성하기 위해서 창조와 진화에 대한 직접적 고찰에 앞서서 먼저 그의 기독론과 성령론을 먼저 개괄적으로 살펴본 후에 그의 창조론을 몇 가지 관점에서 살펴봄에 있어서 창조와 진화의 관계에 초점을 맞춘다. 그리고 몰트만의 섭리 이해를 고찰함과 아울러 창조와 진화의 관계성에 있어서 나타난 문제점들을 지적하고자 한다. 마지막으로 그의 섭리론을 개혁신학적 관점에서 비판하는 방식으로 이 장을 마무리하게 될 것이다.

II. 창조이해를 위한 몰트만의 기독론과 성령론

1. 우주적 그리스도

몰트만은 1989년에 발간된 『예수 그리스도의 길』에서 창조와 관련하여

---

4 몰트만은 판넨베르크와는 달리 자신의 신학을 집대성한 조직신학을 저술하지 않았다. 이는 그가 지닌 현실적 이슈에 관한 관심을 반영한다는 차원에서 현실의 다양한 이슈들을 진단하고 이를 신학적으로 평가하고 이에 대한 해결책을 제시하려는 그의 신학에 나타난 적응성과 적실성을 보여준다. 그러나 체계적 조직신학의 결여는 성경이 보여주는 진리의 총체적 차원을 제대로 반영하지 못하는 결점 또한 지니고 있다. 이 장은 이런 관점에서 그의 섭리론을 창조와 진화의 관점에서 고찰함으로서 이런 결점을 밝히고 그의 신학에 나타난 조직적이며 체계적인 문제점을 보여주는 것을 목적으로 삼는다. 그의 신학에 대한 입문적 평가서로는 다음을 참고할 것. 리처드 버캠, 『몰트만의 신학: 하나님 나라를 향한 공동의 신학여정』, 김도훈 · 김정형 공역 (서울: 크리스챤헤럴드, 2008).

그리스도를 우주의 머리로 파악하여 '우주적 그리스도'로 묘사한다. 그리스
도는 창조의 중재자인데 그는 지혜(잠 8:22-31)와 동일시 될 뿐 아니라 이
를 통해서 자신이 창조자이심을 나타내신다.[5] 그는 이런 차원에서 우주적 그
리스도에 대하여 창조의 근거로서의 그리스도라는 표현을 사용한다.[6] 또한
그리스도에 의해서 발생한 창조는 부활과 분리될 수 없는데 이는 몰트만이
창조를 단순히 태초의 창조(creatio originalis) 만으로 국한시키지 않음을
보여준다.[7] 이런 이유에서 그리스도의 죽음은 그의 존재의 근거에 해당하며
그는 십자가의 죽음을 통해서 그리고 부활을 통해서 세상 모든 것을 하나님
과 화해시키셨다.[8] 여기에서 화해란 그가 우주의 힘들과 법칙을 자신의 통치
아래 두는 것을 뜻한다.[9] 이는 그리스도의 우주적 통치가 곧 화해의 통치와
동일한 내용을 지닌 것을 보여준다.

몰트만은 이러한 우주적 그리스도에 대한 자신의 이해가 바르트가 주장하
는 아직은 우주 속에 은폐된 만유의 통치자 개념을 발전시킨 것이라고 보았
다.[10] 바르트는 하나님의 우주적 통치가 지금은 숨겨져 있지만 그리스도의
재림을 통해서 숨어계심으로부터 나타남으로 기다려질 수밖에 없다고 간주
하고 이를 더 이상 자신의 신학적 주제로 발전시키지 않았던 것이다. 그러나
몰트만은 바르트와는 달리 이러한 우주적 통치가 더 이상 기다림의 대상이
아니라 현실 세계에서 "적대관계와 폭력을 극복하고 화해와 행복한 삶을 확

---

5 J. 몰트만, 『예수 그리스도의 길: 메시야적 차원의 그리스도론』, 김균진 · 김명용 공역 (서울:
  대한기독교서회, 1990), 392, 394.
6 몰트만, 『예수 그리스도의 길』, 400.
7 몰트만, 『예수 그리스도의 길』, 393.
8 몰트만, 『예수 그리스도의 길』, 395.
9 몰트만, 『예수 그리스도의 길』, 389.
10 몰트만, 『예수 그리스도의 길』, 390; Karl Barth, *Kirchliche Dogmatik* IV/3-2 (Zurich:
  Theologischer Verlag, 1959), 865f.

대"시키는 것이라고 보았다.[11]

　이러한 화해의 개념은 통치로 해석될 뿐 아니라 만물의 유지로도 해석된다. 그리스도의 "현존을 통해 카오스의 위협에 대항하여 만물의 삶이 유지"되는 것이 그리스도가 창조의 근거라는 내용에 해당된다.[12] 우주적 그리스도론의 주된 내용은 그의 창조를 원래적 의미의 창조로만 해석하지 아니하고 이를 부활을 포괄하는 개념으로 이해함이라고 볼 수 있다. 그 결과 우주적 그리스도는 창조의 근거로서 통치와 보존을 주도하는 그리스도로도 이해된다. 그런데 이는 전통적 섭리론이 보존과 통치를 기독론과 상관없이 이해했던 것과는 대조를 이룬다.[13] 통치라는 섭리의 요소들을 화해라는 개념으로 재정의하려는 시도로 볼 수 있다. 여기에서 그가 주장하는 화해는 구원론적 차원을 포함하고 있지만 이를 넘어서는 우주적 차원에 관한 것이다. 창조의 근거로 이해된 그리스도는 일차적으로 우주적 차원의 화해에서 출발하여 이에 국한되지 않고 인간과 하나님의 화해, 인간과 자연의 화해를 불러일으킨다.[14] 이런 이유에서 몰트만의 우주적 그리스도론은 구원과 관계되는 역사적 그리스도론과 대립되지 않으며 오히려 그리스도론은 이 우주적 그리스도에 의해서 완성된다고 주장할 수 있었던 것이다.[15]

2. 진화의 구원자 그리스도

---

11 몰트만, 『예수 그리스도의 길』, 390-91.
12 몰트만, 『예수 그리스도의 길』, 401.
13 존 칼빈, 『기독교 강요』, 1.15.3-4. 칼빈은 섭리를 하나님의 전능의 속성이라는 관점에서 고찰한다. 헤르만 바빙크 (Herman Bavinck)도 이를 칼빈과 거의 동일한 관점에서 기독론적 고찰과 상관없이 다루고 있다. 『개혁교의학 2』, 박태현 옮김 (서울: 부흥과개혁사, 2011), 735ff.
14 몰트만, 『예수 그리스도의 길』, 427.
15 몰트만, 『예수 그리스도의 길』, 389.

몰트만은 자신의 진화의 구원자로서의 그리스도를 설명하기 위해 먼저 떼이야르 드 샤르댕(Teilhard de Chardin)의 진화자 그리스도(Christus Evolutor)의 개념을 비판적으로 분석하고 평가한다.16 떼이야르의 진화론적 사고는 종말의 그리스도를 오메가 포인트(omega point)로 이해하는데 그 핵심이 발견된다. 이 포인트는 만물을 활성화시키는 진화의 과정에 있어서 수렴점 또는 절정에 해당된다.17 몰트만은 떼이야르에게 진화의 완성은 하나님의 완성과 상응한다는 사실을 지적하면서 이는 전적으로 진보 개념과 범신론적 사상의 결합의 결과로 주어진 것이라고 밝힌다. 그런데 떼이야르가 발견하지 못한 것은 진화론에 나타난 부정적 측면, 즉 도태(selection)의 결과로 주어지는 희생과 죽음에 관한 것이다.18 이로 인해 떼이야르에게 몰트만이 주장하는 만물의 화해자 그리스도의 개념은 전혀 거리가 먼 것이 되고 만다. 그가 주장하는 진화론의 그리스도는 결국 잔인하고 감정도 없는 도태자 그리스도(Christus Selector)에 불과한 것이며 이 그리스도는 결코 우주를 화해시키거나 구원할 수 없는 그리스도에 불과하다는 비판에 직면하게 된다.19

이러한 떼이야르의 진화자 그리스도에 대한 비판을 통해서 몰트만은 진화론에 나타난 부정적 측면을 부각시키고 비판할 뿐 아니라 그리스도를 진화의 약점을 보완하고 이를 완성시키는 진화의 구원자(Christus redemptor

16 몰트만, 『예수 그리스도의 길』, 408-14; 버캠, 『몰트만의 신학』, 322-27.
17 스탠리 그렌츠 & 로저 올슨, 『20세기 신학』, 신재구 옮김 (서울: 한국기독학생회출판부, 1997), 213: "이 프랑스 사상가가 말하는 오메가의 개념이란 진화에 대한 전적으로 과학적인 분석과 인류의 미래적 수렴으로부터 시작하여, 이 수렴점이 다름 아닌 기독교 신앙에서 말하는 그리스도라는 구체적인 기독교적 주장으로 발전되었음을 알 수 있다."; Arthur Peacocke, *Creation and the World of Science: The Reshaping of Belief* (Oxford/New York: Oxford Univ. Press, 2004), 338.
18 몰트만, 『예수 그리스도의 길』, 411.
19 몰트만, 『예수 그리스도의 길』, 412-13.

evolutionis)로 내세운다. 몰트만의 진화에 대한 비판은 먼저 진화와 구원의 상반적 관계에 대한 고찰에서 시작한다. 엄격한 의미에서 창조는 무에서의 생성이며 진화는 이의 재배열 또는 구성에 관한 것이므로 양자는 서로 관련이 없다. 그러나 창조는 태초의 창조에 국한되지 아니하는 몰트만 사고의 특성상 이는 열려있는 창조, 미래를 향하여 열려있는 과정이며 이런 이유에서 계속적 창조이며 변화적 창조(creatio mutabilis)로 정의된다.[20] 창조와 진화의 공통점은 양자 모두 시간과 관계되며 열려진 개념이라는 사실에 놓여 있다. 또한 양자는 시간에 종속적이며 비가역적(irreversible)인 개념에 해당된다. 즉 몰트만에게 진화는 현재에서 미래로 진행되는 비가역성을 지닌 개념이라고 볼 수 있다.[21] 그렇다면 구원이란 무엇인가? 몰트만은 구원 또한 종말론적으로 이해한다. 구원은 하나님의 행위로서 미래에서 현재로 주어지는 것인데 이는 구체적으로 하나님의 오심으로 일어난다. "하나님의 오심은 더 이상 죽지 않는 존재가 다가오는 것과 더 이상 사라지지 않는 시간이 다가오는 것을 의미한다. 다가오는 것은 영생과 영원한 시간이다."[22]

구원과 진화의 차이에서 발생하는 그리스도에 대한 정의는 다음과 같다. 후자의 그리스도는 되어감의 그리스도(Christus im Werden)이며 전자의 그리스도는 오심 가운데 있는 그리스도(Christus im Kommen)으로 정리된다.[23] 이런 관점에서 진화와 구원은 서로 역행하고 상반되는 개념으로 나타나는데 몰트만은 이러한 대비를 통해서 그리스도가 진화의 구원자이어야 함을 보여주고자 한다.

---

20 몰트만, 『창조 안에 계신 하나님』, 288, 303.
21 몰트만, 『창조 안에 계신 하나님』, 291.
22 Jürgen Moltmann, *The Coming of God: Christian Eschatology*, trans. Margaret Kohl (Minneapolis: Fortress, 1996), 23.
23 몰트만, 『예수 그리스도의 길』, 423.

3. 하나님의 현존으로서의 성령: 내재와 경험

몰트만은 『창조 안에 계신 하느님』에서 자신의 창조론을 확립하였는데 이는 생태학적 창조론일 뿐 아니라 또한 삼위일체론적이며 성령론적 창조론에 해당된다.[24] 창조의 비밀이란 창조자 하나님이 창조의 영을 통해서 피조세계 전체와 개별적 피조물 안에 거하시는 사실에서 발견된다. 우주의 영이신 성령의 활동은 이러한 그의 거하심을 떠나서 논의될 수 없다. 여기에 그가 주장하는 성령을 창조 '안에' 계신 하나님으로 이해하려는 의도가 발견된다. 즉 성령은 "하느님의 내재적 세계 현존"에 해당된다.[25] 기존의 창조론이 하나님의 창조 사역을 단순히 하나님 바깥에서 일어나는 사역으로 간주했다면, 몰트만은 이 사역이 하나님의 영의 활동임과 동시에 하나님 안에서 그의 거하심의 결과로 일어나는 사역임을 강조한다. 그리고 18세기 웨팅어(Fr. Oetinger)의 다음 주장을 인용한다: "하나님은 그의 임재를 통하여 우주 전체를 관통한다(Deus penetrat praesentia sua totum universum)".[26]

이러한 피조세계에 대한 하나님의 내재 또는 현존에 대한 주장이 범신론적 이해에서 비롯되었다는 오해를 극복하기 위해서 몰트만은 자신의 성령 이해가 범신론이 아니라 궁극적으로 삼위일체론적 만유재신론(panentheistic)에서 비롯된 것이라고 밝힌다.[27] 만유재신론은 하나님과 피

---

24 몰트만, 『창조 안에 계신 하느님』, 10: "'창조 안에 계신 하느님'이란 제목과 함께 나는 하느님을 성령으로 생각하였다."
25 몰트만, 『창조 안에 계신 하느님』, 157.
26 몰트만, 『창조 안에 계신 하느님』, 33.
27 몰트만, 『창조 안에 계신 하느님』, 159-60.

조세계 사이의 구분할 수 있는 능력을 지니고 있으며 또한 미래를 향한 초월
과 진화에 있어서 목적성도 포함하지만 하나님의 피조세계에 대한 내재와
초월을 서로 결합시키는 능력을 지니지 못한다. 몰트만은 자신의 만유재신
론이 삼위일체론적으로 정초된 개념으로서 피조세계에 대한 성령의 내재와
초월을 구분하고 양자를 결합 가능하게 한다는 차원에서 일반적 만유재신론
이 지닌 결점을 보완하는 개념이라고 주장한다.28

　이러한 피조세계에 내재하는 성령에 대한 몰트만의 사고는 1991년에 발
간된 『생명의 영』에서 더욱 구체화되는데 여기에는 총체적 성령론이라는 부
제가 붙어 있다.29 그는 일차적으로 기존의 전통적 그리스도 중심적 성령론
이 성령을 단지 구원의 영으로만 파악하는데 머무르는 경향을 지닌다고 보
았다. 이는 '기독교의 플라톤화'와 영지주의적이며 개인주의적 사고에서 비
롯된 것이라고 비판한다.30 물론 성령이 그리스도와 함께 사역하시는 것이
부인되지는 아니하지만 몰트만에게 구원의 영은 부활의 능력을 지닌 새 창
조의 영이므로 인간의 구원이라는 차원에 국한되지 아니하고 우주적 차원에
관계하는 영이다.31 즉 그의 성령론은 사실상 앞서 언급된 우주적 그리스도
론과 맥락을 같이한다. 성령은 이제 인간의 영혼과 육체, 사회, 정치, 피조세

---

28 몰트만, 『창조 안에 계신 하느님』, 36-37. 피조세계에 대한 하나님의 내재와 초월의 근거로서
　몰트만은 삼위의 상호침투(perichoresis)를 언급한다. John W. Cooper, *Panentheism: The
　Other God of the Philosophers* (Grand Rapids; Baker Academic, 2006), 251-52.
　쿠퍼는 몰트만이 이해한 하나님의 창조를 삼위일체론적 상호침투의 보편로 해석한다.
29 J. 몰트만, 『생명의 영: 총체적 성령론』, 김균진 옮김 (서울: 대한기독교서회, 1992); 현요한,
　"몰트만의 성령론," 「조직신학논총」 12 (2005), 208-9, 214-17.
30 몰트만, 『생명의 영』, 22ff.
31 몰트만, 『생명의 영』, 36. 여기에서 몰트만은 "성령론은 그리스도론을 전제하며 종말론을 위한
　길을 예비한다."라고 밝히는데 이 주장의 의미는 성령의 역할이 우주까지 포괄하는 공간적
　차원뿐 아니라 시간적인 차원에서 과거와 미래를 포괄하는 영원한 의미를 지닌 것으로도 해석되
　어야 한다고 볼 수 있다.

계 전반에 걸쳐 작용하는 하나님의 영이라고 볼 수 있다. 이런 점에 있어서
『십자가에 달리신 하나님』(1972)과 같은 초기 저서에서 나타났던 기독론적
양상이 점차 사라지고 삼위일체론에 있어서 이제 성령이 가장 중요한 역할
을 담당하게 되었다는 해석도 가능하다.[32]

그러나 성령은 단순히 하나님의 행위 또는 활동으로만 이해되지 아니하며
하나님 자신이 현존하는 현실로 이해된다. "야훼의 루아흐는 하나님의 활동
하는 현존의 사건"으로 이해되며 하나님의 본질의 속성이 아니라 "창조와
인간의 역사 속에 있는 현존의 양태"로 정의된다.[33] 이는 구체적으로 하나님
이 특수한 공간과 시간에 내려와서 거하시는 쉐히나(shechina)로 표현되며
또한 하나님의 영원으로부터 구분되는 그의 지상적, 시간적, 공간적 현존으
로 묘사된다.[34] 쉐히나, 즉 그의 현존은 피조세계로부터의 하나님의 자기 구
분과 자기 동일화를 동시에 암시하는 것이다.[35] 이런 차원에서 하나님의 현
존으로 표현되는 성령은 삼위일체론적으로 간주되는데 이는 특히 요한복음
14장에 나타난 성령이 아버지로부터 그리스도를 통하여 파송되는 형식을 통
해서 고찰된다.[36]

여기에서 주목해야 할 부분은 총체적 성령론의 서술 방식에 있어서 중요
한 위치를 차지하는 '경험'이라는 개념인데 이것 또한 삼위일체론에 기초해
서 이루어진다는 사실이다.[37] 성령의 경험은 과거에 오셨고 활동하셨던 그리

---

32 버캠, 『몰트만의 신학』, 309.
33 몰트만, 『생명의 영』, 27.
34 몰트만, 『생명의 영』, 74-75.
35 몰트만, 『생명의 영』, 77.
36 몰트만, 『생명의 영』, 88-107; 이정배, "메시야적 종말론과 진화론; 몰트만의 자연신학 연구," 「조직신학논총」 12 (2005), 131.
37 몰트만은 이 저서에서 자신의 총체적 성령론을 '경험', '삶', 그리고 '사귐'이라는 세 가지 주제로 구성한다. 여기에서 경험은 성령 자신의 하나님 경험이라는 차원으로 정의되는데 주로 삼위일체론적 고찰을 통해 전개된다. 또한 삶이라는 주제에서는 성령의 경험이 어떻게 구원과

스도를 회상하고 그의 미래를 기다리는 것을 뜻한다. 이 경험은 그리스도에 대한 회상과 기다림 속에 이루어지는 독특한 경험이며 이는 곧 하나님 경험에 해당된다.[38] 이를 달리 표현하면, 성령의 경험은 역사 속에서 경험되는 것으로서 구체적으로 메시야적 기다림으로 나타나며 이는 하나님, 즉 오실 하나님에 대한 기다림과 동일한 것이다. 이 경험은 이스라엘의 구원과 관계되는 역사성의 차원을 지닌다. 그러나 성령의 경험이 메시야적 기다림에만 국한되는 것은 아니다. 여기에는 우주적인 차원도 포괄되는데 이는 앞서 언급된 새 창조의 능력에 대한 기다림으로서 경험이라고 볼 수 있는데 이는 미래에 대한 성령의 선취적 예기를 통해 가능하다는 주장에 해당된다.[39]

III. 몰트만의 창조론

앞서 살펴본 바와 같이 몰트만의 성령론은 근본적으로 만유재신론에 그 뿌리를 두고 있다. 여기에서는 그의 창조론을 무로부터의 창조와 삼위일체론적 창조라는 관점에서 조명하고 이에 근거해서 그가 주장하는 창조와 진화의 관계에 대해서 고찰하게 될 것이다.

관련된 개인의 삶에 나타나는가를 다룬다. 셋째로 사귐이라는 주제에서는 먼저 삼위일체론적으로 하나님 자신 내의 사귐을 고찰한 후 사귐으로 나타나는 사회의 다양한 현상들을 다룬다. 비록 이 세 번째 주제에 포함되어 고찰되기는 하였지만 비로소 다양한 은유들을 사용해서 성령을 사귐을 통해 정의함으로써 이 책을 마무리한다. 여기에는 경험에서 출발하여 성령의 총체적 사역을 고찰한 후에 비로소 성령이 어떤 존재인지를 파악하고 정의할 수 있다는 몰트만의 주관적 신념이 담겨져 있다.

38 몰트만, 『생명의 영』, 35-36.
39 몰트만, 『생명의 영』, 80-84; 버캠, 『몰트만의 신학』, 263.

1. 무로부터의 창조(Creatio ex nihilo)

창조에 있어서 '무로부터'라는 말의 의미는 어떻게 이해되어야 하는가? 몰트만은 이를 희미하지만 '하나님으로부터(de Deo)'를 가리키는 것으로 받아들인다.[40] 이는 그가 세상이 하나님의 즐거움에 근거해서 창조되었음에 대한 부정적 표현으로 간주될 수 있다.[41] 하나님은 자신의 자유로부터 창조하셨고(Creatio ex libertate Dei) 또한 사랑으로 창조하셨음(Creatio ex amore)을 의미한다. 이러한 이해는 원래 무로부터의 창조 교리가 플라톤적 유출설을 배제하기 위한 시도에서 비롯되었다는 사실과 부합된다. 하나님은 자유롭게, 그리고 사랑으로 세상을 창조하는 창조자가 되시기로 스스로 태초에 결정하셨음을 알 수 있다.[42] 내적 강제성 또는 외적 필요성을 포함한 그 어떤 것도 하나님의 창조를 요구하지 못한다.[43]

그렇다면 세계가 어떤 방식으로 무에서 창조되었다고 이해될 수 있는가? 몰트만은 이에 대한 대답을 성경의 증거가 아닌 유대교의 침춤(zimzum) 개념에서 비롯된 하나님의 자기 제한(self-limitation)에서 찾는다.[44] 위에서

---

40 몰트만, 『창조 안에 계신 하느님』, 119.

41 Jürgen Moltmann, *The Future of Creation: Collected Essays*, trans. Margaret Kohl (Minneapolis: Fortress, 2007), 120; 『과학과 지혜: 자연과학과 신학의 대화를 위하여』, 김균진 옮김 (서울: 대한기독교서회, 2003), 61.

42 Moltmann, *The Trinity and the Kingdom*, 54-55, 114. 이는 삼위일체론적 차원에서 하나님의 사랑의 교통(communication)에 의한 창조인데 이런 이유에서 몰트만은 창조가 전적으로 하나님의 의지 작용이라는 견해로부터 거리를 유지한다. Alan J. Torrance, "Creatio ex nihiol and the Spatio-Temporal Dimensions, with Special Reference to Jürgen Moltmann and D. C. Williams," in *The Doctrine of Creation: Essays in Dogmatics, History and Philosophy*, ed. Colin E. Gunton (Edinburgh: T & T Clark, 1997), 86, 각주 13. 토랜스는 몰트만이 창조를 하나님의 의지와 결별시키려는 시도는 궁극적으로 하나님을 창조의 과정으로만 인식하도록 만들므로 사실상 피조된 세계가 아닌 세계의 영원성 (aeternitas mundi) 교리만 남게 될 것이라고 비판한다.

43 몰트만, 『창조 안에 계신 하느님』, 117.

언급된 바와 같이 하나님의 영이 피조 세계 안에서, 곧 자신의 바깥에서 창조하신다면, 무한하신 하나님에게 바깥은 어떤 의미를 지니는가? 하나님은 무한(infinite)하시고 무소부재(omnipresent)하시므로 어떤 의미에서도 하나님의 바깥은 존재하지 않는다. 여기에서 침춤은 하나님께서 이 세상을 창조하기에 앞서 자신의 현존을 축소하여 자신 속으로 들어가셔서 스스로를 제한하여 무로부터의 창조 행위에 필요한 공간으로서 '무'(nihil)를 만드셨음을 말한다. 그러나 하나님의 현존이 축소되어 생성된 무로서의 공간이 존재한다는 몰트만의 주장은 사실상 하나님의 편재(omnipresence)를 부인하는 견해이므로 실제적인 설득력은 상당히 부족한 것으로 보이는 주장에 지나지 않는다.[45] 여기에서 무는 신적 수축에 의해 생긴 공간을 가리키는데 이는 신비적인 원초의 공간에 해당된다.

몰트만은 침춤과 관련된 무 이해에 나타난 특징을 다음과 같이 세 가지로 나누어서 설명한다.[46] 첫째, 이 공간은 하나님께서 자신의 존재를 부분적으로 부정하신 공간이므로 버림받은 공간이며 지옥, 절대적 죽음을 가리킨다. 이 무로 인해 피조세계는 자신의 존재에 대한 위협을 받게 되는데 이런 차원에서 이 무는 창조를 위협하는 악마적인 힘이며 하나님을 부인하고 대적하는 힘으로 이해된다. 하나님께서는 자신이 창조한 세계를 유지하기 위해 스스로를 부정하는 부정성에 의해 제한받으셔야 한다.[47] 둘째, 이 공간을 통해 창조를 가능하도록 만들기 위해서 하나님은 스스로를 단념하는 하는 자기단념, 그리고 스스로를 낮추시는 자기 비하의 하나님으로 이해된다. 하나님

---

[44] Colin E. Gunton, *The Triune Creator: A Historical and Systematic Study* (Grand Rapids: Eerdmans, 1998), 141.

[45] Gunton, *The Triune Creator*, 141.

[46] 몰트만, 『창조 안에 계신 하느님』, 137-40.

[47] Cooper, *Panentheism*, 252. 유지라는 차원에서의 섭리와 창조의 관계에 대해서는 "IV. 몰트만의 섭리 이해"에서 자세히 살펴보게 될 것이다.

의 창조적 사랑은 창조 이전부터 이미 시작되었으며 이는 자신을 낮추는 비하의 사랑에 근거한 것이다. 셋째, 하나님은 이 공간을 향해 창조적으로 활동하신다. 침춤을 통해 '바깥'이 형성되었으므로 비로소 무로부터의 창조가 가능해 진 것이다. 기존의 창조론이 단순하게 바깥을 향한 창조를 말한다면, 몰트만은 이 바깥을 향한 창조 행위가 곧 하나님 자신을 향한 내면적 행위에 해당한다는 변증법적(dialectical) 주장을 전개한다. 이제 하나님 '밖에' 있는 현실은 비록 하나님과는 구분되지만 하나님 자신 '안에' 있는 것이다.[48]

여기에서 몰트만의 만유재신론의 의미가 더욱 자세하게 드러난다. 하나님이 영으로서 피조세계 안에 현존하신다는 몰트만의 주장은 만유재신론적 함의를 지니고 있다. 왜냐하면 하나님 밖에 실존하는 피조세계와 이에서 발생하는 모든 일들은 실제로 하나님 자신 안에 있으며 이런 차원에서 하나님과 피조세계는 상호간에 영향을 주고받기 때문이다. 피조세계가 자신 안에 있기 때문에 하나님은 이를 무에 의해 위협받도록 내버려 두지 않으시며 창조의 목적과 계획을 집행하시는 미래를 향한 새 창조를 이끌어내신다. 이 점에 있어서 무로부터의 창조는 하나님이 모든 것 위에 모든 것이 되시는 종말론적 결론에 도달한다.[49] 이는 몰트만에 의해 다음과 같이 표현된다: "무로부터 존재를 창조한 하느님을 믿는 사람은 죽은 자들을 살리는 하느님을 믿는다. 그러므로 그는 하늘과 땅의 새 창조를 희망한다."[50]

2. 삼위일체론적 창조

[48] Torrance, "Creatio ex nihilo and the Spatio-Temporal Dimensions," 89.
[49] 이정배, "메시야적 종말론과 진화론," 129.
[50] 몰트만, 『창조 안에 계신 하느님』, 145.

몰트만은 『삼위일체와 하나님의 나라』(1980)에서 자신의 삼위일체론을 전개했는데 이를 통해서 『창조 안에 계신 하나님』에 제시되었던 삼위일체론의 창조론적 차원이 더욱 상세하게 설명되고 확장된다.[51]

먼저 하나님은 만유재신론적 관점에서 사랑의 하나님으로 정의되는데 이를 통해 삼위일체론적 창조를 논의할 수 있는 근거가 마련된다. 이 사랑은 하나님께서 자기를 다른 대상에게 내어주는 사랑인데 이 전제를 만족시키기 위해서 하나님이 이 대상을 창조하는 존재라고 볼 수 있다. 이런 맥락에서 몰트만에게 창조는 하나님이 다른 대상을 영원히 원한다는 사실에서 비롯된 열매를 가리키며 하나님은 이렇게 자신이 창조한 대상으로부터 사랑이라는 반응을 함께 원하신다.[52] 하나님의 사랑의 결과로 주어지는 창조에 대해서 피조물들이 이에 사랑으로 반응한다는 것이 만유재신론의 기본적 개념에 해당된다. 몰트만은 이러한 만유재신론적 사랑의 개념과 상응하는 삼위일체론적 개념을 다음과 같이 설명한다.[53] 성부 하나님은 영원히 성자를 사랑하며 이에 대한 반응으로서 그로부터 사랑을 원하시는데 여기에서 전자의 사랑과 후자의 사랑은 동일한 것은 아니다.[54] 이러한 사랑의 수여자인 성자는 자신이 받은 사랑에 대한 반응으로서 성부를 영원히 사랑한다.[55] 하나님이 세계를 사랑하는 사랑은 성부가 성자를 사랑하는 사랑과 동일시되지만 이 사실

---

51 Moltmann, *The Trinity and the Kingdom*, 105-14, 161-78; 몰트만, 『창조 안에 계신 하느님』, 146-52.
52 Moltmann, *The Trinity and the Kingdom*, 106.
53 Moltmann, *The Trinity and the Kingdom*, 106-7.
54 Moltmann, *The Trinity and the Kingdom*, 167-68.
55 Moltmann, *The Trinity and the Kingdom*, 172. 삼위일체 하나님의 위격들은 공통적 신적 본질 속에 거하시므로 이 위격들은 상호 관계 속에서 존재한다. 이를 성부와 성자 사이의 상호적 사랑에 적용하면 다음과 같은 결과를 얻게 된다고 몰트만은 주장한다: "성부는 그의 사랑의 힘으로 자신의 전부가 성자 안에 존재하며, 성자는 그의 자기 포기로 그의 전부가 성부 안에 존재한다."

로 인해 성자가 세계로 바뀌지는 아니한다.

하나님의 사랑이라는 속성에서 비롯되는 그의 교통(communication)은 자신에게만 국한된 것이 아니며 자신과 다른 대상에게 스스로를 내어주고 전달하는 것을 가리킨다. 여기에서 어떻게 하나님께서 자신을 다른 대상에 내어주게 되는가? 이 개념에 대한 이해에 있어서 핵심사항은 바로 하나님의 자기 교통적 사랑(self-communicating love)인데 이 사랑의 대상은 일차적으로 본질적으로 자신과 동일한 존재인 성자이다. 그런데 이 사랑은 하나님 자신 안에 머무르지 아니하고 성자를 통해서 다른 대상인 세계로 향한다.[56] 이는 앞 단락에서 설명되었던 '무로부터 창조'가 하나님의 자기 결정이라는 명제를 성부와 성자 사이의 관계를 통해서 더욱 자세히 해설된 것으로 볼 수 있다. 하나님의 자기 결정이란 성자를 향한 그의 사랑에서 성부가 세계의 창조자가 되기로 결정하신 것을 가리킨다.[57] 이렇게 성부의 자기 교통적 사랑을 받은 성자가 다시 성부를 사랑한다는 것은 곧 성부로 하여금 다른 대상에게 이 사랑을 전달할 수 있도록 그를 개방시키는 역할을 담당하는 것이라고 몰트만은 설명한다. 따라서 그가 주장하는 성부의 성자에 대한 사랑에는 그의 세계를 향한 사랑이 포함되어 있다.[58] 이를 달리 표현하면, 성자에 대한 성부의 영원한 사랑은 세계의 창조를 떠나서 논의될 수 없음을 뜻한다. 성부가 로고스를 통해 만유를 창조하셨다는 창조에 관한 기본적인 명제는 만유재신론적으로 다음과 같이 해석된다.[59] 성부가 로고스 또는 성자를 통해서 세계를 창조하셨다는 것은 이런 방식으로 피조된 세계는 사실상 성

---

56 Moltmann, *The Trinity and the Kingdom*, 111-12.
57 몰트만, 『창조 안에 계신 하느님』, 148: "... 그리스도인들은 다른 하나님이 아니라 예수 그리스도의 아버지가 영원한 아들을 통해 세계를 창조하며 유지하였다고 말한다."
58 Moltmann, *The Trinity and the Kingdom*, 108.
59 Moltmann, *The Trinity and the Kingdom*, 108, 112.

자의 다른 측면에 존재함과 동시에 성부가 이제 성자 안에서 세상을 보게 됨을 가리킨다. 결론적으로 로고스는 창조의 중재자이며 이를 통해 그는 만유의 중심에 서게 된다. 이 사실은 그의 성육신과 십자가 사역 이해를 위한 전제로서 작용한다.

그렇다면 몰트만은 성부가 성령의 역사(operation)를 통해 세계를 창조하셨다는 명제를 어떻게 해석되는가? 이 명제는 성부가 자신의 영의 능력과 에너지를 가지고 세계를 창조하셨음을 뜻한다.[60] 성령의 능력과 에너지를 통한 창조는 그의 부어지심(being pouring out)이라는 개념을 통해 설명된다. 그러나 이 용어는 범신론적 용어인 유출(emamation)과 혼동될 수 있는 가능성을 지니고 있는데 몰트만을 이를 어떻게 설명하는가? 여기에서 언급된 성령의 부어지심은 신플라톤주의적 차원에서의 하나님의 본질의 유출을 통한 세계의 창조가 아니라 단지 이 세계가 신격화와 상관없이 성령의 능력 또는 에너지에 참여하게 되었음을 가리킨다. 또한 이는 성자가 성부에 의해 발생(engendering) 되는 것과도 다르며 창조와 발생 사이의 중간적 차원에 해당된다고 밝히는데 이는 몰트만의 비성경적인 추론에 불과한 것으로 보인다.

이제 몰트만은 이러한 용어 해설의 차원을 넘어서서 살리는 영과 피조세계에 거하시는 영으로서의 성령을 통한 창조를 성부와 성자와의 관계 속에서 다음과 같이 진술한다: "이 영의 능력 속에서 아버지는 아들을 통하여, 그리고 그리스도를 통하여 세계를 창조하였으며, 파괴하는 무에 대항하여

---

60 Moltmann, *The Trinity and the Kingdom*, 113-14; 몰트만, 『창조 안에 계신 하느님』, 26: "성서의 전통에 의하면 모든 신적인 활동은 그의 활동에 있어서 영적이다. 비로소 성령이 아버지와 아들의 활동을 완성한다. 그러므로 삼위일체되신 하나님은 그의 창조물에게 쉼없이 영을 불어 넣어준다. 존재하는 모든 것은 계속해서 우주적인 영의 에너지와 가능성을 받음으로써 존재하고 산다. 그러므로 창조된 모든 현실은 에너지론적으로 이해될 수 있으며 신적인 영의 실현된 가능성으로 파악될 수 있다."

세계를 유지한다는 것이다."61

3. 창조와 진화의 관계

몰트만의 창조론에 나타난 두드러진 특징은 창조를 태초에 하나님께서 이 세상을 만드신 행위 그 자체로만 국한시키지 않는다는 점이다. 기존의 창조론이 창조자를 초월적 원인으로 파악하므로 창조를 태초의 행위에 국한시키는 경우이지만, 그의 창조론은 피조세계에 현존하시는 성령을 강조하는 창조론으로서 창조에 그가 초월적으로 간섭하는 것이 아니라 오히려 이와 동반한다는 사고로 구성된다.62 그 결과 몰트만은 창조를 태초의 창조(creatio originalis), 계속적 창조(creatio continua) 또는 역사의 창조, 그리고 새로운 창조(creatio nova) 또는 종말의 창조로 구분하여 설명한다.63 첫째, 태초의 창조는 아무 전제도 없는 창조를 가리킨다. 이는 하나님의 자유로운 행위로 인한 창조이며 아무런 수고와 노력을 동반하지 않는 전능한 창조이므로 우연적 차원을 지니고 있다. 그러나 이는 또한 무로부터의 창조라는 관점에서 살펴보면 태초의 창조는 시간과 더불어 카오스와 죄를 극복해야 하는 차원을 지닌다. 둘째, 역사의 창조 또는 계속적 창조는 태초의 창조를 전제로 삼는 창조된 것에서의 창조이며 무의 파괴력에 대항하여 피조세계를 보존하고 또한 미래의 새로운 창조를 위한 준비의 개념에 해당된다. 이런 차원에서 계속적 창조는 새로운 창조를 앞당기는 혁신하는 행위로서 선취적

61 몰트만, 『창조 안에 계신 하느님』, 149.
62 버켐, 『몰트만의 신학』, 318-19.
63 몰트만, 『과학과 지혜』, 66-77; 몰트만, 『창조 안에 계신 하느님』, 302-12; Moltmann, *The Future of Creation*, 119f.

창조(creatio anticipatio)에 해당된다. 여기에서 보존이란 하나님께서 피조물을 통하여 활동하시는 것을 가리키는데 이 활동은 구체적으로 물질과 삶의 체계들의 계속적 형성으로서의 진화를 가리킨다.[64] 셋째, 새로운 창조는 창조의 과정이 하나님의 거하심을 통해서 완성되는 것을 뜻한다. 새로운 창조는 하나님의 거하심이 충만한 상태로서 피조세계에 하나님의 영원한 생명이 충만히 영광 가운데 거하는 상태인데 이는 모든 삶의 체계들이 완전한 개방성을 지니게 되는 상태이며 이 체계들 사이에 완전한 교통을 제공한다.

창조에 대한 이 세 가지 구분은 창조가 하나님의 단회적 행위로 이루어진 폐쇄된 체계(closed system)가 아니라 가능성과 미래를 향해서 열려있는 개방된 체계(open system)임을 보여준다.[65] 따라서 이는 하나님의 창조가 변화를 향해 열려있는 변화적 창조(creatio mutabilis)임을 가리킨다. 창조는 이미 종결된 것이 아니라 완성될 수 있는 가능성을 지니고 이를 향해 나아가는 것이며 이 과정에서 재앙 또는 구원을 경험할 수 있으며 궁극적으로 멸망 또는 최종적 완성(consummation)에 이르게 된다. 태초의 창조는 하나님의 의지적 결정을 통해서 이루어진 것으로 우연성과 더불어 개방성을 지니고 있지만 계속적 창조는 무의 세력으로 인해 고난받고 그 결과 폐쇄되어 있는 체계들을 개방한다는 차원에서 전자와 구분된다.[66] 달리 말하자면, 몰트만은 "바로 시간의 문제로부터 진화론과의 비판적 대화가 시작될 수 있는 것"으로 파악한 것이다.[67]

---

[64] 몰트만, 『창조 안에 계신 하느님』, 288.
[65] 몰트만, 『과학과 지혜』, 67, 각주 14 몰트만은 창조에 나타난 개방된 체계가 지닌 특징으로 다음의 4가지를 언급한다. 첫째, 이 체계는 변화를 위한 서로 다른 가능성을 지닌다. 둘째, 이 체계의 미래적 행동은 이전 행동들에 의해 전적으로 결정되지 아니한다. 셋째, 이 체계는 다른 체계들과 교통할 수 있다. 넷째, 이 체계의 최종적 상태는 초기 상태와는 다르다.
[66] 몰트만, 『과학과 지혜』, 76
[67] 이정배, "메시야적 종말론과 진화론," 135.

그렇다면 창조와 진화의 관계는 구체적으로 어떻게 설명되는가?[68] 몰트만은 이 관계에 대한 이해의 핵심이 성령론에 달려 있다고 판단하면서 우주적 영의 활동원리를 제시함으로써 창조를 진화와 관련지어 다음과 같이 세 가지로 나누어서 설명한다.[69] 첫째, 성령은 창조성의 원리를 지닌다. 이 원리는 피조세계에서는 곧 진화의 원리로 이해된다. 여기에서 몰트만은 성령을 자연과학적 차원에서 해석하여 진화의 힘 또는 원동력으로 간주한다. 둘째, 성령은 전체론적 원리이다. 성령은 진화의 모든 과정에 있어서 발생하는 현상들을 하나로 묶어주는 상호작용을 가능하게 한다. 셋째, 성령은 피조세계의 상이한 물질들을 개체화시키고 분화시키는 원리로서 이는 진화론적으로 개체들의 자기 주장과 통합, 자기 유지와 초월이라는 용어로 정리될 수 있다.

그러나 몰트만이 자신의 창조를 해석함에 있어서 이를 전적으로 자연과학에서 수용되는 진화와 동일시하는 것은 아니다. 우선 그는 자연과학적 진화론에 나타난 몇 가지 요소들을 해석학적 차원에서 수용한다.[70] 첫째, 우주의 비가역성과 불균형적 체계, 그리고 자연법칙의 상대화로 나타나는 우연성과 유연성을 지닌 질서의 원리 등으로 대표되는 우주의 진화를 수용한다. 둘째, 미래의 미결정성과 그 가능성의 확장, 개체의 증가된 변화력과 적응력, 부분에서 전체로 확장되는 조직의 원리 등으로 대표되는 생명의 진화를 수용한다.

이러한 진화론의 일반적이며 대표적 측면들이 수용되는 반면에 이데올로

---

68 버캠, 『몰트만의 신학』, 316-21.
69 몰트만, 『창조 안에 계신 하느님』, 155. 이정배는 몰트만이 주장하는 우주적 영은 그리스도의 영으로 환원될 수 없는 영으로 간주되어야 한다고 지적한다. 이정배, "메시야적 종말론과 진화론," 131, 144-45
70 몰트만, 『창조 안에 계신 하느님』, 290ff.

기화된 진화론의 단면들은 전적으로 거부된다.[71] 여기에서 이데올로기화된 진화론의 예로서 언급된 것은 다윈의 '생존을 위한 투쟁', '가장 강한 자의 생존'과 '적응하지 못한 자들의 도태'에 관한 것이다. 다윈의 진화론에 나타난 부정적 차원들은 진화의 목적이 인간 중심적으로 설정되거나 자연이 단지 이러한 목적을 달성하는 수단으로 간주되었기 때문에 발생하게 되는 것이다.[72] 이러한 파괴적 진화론 대신에 러시아의 동물학자 칼 케슬러(Karl Kessler)와 페터 크로포트킨(Peter Kropotkin)이 내세웠던 동물과 인간 상호간에 도움과 조화에 근거한 진화의 법칙이 옹호된다. 몰트만은 하나님 중심적인 창조 이해에 근거하여 기존의 과학적 진화론이 지닌 부정적 요소들이 새롭게 해석되고 다양한 진화론들이 종합되어야 한다는 맥락에서 해석학적 진화론 또는 종합적 진화론을 주장한다.[73]

IV. 몰트만의 섭리 이해: 만유재신론을 중심으로

몰트만의 섭리에 대한 이해는 다음의 세 가지 관점에서 고찰될 수 있다. 첫째는 창조론에 종속된 섭리에 대한 견해이며, 둘째는 섭리에 대한 진화론적 이해와 비판이며, 마지막으로 생태학적 관점을 통해 살펴 본 섭리를 들 수 있다.

1. 창조론에 종속된 섭리 이해

---

[71] 몰트만, 『창조 안에 계신 하느님』, 280-89.
[72] 버캠, 『몰트만의 신학』, 320.
[73] 몰트만, 『창조 안에 계신 하느님』, 290.

몰트만은 진화론의 등장으로 인해 기독교 신학에서 섭리론이 간과되기 시
작했다는 사실을 인정한다.[74] 계속적 창조가 진화의 관점에서 파악될 때 하
나님의 일반적 협력(concursus Dei generale)은 신학적으로 재해석될 수
있다고 간주된다. 하나님의 협력은 물질세계의 보존과 미래적 차원으로서의
세계의 완성을 향한 준비를 포괄한다. 보존은 태초의 창조를 전제로 삼으며
이에 근거한 것이며 과거에 피조된 세계의 계속적 유지 또는 보존을 의미한
다.[75] 몰트만이 주장하는 섭리로서의 보존에는 전통적으로 하나님의 속성으
로 이해되어 왔던 '인내(patience)'가 활용되는데 이는 다음과 같이 설명된
다: "하나님은 그의 피조물들에 대해 인내하기 때문에 또 인내하는 한 그의
창조를 사멸에서 보호한다."[76] 또한 이는 삼위일체론적 이해에 근거해서 역
사상에 나타난 예수의 고난으로 새롭게 해석된다. 하나님의 고난은 우선적
으로 그의 영원한 본성에 속한 것인데 이는 역사에 나타난 그리스도의 십자
가를 통해 구체화된다.[77] 섭리는 고난과 죽음을 극복하는 그리스도의 능력에
근거한 것으로 이를 통해 피조세계는 파괴되지 않고 유지된다: "그러므로 십
자가에 달린 그리스도 안에 있는 하나님의 이 현재는 영원한 삶을 창조에게
주며 창조를 파괴하지 않는다."[78] 이는 또한 다음과 같은 성령론적 표현을
통해서 더욱 구체화된다: "하느님은 그 자신의 존재의 임재를 통하여 그 자
신의 창조의 운명에 참여한다. 그는 영을 통하여 그의 피조물들의 고난을 함

[74] 몰트만, 『창조 안에 계신 하느님』, 303ff.
[75] 몰트만은 시 104:30을 언급하면서 이를 삼위일체론적으로 다음과 같이 표현한다. 몰트만,
『창조 안에 계신 하느님』, 149: "... 이 영의 능력 속에서 아버지는 아들을 통하여 세상을 창조하
였으며 파괴하는 무에 대항하여 세계를 유지한다는 것이다."
[76] 몰트만, 『예수 그리스도의 길』, 406.
[77] Moltmann, *The Trinity and the Kingdom*, 45.
[78] 몰트만, 『창조 안에 계신 하느님』, 142.

께 당한다. 그의 영 속에서 그는 파멸들을 경험한다. 그의 영 속에서 그는 노예상태에 있는 피조물과 함께 구원과 자유를 향해 신음한다."[79] 계속된 창조와 관련된 고난의 역사에는 하나님의 수고가 동반되며 여기에서부터 죄와 죽음이 극복되는 구원이 일어난다.[80] 이런 차원에서 계속적 창조는 하나님의 은혜의 나라(regnum gratiae)로 묘사되기도 한다.[81] 몰트만에게 섭리는 인간 구원을 향한 하나님의 고난이라는 차원에서 협력의 사역과 관계되는 것으로 주장되지만 이는 전통적으로 이해된 협력과는 다른 섭리 이해에서 비롯된 것이다. 왜냐하면 하나님의 무고통성(impassability)의 속성이 곧 그가 고통을 느끼지 못하는 것을 뜻하는 것은 아니기 때문이다. 몰트만이 무고통성을 단지 헬라 철학에 근거한 개념으로 간주하고 거부한 것은 그가 이를 피조물의 고통을 느끼지 못하고 이에 반응할 수 없는 속성으로 혼동함에서 비롯된 것이다.[82]

그렇다면 몰트만에게 고난을 통한 보존의 사역은 이제 하나님의 동반 또는 협력(concursus Dei)이라는 관점에서 고찰됨을 알 수 있다. 여기에서 섭리에 있어서 보존과 협력이 동일시될 수 있는 이유는 그의 만유재신론에 놓여 있다고 볼 수 있다. "하느님은 피조물의 활동 '안에서' 또 그것을 통하여 활동한다. 하느님은 피조물의 활동과 '함께' 또 그것으로'부터' 활동한다."[83] 그러나 몰트만이 보존과 협력을 동일시하는 것은 바빙크(Herman Bavinck)가 양자를 동일시한 것과는 전혀 다른 의미를 지닌다. 바빙크는 창

---

79 몰트만, 『창조 안에 계신 하느님』, 150.
80 몰트만, 『창조 안에 계신 하느님』, 141; 몰트만, 『예수 그리스도의 길』, 406.
81 몰트만, 『예수 그리스도의 길』, 400.
82 Moltmann, *The Trinity and the Kingdom*, 21; Michael Horton, *The Christian Faith: A Systematic Theology for Pilgrims on the Way* (Grand Rapids: Zondervan, 2011), 245, note 53.
83 몰트만, 『창조 안에 계신 하느님』, 308.

조론 이후의 모든 사역을 섭리론으로 이해하고 이를 하나님의 외적 사역으로 간주한다.[84] 그러나 몰트만에게 보존과 협력은 궁극적으로 하나님 '안에서' 일어나는 내적 사역에 해당된다. 이런 이유에서 그에게 동반이란 하나님의 초자연적 개입(intervention)이 아니라 그가 피조물 안에 존재하기 때문에 일어나는 결과로서 그가 피조물과 함께 활동하는 것을 가리키는 것에 지나지 않는다.[85] 몰트만의 만유재신론적 사고는 창조와 섭리 모두를 하나님 '안에서' 일어나는 사역으로 파악하도록 만든다는 점에 있어서 전통적 의미의 그것과 분명히 구분된다. 또한 몰트만이 주장하는 피조세계에 대한 하나님의 동반 사역은 하나님의 외부적 간섭 자체를 차단한다는 점에 있어서 그의 만유재신론은 범신론으로부터 구분하기 어려운 것으로 평가될 수 있다.[86]

여기에서 몰트만의 섭리 이해의 한 단면을 엿볼 수 있는데 이는 구체적으로 창조론과 구별되지 아니한 채 오히려 이에 포함되어 종속된 것으로 정리될 수 있다. 보존, 협력, 그리고 통치와 같은 섭리를 표현하는 용어들이 사용되지만 이들의 의미는 전적으로 창조의 차원에 국한되거나 그 연속선상에서 그리고 창조에 대한 이해를 돕는 차원에 머무른다. 이에 대한 구체적 예는 그의 과정신학과 범신론의 창조 이해에 대한 비판에서 잘 드러난다. 그에게 과정신학의 창조론은 "사건의 흐름들을 포괄적으로 질서있게 하는" 행위와 동일시된다.[87] 이 점에 있어서 무로부터 창조를 부인하고 혼돈으로부터의 창조를 인정한 결과 이를 단순히 질서 부여라는 섭리의 차원으로 대체시켜 버

---

[84] 바빙크, 『개혁교의학 2』, 751-52.
[85] 몰트만, 『창조 안에 계신 하느님』, 308.
[86] Gunton, *The Triune Creator*, 142; Tae Wha Yoo, *The Spirit of Liberation: Jürgen Moltmann's Trinitarian Pneumatology* (Zoetermeer: Meinema, 2003), 207-9. 침춤의 역전으로서의 창조를 주장하는 몰트만의 만유재신론은 범신론에 가까운 것으로 간주된다. Cooper, *Panentheism*, 257, note 68.
[87] 몰트만, 『창조 안에 계신 하느님』, 124.

린 것이라는 비판에 직면하게 된다. 이와 정반대로 슐라이어마허의 주장에 나타난 범신론적 사고는 창조가 세계의 유지 또는 보존에 포함되어 그 결과 폐기된 것으로 간주되므로 신적 통치만이 남는 경우이다.[88] 따라서 과정신학 은 창조론을 대신할 섭리론을 찾아 이를 창조와 동일시하는 우를 범하는 반 면에 범신론에는 창조의 개념이 전혀 허용되지 않고 단지 유지라는 차원만 남게 된다. 그러나 몰트만은 자신의 삼위일체론적 만유재신론을 통해 범신 론과 과정신학에 나타난 문제점들이 극복되고 보완될 수 있다고 믿는다.[89]

2. 섭리에 대한 진화론적 이해

앞서 언급된 바와 같이 몰트만에게 계속적 창조는 탈이데올로기화된 진화 로도 해석되는데 그 이유는 하나님의 보존과 세계의 완성을 위한 활동들은 미래를 향해서 개방된 역사 속에서 일어나는 것이며 물질과 삶의 체계에 대 한 계속적이면서도 새로운 형성을 가져오는 것이기 때문이다.[90]

여기에서 계속성이란 진화의 형성에 있어서 연속성을 가리키는데 자연에 나타난 보존과 관계되는 것으로 구체적으로 자연법칙에 나타난 자연의 회 귀나 반복성에서 비롯되는 것이 아니라 어느 정도의 상대적 폐쇄성을 통해 물질의 기본적 구조가 유지됨을 뜻한다.[91] 상대적 폐쇄성을 통해서 물질계의 생존에 필요한 안정이 보장되고 이는 또한 진화의 한 요소로서의 질적인 비 약을 통한 새로운 형성을 가져오는데 이것이 진화에 나타난 불연속성에 해

---

88 몰트만, 『창조 안에 계신 하느님』, 125.
89 몰트만, 『창조 안에 계신 하느님』, 151.
90 III. 3을 참고할 것. 몰트만, 『창조 안에 계신 하느님』, 288.
91 몰트만, 『창조 안에 계신 하느님』, 298.

당된다. 물질계는 상대적 폐쇄성을 스스로를 유지함과 동시에 새로운 조직의 원리를 통해 새로운 구조를 만들고 부분(part)에 근거한 새로운 전체(whole)가 형성된다(예, 원자에서 세포로, 세포에서 유기체로의 조직화와 비약을 들 수 있다.)

진화에 대한 이러한 몰트만의 고찰에 나타난 특징은 이를 하나님의 새롭게 하는 활동으로 인식하는데 놓여 있다.[92] 새로운 조직, 세포, 개체 등의 등장은 새로운 창조의 차원에서 이해되는데 이는 구체적으로 하나님의 미래에 대한 선취를 통해서 이루어진다. 진화는 개방된 체계이며 복잡성의 증가와 상호교통을 통해 물질이 스스로를 초월할 수 있는 원동력을 제공하며 여기에서 더 많은 가능성이 주어지게 된다. 이러한 진화의 기회는 하나님의 자기 제한에서 비롯된 자발적 고난을 통해서 이루어지고 이는 닫힌 체계의 개방을 가져올 뿐 아니라 이 체계들이 새로운 체계로 진화할 수 있도록 이끈다.[93] 따라서 진화는 피조물들의 고난에 대한 하나님의 참여와 이에 대한 동반이라는 점에 있어서 섭리와 관련된다. 몰트만의 주장처럼 섭리가 계속적 창조의 차원에서 창조론에 종속된다면, 새로운 개체, 또는 물질적 체계의 창조를 말하는 진화가 가능한 것은 그가 계속적 창조의 개념을 보존에 국한시키지 아니하고 혁신적 행위를 첨가했다는 이유 때문이었다. 그러나 몰트만은 여기에서 보존과 혁신을 구분하지 아니하고 다음과 같이 양자를 실질적으로 동일시한다: "그러나 모든 보존하는 행위는 사실상 혁신적이고, 모든 혁신하는 행위는 보존적이다." 이와 같은 그의 주장이 가능한 이유는 그의 섭리론이 사실상 창조에 종속되었기 때문이며 이와 더불어 그가 창조를 태초, 계속적 그리고 새로운 창조로 구분하기 때문이다. 이러한 구분을 통해

---

92 몰트만, 『예수 그리스도의 길』, 406-7.
93 몰트만, 『창조 안에 계신 하느님』, 307.

진화는 보존의 차원을 넘어서서 새로운 창조를 앞당기고 이를 준비한다는 관점에서 혁신에 해당된다고 이해하기 때문이다.[94]

그러나 여기에서 몰트만이 간과한 것은 혁신의 개념이 어떤 차원에서 보존과 상충되지 아니하는가의 문제이다. 다윈적 진화론은 전자가 후자와 상충되는 것을 발견하고 후자를 자연선택과 도태라는 개념을 통해 부분적으로나마 포기했다. 그러나 몰트만은 칼 라너(Karl Rahner)의 진화에 대한 자기초월의 개념을 도입하여 양자가 공존할 수 있는 가능성을 인정한다.[95] 이 점에 있어서 적어도 몰트만의 진화 개념은 더 이상 일반적 의미에서의 진화가 아니라 오히려 이와 역행하는 구원의 활동을 가리키며 이는 종말론적 개념에 해당되는데 이는 우주적 그리스도의 사역에 해당된다.[96]

결론적으로 몰트만이 주장하는 진화란 기존의 다윈적 진화와는 상반되는 개념이며 자신이 주장하는 종말론적 희망에서 비롯되는 구원을 우주론적 지평에서 새롭게 해석한 것이라고 평가할 수 있을 것이다. 진화에 대한 이런 이해를 통해서 섭리의 요소로서 보존은 새로운 창조의 종말론적 개념에 의해 흡수되어 사라지는 것을 발견할 수 있다.

3. 생태학적 관점을 통해 살펴본 섭리 이해

몰트만의 『창조 안에 계신 하느님』은 '생태학적 창조론'이라는 부제를 지니고 있다. 『삼위일체와 하나님의 나라』(The Trinity and the Kingdom)에서 제시된 '사회적 삼위일체론'에 상응하는 창조론이 의도되었는데 이 창

---

[94] 몰트만, 『창조 안에 계신 하느님』, 306.
[95] 몰트만, 『예수 그리스도의 길』, 414-19.
[96] 몰트만, 『예수 그리스도의 길』, 422.

조론은 인간과 자연 사이에 상호 사귐이 있는 삶을 선호한다.[97] 그러나 인간은 자연에 대한 이러한 태도 대신에 자신의 이기적 욕심을 좇아 자연을 착취하고 고갈시켰고 이는 생태학적 위기를 초래했다.

몰트만은 이러한 생태학적 위기의 원인을 인간이 자연을 통치하는 데에서 찾으며 이 위기는 곧 통치의 위기라고 정의한다.[98] 이러한 통치의 위기는 신학적으로 살펴볼 때 먼저 창 1:26에 나타난 '지배'의 개념을 인간이 자연에 대해 행사하는 지배로 이해하는 것에서 비롯되었다. 그러나 이 구절에 나타난 지배는 하나님의 창조와 보존 사역에 상응하는 인간의 행위로 이해되어야 한다고 주장한다. 이 지배는 자연을 정복하는 것이 아니라 이와 더불어 평화를 누리는 결과를 가져온다.[99] 몰트만에게 '세상을 정복하고 다스리라'라는 하나님의 명령은 인간을 자연의 지배자로 만들고 이를 훼손하고 고갈할 권리를 제공하는 것이 아니라 오히려 인간과 자연과 함께 살아가는 평화로운 공존을 다룬다. 따라서 신학의 임무 가운데 하나는 인간 중심적으로 이해된 부분적이고 파편적인 자연관 대신에 인간과 자연에 대한 통합적이고 전체적인 사고를 함양하는 것이다.[100]

여기에서 주목할 만한 사실은 몰트만이 자연에 대한 하나님의 섭리, 즉 보존 사역에 상응하는 인간의 임무로서 '통치(governance)'를 주장한다. 인간이 자신의 욕심을 따라 자연을 착취하고 고갈시키려는 행위들은 '통치의 위기를 초래한다. 이러한 위기에서 자연을 해방시키는 것이 곧 몰트만에게 자연에 대한 올바른 통치에 해당된다. 자연 세계에 대한 하나님의 보존 행위에 상응하는 인간의 통치는 곧 이 하나님의 행위를 역사의 현장 속에서 실현하

---

97 몰트만, 『창조 안에 계신 하느님』, 15, 18.
98 몰트만, 『창조 안에 계신 하느님』, 44ff.
99 몰트만, 『창조 안에 계신 하느님』, 54.
100 몰트만, 『창조 안에 계신 하느님』, 17-18.

는 것을 가리킨다. 이런 차원에서 그가 주장하는 통치란 비록 인간의 행위이지만 보존이라는 하나님의 섭리 행위를 인간이 대행하는 차원을 지닌다. 달리 표현하자면, 하나님의 보존 행위는 주인으로서의 행위이며 인간의 통치는 자기에게 맡겨진 것을 충실하게 돌보는 것을 가리킨다. "세계가 하느님의 창조라면 그것은 하나님의 소유이고 … 하느님이 빌려준 것으로서 인간이 받을 수 있고 충실하게 관리해야 할 성격의 것이다."[101] 그렇다면 그가 주장하는 '통치'의 개념은 하나님의 형상인 인간이 하나님의 섭리 행위로서의 보존을 대행하는 것이며 이는 자연을 소유한다는 차원에서 정복하고 통치하는 것이 아니라 자연과 조화되고 전체를 형성하는 것을 가리키는데 이는 평화의 지배이며 사귐의 지식을 동반한다.[102] 통치는 인간의 욕심에서 비롯된 인간 중심적 세계관 대신에 자연과 조화되어 하나된다는 통합과 전체적 세계관을 대변한다.

몰트만의 통치 개념은 우주에 대한 하나님의 통치를 인간이 대행하는 것으로 인식되므로 이는 궁극적으로 하나님의 섭리에 대한 모방에 해당된다. 비록 섭리를 가리키는 '통치'라는 용어를 사용하지만 이는 궁극적으로 인간이 어떻게 자연환경을 훼손하거나 고갈시켜서 위기를 초래하지 아니하고 이와 더불어 조화되는 전체적이며 통합적인 삶을 살 것인가에 관한 것이다. 그렇다면 생태학적 관점에서 살펴본 몰트만의 섭리 이해는 이를 인간과 자연의 조화에서 비롯된 통합적 세계관과 동일시하는 태도가 표명되었다고 볼 수 있다.

---

101 몰트만, 『창조 안에 계신 하느님』, 56.
102 몰트만, 『창조 안에 계신 하느님』, 58.

V. 마치면서: 개혁신학적 비판

여기에서는 몰트만의 창조와 진화 이해에 나타난 섭리 개념과 관련된 몇 가지 사항을 개혁신학적 관점에서 비판적으로 정리하고자 한다.[103]

첫째, 무로부터의 창조 개념에 나타난 하나님의 자기 제한이라는 개념은 유대교 신비주의 카발라주의에서 빌려온 것으로서 사실상 성경적 근거가 결여되어 있다. 몰트만이 내세우는 '무'의 개념은 완전한 무가 아니라 하나님에 대항하는 세력으로 간주되므로 그가 주장하는 이 무로부터의 창조는 성경적 개념과는 거리가 멀다.

둘째, 섭리는 창조에 종속된 개념에 지나지 않는다. 칼빈과 바빙크를 위시한 개혁신학자들은 하나님의 섭리를 창조와 연속성의 관점에서 이해하면서도 동시에 불연속성의 관점에서 이해하였다. 연속성이란 섭리가 창조를 전제로 삼는다는 사실을 가리키며 불연속성이란 섭리가 창조와는 구분되는 개념임을 가리킨다. 몰트만은 창조를 태초의 창조, 계속적 창조, 그리고 새로운 창조로 나누는데 이 구분에서 섭리를 계속적 창조로 이해하여 창조라는 큰 테두리 속에 종속시키는 결과를 초래하였다.

셋째, 진화와 관련한 몰트만의 주장에 나타난 장점은 그가 다원주의적 진화론에 나타난 생명체의 도태라는 이데올로기적 차원을 강하게 비판하고 이를 올바로 수정하는 관점을 취했다는 점에서 발견된다. 그러나 계속적 창조를 보존과 혁신으로 이해함에 있어서 섭리에 진화의 관점이 도입된다. 섭리에 대한 진화론적 이해는 물질계가 개방된 체계임을 부각시킨 점에 있어서 보존이라는 관점이 진화에 도입되어야 연속성이 유지된다는 사실이 올바르

103 다음을 참고할 것. 그렌츠 & 올슨, 『20세기 신학』, 298-99.

게 강조되었다. 그러나 혁신이라는 개념이 정통적 의미에서의 섭리의 개념과 조화되지 아니하는 이질적인 요소를 지니고 있음을 부인할 수 없다.

넷째, 생태학적 위기를 통치로 정의하고 이를 통해 자연에 대한 인간중심적 세계관 보다는 통합적이며 전체적 세계관이 강조된다. 몰트만은 생태학적 창조론을 통해 인류가 처한 환경적 위기를 신학적으로 해석한다. 이러한 시도는 그의 신학에 나타난 현실성과 적실성을 분명하게 보여준다는 점에 있어서 높이 평가될 수 있다. 그러나 생태학적 창조론에 나타난 자연에 대한 이해는 하나님의 섭리라는 관점에서 자연에 대한 하나님의 통치가 회복되어야 한다는 사실에 대한 강조보다 통치를 인간적 관점에서 이해하여 자연세계에 대한 인간의 조화를 내세움으로서 기존의 전통신학에 나타난 문제점에 대한 해결책 보다는 이를 제기하는 차원에 머무르고 말았다고 볼 수 있다.

따라서 지금까지 살펴본 바에 의하면 몰트만의 창조와 진화 이해에 나타난 섭리론은 위의 세 가지 차원에서 개혁신학이 추구하는 성경적 가르침과는 상당히 거리가 멀다는 사실이 확인된다. 이는 몰트만이 개혁신학에서 출발하고 이를 추구했던 신학자임을 상기시킬 때 그의 신학적 행보는 안타까움을 자아낸다고 평가할 수밖에 없을 것이다.

참고문헌

그렌츠, 스탠리 & 로저 올슨. 『20세기 신학』. 신재구 옮김. 서울: 한국기독학생
　　회출판부, 1997.

몰트만, 위르겐. 『희망의 신학』. 전경연 · 박봉랑 옮김. 서울: 대한기독교서회,
　　1973.

＿＿＿ . 『십자가에 달리신 하나님: 기독교 신학의 근거와 비판으로서의 예수의
　　십자가』. 김균진 옮김. 서울: 한국신학연구소, 1979.

＿＿＿ . 『생명의 영: 총체적 성령론』. 김균진 옮김. 서울: 대한기독교서회,
　　1992.

＿＿＿ . 『창조 안에 계신 하느님: 생태학적 창조론』. 김균진 옮김. 서울: 한국신
　　학연구소, 2007.

＿＿＿ . 『예수 그리스도의 길: 메시야적 차원의 그리스도론』. 김균진 · 김명용
　　공역. 서울: 대한기독교서회, 1990.

＿＿＿ . 『과학과 지혜: 자연과학과 신학의 대화를 위하여』. 김균진 옮김. 서울:
　　대한기독교서회, 2003.

바빙크, 헤르만. 『개혁교의학 2』. 박태현 옮김. 서울: 부흥과개혁사, 2011.

버캠, 리처드. 『몰트만의 신학: 하나님 나라를 향한 공동의 신학여정』. 김도훈
　　· 김정형 공역. 서울: 크리스챤헤럴드, 2008.

이정배. "메시야적 종말론과 진화론; 몰트만의 자연신학 연구," 「조직신학논
　　총」 12 (2005).

현요한. "몰트만의 성령론," 「조직신학논총」 12 (2005).

Barth, Karl. *Kirchliche Dogmatik* IV/3-2. Zürich: Theologischer
　　Verlag, 1959.

Cooper, John W. *Panentheism: The Other God of the Philosophers.*
　　Grand Rapids; Baker Academic, 2006.

Gunton, Colin E. *The Triune Creator: A Historical and Systematic
　　Study.* Grand Rapids: Eerdmans, 1998.

Horton, Michael. *The Christian Faith: A Systematic Theology for Pilgrims on the Way.* Grand Rapids: Zondervan, 2011.

Moltmann, Jürgen. *The Trinity and the Kingdom: The Doctrine of God.* trans. Margaret Kohl. Minneapolis: Fortress, 1993.

_____ . *The Coming of God: Christian Eschatology.* trans. Margaret Kohl. Minneapolis: Fortress, 1996.

_____ . *The Future of Creation: Collected Essays*, trans. Margaret Kohl, Minneapolis: Fortress, 2007.

Peacocke, Arthur. *Creation and the World of Science: The Reshaping of Belief.* Oxford/New York: Oxford Univ. Press, 2004.

Torrance, Alan J. "Creatio ex nihiol and the Spatio-Temporal Dimensions, with Special Reference to Jürgen Moltmann and D. C. Williams," in *The Doctrine of Creation: Essays in Dogmatics, History and Philosophy.* ed. Colin E. Gunton. Edinburgh: T & T Clark, 1997.

Yoo, Tae Wha. *The Spirit of Liberation: Jürgen Moltmann's Trinitarian Pneumatology.* Zoetermeer: Meinema, 2003.

9. 칼빈과 판넨베르크의 섭리 이해에 나타난 창조의 역할

Wolfhart Pannenberg(1928-2014)

I. 시작하면서

하나님께서 세상을 창조하셨을 뿐 아니라 이를 세밀하고 자상하게 보살펴시며 통치하신다는 섭리(providence)는 신학에 있어서 아주 중요한 교리에 해당된다. 16세기 종교개혁자 요한 칼빈(John Calvin, 1509-1564)은 섭리의 교리를 아주 중요하게 생각했으며 이를 자신의 『기독교 강요』 1권의 마지막 부분에서 집중적으로 다루고 있다.[1] 칼빈의 섭리 이해에 있어서 중요한 특징은 그가 이를 하나님의 창조, 즉 자연현상에 대한 묵상에서 출발한다는 사실에 놓여 있다. 비록 칼빈은 중세적 우주론을 지닌 인물이었지만, 그는 자연현상을 놀라울 정도로 정확하고 논리적인 태도로 관찰하고 이에 드러난 특징들에 주목한다. 그가 자연을 과학적 태도로 관찰하고 그 특징을 파악하려는 노력을 기울인 이유는 자연에 대한 이해가 궁극적으로 인간의 실질적 삶에 유용하게 사용될 수 있다는 믿음 때문이었다.[2] 이는 하나님의 섭리가 자연을 통해 더욱 분명하게 드러난다는 그의 사고가 가져다 준 실질적 결과에 해당된다고 볼 수 있다.

독일의 볼프하르트 판넨베르크(Wolfhart Pannenberg, 1928-2014)는 자연과학과의 대화를 통해서 인간이 경험하는 현실 세계를 더욱 중요시하는 내용을 지닌 창조론을 추구해 나간다. 그의 창조론은 삼위일체론을 기초로 삼고 있으며 이에서 도출된 결론을 활용하여 창조론과 관련된 주제들을 현대 과학적 차원에서 고찰해 나간다.[3] 창조를 자연과학적 입장에서 다루기에

---

[1] 존 칼빈, 『기독교 강요』, 1.16-18.
[2] W. Stanford Reid, "Natural Sciences in Sixteenth-Century Calvinistic Thought," *Transactions of the Royal Society of Canada* 1, series 4 (1963), 305-19; Davis A. Young, *John Calvin and the Natural World* (Lanahm, MD: University Press of America, 2007), 7, 9-10.

앞서 판넨베르크는 섭리라는 주제를 주로 철학적이며 역사적인 차원에서 먼저 다룬다.4 그는 17세기 이후 자연과학의 발전과 섭리 교리가 어떤 관계 속에서 발전해 왔는가에 상당한 관심을 표명한다. 자연과학에 대한 그의 관심은 20세기 말에 신학과 과학의 대화를 촉진시키는데 중요한 역할을 차지해 왔다.5

이 장에서는 칼빈과 판넨베르크의 섭리 이해를 창조의 관점에서 비교해서 살펴보는 가운데 이들의 신학에 대한 더욱 깊은 이해를 추구하고자 한다. 이런 이해를 위해서 본 논문은 섭리 교리 가운데 특히 자연의 보존과 이에 대한 통치에 관해서 논의를 집중하는 가운데 양자의 사고에 나타난 유사점과 차이점을 밝히고 이를 통해서 판넨베르크의 주장에 드러난 비개혁주의적이며 비성경적 견해를 칼빈의 관점에서 비판하고자 한다.

II. 칼빈의 섭리 이해에 나타난 창조의 역할

칼빈의 『기독교 강요』(1559) 최종판에 나타난 일반 섭리에 대한 견해는 주로 하나님이 이신론(deism)의 하나님으로 오해될 수 있다는 우려에서 비롯된 것이었는데 창조 후에 하나님께서 피조세계에 더 이상 관여하지 않으시고 그대로 내버려 두신다는 견해에 대해서 다음과 같이 비판한다:

---

3 *ST* 2:59-136.

4 *ST* 2:35-59.

5 Wolfhart Pannenberg, "The Doctrine of Creation and Modern Science," *Zygon* 23 (1988), 3-21; Stanely J. Grenz, ""Scientific" Theology/ Theological "Science": Pannenberg and the Dialogue between Theology and Science," *Zygon* 34 (1999), 159-66; John Polkinghorne, "Wolfhart Panneberg's Engagement with the Natural Sciences," *Zygon* 34 (1999), 151-58.

더 나아가서, 하나님을 단번에 그의 모든 일을 다 이루신 순간적인 창조주로 만들어 버린다면, 그것은 참 냉랭하고 메마른 사고일 것이다. 우리는 특히 이 점에 있어서 세속적인 자들과 다른 태도를 취하여야 한다. 왜냐하면 하나님의 현존하는 능력이 처음 세상의 창조 이후에 계속되는 우주의 상태에서도 빛나고 있기 때문이다.6

칼빈이 주장하는 일반 섭리는 하나님께서 만물의 창조주라는 사실이 그가 만물의 통치자요 보존자라는 사실을 통해서 드러난다. 만물은 그 본성에 따라 자발적으로 또는 우연에 의해 움직이고 운행되는 것이 아니라 하나님이 친히 부여하시는 법칙을 따라 그의 인도하심을 받는다.7 자연의 질서는 일반적인 충동을 통해서 지속되는 것이 아니라 그의 뜻에 따라, 즉 그의 분명하고도 계획적인 의지를 따라 이루어지는 것이며 이를 통해 하나님의 전능성(omnipotence)이 드러난다.8 여기에서 칼빈이 주장하는 '자연의 질서'는 창조시에 확정된 것이며 하나님은 이 질서를 자신의 섭리를 통해 오늘도 유지하고 계신다.9 칼빈은 만물이 하나님의 전능으로 창조되었을 뿐 아니라 이와 동일한 전능하심의 작용에 의해 지속적인 섭리 아래 놓여 있다는 사실을 그의 시편 33편 주석에서 다음과 같이 설명한다:

세상은 이를 창조하는데 사용되었던 것과 동일한 신적 능력에 의해 오늘도

---

6 『기독교 강요』, 1.16.1.
7 *CO* 7, 186ff (Against the Libertines).
8 『기독교 강요』, 1.16.3.
9 섭리의 관점에서 자연의 질서에 대한 칼빈의 이해를 다루는 글로는 다음을 참고하시오. Susan E. Schreiner, *The Theater of His Glory: Nature & the Natural Order in the Thought of John Calvin* (Grand Rapids: Baker, 1991), 7-37.

유지되고 있다. ... 따라서 선지자는 현명하고 적절하게 자연의 계속적인 질서에
나타난 하나님의 섭리가 지닌 확실성에 우리의 마음이 확정될 수 있도록 세상의
기원으로 우리를 이끌어 간다.[10]

창조와 관련하여 일반 섭리의 중요한 요소에 해당하는 피조세계의 보존
(preservation)은 하나님의 전능성에 근거한 것이며 이를 떠나서는 상상될
수 없다. 칼빈은 지구가 물과 대기 위에 세워졌다는 당대의 우주론에 기초하
여 하나님의 놀라운 능력이 없이는 지구가 든든하게 세워질 수도 없었을 것
이며 또한 지속적으로 유지될 수 없을 것이라고 그의 시편 119편 설교에서
다음과 같이 설명한다:

만약 우리가 지구를 살펴본다면, 지구는 무엇을 기초로 삼고 있습니까? 이는
물과 대기에 의해 놓여져 있습니다. 우리는 기초를 놓지 않은 채 든든한 땅에
15피트 높이의 집도 지을 수 없습니다. 그러나 흔들리는 것, 즉 끝을 알 수
없는 심연위에 지구 전체가 세워져서 언제든지 거꾸로 뒤집히고 질서를 잃어버
릴 수 있다는 사실을 보십시오. 따라서 지구를 그 상태로 유지하는 하나님의
놀라운 능력이 존재해야 한다는 것을 알 수 있습니다.[11]

또한 칼빈은 바다의 드높은 물결과 거센 파도가 어떻게 순식간에 잔잔해
지게 되는가에 대해서 고찰하면서 이를 전적으로 하나님의 능력의 손길에서
비롯되는 섭리에 기인한 것으로 간주하면서 욥기 26:12에 대한 설교에서 다
음과 같이 설명한다:

---

10 *CO* 31, 327 (시 33:6 주석). *CO* 31, 195 (시 19:1 주석): "하나님을 우주의 아름다운 구조물을
   세우신 탁월한 건축가로 인식하게 되면, 우리의 마음은 그의 무한한 선하심, 지혜, 그리고 능력으
   로 인해 경이감과 더불어 황홀감으로 가득 채워지게 된다."
11 *CO* 32, 620 (시 119:89-96 설교).

만약 사람이 바다 한 가운데에서 엄청난 폭풍이 불어와서 산 높이만큼 거대한
파도를 만나게 된다면, 그는 바다가 두 세 시간 동안 또는 일 년 내내 잠잠해지지
않을 것이라고 생각하게 될 것이다. 그렇게 엄청난 정반대의 변화가 순식간에
발생하게 될 것이라는 것이 불가능한 것으로 보인다. 그럼에도 불구하고 이
사람은 바다가 그렇게 엄청나게 소용돌이 친 후에 얼마 지나지 않아 잔잔해지고
조용해지는 것을 목격하게 될 것이다. 이렇게 바다의 물결이 급변하게 되는
것은 하나님의 능력을 제외하고는 볼 수 없는 일이다. ... 이렇게 파도가 급변하
는 것은 하나님의 위대한 능력을 더욱 잘 드러내어 보여주기 위해서 사용되었
다.12

이렇게 하나님의 전능성을 통해 피조세계가 보존되어야 할 이유는 자연이
그 자체로서는 안정되지 못하고 파괴되기 쉬운 상태로 지음 받았다는 사실
에서 발견된다. 만약 전능하신 하나님께서 자신의 영을 거두신다면 우주는
완전한 무(nothing)의 상태로 전락하게 될 것이다.13 하나님의 창조로 인해
생성된 우주의 원래 상태는 혼돈과 불안정, 그리고 파괴되기 쉬운 상태 그
자체였다.14 칼빈은 하나님의 능력으로 말미암아 이런 혼돈과 불안정의 상
태에 놓여 있던 우주에 질서(order)와 아름다움(beauty)이 부여되었다는 사
실을 섭리와 연결시키면서 이에 있어서 성령의 역할을 강조한다:

---

12 CO 34, 440 (욥 26:12 설교). 슈라이너는 피조세계에 나타나는 아름다운 질서와 급격한
변화를 통해서 하나님께서 자신의 무한한 지혜, 선하심, 그리고 피조세계에 대한 통치를 계시하
신다고 밝힌다. Susan E. Schreiner, *Where Wisdom Shall Be Found? Calvin's Exegesis
of Job from Medieval and Modern Perspectives* (Chicago: Univ. of Chicago Press,
1994), 137.
13 CO 32, 95 (시 104:29 주석); CO 37, 11 (사 40:7 주석); CO 47, 5 (요 1:4 주석)
14 CO 23, 23f (창 1:21 주석); CO 37, 598 (렘 4:26 주석).

이 역사를 통해서 우리는 하나님께서 그의 말씀과 영의 능력으로 무에서 천지를 창조하셨으며, 그 이후에 온갖 종류의 생물과 무생물을 지으셨고, 무수한 각종 사물들을 질서정연하게 정리하셨으며, 각 종류마다 자체의 본질을 부여하시고 기능을 부여하시고 장소와 위치를 지정하셨으며, 또한 모든 만물들이 부패할 소질을 지니고 있었으나 하나님께서 마지막 날까지 각 종류들을 보존하게 하셨다는 사실 등을 배우게 된다.[15]

그렇다면 이렇게 칼빈은 어떻게 피조세계가 지속적으로 안정을 유지하게 되었는가를 고찰하면서 이것이 성령의 영감(inspiration)에 가능하게 되었다고 밝힌다. 하나님의 창조를 통해 생성된 원래 피조세계는 안정성을 그 자체에서 획득한 것이 아니라 하나님의 영의 숨겨진 영감(arcana inspiratio)에 의해 지속적으로 안정성을 유지하게 되었다고 창 1:2에 언급된 혼돈하고 공허한 '땅'에 대해서 주해하면서 다음과 같이 주장한다:

이제 그는 성령의 능력이 이를 유지하는데 필요하다고 가르친다. 왜냐하면 이제 통치 또는 질서에 의해서 보존된 세상을 보면서 어떻게 무질서한 덩어리가 유지될 수 있었는가에 대한 의문이 제기될 수 있기 때문이다. 따라서 그는 비록 이 덩어리가 아무리 엄청난 혼돈의 상태에 놓여 있었다 하더라도, 시간이 흘러감에 따라 성령의 숨겨진 영감에 의해서 이 덩어리가 안정되었다는 사실을 확언한다.[16]

---

[15] 『기독교 강요』 1.14.20; 1.13.22: "그러므로 영원하신 성령께서 언제나 하나님 안에 계셨고, 부드러운 보살피심으로 혼돈 중에 있는 천지의 물질이 아름다움과 질서를 덧입기까지 그것을 지탱시키셨다는 것이 분명해지는 것이다."

[16] *CO* 23, 16 (창 1:2 주석); *CO* 24, 78 (출 6:3 주석). Werner Krusche, *Das Wirken des Heiligen Geistes nach Calvin* (Göttingen: Vanden Hoeck & Rupprecht, 1957), 16.

우리가 즐길 수 있는 피조세계에 부여된 아름다움은 이러한 하나님의 섭리에서 비롯되었으며 이는 궁극적으로 하나님의 위대한 능력에서 비롯된 것이므로 우리 모두는 감사하는 마음으로 그의 놀라운 능력을 음미하는 법을 배워야 한다고 칼빈은 '하나님의 창조 세계에 대한 묵상'이라는 『기독교 강요』의 한 단락에서 다음과 같이 표현한다:

> ... 저 하늘의 무수한 별들을 그렇게 아름답게 위치시키고 정돈하셔서 그보다 더 아름다운 것을 도저히 상상할 수 없을 정도로 만들어 놓으신 – 그 중에 어떤 별들은 그 위치에 고정시키셔서 움직이지 않도록 해 놓으셨고, 또 다른 별들은 자유로이 움직이게 하셨으나 그 지정된 경로를 떠나 이리저리 방황하지 않도록 하셨으며, 낮과 밤, 달과 해와 계절들의 모든 움직임들을 지정하셔서 일정하게 하셨고, 항상 보는 바와 같이 낮의 길이가 균등하게 차이가 나도록 하셔서 혼란이 없도록 해 놓으신 – 그 창조주의 위대하심을 깊이 생각하는 것을 들 수 있을 것이다. 또한 그렇게 광대한 덩어리를 유지하시며 천체들의 신속한 운행을 지도하시는 데에서 나타나는 하나님의 권능을 바라보는 것도 한 방법일 것이다.[17]

그렇다면 무엇이 하나님으로 하여금 우주를 지속적으로 붙드시고, 보존하시고, 다스리시도록 만드는가? 하나님의 어떤 속성이 전능을 행사하여 우주를 향한 지속적인 섭리가 주어지도록 만드는가? 수잔 슈라이너(Susan Schreiner)는 칼빈의 섭리 이해에 있어서 중요한 역할을 차지하는 전능성 이면에는 불변성(immutability)의 속성이 놓여 있으며 양자가 섭리에 있어서 함께 작용한다고 해석한다.[18] 하나님의 전지성(omniscience), 선하심

---

17 『기독교 강요』, 1.14.21.
18 Schreiner, *The Theater of His Glory*, 33-35.

(goodness), 지혜(wisdom) 등의 속성들은 그의 창조의 원동력으로 작용할 뿐 아니라 자연스럽게 이와 관련된 섭리를 가능하게 한다. 그러나 이러한 속성들의 작용으로 이루어지는 섭리가 지속되는 곳에 하나님의 속성으로서의 불변성이 드러난다. 이 불변성이 피조물들에게 섭리를 통해 부여될 때 이들에게 하나님의 불변성은 통치(government)에 있어서 그의 신실하심(faithfulness)으로 다가온다. 하나님은 이 세상의 통치자이시므로 자신의 통치의 직무를 포기하지 않으시며 스스로를 부인하지 않으신다.[19] 이러한 통치는 구체적으로 하나님께서 인간을 포함한 자신의 피조물들을 혼돈과 무질서, 그리고 죄악의 상태에 버려두지 않으시고 지속적으로 인도하심을 뜻한다. 섭리의 한 요소로서 통치의 궁극적 목적은 하나님 자신의 영광에서 발견되는데 통치를 부인하는 자들에 대한 반박을 전개하면서 다음과 같이 표현한다:

> 그러나 하나님의 다스리심이 그의 모든 만물에까지 확대되는 것이라면, 그 다스림을 자연의 흐름 내에만 한정시킨다는 것은 유치한 발상일 수밖에 없다. 사실 하나님의 섭리를 그렇게 좁은 한계 내에 국한시키고서 마치 하나님께서 모든 일들이 영구한 자연 법칙에 따라서 자유로이 발생하도록 허용하신 것처럼 여기는 행위는, 하나님에게서 그의 영광을 빼앗는 것이요, 뿐만 아니라 지극히 유익한 섭리의 교리를 스스로 내던져 버리는 처사인 것이다.[20]

창조의 궁극적 목적은 하나님께서 인간에게 아버지이심을 깨닫도록 하는 것이며 이를 통해 그의 영광이 실현된다. 마찬가지로 칼빈에게 섭리란 인간

---

19 *CO* 31, 83 (시 7:9 주석); Schreiner, *The Theater of His Glory*, 33.
20 『기독교 강요』, 1.16.3.

에게 하나님의 은혜를 덧입혀서 그로 하여금 하나님께서 아버지로서 친히
자신을 돌보신다는 사실을 깨닫게 하는 것이다.[21] 섭리에 나타난 자신의 불
변성을 통해서 하나님은 자신의 하나님 되심을 나타내시는데 칼빈은 이를
'우리 믿음의 영광'이라고 밝힌다.[22]

　　결론적으로 칼빈의 섭리 이해는 그의 창조 이해와 밀접한 관계 속에 놓여
있다. 이 관계성에 있어서 중요한 역할을 차지하는 것은 그의 전능성의 속성
이다. 하나님의 전능성은 창조를 가능하게 하는 원동력이었을 뿐 아니라, 이
를 통해 하나님은 피조 세계에 대한 보존과 통치의 직무를 행사하신다. 보존
의 개념에 대한 논의에 있어서 칼빈은 특히 성령의 역할을 강조하였으며 하
나님의 불변성의 속성은 만물에 대한 하나님의 통치를 이루는 근간으로 작
용하고 있으며 이를 통해 그의 영광이 인식된다고 보았다.

III. 판넨베르크의 섭리 이해에 나타난 창조의 역할

　　판넨베르크의　 섭리　 이해는　 이에　 대한　 전통적　 구분,　 즉　 보존
(preservation), 협력(cooperation), 그리고 통치(overruling)에 기초해
있다. 판넨베르크는 '보존'에 대한 논의에 있어서 창조와의 관계를 중요한
논점으로 다룬다. 먼저 그는 보존이란 존재를 전제로 하는 개념이며 그 결과
로서 창조의 행위를 전제로 내세운다.[23] 이는 창조시에 확립된 질서의 테두

---

21 *CO* 32, 190 (시 115:16 주석); 헤르만 셀더르하위스, 『중심에 계신 하나님: 칼빈의 시편
　신학』, 장호광 옮김 (서울: 대한기독교서회, 2009), 90.
22 *CO* 31, 123 (시 11:4 주석); 셀더르하위스, 『중심에 계신 하나님』, 133.
23 *ST* 2:35, 57.

리 내에서 하나님께서 피조세계를 유지하심을 뜻한다. 여기에서 '유지하다'
는 단어가 내포하는 개념은 피조세계가 그 자체로서 존재할 수도 있으며 그
렇지 않을 수도 있다는 우발성(contingency)을 전제로 삼는 개념이다. 창조
의 결과로 주어진 피조세계는 전적으로 하나님의 자발적 의지 작용과 그 행
위의 결과로 나타나게 된 것이므로 하나님의 존재 자체와는 아무런 관계를
맺지 아니한다.24 창조는 이런 의미에서 하나님 자신의 삼위일체적이며 내적
행위와 구별되는 외적 행위이지만 이 사실 자체가 창조의 행위를 시간에 의
해서 제한되는 행위로 만드는 것은 아니다. 판넨베르크는 어거스틴
(Augustine)의 창조 이해에 동의하면서 세상이 시간과 더불어(with time)
창조되었지 창조가 시간 안에서 이루어졌던 행위는 아니라고 말한다 그러나
판넨베르크는 어거스틴의 이 주장이 결국 두 가지 잘못된 개념, 즉 영원이
시간에 반대되는 무시간적 개념과 하나님의 창조 행위가 시간의 시작을 알
리고 그 시작에 의해 제한된다는 개념을 가져왔다고 주장한다.25 왜냐하면
창조가 "시작이라는 시간에 제한된다면 이는 하나님의 영원한 행위가 될 수
없기" 때문이다.26 판넨베르크에게 창조란 시간의 시작점에서 존재를 가능
하게 하는 행위임과 동시에 또한 시간의 전개 과정의 특정한 시점에서도 존
재를 가능하게 하는 이중적 성격을 지닌 행위에 해당된다.

> 그러나 세계의 창조는 시간과 역사 안에서의 행위가 아니기 때문에 만약 창조가
> 이러한 행위들의 시작만을 가리킨다면, 이는 하나님의 역사적 행위들 가운데
> 하나가 아니다. 이는 다른 모든 피조적 현실들과 더불어 시간 자체를 구성하는
> 행위에 해당된다. 이는 단순히 피조적 존재의 일시적 시작만을 확립하는 것은

---

24 *ST* 2:1.
25 *ST* 2:39f.
26 *ST* 2:38.

아닐 뿐 아니라 모든 범위 내에서의 이 존재 자체를 확립한다.[27]

이는 구체적으로 개별적 피조물의 시작이 하나님의 창조에서 비롯되며 이와 동시에 또한 지속되는 시간의 어떤 시점에서도 창조를 통한 새로운 피조물의 출현이 가능하다는 것을 뜻한다. 이를 달리 표현하면, "영원한 행위로서의 하나님의 창조 행위는 모든 우주적 과정을 포괄하고 역사에 나타나는 신적 행위의 모든 단계로 침투해 들어간다."[28] 여기에서 판넨베르크가 추구하는 보존과 창조의 관계는 구체적으로 다음과 같이 표현될 수 있다. 기본적으로, 보존과 비교해 볼 때 창조는 특히 피조물의 시작과 관련된 행위인 반면에 보존은 창조를 통해 생성된 피조물의 지속을 의미한다. 보존은 단독적 행위가 아니라 하나님의 일반적 행위로서 피조물에 관계되는 행위이다.

그렇다면 보존의 행위가 곧 창조의 종결을 의미하는가? 창조와 보존의 관계가 하나님의 신실하심을 나타내는 "하나님께서 창조하신 것을 그가 또한 보존하실 것이다."로 표현되는 일방적 관계에만 국한되는 것인가? 창조는 보존과의 비교라는 관점에서 볼 때 피조물의 시작과 관계되지만, 창조가 하나님의 영원한 외적 행위라는 사실에 근거해서 보존에 의해 종결되는 것은 아니다. 판넨베르크는 보존의 행위 가운데 창조가 터져 나오며 그 결과 새로운 피조물이 등장한다고 주장하는데 이는 새롭고 우발적인 행위에 해당하는 기적이라고 밝힌다.[29] 따라서 창조와 보존의 관계는 시간의 흐름에 따라 전자(the former)가 후자(the latter)로 흘러간다는 일방적 관계로만 국한되지 아니하며 일종의 쌍방적(bilateral) 관계로 정의된다고 볼 수 있다. 이 쌍

---

[27] *ST* 2:42.
[28] *ST* 2:41.
[29] *ST* 2:43-44.

방성은 보존 속에서 일어나는 창조로 인해 발생하는 새로운 피조물이 보존
의 개념 자체에도 영향을 미친다는 사실을 뜻하며 여기에서 양자 사이의 통
일성(unity)에 대한 다음과 같은 이해가 판넨베르크에게 가능하다:

> 우리는 보존을 단순히 처음에 주어졌던 피조적 존재의 형태에 대한 불변적인
> 유지로 간주하지 않아야 한다. 이는 살아 있는 발생(occurrence)이며 계속되는
> 창조로서 원래 주어진 존재를 초월하는 새로운 창조적 방식에 해당된다. 그러므
> 로 창조, 보존, 그리고 통치는 전체를 구성하는데 그 구조적 관계는 더욱 자세하
> 게 정의되어야 할 것이다.30

판넨베르크가 어거스틴으로부터 자신을 차별화하는 요소는 창조를 지속
성을 지닌 어떤 특정한 시점에 제한하지 않고 우발적 행위에 근거하여 시간
속에서 창조의 가능성을 열어 두므로 사실상 창조에는 시간의 구별이 유효
하지 않다는 사실에서 발견된다. 이런 의미에서 판넨베르크가 이해한 창조
는 하나님의 영원한 행위에 해당되는데 이는 창조가 하나님의 초월적 행위
임과 동시에 또한 인간의 시간 또는 역사 속에서 일어나는 행위임을 뜻한
다.31

창조가 하나님의 영원한 행위임에도 불구하고 또한 인간의 역사 속에서
일어나는 행위라는 주장의 근거는 판넨베르크의 삼위일체론적 창조론에서
발견된다. 창조를 통해 주어진 피조물의 특징이 우발성에 의해 정의된다면
이 존재는 그 자체로서 지속적이지 않다. 이 피조물이 보존이라는 하나님의
행위를 통해서 지속성을 유지하는 것은 피조물의 독립성(independence)에

---

30 *ST* 2:34.
31 *ST* 2:7.

해당된다.[32] 그렇다면 이 독립성은 어떻게 주어지는 것인가? 판넨베르크는 이에 대한 근거를 성자가 성부로부터 자신의 존재를 독립적으로 확정하는 자기 구별(self-distinction)에서 찾는다. 성자가 성부로부터 스스로를 구별하는 영원한 행위는 삼위일체론의 핵심에 해당되는데 이 자기 구별의 행위를 통해 성자와 성부와의 위격적 관계가 확립될 뿐 아니라(i.e. 성자가 성부를 자신과 구별되는 하나님으로 인식하게 되었다) 이제 성자는 신적 삶의 통일성에서 벗어나서 피조물의 형태를 지니게 된 것이다. 물론 이 자기 구별을 통해서 성자가 삼위일체를 영원히 구성하는 자신의 존재를 포기하거나 이로부터 벗어나거나 이탈한 것은 아니지만, 이 구별이 그의 아들됨이 삼위일체를 벗어난 또 다른 형태, 즉 피조물의 형태로 현실화될 가능성을 제시한다. 판넨베르크는 성자의 자기 구별과 성육신과의 관계를 다음과 같이 설명한다:

> 그럼에도 불구하고 성육신의 사건을 통해서, 나사렛 예수와 천부(heavenly Father) 사이의 관계에 있어서 성자는 신격의 통일성을 벗어나게 되었다. 자신이 단지 한 인간에 불과하다는 인식에서, 그리고 성부로부터의 자기 구별을 통해서 예수는 성부를 자신과 대조되는 하나님으로 인식하였다. 이렇게 함으로써 다른 피조물들의 독립적 실존을 확인하였다. 이는 자신의 피조물 됨에 대한 수용과 인식에서 비롯되는 겸손의 일부분이었다.[33]

이 영원한 행위는 이제 인간의 역사 속에서 구체적으로 성자의 성육신이 일어나게 되고 예수는 자신을 성부의 영원한 성자로 입증하게 되었던 것이

다. 이를 달리 표현하자면, 이제 영원한 성자는 성부 하나님과의 관계 속에서 예수의 인간적 실존에 대한 실체적 기초가 되신 것이다. 인간 예수와 영원한 성부, 그리고 영원한 성자 사이의 관계에 있어서 차별성은 성육신을 통해서 주어지는 물질성(materiality)에서 발견된다. 이는 구체적으로 모든 피조물에 대한 그리스도의 중보자 직분(mediatorship)을 통해서 표현된다. 이는 자신의 피조적 실존을 통해 피조세계의 모든 우주적 구조와 실체를 현실화하시는 직분을 가리킨다. 판넨베르크는 어떻게 성자가 만물의 기원이 되시는가에 대해서 그리고 이 사실이 지닌 실제적 의미를 요한복음 1:10과 관련시켜 다음과 같이 설명한다:

> 만약 피조물들이 영원한 성자나 말씀에 그들의 기원을 두고 있다면, 이 피조물들이 이 말씀을 통해서 자신들의 본성의 법칙을 인식하거나 수용하지 않는 만큼, 이들이 스스로 자기 자신들로부터 소원화될 것임을 깨닫게 된다. 따라서 요한복음 서두에서 "세상은 그로 말미암아 지은 바 되었으되 세상이 그를 알지 못하였다."(1:10b)라고 밝히는 것이다. 이 상황은 성육신 사건에 전제된 것이며 11절에 언급된 성육신을 통해서 말씀이 자기 '소유'(possession)에 왔다는 표현의 기초에 해당된다.[34]

이런 맥락에서 예수 그리스도는 만물의 머리일 뿐 아니라(히 1:2; 골 1:16) 그를 통해서 만물의 최종적 완성이 이루어진다(엡 1:10).[35]

여기에서 판넨베르크는 성자가 성부로부터 차별화되는 사실이 만물의 기원이며 또한 이 사실을 피조물이 성부 하나님으로부터 독립된 존재로 존재

---

[34] *ST* 2:25.
[35] *ST* 2:24-25.

할 수 있는 근거로 삼는다.[36] 그러나 하나님으로부터 구별되어 존재하는 피
조물의 의미는 피조물 자체에서 발견되지 아니한다. 이 의미는 창조주 하나
님의 의지와의 일치 속에서 주어지는 것이다. 즉 하나님의 의지는 피조물의
존재하는 것이며 피조물의 독립적 실존에 해당된다.[37] 그러나 이러한 피조물
의 독립성은 그 자체로서 창조의 근원으로부터의 구별을 의미하므로 피조물
은 붕괴의 위협에 직면하게 된다. 피조물이 이런 위험에서 벗어날 수 있는
방법은 성령의 역동성을 통해서 영원에 참여하는 가운데 엔트로피 작용을
통해 진행되는 파괴와 붕괴를 극복하고 독립성을 유지해 나가는 것이다.[38]

판넨베르크는 피조물의 독립성을 신학적 차원에서 논의하는데 머물지 않
고 한 걸음 더 나아가 자연과학적 입장에서 고찰한다. 이제 독립성은 피조물
이 지닌 실존적 형태의 자기 조직화(self-organization)로 정의되는데 이는
자발적 성격을 지닌 것이다. 그런데 판넨베르크는 실질적으로 하나님의 시
간적 행위로서의 보존 사역을 무시한 채 자기 조직화는 직접적 신적 창조로
인해 주어진 것이 아니며 일종의 자연 과학적 우회적 과정을 통해 주어지는
것이므로 궁극적으로 자기 조직화란 생명의 진화에 그 기원을 두고 있다는
진화론적 이해를 추구한다.[39] 판넨베르크가 주장하는 진화론의 핵심은 창발
적 진화(emergent evolution)에 놓여 있는데 이는 창조가 보존으로부터 새

---

[36] *ST* 2:22-23.
[37] *ST* 2:133. 여기에서 판넨베르크는 자신이 주장하는 피조물의 독립이란 하나님 없는 독립을
말하는 것은 아니라고 밝힌다.
[38] *ST* 2:96, 112.
[39] *ST* 2:134-35. 진화란 자기 조직화를 가능하게 원동력인데 이는 구체적으로 피조물의 독립을
파괴하는 엔트로피의 작용과는 반대로 조직체를 더욱 고도로 그리고 복잡한 형태로 이끄는
운동을 가리킨다. 2:113, 118-23. 그의 진화에 대한 더욱 자세한 이해를 보여주는 글로는
다음을 참고할 것. "Human Life: Creation Versus Evolution?" in Wolfhart Pannenberg,
Natur und Mensch - und die Zukunft der Schöpfung (Göttingen: Vandenhoeck &
Ruprecht, 2000), 112-22.

로운 사물이 형성되도록 만든다는 주장과 맥락을 같이 하고 있으며 다른 곳
에서 그의 진화 개념이 다음과 같이 설명된다:

> 진화론은 하나님의 지속적이며 창조적인 행위를 단지 이미 확정된 질서의 보존
> 으로 이해하지 아니하고 새로운 사물의 지속적 출현으로 이해할 수 있는 기회를
> 신학에 제공한다.[40]

이 주장은 진화를 내세움에 있어서 사실상 보존이라는 신적 행위의 실제
적 효능과 필요성에 의문을 제기하는 주장이다. 또한 여기에는 피조물의 실
존은 하나님의 창조 행위에 근거를 두고 있지만 보존이 독립성을 위한 일반
적 조건이라는 판넨베르크 자신의 주장과 상충되는 주장이 포함되어 있다.[41]
창조와 보존이 앞서 언급된 쌍방성과 통일성의 관점에서 고찰된다면 창조를
창발적 진화의 관점에서 이해하는 그의 사고에는 더 이상 보존의 자리가 보
이지 않는다.

IV. 칼빈의 이중적 섭리 이해: 숨겨짐과 나타남

칼빈의 창조 이해에 있어서 중요한 부분 중의 하나는 창조가 하나님의 영

---

[40] *ST* 2:119. Cf. 2:131.
[41] *ST* 2:58. Cf. 버헨은 전통적 신학에서 하나님의 일반 섭리와 특별 섭리는 서로 상충적이지
않았는데 판넨베르크에게 인간의 자유가 중요한 개념으로 작용하므로 일반 섭리의 개념은 인정
되지만 특별 섭리는 부인된다고 주장한다. 특별섭리를 부인하는 판넨베르크의 주장에 가장
큰 걸림돌은 인류 역사에 하나님께서 직접적으로 개입하시는 사건이었던 예수의 부활이라고
밝힌다. Herbert Burhenn, "Pannenberg's Doctrine of God," *Scottish Journal of
Theology* 28 (1975), 541-42.

광을 드러내는 거울이라는 사실이다.42 하나님의 섭리는 창조에서 비롯된 자연의 질서를 통해 가시화된다. 칼빈은 비록 태양이 멀리 떨어져 있지만 지구보다 크다는 것을 알고 있는 것과 마찬가지로 멀리서도 하나님의 능력이 얼마나 크고 위대한가를 깨닫게 된다고 말한다.43 비록 그의 본질은 유한한 인간에게 숨겨져 있지만 하나님의 능력과 영광은 자연의 질서 속에서, 그리고 이에 나타나는 변화를 통해서 그가 만물을 친히 보존하시고 통치하심을 분명히 드러낸다.44 그러나 하나님께서 어떤 방식으로, 그리고 어떤 이유에서 자연을 통해 자신의 지혜, 능력, 그리고 선하심을 드러내시는가는 궁극적으로 감추어져 있다. 그러나 이러한 숨겨짐은 인간의 이해를 초월하는 차원을 지니고 있는데 이는 인간의 짧은 지식이 감당할 수 없는 것이다. 섭리가 지닌 드러남과 감추어짐의 이중적 성격은 우리에게 다음의 세 가지 교훈을 제공한다고 칼빈은 밝힌다.45 첫째, 섭리의 사역이 제공하는 하나님의 탁월하심과 위대하심을 인간이 제대로 그리고 완전히 깨닫지 못한다는 사실로 인해 하나님의 일 자체가 경멸의 대상이 되어서는 아니된다. 둘째, 섭리의 사역에 대한 완전한 이해가 불가능하다는 사실이 이에 대한 우리의 관심을 약화시키는 것이 아니라 이를 더욱 철저하게 그리고 부지런히 탐구할 이유를 제공한다. 셋째, 인간 자신의 이성적 판단을 신뢰하기 보다는 이 사역을 통해 우리가 마땅히 알아야 할 바에 대한 깨달음을 제공하는 하나님의 말씀에

42 『기독교 강요』, 1.5.1; 1.6.2; CO 23, 18 (창 1:6 주석); CO 35, 315 (욥 37:1 설교).
43 CO 35, 303 (욥 36:25 설교).
44 CO 40, 577 (단 2:21 주석).
45 CO 35, 339 (욥 37:14 설교). 칼빈은 다른 곳에서 이 교훈을 다음의 두 가지로 요약하여 제시한다. 첫째, 이는 우리를 자신에 대한 무모한 신뢰에서 벗어나 하나님에 대한 두려움으로 이끈다. 둘째, 하나님과 더불어 마음의 평화를 누리고 우리를 둘러싼 위험들을 경멸하도록 이끈다. John Calvin, "The Secret Providence of God," in *Calvin's Calvinism*, trans. Henry Cole (Grand Rapids: Eerdmans, 1950), 229.

주의를 집중해야 한다.

하나님의 섭리 사역이 인간의 눈에 드러남과 동시에 감추어진 사실은 하나님 앞에 선 피조물인 인간이 지닌 지식이 얼마나 보잘 것 없는 것인가를 잘 보여준다. 이 사실은 인간이 하나님 앞에서 자신의 부족함을 겸허히 인정하고 배워야 함을 뜻한다. 그래서 칼빈은 하나님 자신이 가장 훌륭한 교사임을 밝히는데 그의 가르침은 성령을 통하지 아니하고는 주어질 수 없음을 욥 36:22에 대한 설교에서 다음과 같이 밝힌다:

> 따라서 하나님과 같은 교사가 없다고 말하는 것은 정말로 참된 주장입니다. 왜냐하면 하나님의 말씀을 깨닫게 될 때 까지는 우리는 결코 완전한 가르침을 얻지 못하기 때문입니다. ... 하나님께서 우리의 마음을 내적으로 그의 성령으로 감동시키기를 기뻐하실 때 하나님으로부터 가르침을 받게 되는 것입니다. 그리고 이런 방식으로 그는 우리가 자신의 위대함을 깨닫고 그에게 순종하게 되도록 일하십니다. 그러나 이런 일을 행할 수 있는 피조물이 발견되지 아니하므로 이것이 하나님과 성령의 특별한 직무에 해당되며 경험은 우리에게 그 분만이 우리의 찬양을 받기에 합당하다는 사실을 보여줍니다.[46]

또한 칼빈은 여기에서 한 걸음 더 나아가서 인간의 역사를 주관하시는 분으로서 하나님의 섭리는 인간의 이해에 숨겨져 있으므로 그가 행하시는 심판이 반드시 이 세상에서 시행되어야 하는 것이 아니라 일시적으로 미루어질 수도 있다는 사실을 욥 18:4에 나타난 빌닷의 이해가 잘못되었음을 보여주면서 이에 대해서 다음과 같이 주장한다:

---

[46] *CO* 35, 295 (욥 36:22 설교).

하나님께서 하늘과 땅을 창조하셨고 우리가 눈으로 보는 자연의 질서를 정하셨
다고 빌닷은 주장합니다. 따라서 그는 하나님의 심판이 그 순서를 따라 발생해
야 한다고 말합니다. 이 사실은 분명한 진리이지만, 그는 하나님의 심판이 완전
히 명확하게 드러나되 사람이 이를 알 수 있고 가시적으로 확인할 수 있도록
드러나야 한다는 방식으로 이 진리를 온당하지 못하게 적용하고 있습니다....
하나님은 태양이 뜨고 지는 것을 원하시는데 이를 통해서 이 세상 마지막까지
그가 여기에서 우리를 보존하는데 필요한 것을 제공하기를 원하십니다.... 그러
나 그의 심판과 관련해서는 또 다른 이유가 존재합니다.... 그래서 [하나님의
심판은] 마지막 날에 나타나게 될 것입니다. 지금 혼란스러운 것들이 그 때에
올바른 상태로 되돌려질 것입니다. 그 날이 올 때까지 하나님은 자신의 심판을
단지 부분적으로 행하실 것입니다. 그러므로 빌닷이 여기에서 내린 결론은 옳은
것도 적합한 것도 아닙니다. 왜냐하면 그가 엄청난 다양성이 존재하는 두 가지
사실을 혼동하고 있기 때문입니다.[47]

인간을 포함한 만물을 통치하시는 하나님의 섭리는 일반적으로 하나님의
뜻에 기초하고 있으며 인간에게는 전적으로 감추어진 것이며 따라서 인간의
이해를 초월한다.[48] 이런 맥락에서 칼빈은 세상의 일들이 감추어진 하나님의
뜻에 따라 발생하므로 인간에게는 우발적이며 우연적인 것으로 보일 수밖에
없다고 인정하면서도 이 사실 자체가 하나님의 오묘한 섭리를 통해 일어나
는 하나님의 섭리의 은밀함을 무효화하지는 못한다고 보았다.[49] 그러나 모든
하나님의 뜻이 항상 감추어진 채로 남아 있는 것은 아니다. 특별한 경우에
하나님께서는 통치에 대한 자신의 생각을 그의 영을 통해 드러내시기로 작

---

[47] CO 34, 68 (욥 18:4 설교). Schreiner, *Where Shall Wisdom Be Found?* 137-38에서
재인용.
[48] 『기독교 강요』, 1.17.1.
[49] 『기독교 강요』, 1.16.9.

정하셨으며 이를 자신의 종들에게 허락해주시되 그들 자신의 능력이 아니라 전적으로 가르침을 통해 허락해 주신다.[50] 칼빈은 다니엘이 느부갓네살 왕의 꿈을 해석할 수 있는 능력을 하나님의 가르침을 통해 획득하게 되었다는 사실을 다니엘 2:28을 주해하면서 다음과 같이 강조한다:

> 그러므로 다니엘은 그 꿈에 대한 해설이나 해석을 갑자기 말하지 아니한다. 오히려 그가 꿈을 꾸었다거나 작위적으로 또는 자신의 생각을 따르지 아니하고 신적인 가르침과 교훈을 받았다는 사실을 말함으로써 교만한 왕이 경청할 수 있도록 준비해 나간다.[51]

슈라이너는 자연과 역사에 드러난 하나님의 섭리 사역의 나타남과 감추어짐에 대한 이해를 제시한 바 있다.[52] 이는 자연을 통해 주어지는 하나님의 섭리는 전적으로 드러난 것이며 역사를 통한 하나님의 섭리는 감추어진 것이라는 이원론적 구도에 근거한 주장이다. 그러나 앞서 살펴 본 바와 같이 하나님의 섭리는 자연에 관해서 일반적으로 드러나서 인식되어지는 것이 사실이지만, 거기에도 인간의 이해를 초월하는 감추어진 차원이 있음이 분명하다. 또한 역사를 통한 하나님의 통치가 인간의 눈에 일반적인 차원에서 감추어져 있지만, 하나님께서 특별한 경우에 택하신 종들을 통해 숨겨진 것을 드러내는 놀라운 사역을 행하신다는 사실을 칼빈은 주장하고 있다.

V. 판넨베르크의 종말론적 섭리 이해: 영원과 역사의 관점에서

---

50 *CO* 40, 588 (단 2:30 주석); 『기독교 강요』, 1.17.2.
51 *CO* 40, 586 (단 2:28 주석).
52 Schreiner, *Where Shall Wisdom Be Found?*, 135-38.

창조와 관련된 판넨베르크의 종말에 대한 이해는 그가 창조를 하나님의
영원한 행위로 파악한다는 사실에서 출발한다. 하나님의 영원한 행위는 모
든 것을 포괄하면서 하나로 통일하는 미래의 능력으로 묘사되는데 여기에는
현재를 포함한 과거에 발생한 모든 일들이 포함된다.[53] 판넨베르크의 창조론
의 핵심에는 지속적 창조의 개념이 자리잡고 있는데 이는 창조가 단순히 과
거에 발생했던 사건으로만 이해되지 않는다는 것을 뜻한다. 우리가 흔히 익
숙한 과거와 미래에 대한 인과관계적 이해와는 달리, 신적 인과관계는 과거
에 발생했던 사건이 단순히 반복되어 미래를 구성하게 된다는 개념을 의미
하지 않는다.[54] 왜냐하면 피조물이 과거에 고착된 상태에서 행하는 행위에는
진정한 우발성(contingency) 뿐 아니라 피조물이 누려야 할 자유 또한 결
여되어 있기 때문이다.[55] 아울러 이는 하나님에 의해 완성될 미래가 지녀야
할 자유와 이에 따르는 새로움을 전적으로 부인하는 개념에 해당된다. 창조
에 나타난 하나님의 행위는 영원하며 시간적인 차원보다는 논리적인 차원에
서 시작과 끝의 구분이 가능한 행위인데 이런 이유에서 성경은 하나님은 처
음과 나중이라고 언급한다(사 44:6; 48:12; 계 1:8; 21:16; 22:13).[56] 판넨
베르크는 과거가 미래를 결정한다는 결정론적 사고를 거부하고 과거에 대해
서 미래가 우선권을 쥐고 있다고 판단하므로 미래와 모순되는 창조에 관련
되는 어떤 행위도 부인한다. 그 결과 창조와 보존 사이의 구분을 제거함으로
서 신적 행위가 자유와 우발성이 결여된 닫힌 우주적 질서에 의해 지배되지

---

53 Wolfhart Pannenberg, *Theologie und Reich Gottes* (Gütersloh: Gerd Mohn, 1971),
   20.
54 Pannenberg, *Theologie und Reich Gottes*, 22.
55 *ST* 2:141.
56 *ST* 2:140.

않아야 한다고 주장한다.[57] 여기에서 판넨베르크가 의도하는 것은 섭리의 한 요소인 보존이 창조에 포함되어 더이상 독립적인 의미를 지니지 않도록 간주되어야 한다는 사실이다. 왜냐하면 보존의 일반적인 의미는 시간적 인과관계에 의해 과거의 것이 미래를 결정짓는 행위를 전제로 삼고 있기 때문인데 이는 앞서 살펴본 바와 같이 미래의 우선권과 상충되는 개념에 해당된다. 보존이 창조의 시작에, 신적 통치는 미래의 완성에 관계된다는 판넨베르크의 주장은[58] 보존이 창조에 의해 흡수되었음을 뜻할 뿐 아니라 이제 그의 섭리 이해에 있어서 통치의 개념만이 남게 되었음을 아울러 뜻한다 창조라는 신적 행위가 영원한 행위이므로 과거와 현재, 그리고 미래를 모두 포괄하는 개념이지만 그 주도권은 전적으로 하나님의 통치에 의해 결정되는 미래에 놓여 있음을 뜻한다. 이런 차원에서 판넨베르크에게 창조와 종말은 하나로 묶여진다.[59] 이를 달리 표현하자면, "하나님의 나라가 도래함에 있어서 하나님의 종말론적 미래는 세상을 전체로 이해할 기준으로 작용하므로 세상의 시작에 대한 견해도 영향을 받지 않을 수 없게 된다."는 사실을 보여준다.[60]

그렇다면 여기에서 미래가 하나님의 통치에 의해 결정된다는 것은 어떤 의미를 지니고 있는가? 판넨베르크에게 미래는 하나님의 능력이 유한한 존재에 대해서 작용된 결과로 주어지는 현실을 의미한다. 창조 이후에 하나님의 능력은 자신의 피조물 모두에 미치는데 이는 하나님의 통치를 가리킨다. 그러나 여기에 판넨베르크의 만유재신론적(panentheistic) 사고의 흔적이 드러난다. 비록 그가 하나님을 자신이 창조한 피조물에 직접적으로 의존해

---

57 *ST* 2:142.
58 *ST* 2:139, 57f.
59 Pannenberg, *Theologie und Reich Gottes*, 18; *ST* 2:139: "Creation and eschatology belong together because it is only in the eschatological consummation that the destiny of the creature, especially he human creature, will come to fulfillment."
60 *ST* 2:146.

야 하는 필연의 하나님으로 묘사하지는 않았지만, 세상을 창조한 하나님의 존재는 이제 역사의 진행에 의존하는 입장에 놓이게 되었으며 이에 의해 영향을 받게 되었음을 뜻한다.[61] 이런 맥락에서 그는 "하나님의 영원성 그 자체가 세상의 미래에 의존한다."고 주장한 것이다.[62]

그러나 그가 스스로 인정하듯이 창조와 섭리 사이의 구분을 없애는 행위는 창조에 나타난 신적 행위의 즉각성을 강조할 수 있는 장점이 있지만 하나님의 종말론적 행위가 지녀야 할 통일성을 제대로 설명하지 못하는 단점을 지니고 있다. 왜냐하면 피조물의 입장에서 창조와 종말이 하나로 통일된다는 그의 주장은 단순하게 미래가 과거에 발생하였던 창조를 지배한다는 것 이외의 설명을 요구하는 주장에 해당되기 때문이다. 이제 판넨베르크는 창조의 지속적 차원을 섭리와 연관시켜왔던 신학의 일반적 이해 대신에 섭리의 요소인 보존을 제외한 상태에서 역사 속에서 창조가 어떻게 종말로 이어지는가를 보여주어야 할 과제를 지니게 된 것이다.

이러한 과제를 해결하기 위해서 등장한 개념은 유대교의 묵시론적(apocalyptic) 가르침에 나타난 세계 제국의 연속성의 개념(단 2:36-45)이다.[63] 이를 통해서 보편사(universal history)의 통일성과 창조기사에 담긴

---

[61] Sam Powell, "History and Eschatology in the Thought of Wolfhart Pannenberg," in *Fides et Historia* 32 (2000), 25-26; David P. Polk, "The All-Determining God and the Peril of Determinism," in *The Theology of Wolfhart Pannenberg: Twelve American Critiques, with an Autobiographical Essay and Response*, ed. Carl E. Braaten & Philip Clayton (Minneapolis: Augsburg Publishing House, 1988), 165-67.

[62] Wolfhart Pannenberg, *The Apostle's Creed in the Light of Today's Questions*, trans. Margaret Kohl (Philadelphia: Westminster, 1972), 174. 하나님의 존재가 역사에 의존적이라는 주장을 뒷받침하기 위해 그는 시간과 영원이 궁극적으로 만나게 된다고 주장한다. "Constructive and Critical Functions of Christian Eschatology," in *Harvard Theological Review* 77 (1984), 138: "But not the end of time borders on eternity: God himself is the end of time, and as the end of time he is the final future of his creation."

[63] *ST* 2:142-43.

보편성 사이에 일종의 유사성이 보장된다. 이러한 묵시론적 개념은 한 걸음 더 나아가서 예수에 의해 선포된 하나님의 나라가 지닌 종말론적 차원과 되는데 이로 인해 과거와 현재의 모든 사건들에 대한 새로운 조망이 가능해 지는데 이를 위한 출발점은 하나님의 종말론적 오심에 해당된다.[64] 예수를 통해서 창조는 종말론적 미래의 빛 아래 새롭게 조망되는데 이는 과거와 현재가 통일된 전체로서 미래를 구성하는 하나님의 능력 아래 놓이게 되는 것을 말하며 이것이 그의 궁극적 통치, 즉 하나님의 나라의 완성을 뜻한다.[65]

VI. 칼빈과 판넨베르크의 섭리 이해에 나타난 특징에 대한 비판적 고찰

칼빈이 이해한 하나님의 섭리는 창조와 연속선상에 놓인 개념이다. 창조에 대한 그의 이해는 자연스럽게 섭리로 흘러 들어간다. 이는 섭리가 창조에 나타난 하나님의 위대한 능력과 선하심, 지혜를 깨닫는 도구로 사용되고 있기 때문이다. 그렇다면 칼빈의 신학에 있어서 섭리는 어떤 위치를 차지하는 가? 그에게 섭리는 창조에 종속된 개념에 불과한가? 여기에서는 세 가지 차원에서 칼빈이 얼마나 섭리를 중요하게 생각했는가를 살펴보고자 한다.

첫째, 하나님의 섭리는 자연과 인간의 역사에 대한 하나님의 현재적 실존과 개입을 의미한다. 칼빈은 이러한 섭리의 현재적 차원을 '임의적 현재성'(praesens arbitrium)이라고 불렀다.[66] 칼빈이 섭리가 과거와 미래에도 영향력을 행사한다고 믿었지만 섭리를 통해서 하나님께서 인간이 현재 겪고

---

[64] *ST* 2:145.
[65] *ST* 2:55; Pannenberg, *Theologie und Reich Gottes*, 21.
[66] *CO* 32, 435 (시 148:7 주석). 셸더르하위스, 『중심에 계신 하나님』, 133.

있는 고난, 역경 중에 활동하시고 개입하신다. 이런 방식으로 섭리는 인간의 삶에 영향력을 행사하여 위로, 인내, 평안, 확신 등의 구체적인 유익을 제공하고 신앙과 윤리적 삶을 위한 훌륭한 안내를 제공한다. 셀더르하위스 (Herman Selderhuis)는 칼빈이 이런 이유에서 섭리만을 진정한 신학이자 하나님에 관한 유일하게 올바른 가르침이라고 불렀다고 주장한다.[67]

둘째, 섭리는 하나님의 뜻에 의해 일어나지만 이는 인간의 이해를 초월하므로 인간에게는 우발적인 것으로 다가온다. 이는 섭리가 우리에게 하나님의 주권과 인간의 자유를 함께 인정할 것을 요구하는 사실에서 비롯된 것이다. 이를 달리 표현하자면, 하나님은 세상의 모든 일에 관여하심과 동시에 이를 초월하신다는 진리이다. 하나님을 만물을 창조하시되 만물의 독자적 실존을 허락하셨으며 이로 인해 자유가 주어진 것이라고 다음과 같이 설명한다: "하나님의 우주적 행위는 하늘이나 땅에 있는 어떤 피조물이 그것만의 독특한 자질과 성질을 가지는 것을 금하지 않으며 이에 걸맞는 성향을 따르는 것을 금하지 않으신다."[68] 칼빈은 하나님의 주권에 지나치게 집착한 나머지 이를 강조하기 위해 피조물의 자율성과 자유를 희생하지 아니했는데 이는 그가 섭리에 나타난 신적인 차원의 우선성을 인정하면서도 인간적 차원에 대한 고찰을 잊지 아니했다는 사실에서 그 이유를 발견할 수 있다.

셋째, 그리스도는 하나님의 섭리를 반영하는 거울로서 우리에게 주어졌다.[69] 칼빈은 섭리를 성령론적으로만 이해하고 이에 국한시키는 우를 범하지 아니했다. 그의 섭리 이해에는 성부에서 출발하여 성령을 통해 개인의 삶 가

---

67 셀더르하위스, 『중심에 계신 하나님』, 132.
68 *CO* 7, 187 (*Against the Libertines*).
69 *CO* 48, 39 (행 2:23 주석). P. H. Reardon, "Calvin on Providence: the Development of an Insight," *Scottish Journal of Theology* 28 (1975), 531.

운데 체험되는데 그치지 않고 그리스도가 모든 섭리의 배후에 계신다는 사실이 간과되지 않았다. 이런 차원에서 칼빈은 섭리를 이해함에 있어서 인간에게 적용되는 구원이 하나님의 뜻에서 비롯되지만 그리스도와의 연합이라는 차원 없이는 제대로 전달될 수 없음에 주목하였다.

그렇다면 칼빈과 비교해 볼 때 판넨베르크의 섭리 이해는 어떤 특징을 지니고 있는가? 판넨베르크의 섭리 이해의 출발점은 칼빈과 마찬가지로 하나님의 창조이었다. 창조없는 섭리는 있을 수 없는 것인데 먼저 이는 창조가 섭리의 요소인 보존을 위한 피조물의 존재를 제공하기 때문이다. 여기에서 판넨베르크는 사실상 보존 자체를 위한 고찰보다는 오히려 보존의 기초, 또는 배경에 해당하는 창조에 대한 고찰에 집중한다. 보존은 하나님의 영원한 창조 행위의 시간적 차원이라는 관점에서 고찰되었으며 그 결과 사실상 보존은 창조 속으로 흡수되었으며 한걸음 더 나아가 진화에 의해 대체되는 결과를 초래했다.

이제 판넨베르크는 칼빈과 달리 섭리를 보존을 제외한 하나님의 통치의 관점을 통해서만 고찰하게 되었는데 이에 관해서 다음의 두 가지 문제점이 지적될 수 있을 것이다.

첫째, 하나님의 존재는 미래를 구성하는 능력으로 이해된다. 이는 하나님의 존재가 자신에 의해 피조된 만물을 다스리는 능력으로 정의됨을 뜻한다. 하나님은 모든 것을 다스리고 지배하실 뿐 아니라 이를 통해 역사상에 실존하는 모든 것을 결정하시는 하나님이시다.[70] 그렇다면 그에게 현재란 무엇인가? 현재는 그 자체로서 우발적인 성격을 지니고 있지만 미래의 우선성에

---

[70] Wolfhart Pannenberg, "The Question of God," in *Basic Questions in Theology*, vol. 2, trans. George H. Kehm (Philadelphia: Fortress Press, 1971), 201. Polk, "All-Determining Power and the Peril of Determinism," 159-60.

의해 지배되는 개념에 해당된다. 즉 미래를 결정하는 하나님의 능력이 사실상 현재를 지배하는 능력으로 확대 해석된다. 데이빗 폴크(David Polk)는 이를 '경직된 결정론(hard determinism)'이라고 명명하는데 여기에서 피조물의 자유는, 판넨베르크의 주장과는 달리, 사실상 배제되었다고 볼 수 있다.[71] 이 점에 있어서 칼빈이 유지했던 신적 주권과 인간적 우발성 사이의 균형은 판넨베르크에게 더 이상 유효하지 않은 것으로 보인다. 칼빈이 이해한 하나님의 섭리가 미래를 도외시 한 것은 아니었지만 그에게 이는 구체적으로 모든 것을 결정짓는 원리이었다.[72] 이 원리는 미래를 결정짓는 원리로서 하나님께서 세상의 일에 개입하시고 행하시는 '현재'의 섭리에 해당된다. 그러나 판넨베르크가 제시하는 하나님의 미래성은 그의 현존을 부정하는 성격을 지니고 있으며, 이는 예수의 메시지를 통해서 하나님은 미래로서 임재하심을 가리킨다.[73] 그렇다면 그에게 하나님께서 지금 행하시는 '현재'의 섭리란 존재하지 않는 것과 다름없다.

둘째, 진화에 대한 판넨베르크의 견해는 비성경적이다. 하나님의 영원한 행위에 해당되는 창조는 미래에 의해 결정되며 이는 구체적으로 시간 또는 역사와 상관없이 창조가 새롭게 일어나는 것을 가리킨다. 이렇게 표현되는 창조의 새로움에 대한 판넨베르크의 이해는 창발적 진화의 개념의 원인을 제공한다고 볼 수 있다. 그렇다면 그의 섭리에 대한 주장에 있어서 신적 보존의 요소가 더 이상 논의될 정당성 또는 필요성이 상실되었다고 볼 수 있다.[74] 판넨베르크가 창발적 진화를 선호하는 이유는 이 개념이 새로운 것의

[71] David McKenzie, "Pannenberg on God and Freedom," *Journal of Religion* 60 (1980), 315.
[72] 『기독교 강요』 1.17.1.
[73] Pannenberg, *Theologie und Reich Gottes*, 26.
[74] *ST* 2:119.

창조를 언급하는 성경의 메시지와 더욱 조화를 이룰 수 있다고 믿기 때문이다. 따라서 성경 비평의 원리를 수용한 판넨베르크에게 성경에 나타난 섭리를 논함에 있어서 이를 다른 이방신들의 행위에서 비롯된 결과로 이해하는 경향을 발견하게 된다.[75] 이런 차원에서 진화가 하나님의 창조를 이해하는 과학적 방식이라는 그의 주장은 설득력을 상실하게 된다.

VII. 마치면서

이 장에서는 16세기 종교개혁자 칼빈과 20세기 독일의 루터란 신학자 판넨베르크의 섭리와 창조의 관계에 대해서 살펴보았다. 칼빈은 섭리 이해에 있어서 하나님의 최초 행위인 창조를 통해 드러난 전능성의 속성과 더불어 불변성의 속성이 섭리의 요소인 보존과 통치를 가능하게 한다는 관점을 강조했다. 그는 보존에 있어서 성령의 역할을 특히 강조했으며 그의 통치 이해에는 임의적 현재성으로 표현되는 하나님의 현재적 실존과 인간에게 통치가 사실상 우발적으로 다가온다는 점, 그리고 섭리 전반에 걸쳐서 성령과 그리스도의 역할을 함께 강조하는 세 가지 특징을 드러내었다.

판넨베르크는 보존, 통치, 그리고 협력이라는 섭리의 세 가지 기본적 요소를 인정한다는 차원에서 볼 때 칼빈의 섭리 이해와 유사한 입장을 취한다. 그러나 판넨베르크가 진화론을 수용한 결과, 이 세 가지 요소 중 보존은 창조 속에 흡수되었고 진화에 의해 대체되는 결과가 나타났다. 이렇게 보존의 관점이 상실된 그의 섭리 이해는 주로 하나님의 통치에 의해서 고찰되었는

---

75 볼프하르트 판넨베르크, 『자연신학』, 박일준 옮김 (서울: 한국신학연구소, 2000), 193.

데 이는 그의 종말론적 섭리 이해를 통해서 더욱 명확하게 드러난다. 이 점에 있어서 판넨베르크는 섭리의 전통적 요소 가운데 보존의 지평이 사라져버린 균형을 상실한 섭리이해를 추구하게 되었다고 볼 수 있다.

참고문헌

셸더르하위스, 헤르만. 『중심에 계신 하나님: 칼빈의 시편 신학』. 장호광 옮김.
　　서울: 대한기독교서회, 2009.
판넨베르크, 볼프하르트. 『자연신학』. 박일준 옮김. 서울: 한국신학연구소,
　　2000.

Burhenn, Herbert. "Pannenberg's Doctrine of God," *Scottish Journal
　　of Theology* 28 (1975).
Calvin, John. "The Secret Providence of God," in *Calvin's Calvinism*.
　　trans. Henry Cole, Grand Rapids: Eerdmans, 1950.
Grenz, Stanely J. ""Scientific" Theology/ Theological "Science":
　　Pannenberg and the Dialogue between Theology and
　　Science," *Zygon* 34 (1999).
Krusche, Werner. *Das Wirken des Heiligen Geistes nach Calvin*.
　　Göttingen: Vanden Hoeck & Rupprecht, 1957.
McKenzie, David. "Pannenberg on God and Freedom," *Journal of
　　Religion* 60 (1980).
Pannenberg, Wolfhart. "The Question of God," in *Basic Questions
　　in Theology*, vol. 2, trans. George H. Kehm. Philadelphia:
　　Fortress Press, 1971.
_____ . *Theologie und Reich Gottes*. Gütersloh: Gerd Mohn, 1971.
_____ . *The Apostle's Creed in the Light of Today's Questions*. trans.
　　Margaret Kohl. Philadelphia: Westminster, 1972.
_____ . "Constructive and Critical Functions of Christian Eschatology,"
　　Harvard Theological Review 77 (1984).
_____ . "The Doctrine of Creation and Modern Science," *Zygon* 23
　　(1988).
Polkinghorne, John. "Wolfhart Panneberg's Engagement with the

Natural Sciences," *Zygon* 34 (1999).

_____ . "Human Life: Creation Versus Evolution?" in Wolfhart Pannenberg. *Natur und Mensch - und die Zukunft der Schöpfung.* Göttingen: Vandenhoeck & Ruprecht, 2000.

Powell, Sam. "History and Eschatology in the Thought of Wolfhart Pannenberg," in *Fides et Historia* 32 (2000).

Polk, David P. "The All-Determining God and the Peril of Determinism," in *The Theology of Wolfhart Pannenberg: Twelve American Critiques, with an Autobiographical Essay and Response,* ed. Carl E. Braaten & Philip Clayton. Minneapolis: Augsburg Publishing House, 1988.

Reardon, P. H. "Calvin on Providence: the Development of an Insight," *Scottish Journal of Theology* 28 (1975).

Reid, W. Stanford. "Natural Sciences in Sixteenth-Century Calvinistic Thought," *Transactions of the Royal Society of Canada* 1, series 4 (1963).

Schreiner, Susan E. *The Theater of His Glory: Nature & the Natural Order in the Thought of John Calvin,* Grand Rapids: Baker, 1991.

_____ . *Where Wisdom Shall Be Found? Calvin's Exegesis of Job from Medieval and Modern Perspectives.* Chicago: Univ. of Chicago Press, 1994.

Young, Davis A. *John Calvin and the Natural World.* Lanahm, MD: University Press of America, 2007.

10. 한상동의 설교에 나타난 창조론에 대한 고찰

한상동(1901-1976)

I. 시작하면서: 한상동에 대한 평가

한상동은 누구인가?[1] 1901년 7월 13일 경남 김해군 명지면에서 한재훈
의 넷째 아들로 태어난 그는 마산 문창교회(1937-1939), 평양 산정현교회
(1945-1946), 그리고 부산 초량교회(1946-1951)와 삼일교회(1951-1973)
에서 목회했던 대한예수교장로회(고신)의 대표적 목회자였다. 목사 안수를
받기 전에 그는 1929년부터 1936년까지 경남 고성군 학림교회, 경남 하동
군 진교교회, 부산 초량교회에서 전도인 또는 전도사로 사역했다. 1933년에
는 평양신학교에 입학하여 신학을 수학했으며 1936년 2월에 졸업했다. 마
산 문창교회 사역 기간 동안에 일제 신사참배를 반대했다는 이유 때문에
1939년 5월 교회를 사면해야 했다. 이후 그는 일제 치하 신사참배 반대운동
을 주도했던 인물로 알려지게 되었다. 1939년 8월 부산 수영 해수욕장에서
윤술용, 이인재 등 10여명이 모여 신사참배 반대운동을 조직적으로 전개하
기로 결의했다. 신사참배 반대를 이유로 그는 일제에 의해 1940년 7월 3일
경남 도경찰부 형무소에 구금되었으며 1941년 7월 10일에 평양형무소로
이송되어 1945년 해방을 맞이하기까지 약 4년이라는 기간 동안 옥고를 치
렀다. 1945년 광복절 이틀 뒤인 8월 17일에 출옥한 그는 신사참배에 대한
잘못을 뉘우치자는 회개운동을 거국적으로 전개하면서 진리운동을 실현하려
는 많은 노력을 기울였는데 이는 이미 옥중에서 기도하고 계획된 일이었다.[2]

---

[1] 여기에 실린 내용은 아래 책을 참고한 것이다. 심군식, 『세상끝날까지』 (서울: 소망사, 1977). 한상동의 전기인 이 단행본은 영역본으로 출판되었다. Kun-Sik Sim, *Till the End of the Age: The Life of Rev. Sang Dong Han, a Living Witness of the Korean Church*, trans. Kitai Han (Busan: Kosin College Dept. of Publication, 1984).
[2] 한상동, "주님의 사랑", 한상동목사 10주기 추모집 발간위원회 (편), 『한상동목사 그의 생애와 신앙』 (부산: 도서출판 광야, 1986), 209-10; 김양선, 『한국기독교해방십년사』 (서울: 대한예수교장로회총회 종교교육부, 1956), 146-47.

또한 그는 1946년 9월 20일에 박윤선과 주남선 등과 더불어 고려신학교 (현, 고신대학교와 고려신학대학원의 전신)를 설립하고 목회자 양성에 전념 한 신학교육자이기도 했다. 고려신학교 설립으로 인해 한상동은 대한예수교 장로회 교단에서 더 이상 머무를 수 없게 되었고, 그 결과 그는 이 교단에서 축출되어 새로운 교단을 설립하게 되었는데 이것이 고려파(고신)의 시작이 었다.3 이렇게 고려신학교와 삼일교회를 위해서 오랜 기간 동안 헌신적으로 봉사하던 그는 고려신학교가 1971년 4년제 대학인 고려신학대학으로 인가 를 받아 발전하는 과정을 지켜보던 중 1976년 1월 6일 만 74세를 일기로 하나님의 품에 안겼다.

이 장에서는 한상동이 30년이 넘는 긴 기간에 걸쳐 목회했던 목회자로서 의 한상동을4 조명함에 있어서 그의 설교를 중심으로 고찰하고자 한다. 그의 설교들은 내용적으로 상당한 수준의 교리적 설교로 볼 수 있다. 여기에서는 이 설교들이 지닌 교리적 측면에 주목하여 그의 교리설교에 나타난 다양한 교리들 가운데 특히 창조론을 중심으로 그의 설교들을 분석하고자 한다. 이 분석을 보다 효율적으로 수행하기 위해서 먼저 그의 목회 현장에 있어서 목 회와 설교, 기도와 설교와의 관계를 간략하게 살펴본 후에, 그의 설교에 대 한 양적이며 질적인 분석을 시도하게 될 것이다. 양적 분석은 그의 설교 본 문에 대한 선택, 조직신학적 주제에 따른 분석을 시도하게 될 것이며, 질적 분석은 그의 설교 내용에 나타난 질적 변화와 내용적 발전을 살펴보게 될 것 이다.

---

3 고신교단의 설립에 관한 간략한 기술로는 다음을 참고할 것. 김영재, 『한국교회사』 (서울: 개혁주 의신행협회, 1996), 249-53.

4 이상규는 한상동을 '가슴의 신학자', '교회건설의 신학자'로 불렀다. 이상규, 『한상동과 그의 시대』 (서울: SFC출판부, 2006), 63,70. 신민석, "이상규 박사의 역사관과 교회사 연구", 『갱신 과부흥』 27 (2021), 290.

이런 설교 분석에 근거하여 그의 설교를 살펴보되 창조론이라는 특정한 교리를 통해서 그의 설교에 나타난 교리적 특징들을 살펴보고자 한다. 따라서 이 장은 다음의 세부 단락들로 구성될 것이다: 목회사역과 설교, 기도와 설교, 설교에 대한 분석, 설교의 특징, 그리고 창조론의 렌즈로 살펴보는 그의 설교에 대한 고찰.

II. 목회 사역과 설교

심군식은 한상동의 목회를 기도 중심의 목회, 심방위주가 아닌 목회, 설교 중심의 목회, 그리고 생활목회로 평가했다.[5] 그의 설교에는 신자가 어떻게 주님과 교회를 위해서 봉사, 충성, 그리고 희생해야 하는가가 특별히 강조되었다. "식물도 고목이 되기 전에 베어져야 가치있게 쓰이고 동물도 늙기 전에 희생이 되어야 맛있고 값있는 고기가 되고, 인생도 젊을 때, 힘이 있을 때, 희생을 해야 가치가 있다"고 설교했다.[6] 목회적 맥락에서 그의 설교는 교인들과 함께 예수님 앞에 서는 것을 목표로 삼았다. 교인들을 예수께 인도하는 일이 한상동에게는 곧 목회이자 설교이었다. 이런 점에서 그의 목회는 설교중심의 목회이었다.[7] 그의 설교에 나타난 목회 중심적 사고의 귀결은 복음 설교로 나타났다. 심군식은 이에 대해서 "설교 자체가 복음"이라는 표현을 사용했다.[8]

---

5 심군식, "한상동 목사의 생애와 신학", 심군식 외 5인, 『한상동 목사의 삶과 신학』 (부산: 고신대학교출판부, 2006), 33-39.
6 신현국, "후배가 본 목회자 한상동", 한상동목사 10주기 추모집 발간위원회 (편), 『한상동 목사 그의 생애와 신앙』 (부산: 도서출판 광야, 1986), 152.
7 심군식, "한상동 목사의 생애와 신학", 37.

한상동의 목회 중심적 설교는 그의 신사참배 반대 설교에서 더욱 분명하게 드러난다. 그는 신자들을 향하여 일제의 핍박으로 고난받게 될 때 이를 두려워하지 말고 진리를 위해 인내하고 투쟁하는 가운데 신앙을 더욱 확고히 하라고 설교했다. 이런 이유에서 안용준은 한상동을 '진리의 혜성'이라고 불렀다.9 진리를 위해서 담대하게 고독과 고난을 선택하는 것은 주님을 위한 것이며 이것이 무척 힘들고 어렵더라도 참된 신앙생활을 위한 행위라는 점을 교인들에게 독려하는 것이 그의 신사참배 반대에 대한 본질적 이유에 해당된다.

1937년 10월 24일 초량교회에서 4백여 명의 성도들을 향해서 신사참배 반대를 격려하기 위해서 다음과 같이 설교했던 것으로 전해진다. "일본제국의 존망도 신의대로이며 신사참배정책은 신의에 반대되는고로 끝까지 반대해야하고 … ."10 그의 신사참배 반대 설교는 한마디로 "시대의 양심을 선포하고 잠자는 영혼들을 깨우친" 목회적 설교이었다.11

III. 설교와 기도

한상동의 설교는 기도에 의해 형성되고 기도로 종결되는 설교이었다.12

8 심군식, "한상동 목사의 생애와 신학", 37.
9 안용준, 『태양신(천조대신)과 싸운 이들, 상권: 부록 옥중성도 이십일명 예심 종결서』 (부산: 대한예수교장로회총회/칼빈문화출판사, 1956), 159.
10 안용준, 『태양신(천조대신)과 싸운 이들, 상권』, 316. 정성구, "한상동 목사와 그의 설교", 심군식 외 5인, 『한상동 목사의 삶과 신학』, 64; 이상규, "한상동 목사의 생애와 신학", 안명준 (편), 『한국교회를 빛낸 칼빈주의자들』 (용인: 세움북스, 2020), 1366.
11 정성구, "한상동 목사와 그의 설교", 51.
12 한상동과 함께 고려신학교에서 사역했던 박윤선(1905-1988)도 자신의 설교에 있어서 기도의 중요성을 특히 강조했다. 박윤선, "나의 신학과 나의 설교", 「신학정론」 4(1) (1986), 18-19;

그는 평양신학교를 졸업한 후 1937년에 초량교회에 '조사'로 부임했는데 당시에 신학교 졸업자가 목사가 아닌 조사로 사역하는 경우는 드물었다. 이런 이유 때문인지 교인들은 그를 업신여기는 듯 했다고 그는 고백한다.[13] 사역한지 2개월이 지나자 그들이 그를 대하는 태도는 완전히 달라졌는데 그의 설교에 나타난 능력이 교인들이 체험했기 때문이었다. 한상동은 기도로 목회, 특히 전도 생활에서 직면한 어려움을 극복한 신앙인이었다. 그는 1931년 11월부터 전도인으로 활동했던 경남 하동군 진교교회에서의 기도 생활에 대해서 다음과 같이 고백한다.

나는 이곳에서 비로소 진정한 기도의 재미를 맛보았으며 경험을 얻었다. 밤 2시, 혹은 3시 늦으면 4시 경에 일어나서 산에 올라가 숲 속에서 기도하는데 처음에는 바람 소리, 나뭇잎 소리에 무슨 짐승이 나오는 것 같아서 무서움으로 기도도 잘 하지 못하였으나 주께서 성령으로 은혜를 베푸셔서 주님께서 나와 같이 계셔주시마고 약속하신 말씀이 믿어졌다(마 28:20). 나는 바람 소리도, 나뭇잎 소리도 들리지 않으며 도무지 육신의 감각이란 것을 모르고 오직 주님과 이야기하기를 시작하면 그 시간이 한 시간, 혹은 두 시간, 혹은 세 시간 동안 괴로운 줄도 모르며, 피곤할 줄도 모르고 기도할 수 있게 되어, 그 기도하는 시간이 나에게 있어서는 말할 수 없이 즐거운 시간이 되어졌다. 전에는 예배당에서 기도할 때도 사람들이 오고 나가는 것과 다른 사람이 기도하는 소리가 들렸는데 이렇게 기도의 재미를 본 나는 외계로부터 오는 모든 것에 감각이 없어지고 오직 주님만 향하여 기도하는 데만 정신이 집중되었다. 그 뿐만 아니라 전도가 되고 안됨을 나는 하등 염려하지 않았다. 그런데 의외로 신자가 생기기 시작하여 차차 많아졌다. 이는 정녕 주님께서 역사하시는 것이 확실하였

정창균, "다시 듣는 정암 박윤선의 설교: 합신인에게 남긴 정암 설교의 특징", 「신학정론」 28(2) (2010), 227-30.
13 한상동, "주님의 사랑", 『한상동 목사 그의 생애와 신앙』, 189.

다.[14]

이렇게 기도의 깊은 경지에 도달한 한상동은 설교를 위해서 많은 시간을 기도에 할애했다. 1937년에 초량교회에 조사로 부임하면서 첫 설교를 준비하기 위해서 그는 철야기도에 임했고이 설교에는 놀라운 은혜가 쏟아졌다.[15] 초량교회는 이렇게 기도로 준비된 놀라운 설교를 통해서 큰 부흥을 체험하게 되었다.

따라서 그의 설교 준비는 말씀묵상과 기도에 전념하는 것으로 일관되었다. 심군식은 한상동의 설교 준비를 영적 전쟁으로 이해하게 되었다고 다음과 같이 자신의 체험을 밝힌 바 있다.

> 어느 토요일 필자는 한목사의 서재를 찾아간 일이 있다. 그는 책상 위에 성경을 펴놓고 설교 준비를 하고 있었다. 그 방에 들어서는 순간 필자는 마치 무슨 전쟁이 일어난 것 같은 기분을 느꼈다. 그것은 영적 전쟁이었다. 왜 그런 기분을 느꼈는지 지금도 의문이다. 그 분위기를 무엇이라 표현해야 할지 알 수가 없다. 묘하고 이상한 느낌을 느낀 것만은 사실인데 그것을 무엇이라고 표현해야 할 것인지 알 수가 없다. .... 그는 조용히 혼자 앉아 명상과 사색으로 설교 준비를 하는 것이었다.[16]

이렇게 기도로 형성된 그의 설교에는 또한 놀라운 영적 권위가 있었다. 신

---

14 한상동, "주님의 사랑", 188-89. 심군식은 진교교회에서 한상동이 기도 중에 신비한 체험을 하였다고 밝힌다. "내가 세상 끝날까지 항상 너와 함께 있으리라"는 음성을 들었으며 이후에도 기도시간 마다 이런 음성을 들었는데 특히 이 경험은 그가 전도인으로 활동하기 시작한 후 첫 경험이었으며 그의 감격이 무척 컸다고 고백한다. 심군식, "한상동 목사의 생애와 신학", 17.

15 정성구, "한상동 목사와 그의 설교", 56.

16 심군식, "한상동 목사의 생애와 신앙", 36-37.

현국은 한상동의 모습에서 뜨거운 성령의 용광로 속에서 분출된 것과 같은 놀라운 권위와 보통 사람들에게서는 찾아보기 어려운 위엄이 그의 말씀과 더불어 나타났다고 주장한다.[17]

그의 설교는 성경을 인용하는 것에 지나지 않는 평범한 설교처럼 보일 수도 있지만, 거기에는 성령 하나님께서 주시는 성경의 진리에 대한 확신이 있었고, 이런 확신은 영혼을 움직이고 교회를 부흥시키는 놀라운 결과를 가져왔다.[18] 그의 설교가 칭송 받는 이유는 표현의 수려함과 내용의 탁월함이 아니라 기도의 능력에 놓여 있었다. 그는 기도의 사람이었고 기도를 통해서 설교를 준비했고 설교를 통해서 신자들의 삶을 변화시켰다. 한상동과 함께 고려신학교에서 약 15년을 동역했던 박윤선도 그의 자서전에서 자신의 설교에 있어서 기도의 중요성을 강력하게 주장했던 것을 상기시킬 수 있다.[19] 한상동의 기도는 해방 후 신사참배 문제로 인해 혼돈에 빠진 한국교회를 향해서 회개와 자숙을 외치는 설교에 나타난 확신과 자신감의 원동력으로 작용했다.

IV. 설교 분석

한상동의 유고 설교는 모두 7권인데 이들은 복사본의 형태로 고신대학교 도서관과 고려신학대학원 도서관에 소장되어 있는데 여기에 629편의 설교

---

17 신현국, "후배가 본 목회자 한상동", 147.
18 이상규, "한상동 목사의 신학과 교회건설", 심군식 외 5인, 『한상동 목사의 삶과 신학』, 97.
19 박윤선, 『성경과 나의 생애』 (서울: 영음사, 1992), 171. 김영재, 『박윤선: 경건과 교회 갱신을 추구한 개혁신학자』 (파주: 살림, 2007), 65-67.

가 실려 있다.[20] 그 외에 출간된 설교집으로『신앙세계와 천국』(1970)과『고난과 승리』(1980)가 있는데 여기에서 각각 29편, 43편의 설교를 만나 볼 수 있다.[21] 또한 그의 서거 10주기를 맞아 한상동목사 10주기 추모집 발간위원회에서 발간한 단행본에는 15편의 설교가 발견된다.[22] 이 단락에서는 최근에 출판된 세 권의 설교집에 실린 582편의 설교와 위에 언급된 설교집 두 권에 실린 설교를 중심으로 다음과 같이 몇 가지 주제로 나누어서 체계적인 분석을 시도하고자 한다.

1. 설교 본문의 선택

먼저 한상동은 어떤 방식으로 설교 본문을 선택했는가? 그의 설교 본문을 신구약으로 나누어서 살펴보면, 582편의 설교 가운데 구약 설교는 103편이며 신약 설교는 474편에 해당된다.[23] 달리 말하면, 그의 설교 가운데 대략 18%는 구약 설교이며 82%는 신약 설교로 구성된 셈이다. 이 통계를 통해서

---

20 이 설교들은 최근에 세 권으로 출간되었다. 한상동,『영적세계: 한상동목사의 설교(상)』, 김영산 엮음 (부산: 고신대학교출판부, 2016);『여주동행: 한상동목사의 설교(하)』, 김영산 엮음 (부산: 고신대학교출판부, 2016);『지사충성: 한상동목사의 설교집』, 김영산 엮음 (부산: 고신대학교출판부, 2017).

21 한상동,『신앙세계와 천국』(부산: 아성출판사, 1970);『고난과 승리』(부산: 고려신학대학 교회문제연구소, 1980). 첫 번째 설교집은 1970년에 행했던 설교를 중심으로 구성된 반면에 두 번째 설교집은 그의 사후에 발간된 유고 설교집으로 첫 번째와 달리 개별 설교들의 설교일자가 기록되어 있지 않다.

22 한상동, 한상동목사 10주기 추모집 발간위원회(편),『한상동 목사 그의 생애와 신앙』, 19-117.

23 582편의 설교 가운데 본문이 명시되지 않은 5편의 설교는 이 통계에서 제외되었는데 이들은 다음과 같다: "고려신학에 대한 참고" (『영적세계』, 37-41), "현하 대한교회에" (『영적세계』, 41-46;『한상동목사 그의 생애와 신앙』, 42-48), "예수님의 부활은" (『여주동행』, 394-96), "기도에 대하여 (기도의 일면)" (『지사충성』, 49-50), "주님의 약속은" (『지사충성』, 170-74). 비슷한 통계는 나머지 두 편의 설교집에 실린 설교에도 적용될 수 있다.『고난과 승리』에 실린 43편의 설교 가운데 구약 설교는 5편이며,『신앙세계와 천국』에는 전체 29편 중 구약 설교 3편을 포함하고 있다.

5편의 설교 가운데 4편 정도가 신약에 근거했을 정도로 그의 설교는 신약 중심의 설교이었음을 파악할 수 있다.[24] 물론 그의 설교를 실제로 읽어보면, 신약 본문에 근거한 설교라고 해서 구약을 전혀 언급하거나 다루지 않는 설교는 아니었음을 알 수 있다. 신약 본문에 나타난 진리를 구약을 통해서 설명하는 방식을 취했던 것이다. 예를 들면, "휴양과 노동"이라는 설교의 본문은 마 11:28-30인데, 여기에는 총 4회(신 34:7, 사 40:28f, 창 3:17-19, 사 52:7)의 구약 본문들이 언급된다.[25] 그럼에도 불구하고 한상동의 설교가 지닌 특징은 신약 중심적이라는 사실은 분명한 것으로 보인다. 그렇다면 신약 성경 가운데 어떤 성경이 가장 빈번하게 설교 본문으로 채택되었는가? 총 474편의 신약 설교 가운데 228편이 복음서 설교로서(48.1%) 절반에 가까운 분량을 차지한다.[26] 이 사실은 그의 설교가 예수 그리스도의 복음을 증거하는 '복음' 설교라는 사실과 잘 어우러지는 대목이라고 볼 수 있다.

2. 설교의 내용적 발전

한상동의 설교는 그의 목회 사역이 진행되는 동안에 어떤 변화를 겪었으며 어떤 방향으로 발전해 나갔는가? 이 주제를 다루는 것은 쉽지 않은 과제에 해당인데 그 이유로 다음의 두 가지를 들 수 있다. 첫째, 해방 이전의 그

---

24 이 사실은 한상동과 함께 고려신학교에서 사역했던 박윤선의 설교 본문 선택과는 상당한 대조를 이룬다. 박윤선의 남겨진 설교는 총 1,047편인데 구약 473편, 신약 574편으로 구성되었다. 그의 본문 선택에는 신구약 사이의 균형이 어느 정도 유지되었다고 볼 수 있다. 정창균, "다시 듣는 정암 박윤선의 설교", 239. 그런데 정창균의 이 분석에는 박윤선의 성경주석에 수록된 1,000여 편의 설교들은 포함되지 않았다. 박윤선, 『성경과 나의 생애』, 81.

25 한상동, 『고난과 승리』, 36-38.

26 이를 자세히 살펴보면 228편의 복음서 설교는 다시 마태복음 126편, 마가복음 4편, 누가복음 41편, 그리고 요한복음 57편으로 구성된다.

의 설교들은 대부분의 경우 현존하지 않는다는 문제점이 지적되어야 한다. 구체적으로 1929년부터 1938년까지 약 10년의 사역 기간 동안에 그가 행했던 설교들의 대부분이 존재하지 않기 때문에 그의 설교에 나타난 변화와 발전에 대한 분석 대상에서 제외될 수밖에 없다는 점이 아쉬움으로 남는다. 둘째, 해방 이후의 초량교회와 삼일교회에서 행했던 그의 설교 상당수도 현존하지 않는다. 비록 복사본의 형태로 그의 유고설교집이 남아있지만, 이는 설교 전문을 포함하지 않고 간략한 노트의 형태로 존재하기 때문에 그의 설교에 나타난 사상을 완전하고 정확하게 분석하기에는 어려움이 있을 수밖에 없다. 또한 현존하는 설교들도 상당수가 설교일자가 기록되지 않은 형태로 남아 있다. 앞서 언급된 그의 설교집 5권 가운데 설교 일자가 정확하게 기록된 것은 『신앙세계와 천국』에 수록된 27편과 『지사충성』의 8편으로 합쳐서 35편에 지나지 않는다.[27] 전자는 1970년에 발간되었는데 여기에는 한상동이 1969년과 1970년 2년에 걸쳐 행한 설교가 전체 27편의 2/3에 해당하는 18편이 포함되어 있다. 후자에는 1954년에서 1956년까지 약 3년 동안의 설교를 만날 수 있다. 이런 한계의 근본적인 원인은 자신의 설교노트에 한상동이 설교일자를 기록하지 않았다는 점에서 찾을 수 있다. 이런 이유에서 설교 내용의 발전에 대해서 분석하는 것은 상당한 난제가 아닐 수 없다.

그럼에도 불구하고 이 단락에서는 연구의 범위를 대폭 축소하여 1950년대의 설교 69편과 1969-1970년 사이에 행해졌던 설교 18편 가운데 공통적으로 발견되는 본문으로서 엡 6:1-4, 눅 17:11-19에 대한 설교가 내용적

---

[27] 『신앙세계와 천국』에는 모두 29편의 설교가 실려 있는데 이 가운데 2편에는 설교일자가 기록되지 않았다. 위에 언급된 18편을 제외한 나머지 9편의 설교를 연도별로 살펴보면 다음과 같다: 1953년 1편, 1958년 1편, 1960년 7편. 최근에 발간된 3권 설교집의 편집자인 김영산은 『지사충성』에 수록된 설교들이 1954년에서 1956년 사이에 행해졌다는 점에서 의미를 지닌 자료라고 평가한다. 김영산, "머리말", 한상동, 『지사충성』, 7.

으로 어떻게 발전했는가를 분석하고자 한다.

첫째, 엡 6:1-4은 부모에 대한 자녀의 태도를 다루는 본문인데 한상동은 1955년에 이 설교를 처음 행한 것으로 보인다. 앞뒤 설교를 살펴보면 이 설교는 같은 해 주일 설교에서 전해진 것으로 추정된다. 이 본문에 대한 설교 제목은 "부모에 대한 우리의 태도"이다.[28] 설교 노트로만 작성되었고 설교 전문이 실려 있지 않아서 분석에 한계가 있지만, 대지는 '순종에 대하여'와 '공경에 대하여'라는 두 주제로 구성되어 있다. 순종은 권세 아래의 순종과 부모의 은혜에 대한 감복으로 구분된다는 설명이 주어진다. 공경에 대해서는 상대적으로 간략한 설명이 주어지는데 이는 효성과 연로하신 부모에 대한 자식의 태도를 가리킨다고 보았다. 동일한 본문에 대한 설교는 1970년 5월 10일 어머니 주일에 행해졌는데 설교제목은 "부모를 주안에서 순종하라"였다.[29] 이 설교는 1955년의 그것과는 달리 3대지 설교에 해당되는데 이는 다음과 같다: 1. 인생은 부모의 은혜를 은혜로 알아야 한다. 2. 부모의 은혜를 아는 것은 하나님의 은혜를 아는 첩경이다. 3. 천국은 은혜를 아는 사람이 영주하는 곳이다. 1955년에는 주요 단어들의 의미를 해설하는 차원에 머물렀다면, 15년 후의 이 설교에는 부모의 은혜와 하나님의 은혜와의 관계를 설명할 뿐 아니라 부모와 하나님의 은혜를 아는 사람의 생활은 "천국의 생활인즉, 이러한 사람이 천국에 들어가 영원히 살게 됩니다."라고 주장한다.[30] 이 세상에서 부모의 은혜를 깨닫고 하나님의 은혜를 깨닫는 사람이 곧 천국시민이라는 사실이 강조된다. 여기에서 그의 설교에서 반복적으로 나타나는 주제 가운데 하나인 천국이 영적 개념에 해당된다는 그의 주장이 이 설

---

28 한상동, 『지사충성』, 97-99.
29 한상동, 『신앙세계와 천국』, 232-41.
30 한상동, 『신앙세계와 천국』, 239.

교에서도 분명하게 표현되었다고 볼 수 있다.

둘째, 눅 17:11-19은 나병의 치유함을 받은 자의 감사를 다룬 본문이다. 한상동은 이 본문을 1954년과 1960년에 각각 설교했는데 비록 두 설교 사이의 연도 차이가 5년 정도에 불과하지만 여전히 분석의 대상으로서는 유효한 것으로 판단된다. 1954년 설교의 제목은 "감사와 인생"이다.[31] 여기에서 그는 성경 본문을 따라 그 내용을 해설하는 평이한 설교를 행했던 것으로 보인다. 먼저 열 명의 나병환자가 왜 나병환자가 되었는가라는 문제를 다룬 후에, 열 명 모두가 고침을 받았다는 사실을 설명한다. 그러나 그 가운데 단지 한 명만이 주님께 돌아와 감사의 마음을 표현했다는 것이 설교의 주된 내용에 해당된다. 이 설교는 본문의 내용을 청중들에게 있는 그대로 전하는 평이한 설교의 전형이라고 볼 수 있다. 1960년의 설교 제목은 "감사의 생활"[32]인데, 이 설교에는 이전 것과 달리 본문의 내용에 대한 해설보다는 신앙생활에 있어서 감사의 중요성에 대한 강론이 주어진다. 그 내용은 세 가지로 나누어지는데 이는 다음과 같다: 1. 감사는 인생의 것이다 2. 감사는 자원함으로 이루어진다 3. 감사는 영원한 것이다. 이 설교는 하나님께 베푸신 은혜에 감사하는 것이 인생은 본분이므로 신자는 그 은혜에 감격하는 마음에서 우러나오는 감사를 하나님께 드리는 것이 마땅하다고 강조한다. 마지막으로 감사의 특징을 설명하는데 하나님께 드리는 감사는 그의 영원한 은혜에 근거를 둔 것이므로 영원하다는 주장이 전개된다. 감사를 다루는 동일한 본문에 대한 그의 설교들에서 내용적 발전이 어느 정도 발견된다고 볼 수 있다. 첫 번째 설교는 본문 내용에 충실한 해설을 통해서 청중들에게 감사의 가르

---

31 한상동, 『지사충성』, 58-60. 이 설교집에 동일한 본문에 대한 또 다른 2편의 설교가 실려 있는데 그 제목은 다음과 같다: "절기를 지킬 필요성", "감사는 인생의 것". 한상동, 『지사충성』, 44-45, 113-14.
32 한상동, 『신앙세계와 천국』, 193-99.

침을 해설하는 본문 중심의 설교라고 한다면, 두 번째 설교는 감사의 기원과 자발성, 그리고 영속성에 대해서 설명하는 주제 중심의 설교로 볼 수 있다. 내용적으로 살펴 볼 때, 감사에 대한 본문 해설에서 이를 은혜와 관련시켜 더 깊은 묵상으로 발전시킨 것으로 평가될 수 있다.

3. 교의학적 주제에 따른 설교 분류

마지막으로 한상동의 설교는 철저한 교리 설교이었다. 윌리엄 칼 3세 (William Carl, III)는 교리 설교를 예수 그리스도에 대한 성경의 가르침에 기초를 둔 설교로서, 한두 가지 교리를 중점적으로 다룬다고 보았다.[33] 필자는 한상동의 설교가 얼핏 보기에 아주 평이하고 단순한 것으로 보일 수도 있지만, 그 이면에는 아주 체계적이며 조직적인 가르침이 자리 잡고 있음을 발견할 수 있었다. 이런 체계적 가르침에 근거하여 그의 설교는 하나님의 장엄함과 위대함을 힘 있게 선포하는 설교가 되었다고 볼 수 있다.[34] 그렇다면 무엇이 그의 설교에 이런 체계성과 조직성을 부여했는가? 이 질문에 대한 유일한 답은 교리에 놓여 있다고 판단된다. 그는 예화를 사용했지만 그의 설교는 예화 중심의 설교가 아니었다. 오히려 그의 설교는 하나님의 말씀의 나타난 진리를 붙들기 위해서 그 가르침에 천착하는 교리 설교이었다.

이런 이해를 바탕으로 그의 설교를 조직신학적 주제에 따라 분류하는 가운데 교리적 특징 파악에 도움을 얻고자 한다. 여기에서는 앞서 언급된 그의 설교 582편을 필자가 정한 다음의 10가지 주제를 따라서 분석하게 될 것이

---

33 윌리엄 칼 3세, 『감동을 주는 교리설교』, 김세광 역 (서울: 새세대, 2011), 20.
34 정성구, "한상동 목사와 그의 설교", 58.

다: 하나님, 인간과 죄, 그리스도, 성령, 구원, 교회, 종말, 기독교 윤리, 기도, 그리고 기타. 이를 도표로 정리하면 아래와 같다.

	하나님	인간	그리스도	성령	구원	교회	종말	기독교 윤리	기타 (국가, 교육 등)
설교 편수	75	214	52	6	102	48	38	20	16
비율 (%)	12.9	36.8	8.9	1.03	17.5	8.3	6.5	3.4	2.7

〈표〉 한상동의 설교 582편에 대한 교리적 주제에 따른 분석

위 표에 근거해서 그의 설교에 나타난 몇 가지 교리적 특징들을 세 가지로 나누어서 살펴보고자 한다.

첫째, 개인 구원에 관한 집중을 들 수 있다. 한상동의 설교에는 신자 개인의 신앙과 생활에 대한 가르침이 상당히 빈번하게 나타난다. 위 표에서 확인할 수 있듯이 인간과 구원, 그리고 윤리의 세 주제에 관한 설교가 336편으로 전체 582편의 절반을 훨씬 상회한다(57.7%). 그가 목사가 지녀야 할 경건생활을 중요시 한 만큼, 설교를 통해서 신자들의 경건생활을 강조함으로서 교인들이 신자라는 이름에 합당한 삶을 살도록 외쳤다.

둘째, 교회를 주제로 삼은 설교의 비중이 예상보다 높지 않다는 점을 들 수 있다. 전체 582편의 설교 가운데 48편(8.25%)이 교회에 관한 것인데 이는 앞서 언급된 바와 같이 그가 신자 개인의 신앙과 경건 생활을 강조한 것

에 비하면 낮은 비율이라고 볼 수 있다. 그의 설교가 교회론을 강조하지 않은 것으로 파악되는 통계에 대해서 어떤 설명이 가능한가? 개인의 신앙생활에 집중한 결과 교회라는 주제가 상대적으로 그의 설교에서 자주 다루어지지 못한 것이라는 답변이 가능할 것이다. 하지만 이런 통계적 사실에 근거한 추론만으로는 그의 교회 이해에 대한 충분한 설명이 제공되었다고 보기에는 어려움이 있다. 외형적 통계는 조국 교회에 대한 그의 사랑과 헌신을 부정하거나 희석시키지 못한다. 주님의 몸된 교회를 향한 그의 열정은 일제 치하 신사참배의 결과로 교회의 순수성과 거룩성이 파괴된 한국교회에 대한 회개에의 촉구에서 잘 드러난다. "현하 대한교회에!"라는 제목의 설교에서 한상동은 다음과 같이 절실하게 호소했는데 그는 교회의 거룩성 회복을 위한 회개에의 외침을 자신의 사명으로 간주했다.

그러나 여호와께서 진노하사 이 강산이 황폐하며 이 민족이 패망하고 이 교회가 쇠퇴하여 양떼가 죽어가니 이 어찌 회개의 부르짖음을 그치겠는가? 교회가 바로서고 교인이 살아나며 민족이 다시 부흥하고 강토가 아름답게 되기까지는 비록 넘어지는 한이 있더라도 계속 외칠 것이다. 이것이 선지자의 사명이다. 또한 무시와 천대를 받는 죄인 하나가 회개하면 목을 안고 입을 맞추며 노래할 것이요 쌍수로서 축복할 것이다. 이것이 세움을 입은 제사장의 할 바이다.35

이런 맥락에서 김영산은 한상동의 설교에 나타난 교회 이해의 특징이 교회의 거룩성과 전투성에 대한 집중에 놓여 있다고 보았다.36

---

35 한상동, "현하 대한교회에!", 한상동목사 10주기 추모집 발간위원회(편), 『한상동 목사 그의 생애와 신앙』, 45-46. 이 설교는 1950년 1월에 발간된 「파수군」 제 2호에 수록되었으며 다음에도 실려 있다. 한상동, 『영적세계』, 41-46.
36 김영산, "한상동 목사의 조직신학적 사고: 그의 유고 설교문을 중심으로", 한상동, 『영적세계』, 563-64.

셋째, 성령론이 차지하는 비중은 신론과 기독론에 비해서 상대적으로 훨씬 낮다. 위 도표에서 확인 가능하듯이, 하나님과 그리스도에 대한 설교는 각각 75편(12.9%)과 52편(8.9%)인 반면에, 성령에 대한 설교는 단지 6편(1.03%)에 지나지 않는다. 한국 교회에 성령의 사역을 강조하는 설교가 상당히 많이 행해지는 현실에 비추어본다면, 이 통계를 놓고 다음과 같은 질문들이 제기될 수 있을 것이다. 한상동이 교리 이해에 있어서 성령론의 역할은 무엇인가? 한상동의 설교에 있어서 성령 하나님이 왜 간과된 것으로 보이는가? 그러나 성령에 대한 그의 설교들을 직접 살펴보면 이런 의문들은 사라진다. 그는 성령을 그리스도와 함께, 그리고 그리스도 안에서 일하시는 하나님으로 이해할 뿐 아니라 그리스도보다 먼저 사역하신 하나님으로 설교한다.[37] 또한 성령을 의지해야 예수 그리스도를 믿게 된다는 사실이 많이 강조된다. 성령을 받은 자는 진리 가운데로 인도함을 받으며, 성경에 나타난 계시를 올바로 깨닫게 되어 하나님께 영광 돌리는 삶을 살 수 있게 된다고 보았다.[38] 구속 사역과 관련하여 성령은 말씀, 특히 구원의 복음을 통해 역사하시며, 그의 인치심으로 선택받은 백성들을 하나님의 소유로 삼으신다는 사실에 대해서도 설교한다.[39] 성령의 인치심은 16세기 종교개혁자 칼빈(John Calvin, 1509-1564)의 신앙에 대한 삼위일체론적 정의에 등장하는 개념인데 이를 살펴보면 한상동이 지녔던 개혁주의 신학의 정통성이 분명하게 확인된다고 볼 수 있다.[40]

---

[37] 한상동, "성령 역사는" (엡 1:20-23 설교), 한상동, 『영적세계』, 91.
[38] 한상동, "진리의 영이 오시면" (요 16:12-21 설교), 한상동, 『영적세계』, 372-73.
[39] 한상동, "성령께서 구속하심을 찬송" (엡 1:13-14 설교), 한상동, 『영적세계』, 84-85. 그의 설교노트에는 성령세례에 대한 설교 제목과 본문만 주어져 있기 때문에 본 논의 대상에서 제외할 수밖에 없는 아쉬움이 남는다. 한상동, "성신세례에 대하여" (요 1:29-34), 한상동, 『지사충성』, 63.
[40] 칼빈, 『기독교 강요』, 3.2.7.

V. 설교의 특징

정성구는 한상동의 설교에 대한 연구에서 그의 설교 방법을 제시한다.[41] 그런데 그가 '방법'으로 제시한 것은 사실상 설교가 지닌 외형적 '특징'으로 간주하는 것이 더 타당해 보인다. 정성구에 의하면 한상동의 설교는 다음과 같은 몇 가지 특징을 지닌다.

첫째, 그의 설교에는 청중과 일체감을 증진시키는 1인칭 복수 대명사 '우리들'이 선호되었다. 그는 말씀을 청중들에게만 전한 것이 아니라 자신을 그 청중에 포함시키는 겸손함을 보여 주었다. 청중을 향하여 "여러분" 또는 "당신들"이라는 표현의 사용을 자제했으며, 모든 성도들 뿐 아니라 자기 자신을 자성과 자책의 대상으로 삼고 말씀을 선포했던 것이다. 이는 칼빈의 설교 특징과도 일치하는데 그도 언제나 1인칭 단수보다는 1인칭 복수 "우리들"이라는 인칭대명사를 사용했다. 그 이유는 그가 설교를 하나님께서 목사를 통해서 그리스도의 교회에 말씀하시는 것으로 간주했기 때문이었다.[42]

둘째, 그의 설교는 주로 짤막한 문장으로 구성된 선포적 문장을 활용하는 설교이었다. 그의 설교에 나타난 놀라운 흡입력은 짧은 문장의 활용을 통해 청중들의 이해력과 집중력을 증대시시켰던 사실과도 무관하지 않다. "신앙 세계는 천국을 보여준다"라는 제목의 설교를 살펴보면 이 사실이 분명히 드러난다.

---

[41] 정성구, "한상동목사와 그의 설교", 55-59.
[42] 정성구, "한상동목사와 그의 설교", 55-56.

신앙세계는 놀라운 일이 일어나기도 합니다. 홍해가 육지처럼 갈라졌습니다. 물이 벽과 같이 되었읍니다. 이스라엘 백성들이 홍해를 걸어서 건넜읍니다. 이것은 초자연의 사실입니다. 어떻게 사람이 바다를 육지같이 건널 수 있읍니까? 그것은 하나님께서 하신 사실이 옳습니다. 하나님께서 사람을 영으로 취급할 때가 있읍니다. 그때는 자연을 극복해 나가는 것입니다. 이것을 기사라고할 수 있읍니다.[43]

평이성이 그의 설교를 특징짓는 중요한 요소인 것은 분명하지만, 그렇다고 해서 그의 설교가 내용적으로 쉬운 것은 아니었다. 그 설교는 내용적으로 신중하게 음미해야 파악될 수 있는 깊이 있는 설교이었다. 이에 대해서 정성구는 다음과 같은 설명을 덧붙인다. "그의 설교는 논리적이로되 그의 논리는 엄청난 비약을 하기 때문에 그의 설교는 깊이 생각해야 된다는 말이다."[44]

셋째, 그의 설교는 문제를 제기하고 이에 답변하는 일종의 변증법적 설교에 해당된다. 그의 대표적 설교로서 자주 인용되는 "지극히 작은 자"라는 제목의 설교는 다음과 같이 시작한다.

본문에서 지극히 작은 자를 주님 자신과 같이 생각하셨습니다. 그러면 지극히 작은 자란 도대체 어떠한 사람을 두고 하시는 말씀이겠습니까? 지극히 작은 자라 하니 걸인들을 두고 하는 말이겠습니까? 뭘 좀 주지 않는다고 남을 괴롭히고 억지를 부려 기어이 얻어 가려는 그러한 걸인들을 두고 하는 말이겠습니까? 주지 않을 때 욕설을 퍼붓고 달아나는 그러한 걸인을 두고 지극히 작은 자라

---

43 한상동, "신앙세계는 천국을 보여준다", 한상동목사 10주기 추모집 발간위원회(편), 『한상동목사 그의 생애와 신앙』, 79.
44 정성구, "한상동목사와 그의 설교", 57.

말씀한 것입니까? 지극히 작은 자는 누구이겠습니까?[45]

이 설교의 3대지는 이 질문에 대한 답변에 해당된다: 1. 주님이 인정해 주는 자 2. 주님만을 상대하여 사는 자 3. 자기가 죄인인 줄 아는 자. 이런 방식으로 한상동의 설교 가운데 상당수는 변증법적 설교로 간주될 수 있다.[46]

셋째, 그의 설교에는 대조적 용법이 많이 활용된다. 정성구는 그의 설교에 "우주간", "생사간", "선악간", "인간과 짐승의 차이" 등과 같은 표현들이 빈번하게 등장하는데 이런 논증적인 방법은 칼빈에게서도 많이 찾아볼 수 있다고 주장한다.[47] 여기에서 한 가지 언급되어야 할 문제점은 정성구의 주장이 설교에 사용된 용어들이 지닌 대조적인 차원에만 너무 집중한다는 점이다. 이 사실을 염두에 두면서 우리가 주목해야 할 부분은 한상동이 어떤 방식으로 단어나 용어가 아닌 문장을 대조적으로 사용했는가에 관한 것이다. "아버지 되신 하나님"이라는 설교에서 그는 좋으신 하나님을 설명하기 위해서 하나님과 인생에 대해서 다음과 같은 대조적인 표현들을 사용했다.

하나님께서 특히 인생에게 만물을 주신 것을 보아 그가 아버지되심을 증명할 수 있습니다. 그러나 타락한 인생은 그 모든 좋은 것을 그대로 누릴 수 없게 되었습니다. 하나님께서 공기를 주셨지만 도시의 공기는 이미 오염되어졌고, 물도 그저 주셨지만 도시는 물을 돈을 주고 사 먹어야만 합니다. 자연의 아름다

---

45 한상동, "지극히 작은 자" (마 25:31-46 설교), 한상동목사 10주기 추모집 발간위원회 (편), 『한상동 목사 그의 생애와 신앙』, 83. 이 설교는 1960년 2월에 행해졌다.

46 그의 설교 가운데 다음 몇 편을 들 수 있다. 한상동, "그리스도의 부활의 의의" (고전 15:1-13), 한상동목사 10주기 추모집 발간위원회 (편), 『한상동 목사 그의 생애와 신앙』, 100-105; "신자는 그리스도의 것" (롬 14:7-8), 한상동, 『신앙세계와 천국』, 90-95.

47 정성구, "한상동목사와 그의 설교", 58 (미주 39). John Calvin, *The Mystery of Godliness and Other Selected Sermons* (Grand Rapids: Eerdmans, 1950, reprint of 1830 ed.), 146.

움도 주셨지만 그 마음이 불안한자는 그 자연의 아름다움이 그의 진정한 소유가
되지 못하는 것입니다. 만물을 주셨으나 받지 아니하고, 부모가 주시는 재산을
자식이 다 낭비하고, 아무리 공부하라 하여도 하지 않으니, 마침내 그는 세상에
서 뒤떨어진 자가 되고 마는 것입니다. 그러나 하나님은 우리에게 항상 주시기
를 기뻐하시는 아버지의 마음을 가지고 계시기 때문인 것입니다.[48]

이런 방식의 대조적 표현이 사용된 또 다른 대표적 설교로는 "무저항의
근거"를 들 수 있다.[49] 이 설교는 신자가 악한 세상에서 악을 악으로 대적하
지 말 것을 주장한다. 왜냐하면 신자는 주님께서 곧 오셔서 세상의 악을 심
판하실 것을 믿기 때문이다. 이 주장을 뒷받침하기 위해서 악한 자와 선한
자를 다음과 같이 대조하면서 신자의 무저항의 정당성을 주장하는 내용이
다음과 같이 등장한다.

그런데 우리는 악한 자가 망하는 것을 봅니다. 그러나 선한 자는 하나님께서
돌보십니다. 그 중에도 하나님을 위하여 그 말씀에 순종하여 온유한 자, 약한
자, 수모와 천대와 멸시를 받는 자를 하나님은 특히 돌보아 주십니다. 다시
말하면 선한 사람이 당하는 수모와 고난의 현장에서 하나님은 악을 제거하여
주시는 것입니다. 그러므로 신자는 무저항으로 나가면 하나님께서 처리해 주십
니다.[50]

VI. 설교에 대한 교리적 고찰: 창조론을 중심으로

48 한상동, "아버지 되신 하나님" (마 6:1-34 설교), 한상동, 『고난과 승리』, 23-24.
49 한상동, "무저항의 근거" (마 10:16-23 설교), 한상동, 『고난과 승리』, 69-71.
50 한상동, "무저항의 근거", 70.

지금까지 살펴 본 한상동의 설교 내용 또는 메시지에 대한 연구는 주로 다음과 같은 내용으로 정리된다고 볼 수 있다: 첫째, 하나님의 주권, 둘째, 신앙의 세계, 그리고 마지막으로 고난과 고독이 이에 해당된다.[51] 또한 그가 상당히 빈번하게 다루었던 천국은 그의 설교 이해에 있어서 결코 간과될 수 없는 또 다른 중요한 주제에 해당된다. 김영산은 한상동의 천국 이해를 다음과 같이 소개한다.

> 그의 천국 개념은 〈이미와 아직 아니〉의 긴장과 양면성을 동시에 견지한 천국개념이다. 다시 말해 그가 자주 인용하는 다니엘과 사드락과 메삭과 아벳느고는 이 땅에서 천국을 누리면서 살았다고 반복하여 설교하였다. 내세로서의 천국 소망이 자신의 삶과 여정과 일제의 고난의 시기를 지나면서 형성된 자연스러운 현상이기도 하지만 현재에 누리는 천국을 말하기 때문에 그의 천국 개념은 '영적 세계'와 밀접한 관계를 지닌 개념이다.[52]

정성구가 지적한 바와 같이 한상동에게 하나님의 주권이라는 측면에서 창조는 상당히 중요한 주제이었다.[53] 그는 창조론을 빈번하게 설교의 재료로 활용했을 뿐 아니라 다른 주제의 설교에 있어서도 이를 출발점으로 삼았다.

[51] 정성구, "한상동 목사와 그의 설교", 59-68. 신현국은 한상동 설교의 중심사상을 다음의 세 가지로 설명했다. 첫째, 신앙세계에 기적이 따른다. 둘째, 인간의 생명은 특수한 것이다. 셋째, 신자의 삶에는 봉사정신으로 희생이 반드시 있어야 한다. 신현국, "후배가 본 목회자 한상동", 152.
[52] 김영산, "한상동 목사의 조직신학적 사고", 568. 여기에서 한상동이 이해한 천국을 영적인 것으로 파악한 것은 옳지만 이를 현재적인 것으로만 소개하는 것은 바람직하지 않다고 판단된다. 천국의 현재적 개념 뿐 아니라 앞으로 다가올 미래의 천국을 강조함에 있어서 그것이 지닌 '실재성'을 강조하는 내용들이 그의 설교 여러 곳에서 발견되기 때문이다.
[53] 정성구, "한상동 목사와 그의 설교", 59: "그의 설교에는 창조주로서의 하나님이 특히 강조되고 있다."

이에 대한 가장 대표적인 예로서 "왜 인생을 사랑하셨을까?"라는 설교를 들 수 있다. 하나님이 인생을 사랑하신 이유를 죄를 지으면 회개할 줄 아는 인생이며 은혜를 감사할 줄 아는 인생이라는 점에서 찾기 전에 먼저 인생이 하나님의 형상대로 창조되었다는 점에서 찾고자 했다.[54] 하나님의 사랑이라는 주제를 인간론적으로 적용하기에 앞서 이를 창조론적으로 고찰하는 가운데 인간과 하나님의 관계를 하나님의 형상의 차원에서 선명하게 부각시키고자 했던 시도를 찾아볼 수 있다. "하나님의 자녀"라는 설교는 불완전하며 병들고 연약한 인생을 왜 하나님께서 우주 만물들 가운데 자기 자녀로 삼으셨는가에 대해서 다루는 설교이다.[55] 그런데 이 설교는 자세히 살펴보면 구원론적 설교가 아니라 우주론적이며 종말론적인 설교에 더 가깝다는 사실을 발견할 수 있다.[56] 그는 인간에게 세상을 다스리는 권세와 심판하는 권세가 주어졌다는 진리를 대하면서 이것이 가능했던 이유를 "오직 인생만을 하나님께서는 자신의 형상대로 창조하셨다"는 사실에서 찾는다.[57] 하나님께서 우주의 만물들 가운데 인간을 선택하셔서 자녀를 삼은 것이라고 주장한다. 여기에서 다스림과 심판의 권세가 인간에게 부여될 수 있는 궁극적 이유가 바로 인간이 하나님의 형상으로 지음 받은 유일한 존재라는 창조론적 가르침에 놓여 있다는 사실이 첫 번째 대지로서 먼저 다루어진다. 이런 방식으로 이 설교에서도 창조론은 설교의 전체 주제를 이끌어가는 일종의 추(plumb)와 같은 역할을 담당했다고 볼 수 있다. 요약하면, 그의 설교에는 인간이 하

---

[54] 한상동, "왜 인생을 사랑하셨을까?" (요 3:1-12, 13-63 설교), 한상동, 『신앙세계와 천국』, 74-82.
[55] 한상동, "하나님의 자녀" (요일 3:1-2 설교), 한상동, 『고난과 승리』, 46-49.
[56] 그가 주장하는 세상을 다스리는 권세는 종말론적 개념이었는데 특히 천년왕국에서 세상을 다스리는 권세를 가리킨다. 그는 천년왕국의 실체를 믿는 천년왕국론자이었다. 한상동, "하나님의 자녀", 48.
[57] 한상동, "하나님의 자녀", 46.

나님의 자녀라는 교리적 진리를 설명하기 위한 토대 또는 출발점이 분명히 창조론에 놓여 있다는 점을 발견할 수 있다.

이런 방식으로 창조가 그의 설교에 있어서 중추적 역할을 담당했을 뿐 아니라, 기도와 같은 실천적 주제도 창조와 연관되는 독특한 사고를 만날 수 있다. 예를 들면, 기도의 능력에 대해서 그는 다음과 같은 주장을 전개했다: "기도의 힘이란 우주를 창조하신 하나님의 힘을 힘입는다는 것이다."[58]

이 단락에서는 한상동의 설교에 나타난 창조론에 집중하여 고찰하고자 한다. 이 고찰을 위해서 그의 설교들을 살펴보되 특히 특정 설교 전체의 주제 및 논지 형성에 있어서 창조론이 어떤 역할을 하는가를 중심으로 살펴볼 것이다. 이 작업을 위해서 교의학적 주제를 포함한 다음의 몇 가지 주제를 설정했다: 창조와 말씀, 창조의 성격, 창조의 목적, 창조와 인간, 그리고 창조와 노동.

1. 창조와 말씀

하나님은 천지만물을 자신의 말씀으로 창조하셨다.[59] 아무 것도 없는 무의 상태에서 말씀으로 창조하셨다는 창조의 방법에 대한 논의에 있어서 한상동은 창조의 방편인 '말씀'에 집중한다.[60] '말씀'이라는 단어 대신에 '명령'이라는 단어가 사용되기도 하지만 내용적으로는 말씀 속에 '우주와 천지의 모든 요소가' 담겨져 있다는 주장이 주된 내용을 차지한다.[61] 또한 이 말씀

58 한상동, "기도의 힘" (마 7:7-12 설교), 한상동, 『영적세계』, 116.
59 한상동, "하나님의 말씀은" (딤후 3:10-17 설교), 한상동, 『여주동행』, 202-203.
60 다른 설교에서는 '말씀' 대신에 '명령'이라는 단어가 사용되기도 한다. "세례는 주님 명령" (마 28:16-20 설교), 한상동, 『지사충성』, 89-90. '말씀'에 대한 대표적 설교로는 다음을 들 수 있다. 한상동, "태초에 말씀이 계시니라" (요 1:1-18 설교), 한상동, 『영적세계』, 517-18.

안에 생명이 있었다(요 1:4)는 진리에 대해서 증거하면서 이 말씀이 곧 영생의 양식이라는 기독론적이며 구원론적인 주제로 논의를 확장시켜 나간다. 이런 맥락에서 한상동의 그리스도 이해는 구원론적이기에 앞서 우주론적 차원을 지녔다고 볼 수 있다.[62]

2. 창조의 성격

여기에서는 한상동의 창조론 설교가 지닌 성격을 몇 가지로 나누어서 살펴보고자 한다. 첫째, 하나님의 창조는 선한 창조이다.[63] 하나님의 명령을 따라 피조된 만물은 그 자체로서 선하며 거기에는 아무런 악이 존재하지 않는다.[64] 둘째, 하나님의 창조는 사랑을 위한 창조이다.[65] 하나님은 창조주이심과 동시에 인간의 아버지이시므로 그는 자신의 손으로 창조한 인생들에게 사랑을 베푸신다. 그의 사랑은 인간을 위해서 일하심에서 드러나며, 특히 좋은 것을 베풀어 주신다는 사실을 통해서 그의 아버지 되심이 증명된다.[66] 셋째, 창조를 통해서 자연법칙이 부여되었으며 이는 섭리의 영역으로 확장된다. 이에 대해서 그는 다음과 같은 설명을 제공한다.

> 우주 천체는 자연의 법칙따라 운행되고 있습니다. 물론 이 법칙은 하나님의 주장하시는 섭리 가운데 진행되고 있습니다. 밤 하늘을 바라 보십시오. 무수한

---

61 한상동, "하나님의 말씀" (요 1:1-4 설교), 한상동, 『영적세계』, 285.
62 한상동, "하나님의 말씀", 286.
63 한상동, "세계와 나" (히 11:1-3 설교), 한상동, 『영적세계』, 490.
64 한상동, "세례는 주님의 명령", "주님의 재림" (마 24:32-51 설교), 한상동, 『신앙세계와 천국』, 90, 97.
65 한상동, "세례에 대한 주님의 명령" (마 28:16-20 설교), 한상동, 『여주동행』, 334.
66 한상동, "아버지되신 하나님", 23.

별들이 보석처럼 반짝이고 있습니다. 저 별들은 보석처럼 아름답게 보이지만 실상은 엄청나게 큰 물체들입니다. 그러나 저 엄청나게 큰 물체들이 자기의 궤도를 따라 질서 정연하게 움직이고 있읍니다. 이것은 자연법칙에 순응하고 있는 것입니다. 모든 만물이 자연 법칙에 순응하여 살아가고 있읍니다. 이 자연 법칙을 어기고는 살 수가 없는 것입니다. 피조물은 다 이 자연 법칙에 순응하여 살아가고 있읍니다. 자연법칙을 어기면 죽읍니다.[67]

넷째, 창조는 인간에게 창작력을 제공한다. 하나님은 인간을 지으시되 자신의 모습을 닮은, 즉 자신의 형상을 지닌 자로 창조하셨다. 그 결과 인간에게 창작의 능력이 주어졌다.[68] 인간은 이 능력을 발휘하여 문명을 발전시켰는데 이는 과학기술의 발전에 힘입은 바가 무척 크다. 한상동은 이런 맥락에서 과학기술에 대해서 상당히 긍정적인 태도를 취한다. "사람이 무엇을 새로 만들 때에 그것이 영광이다. 가령 공기에서 물을 뽑아내는 기계를 하나 만들었다면 그 자체가 영광이다."[69] 다섯째, 창조의 결과로 주어진 재물은 인간에게 즐거움과 기쁨, 그리고 행복을 제공한다.[70] "성도의 재물관"이라는 설교에서 한상동은 재물을 하나님이 창조해 놓은 것을 인간들이 자기의 소유로 삼는 것으로 정의한다.[71] 재물은 삶의 영위에 반드시 필요한 것이지만 인간의 욕구를 따라 마음대로 획득할 수 있는 것은 아니다. 인간이 이에 욕심을 부리게 되면, 하나님께서는 오히려 그가 가진 것조차 빼앗아 가신다는 견

---

[67] 한상동, "하나님께 순종함은" (창 22:1-19 설교), 한상동, 『신앙세계와 천국』, 243-44. 그는 과학기술의 발전에 주목하고 이를 자신의 설교에서 빈번하게 언급한다.

[68] 한상동, "여호와를 의지함은" (렘 17:5-8 설교), 한상동, 『영적세계』, 113.

[69] 한상동, "영광은 하나님께" (고전 6:12-20/롬 11:36 설교), 한상동, 『영적세계』, 125.

[70] 한상동, "성도의 재물관" (마 6:13-24 설교), 한상동, 『고난과 승리』, 119. 같은 설교가 『영적세계』, 327-28에도 요약된 형태로 발견된다.

[71] 한상동, "성도의 재물관", 116. 다른 설교에서 재물은 "하나님께서 천지만물을 창조하시고 인생에게 붙여주신 것"으로 정의된다. 한상동, "어리석은 인생" (눅 12:13-21 설교), 한상동, 『고난과 승리』, 123.

해가 아울러 제시된다.[72] 재물은 원래 인간의 것이 아니라 하나님이 지으신 것이므로 하나님께서 인간에게 주시되 거저 베풀어주시는 것으로 이해되어야 한다. 이렇게 하나님께서 인간에게 재물을 선물로서 허락해 주시기 때문에 그는 이를 자신의 안위와 영달이 아니라 하나님의 뜻과 그의 원하시는 일을 위해서 합당하게 사용해야 한다.[73]

3. 창조의 목적

하나님께서 천지를 창조하신 목적은 다음의 두 가지로 파악된다. 첫째, 피조세계는 하나님의 영광을 위해 지음 받았다.[74] 하나님의 영광이 창조와 섭리에 미친다는 견해가 제시된다. 하나님은 자신이 지으신 피조세계의 존재 자체를 통해서 영광을 받으실 뿐 아니라, 이에 대한 통치를 통해서도 영광을 받으신다.[75] 인간을 지으신 목적도 인간으로 하여금 하나님께 영광을 돌려드리는 삶을 사는데 놓여 있다. 인간은 하나님께 부여받은 고귀한 생명이자 동물의 그것과 차별화되는 특수한 생명을 그분께 영광을 돌려 드리기 위해서 사용해야 한다.[76] 둘째, 창조는 인생의 소용을 위한 것이었다. "하나님의 일"이라는 설교의 첫째 대지는 "하나님은 천지창조를 인생을 위해서 하셨습니다."로 나타난다. 하나님의 목적이 인간을 위한 것임을 어떻게 알 수 있는가에 대해서 한상동은 다음과 같이 대답한다.

---

[72] 한상동, "성도의 재물관", 118.
[73] 한상동, "성도의 재물관", 119.
[74] 한상동, "세계와 나", 490.
[75] 한상동, "영광은 하나님께", 125-26.
[76] 한상동, "천하보다 귀한 생명 (마 16:25-27 설교), 한상동, 『신앙세계와 천국』, 36-39.

하나님은 천지 만물, 모든 곤충 고기 짐승을 다 만드신 다음에 인생을 창조하신 것 보면 그 모든 것, 인생이 마음대로 사용하며 살아라는 뜻을 알 수가 있읍니다. 이 모든 일들을 볼 때 분명코 하나님은 인생을 위해 일 하심을 알 수가 있읍니다. 만물을 인생에게 복종하도록 창조하신 일은 참으로 범상한 일이 아닙니다. ... 그러나 사람은 그들을 사고 잡아먹고 하여도 겁내지 아니하며 도망하지 않읍니다. 개를 자기 어미 보는데서 팔고 사도 새끼 보는데서 어미를 잡아 먹어도 달아나지 않읍니다. 이것 보면 하나님은 인생을 위해 만물 주심이 분명합니다.[77]

천지 창조의 목적을 논의하는 가운데 만물이 인간에게 복종하도록 지음 받았다는 사실이 그 목적에 포함되었음을 파악할 수 있다. 한상동은 우주 만물이 인간을 위해서 주어진 것임을 믿는 것이 최고의 선이며 의 가운데 의라고 밝힌다.[78]

4. 창조와 인간

창조와 인간에 관한 한상동의 설교에서 다음의 네 가지 주장이 발견된다: 창조주에게 의존적인 피조물로서의 인간, 하나님의 형상으로 창조된 인간, 모든 인간의 평등한 창조, 그리고 인간 창조의 목적은 하나님을 섬김에 놓여 있음.

첫째, 인간은 창조주 하나님께 의존적인 피조물이다. "신자는 승리자"라

---

[77] 한상동, "하나님의 일" (요 6:22-35 설교), 한상동, 『신앙세계와 천국』, 218-19. 동일한 내용이 다음의 설교에도 나타난다. "하나님의 자녀" (요일 3:1-2 설교), 한상동, 『영적세계』, 331; 한상동, "우리를 위하신 하나님" (롬 8:31-39 설교), 한상동, 『여주동행』, 209.
[78] 한상동, "인생의 행복과 불행" (벧후 3:14-18 설교), 한상동, 『여주동행』, 194.

는 설교에서 한상동은 신자의 믿음이 세상을 이기는 것이며 그는 이기는 자로서 곧 산 자라고 주장한다.[79] 이렇게 이기는 자로서 살기 위해서 신자는 하나님께 믿음으로 붙어 있어야 하는데 여기에서 붙어 있다는 것은 곧 피조물로서 자기를 만드신 창조주 하나님께 전적으로 의존하는 것을 가리킨다.[80] 하나님께 의존하는 자는 승리하는 자인데 이는 전적으로 믿음으로만 가능하다.

둘째, 인간만이 하나님의 형상으로 창조되었다. 이는 먼저 인간이 만물과 구별되게 창조되었다는 사실에 기인한다(골 3:10; 엡 4:24).[81] 동물이나 천사와 달리 인간만이 하나님을 닮아갈 수 있다. 그러나 인간이 범죄 타락으로 이 형상에 훼손이 가해졌고, 그 결과 인간은 하나님의 원래 의도보다 훨씬 못한 상태에 놓이게 되었다. 한상동은 칼빈을 언급하면서 만약 인간이 범죄하지 않았더라면 인간은 지금과 비교할 수 없을 정도로 발달된 문명을 지니게 되었을 뿐 아니라 또한 하나님과 더욱 닮은 자리에 이르게 되었을 것이라고 다음과 같이 주장한다.

> 나는 잘 모르지만 칼빈의 말에 사람이 만일 에덴동산에서 범죄만 아니하였더라면 오늘 문명을 가지고 족히 비할 수 없도록 발달되었을 것이라고 하였다고 합니다. 인생은 죄로 말미암아 하나님과 멀어졌고 하나님앞에 의로 여김 받지 못했습니다. 우리 신자는 요일서 3장 2절의 말씀처럼 하나님이 말씀하신바 "그와같은 것을 말씀하신 그대로 될 것"을 믿는 것입니다. 다만 문제는 죄 없이 함을 받는 것에 있습니다. 우리가 필연 죄만 없다면 하나님과 아들간의 부자간의 차이는 있을지언정 조물주와 피조물의 차이는 있을지언정, "그와 같을 줄

---

[79] 한상동, "신자는 승리자" (요일 5:1-12 설교), 한상동, 『여주동행』, 408.
[80] 한상동, "신자는 승리자", 410.
[81] 한상동, "하나님과 나" (신 6:4-9/마 22:34-39 설교)", 한상동, 『영적세계』, 484,

안다"는 말씀대로 되어질 것을 믿지 않을 수 없다는 것입니다.[82]

셋째, 모든 인간은 하나님께 순종하도록 창조되었다. 한상동은 인간이 만물을 지배하고 다스리는 권세를 부여받았으며 다른 사람을 복종시키기를 원하고 좋아하지만, 스스로는 다른 사람에게 복종하는 것을 싫어한다고 말한다.[83] 그러나 피조물인 인간의 사명은 자신을 지으신 자에게 순종하는데 놓여 있는데 한상동은 이 순종을 곧 겸손으로 이해했다.[84] 이 복종의 당위성에 대해서 그는 하나님의 통치와 창조와 관련하여 다음과 같이 설명한다.

우리 하나님은 아무 것도 없는 것에서 우주를 창조하신 일을 생각하면 그저 경배와 고개를 숙일 수밖에 없는 것이다. 어찌 다른 신을 섬기거나 경배할 수 있겠는가? 그리고 우주를 창조하실 뿐 아니라, 통치하시는 하나님을 믿는다면, 우리 인생도 통치하심을 믿고 순종하게 된다(히 11:5-8).[85]

넷째, 인간 창조의 목적은 하나님을 섬기고 그를 영화롭게 하는 것이다. 한상동은 이 사실을 설명함에 있어서 자연의 질서에 호소한다. 식물은 동물을 위해서, 동식물은 인간을 위해서 존재하듯이, 인간은 하나님을 위해서 존재하도록 지음 받았다는 사실에 대해서 다음과 같이 설명한다.

나아가서 본문은 우리에게 인생은 주님을 섬김이 합당하도록 창조되어 있음을 말하고 있습니다. 하나님이 이 세상을 창조하실 때에 식물은 동물을 위하여

---

82 한상동, "하나님의 자녀", 49.
83 한상동, "주님께 복종할 이유" (빌 2:1-11 설교), 한상동, 『고난과 승리』, 31.
84 한상동, "예수님의 겸손" (빌 2:1-11 설교), 한상동, 『영적세계』, 258.
85 한상동, "신앙세계의 사람" (히 11:1-16 설교), 한상동, 『여주동행』, 269.

있게 하였고, 동식물들은 인생을 위하여 만들어 놓으셨습니다. 인생은 분명코 하나님을 위하여 창조되어졌음을 증거하고 있습니다.[86]

이렇게 인간이 창조의 목적을 따라 한 분 하나님만을 섬기고 살게 될 때 '진정한 우주적 평화'가 주어진다.[87] 하나님을 섬기는 것은 그를 영화롭게 하는 것이지만, 다른 피조물을 섬긴다면 그를 영화롭게 하지 못하는 것이며 그를 모독하는 것이 된다. 한상동은 우상을 섬기는 것은 하나님을 모독할 뿐 아니라 그의 '형상'인 인간을 모독하는 것이라고 주장한다.[88]

5. 창조와 노동

하나님의 천지창조는 하나님께서 행하신 일이었는데 이는 일종의 노동으로 간주될 수 있다. 이 사고를 수용한다면, 하나님의 형상으로 지음받은 인간에게 노동은 당위성을 지닌 자연스러운 일로 간주될 수 있다. 한상동은 인간의 노동은 원래 괴로운 것이 아니라 "최고의 쾌락이요 즐거움"이었다고 주장한다.[89] 칼빈도 그의 『창세기 설교』에서 첫 인간의 타락 이전에는 노동을 인간에게 고통이 아니라 즐거움을 주는 것으로 간주하면서 다음과 같은 설명을 제공한다.

그렇다면 그것은 오늘날까지 인간이 자신에게 적용한 노동이 얼마나 고통스러

---

86 한상동, "주님을 섬기는 자는" (요 12:20-36 설교), 한상동, 『고난과 승리』, 114.
87 한상동, "신자의 좁은 문은" (마 7:13-14/신 7:1-11 설교), 한상동, 『여주동행』, 111.
88 한상동, "주를 섬기는 것은", 한상동, 『영적세계』, 198. 다른 곳에서는 재물을 의지하는 것은 인간의 모욕이라고 주장한다. 한상동, "여호와를 의지하는 것은" (렘 17:5-8 설교), 한상동, 『영적세계』, 113.
89 한상동, "노동과 휴양" (마 11:28 설교), 한상동, 『고난과 승리』, 37.

운 것인가를 보여준다. 그러나 우리 조상 아담이 스스로를 하나님으로부터 멀리
하기 이전에는 그것은 쾌락의 노동이었을 것이다. 그는 일을 해야 했지만, 그것
은 마치 게임과 같이 즐거운 노동이었을 것이다.[90]

여기에서 인간의 노동이 즐거움이 아니라 괴로움으로 바뀌게 된 이유는
그의 죄악에 놓여 있다. "인간에게 주신 노동이란 본래는 인간 최고의 쾌락
이요 즐거움이었지 고통이나 상처가 아니었다. 그런데 인간이 범죄한 이후
노동이 고통이 되고 괴로움이 된 것이다."[91]

VII. 마치면서

이 장에서는 고려신학교 설립자 한상동의 설교에 대해서 간략하게 고찰해
보았다. 그의 설교에 나타난 특징을 교리 설교라는 틀을 통하여 고찰하되 창
조론에 집중해서 살펴보았다. 이 고찰을 위해서 먼저 그의 목회사역과 기도
가 그의 설교에 어떤 영향력을 행사했는가를 간략하게 살핀 후에 그의 설교
에 대한 분석을 함께 시도했다. 먼저 설교 본문의 선택과 관련하여 한상동은
구약의 본문 보다는 신약을 본문으로 설교하기를 선호했다. 신약 가운데 특
히 복음서가 월등히 높은 비중을 차지했다는 점이 눈에 띈다. 그는 1938년
에 마산 문창교회 담임목사로서의 사역을 시작하여 1973년 12월 부산 삼일
교회에서 은퇴하기까지 30년이 넘는 긴 세월 (일제 치하에 평양형무소에 투

---

[90] John Calvin, *Sermons on Genesis: Chapters 1-11*, trans. Rob Roy McGregor
(Carlisle, PA: Banner of Truth Trust, 2009), 155.
[91] 한상동, "노동과 휴양" (마 11:28 설교), 한상동, 『여주동행』, 206.

옥되었던 약 6년간의 기간을 제외한다면) 동안 강단에서 설교했다는 사실을 염두에 두고 그의 설교에 나타난 내용적 발전에 대해서도 살펴보았다. 해방 이전에 행했던 그의 설교 대부분은 자료로 남아있지 않기 때문에 이 분석은 상당히 제한적일 수밖에 없다. 해방 이후에도 상당 수의 그의 설교가 기록에 남아 있지 않다는 사실은 무척 아쉬운 일이 아닐 수 없다. 이런 이유 때문에 이 장에 나타난 한상동의 설교레 대한 분석은 현존하는 그의 설교 가운데 1950년대 설교와 1969년에서 1970년의 설교를 대상으로 분석할 수밖에 없다는 한계를 지니고 있다. 그럼에도 불구하고 이 기간 동안에 설교의 내용 에 있어서 교리적으로 상당한 발전을 보여주고 있다. 이 사실은 한상동이 더 나은 설교를 위해서 지속적으로 노력하는 설교자이었다는 사실을 보여주는 증거에 해당된다. 이와 더불어 그의 설교를 10가지 조직신학적 주제로 나누 어서 분류해 보았는데 인간과 구원에 관한 설교가 분석 대상 582편의 설교 중 336편을 차지하여 절반을 훨씬 상회하는 높은 비중을 나타내었다. 그의 설교에 나타난 중요한 특징은 크게 청중과의 일체감 형성을 위한 1인칭 복 수 대명사의 사용, 짤막한 문장을 활용하는 선포적 설교, 변증법적 설교로 생각해 볼 수 있다. 한상동의 설교가 교리 설교라는 사실은 창조론을 통해서 분명하게 드러난다. 이런 맥락에서 그의 설교에 나타난 창조론을 창조와 말 씀, 창조의 성격, 창조의 목적, 창조와 인간, 그리고 창조와 노동이라는 5가 지 주제로 나누어서 살펴보았다. 그의 설교에 나타난 창조론의 중요성은 설 교의 제목만으로는 파악될 수 없지만, 많은 경우에 이 교리는 설교를 전체적 으로 지배하는 자리에 놓여 있는 일종의 추와 같은 역할을 담당했다고 볼 수 있다.

참고문헌

〈1차 자료〉

한상동. 『신앙세계와 천국: 설교집』. 부산: 아성출판사, 1970.

_____ . 『고난과 승리』. 부산: 고려신학대학교회문제연구소, 1980.

_____ . 『한상동목사 그의 생애와 신앙』. 한상동목사 10주기추모집 발간위원
회 (편). 부산: 도서출판 광야, 1986, 19-117.

_____ . "주님의 사랑: 한상동목사 옥중기". 『한상동 목사 그의 생애와 신앙』.
185-210.

_____ . 『영적세계: 한상동목사의 설교 (상)』. 김영산 (편), 부산: 고신대학교출
판부, 2016.

_____ . 『여주동행: 한상동목사의 설교 (하)』. 김영산 (편), 부산: 고신대학교출
판부, 2016.

_____ . 『지사충성: 한상동목사의 설교집』. 김영산 (편), 부산: 고신대학교출판
부, 2017.

〈2차자료〉

김양선. 『한국기독교해방십년사』. 서울: 대한예수교장로회총회 종교교육부,
1956.

김영산. "한상동 목사의 조직신학적 사고: 그의 유고 설교문을 중심으로". 한상
동. 『영적세계』, 545-74.

김영재. 『한국교회사』. 서울: 개혁주의신행협회, 1996.

박윤선. 『성경과 나의 생애』. 서울: 영음사, 1992.

_____ . "나의 신학과 나의 설교". 「신학정론」 4(1) (1986).

신민석. "이상규 박사의 역사관과 교회사 연구". 「갱신과부흥」 27 (2021).

신현국. "후배가 본 목회자 한상동". 한상동목사 10주기 추모집 발간위원회
(편). 『한상동 목사 그의 생애와 신앙』.

심군식. 『세상 끝날까지: 한국 교회의 산 증인 한상동 목사의 생애』. 서울:

총회출판국, 1997.

_____ . "한상동 목사의 생애와 신학". 심군식 외 5인. 『한상동 목사의 삶과 신학』. 부산: 고신대학교출판부, 2006.

안용준. 『태양신(천조대신)과 싸운 이들, 상권』. 부산: 대한예수교장로회총회/ 칼빈문화출판사, 1956.

이상규. "한상동 목사의 신학과 교회건설". 심군식 외 5인. 『한상동 목사의 삶과 신학』. 부산: 고신대학교출판부, 2006.

_____ . 『한상동과 그의 시대』. 서울: SFC출판부, 2006.

_____ . "한상동 목사의 생애와 신학". 안명준 (편). 『한국교회를 빛낸 칼빈주의자들』. 용인: 세움북스, 2020,

정창균. "다시 듣는 정암 박윤선의 설교". 「신학정론」 28(2) (2010).

칼 3세, 윌리엄. 『감동을 주는 교리설교』. 김세광 역. 서울: 새세대, 2011.

칼빈, 존. 『기독교 강요』.

한상동목사 10주기 추모집 발간위원회 (편). 『한상동 목사 그의 생애와 신앙』. 부산: 도서출판, 광야, 1986.

Calvin, John. *Sermons on Genesis: Chapters 1-11.* trans. Rob Roy McGregor. Carlisle, PA: Banner of Truth Trust, 2009.

Calvin, John. *The Mystery of Godliness and Other Selected Sermons.* Grand Rapids: Eerdmans, 1950, reprint of 1830 ed.

11. 한국 개혁신학의 창세기 1장 이해: 박형룡과 박윤선을 중심으로

박형룡(1897-1978)

박윤선(1905-1988)

I. 시작하면서

이 장에서는 한국 개혁신학의 대표적 두 학자인 박형룡과 박윤선의 창세기 1장 이해를 고찰한다. 박형룡과 박윤선은 20세기 한국 신학을 성경적 토대 위에 굳건히 세우고 칼빈과 칼빈주의적 전통 위에서 개혁주의 신학을 정착시키고자 노력했던 대표적 인물들에 해당된다. 21세기 학문의 전반적 흐름이 복합 또는 융합이라는 개념으로 흘러가는 상황 속에서 다양한 학문, 특히 과학과의 대화 속에서 개혁신학을 어떤 방향으로 세워가야 할지에 대한 학문적 성찰과 고민이 더 깊어가는 시점에서 지난 세기 동안 한국 개혁신학계를 주도했던 두 신학자의 창조론에 대한 견해를 고찰하는 것은 의미가 깊다고 생각된다. 이 장에서는 이들의 창세기 1장 이해에 대한 체계적인 조망을 위해서 이들의 신학에 대한 개요적 고찰, 창조론에 나타난 특징을 먼저 살펴본 후에 창세기 1장 이해에 집중하고자 한다.

II. 박형룡(1897-1978)의 신학

이 단락에서는 박형룡의 창조론과 창세기 1장 이해에 대한 고찰에 앞서 그의 신학에 나타난 특징을 개혁주의 신학 및 변증적 신학의 두 가지로 나누어서 간략하게 고찰하고자 한다.[1]

---

[1] 박형룡의 전기로는 다음을 참고할 것. 장동민, 『박형룡: 한국 보수 신학의 수호자』 (서울: 살림, 2006); 박용규(편), 『죽산 박형룡의 생애와 사상』 (서울: 총신대학교출판부, 1996), 139-230.

1. 개혁주의 신학

박형룡은 어떤 개혁주의신학을 추구했는가? 이 질문에 답변은 일반적으로 프린스턴 신학교에서 수학했을 때 배웠던 미국의 구 프린스턴 계열의 개혁주의 신학과 루이스 벌코프(Louis Berkhof)의 개혁주의 신학이었다는 견해가 지배적이다.[2]

그의 개혁신학이 어떤 근원에서 비롯되었는가를 파악하기 위해서 먼저 16세기 제네바(Geneva)의 개혁주의신학자 요한 칼빈(John Calvin, 1509-1564)에 대해서 박형룡이 어떤 평가를 내리고 있는가를 살펴볼 필요성이 제기된다. 『교의신학 서론』에서 박형룡은 칼빈의 『기독교 강요』(*Institutes of Christian Religion*)에 나타난 중심 사상을 '하나님의 절대주권'에 두었고 교리와 윤리의 밀접한 연관성, 그리고 그리스도인의 실천에 대한 강조가 두드러진다고 평가했다.[3] 칼빈의 표현에 나타난 명료성과 간결함에 주목하면서 그의 열정이 강하게 드러나 있다고 보았다. 이 점에 있어서 그의 글이 후대 개신교 스콜라주의자들의 글과 상당한 대조를 이룬다는 사실을 아울러 지적한다. 이런 긍정적 평가와 더불어 칼빈에 대한 신중한 평가도 발견된다. 박형룡은 칼빈이 역사적으로 어거스틴의 사상을 재생했다는 평가를 제기하면서 여기에는 마틴 루터(Martin Luther, 1483-1546)와 마틴 부써(Martin Bucer, 1491-1551)의 공이 컸다는 견해를 덧붙인다. 이런 재생적 차원을 지님에도 불구하고 칼빈의 사상은 자신의 것이었으며 거기에는 정확성과 우아함이 함께 깃들어 있다는 긍정적 평가로 끝을 맺는다.

---

2 서철원, "박형룡 박사의 조직신학", 박용규(편), 『죽산 박형룡의 생애와 사상』, 442-50.
3 박형룡, 『박형룡박사저작전집, I: 교의신학 서론』 (서울: 한국기독교교육연구원, 1978), 121-22.

이런 긍정적 평가에 대한 구체적인 예는 칼빈의 자연신학에 대한 비판을 수용하는 박형룡의 입장에서 찾아볼 수 있다.[4] 칼빈이 일반계시를 높이 평가하면서도 이로서 충분하지 않기에 특별계시의 중요성을 강조했던 사실이 높이 평가되었다. "우리는 하나님으로부터 오는 내면적 계시에 의하여 신앙으로 조명되기 까지는 무형한 하나님을 지각할 만한 눈을 가지지 못한다."[5]는 칼빈의 글을 직접 인용하면서 특별계시를 통한 신앙의 필요성을 내세웠다. 또한 박형룡은 하나님 자신이 성경에서 말씀하시므로 이에 포함된 가르침들이 천상적인 것이 되게 하신다는 칼빈의 글을 인용하면서 성경의 신적 특징을 강하게 옹호했다.[6] 또한 성경에 대한 연구와 성령의 은조(은밀한 도우심)가 칼빈을 위시한 영국의 청교도들을 성경학자로 만들었다는 평가를 내린다.

박형룡은 특히 칼빈과 칼빈주의의 특징을 하나님의 주권사상에서 찾았으며 이는 섭리, 예정, 구속에서 구체적으로 드러난다고 보았다.[7] 예정론에 있어서도 칼빈의 예정론을 성경적 예정론으로 평가하고 특히 칼빈이 예지(prescientia)에 가했던 비판의 글들을 『기독교 강요』에서 직접 인용하기도 했다. 예지가 행위에 의한 칭의를 함의하므로 이것이 성경적인 가르침과 대립된다는 평가를 내렸다고 말한다.[8] 도르트신조에 근거한 칼빈주의 5대교리를 옹호하고 이런 차원에서 칼빈에 대한 박형룡의 평가는 전반적으로 긍정적이며 여기에서 개혁주의 신학에 대한 그의 신뢰의 기본적인 기조가 설정되었다고 볼 수 있다.[9]

---

[4] 박형룡, 『박형룡박사저작전집, I: 교의신학 서론』, 209-210.
[5] 칼빈, 『기독교 강요』, 1.5.14.
[6] 박형룡, 『박형룡박사저작전집, XIII: 신학논문 상권』 (서울: 한국기독교교육연구원, 1978), 117; 칼빈, 『기독교 강요』, 1.7.
[7] 박형룡, 『박형룡박사저작전집, XIII: 신학논문 상권』, 255-66.
[8] 박형룡, 『박형룡박사저작전집, XIII: 신학논문 상권』, 369; 칼빈, 『기독교 강요』, 3.22.3.

2. 변증적 신학

박형룡의 신학은 개혁주의 신학임과 동시에 보수적 신학이라고 평가받는다. 이 보수주의 신학은 어디에서 비롯된 것인가? 이에 대한 답변은 박형룡이 일찍부터 추구했던 변증적 신학에서 찾을 수 있다. 왜냐하면 변증(apology)의 의미가 기본적으로 자신이 믿는 바의 정당성을 다른 사람들에게 입증하는데 있으며(벧전 3:15) 이 행위의 결과로 믿는 바가 지켜지며 유지되기 때문이다. 박형룡의 변증적 신학을 이해하는 것은 그의 신학이 지닌 보수적 성격을 이해하는데 많은 도움을 제공한다.[10]

그의 변증적 신학의 뿌리는 박형룡이 미국 남침례 신학교(Southern Baptist Theological Seminary)에 1933년 1월에 제출한 "자연과학으로부터의 반기독교적 추론(Anti-Christian Inferences from Natural Science)"이라는 제목의 박사학위논문으로부터 찾아볼 수 있다.[11] 이 논문은 6개의 장으로 구성되어 있는데 종교, 성경, 하나님의 존재, 하나님의 사역, 인간 본성의 고도적 구성, 그리고 죄와 구원이라는 주제로 나누어서 이 6개의 주제들에 있어서 자연 과학이 어떻게 반기독교적 추론을 전개하는가

---

9 이상웅, 『박형룡박사와 개혁신학』 (서울: 목양, 2013). 이상웅은 박형룡의 개혁신학을 영미와 화란 계통의 개혁신학 영향을 받은 것으로 분석하지만 칼빈의 영향력에 대해서는 다루지 아니했다.

10 장동민, 『박형룡의 신학연구』 (서울: 한국기독교역사연구소, 1998), 25-26. 장동민은 박형룡이 구미신학자들의 글을 그대로 인용하고 자신의 생각을 많이 더하지 않았다는 평가를 내린다. 그의 학문적 배경에는 자기 겸비와 사대주의, 그리고 옛 것에 대한 권위를 고집하는 유교적 바탕이 자리잡고 있다고 주장하는데 여기에서 박형룡의 사고에 나타난 학문적 보수성을 엿볼 수 있다.

11 박형룡, 『박형룡박사저작전집, XV: 학위논문』 (서울: 한국기독교교육연구원, 1978). 박형룡은 이 논문으로 남침례신학교에서 최우등(cum laude)으로 학위를 취득했다.

를 고찰하고 비판하는 논문이다. 여기에서 자연과학의 논증들이 지닌 가치를 인정하면서도 어떤 측면에서 이 논증들이 기독교의 진리를 반박함에 있어서 문제를 지니고 있는가를 밝히고 있는데 여기에서 변증학에 대한 그의 학문적 관심이 여실히 드러난다.

그의 변증학은 다음의 세 가지 점에 있어서 구 프린스턴 신학(Old Princeton Theology)의 변증학과 일치한다고 평가된다.[12] 첫째, 과학과 종교는 서로 대립되는 두 학문이 아니라 하나님에 의해서 지음 받은 우주의 두 가지 국면을 서로 다른 측면에서 다루고 있다. 참된 종교는 지(knowledge), 정(emotion), 의(will)를 모두 다루고 있는 반면에, 과학은 지식만을 다루는 특징을 지니고 있다. 따라서 참된 종교로서 기독교는 당연히 과학을 포괄해야 하며 과학은 기독교에 의해서 완성된다. 둘째, 구 프린스턴 신학자들과 마찬가지로 자연과학에 대해 열린 입장을 표방한다. 이러한 태도는 근본주의적 입장과 다른 것이여 이를 통해서 박형룡은 성경해석에 있어서 어느 정도의 유연성을 지니게 되었다고 볼 수 있다. 셋째, 박형룡은 유신진화론(theistic evolution)에 대해서 의구심을 지니고 있었지만 이것이 완전하게 진리로 입증되는 경우에 한하여 이를 수용할 수 있다는 입장을 견지한다. 그는 과학이 최고조로 발전해서 설혹 유신진화론이 객관적 사실로 증명된다 하더라도 이 사실은 기독교의 진리를 거짓으로 증명하지 못한다고 주장한다. 이런 측면에서 진리의 변증에 있어서 유신진화론은 '이차적 방어라인'(secondary defensive line)에 불과한 것이었다.

박형룡의 학위 논문에 나타난 변증학적 관심은 그의 신학에 있어서 중요한 분야 중 하나이었으며 그는 변증학을 지속적으로 연구하고 강의했다. 만주

---

12 장동민, 『박형룡의 신학연구』, 111-16.

봉천신학원에서 1942년부터 1947년까지 5년간 변증학을 교수했고 1960년에 탈고되어 강의안 형태로 총회신학교에서 사용되다가 1978년에 『변증학』으로 출판되기에 이르렀다.13 그 내용은 주로 유신론적 논증과 인간의 영혼불멸을 다루는 유령론에 관한 것이었다. 또한 박형룡은 험증학(Evidences of Christianity)에도 관심을 기울였고 그 결과로서 『험증학』을 출판했다.14 이 책의 서문에서 그는 변증학과 험증학의 차이를 다음과 같이 간략하게 설명했다. "전자 [변증학]는 하나님의 존재를 위한, 혹은 사람의 영혼의 존재도 위한 철학적 일반계시적 노선의 증명을 거론하고 후자 [험증학]는 기독교의 중요한 특별계시 진리들을 위한 역사적 경험적 방면의 증명들을 진술하는 것이 통상한 방식이 되어왔다."15 변증학은 사실보다는 철학에 관심을 더 많이 집중하여 주로 신론과 인간론을 다룬다. 이와 달리 험증학은 사실에 집중하여 부활을 포함하는 복음의 객관적 사실의 입증에 집중한다.16 그러나 이런 구별은 인위적이며 양자는 불가분의 관계를 맺고 기독교의 진리에 대한 공격에 맞서서 이 진리를 변호해 나간다는 점에 있어서 공통점을 지니고 있다는 사실이 강조된다.

III. 박형룡의 창세기 1장 이해

---

13 박형룡, 『박형룡박사저작전집, XI: 변증학』 (서울: 한국기독교교육연구원, 1978); 장동민, 『박형룡의 신학연구』, 117ff.
14 박형룡, 『박형룡박사저작전집, XII: 험증학』 (서울: 한국기독교교육연구원, 1978); 장동민, 『박형룡의 신학연구』, 122ff.
15 박형룡, 『박형룡박사저작전집, XII: 험증학』, 14 (서문).
16 박형룡, 『박형룡박사저작전집, XI: 변증학』, 40.

1. 창조론에 대한 개요적 고찰

박형룡의 창조론 전체에 대한 개요적 이해를 위해서 그의 창조론을 다음의 세 가지 주제로 나누어서 고찰하는 것이 바람직해 보인다: 물질, 천사, 그리고 인간.

첫째, 물질의 창조는 '절대적 창조'의 관점에서 이해된다. 절대적 창조는 하나님의 '절대적 능력'(potentia Dei absoluta)에 따른 행위에서 비롯된다. 박형룡은 핫지의 주장을 따라 이 능력을 "제 2 원인들의 간섭없이 행사되는 신적 동력"으로 이해했다.[17] 이 개념은 논리적으로 무로부터 창조(creatio ex nihilo)로 연결된다.[18] 박형룡은 이 두 가지 개념을 조합하여 창 1:1에 나타난 태초에 이루어진 창조를 '무로부터 절대적 산출'로 묘사했다.[19] 하나님의 창조에는 물질을 무에서 만드는 절대적 능력이 발휘되었고 그 결과 물질은 전혀 독립적이지 않으며 영원히 하나님께 의존적인 존재로 피조되었던 것이다.[20] 하나님의 절대적 능력에 의해서 생성된 피조물은 하나님께 전적으로 의존적인 존재이다. 이 의존은 피조물에 대한 하나님의 임재와 내재를 통해서 담보된다. 하나님은 이런 차원에서 내재의 하나님이시며 그의 사역은 피조물 안에서 이루어진다.

절대적 창조는 또한 하나님이 전적으로 독립적이며 자유로운 주권적 존재임을 증거한다. 박형룡은 하나님의 독립성에 근거해서 창조의 목적을 하나님 자신의 영광이라고 밝힌다.[21] 또한 박형룡은 절대적 창조의 관점에서 창

---

17 박형룡, 『박형룡박사저작전집, II: 교의신학 신론』, 176.
18 박형룡, 『박형룡박사저작전집, XII: 험증학』, 30. 무로부터 창조에 대한 설명에서 박형룡은 우주의 궁극적 원인이 마음이며 이에서 우주가 비롯된다는 유심론적 해석을 지지한다.
19 박형룡, 『박형룡박사저작전집, II: 교의신학 신론』, 337-38.
20 박형룡, 『박형룡박사저작전집, II: 교의신학 신론』, 339.

1:1에 기록된 창조를 직접적 또는 즉각적 창조로, 그리고 그 이후에 이루어진 창조를 간접적 창조로 구분하는 것에 대해서 부정적인 입장을 취한다.22 왜냐하면 간접적 창조는 창조의 날 개념이 24시간을 초과할 가능성을 배제할 수 없기 때문이다. 이렇게 박형룡은 창조의 날을 문자적 의미의 하루로 이해하지 않는 견해들을 받아들이지 아니한다.

박형룡은 이런 절대성에도 불구하고 변증적 차원에서 하나님의 창조에는 합리성이 존재한다고 보았다.23 이런 합리성의 존재에 대한 근거로서 한 분 하나님 안에 세 위격의 존재를 확증하는 삼위일체론은 영원 전부터 존재하신 하나님의 실유(實有)를 생각할 수 있는 합리적 양식이라는 사실에 있다고 밝힌다.24 창조 이전의 상태, 영원에 하나님의 행위에 대해서 불가지론적 입장을 취했던 어거스틴, 칼빈과는 달리 삼위일체의 영원 전 행위에 해당하는 하나님의 주체성, 사랑의 인격적 속성, 삼위 사이의 교제에 대한 자기표현은 그 자체로서 무한한 객관성을 지닌다고 보았다. 하나님 자신 안에 존재하는 이런 합리성을 근거로 내세우면서 창조의 합리성에 대한 과학적 증거가 주어져야 한다고 보았던 것이다. 창조는 인간의 이해를 초월하므로 우주의 기원에 대한 탐구에 있어서 창조는 중요한 역할을 차지하기 때문에 변증적 차원에서 창조의 합리성이 논의되어야 한다고 보았던 것이다. '원자의 일양성(一樣性)', 즉 원자가 동일한 모양을 지니고 있다는 성질을 그 증거로서 제시된다. 영국의 물리학자 제임스 클럭 맥스웰(James Clerk Maxwell, 1831-1979)은 마치 공장에서 똑같이 생산된 제조품처럼 원자가 동일한 모양을 지닌다는 사실로부터 모든 물질에 공통 기원이 존재한다고 믿었다.25

21 박형룡, 『박형룡박사저작전집, II: 교의신학 신론』, 345-46.
22 박형룡, 『박형룡박사저작전집, II: 교의신학 신론』, 328-29.
23 박형룡, 『박형룡박사저작전집, II: 교의신학 신론』, 348-50.
24 박형룡, 『박형룡박사저작전집, II: 교의신학 신론』, 187-89.

이것은 물질이 영원 전부터 존재했던 것이 아니라 하나님의 절대적 창조에 의해 마치 복사품처럼 생성되었음을 뜻한다.

둘째, 천사의 창조에 대해서는 벌코프의 입장을 지지하면서 보수적인 입장을 취한다.26 박형룡은 만군(tsbaot)의 창조를 언급하는 구절들(창 2:1; 시 33:6; 느 9:6)에 대해서 이 단어의 의미가 만물 또는 만상을 가리킬 수 있으므로 이 표현이 만물의 창조를 뜻할 수도 있다는 사실을 인정한다. 그러나 여호와라는 이름과 이 단어가 결합될 경우 만군으로 번역되며 이는 천사를 가리킨다고 보았다. 계속해서 그는 천사들의 창조시기에 대해서는 이들이 하늘과 동시에 창조되었다는(창 1:1; 2:1; 출 20:11 참고) 종교개혁자들의 입장을 언급한다. 욥 38:7을 언급하면서 하늘이 창조된 후에, 그리고 땅이 만들어지기 직전에 천사들이 지음 받았다는 것이 과연 정확한 견해인가에 대해서 의문을 제기한다. 욥 38:7에 나타난 표현들이 시적 차원을 지니고 있음을 지적하면서 천사의 시기를 구체적으로 설정하는 것에 반대하고 오히려 이에 대한 가장 안전한 해석으로 7일 이전에 천사들이 창조되었다는 일반적인 입장을 취한다. 이런 해석은 박형룡의 천사관이 그의 보수적 신학의 한 단면을 드러낸다는 평가가 가능하도록 만든다.

천사에 대한 이런 보수적 해석은 천사 교리에 대한 이의에 대한 답변에서도 확인된다. 박형룡은 천사 교리에 대한 이의를 다음의 두 가지 차원에서 제기되었다고 보았다: 법칙에 근거한 근대 세계관과 다중 우주적 세계관.27 먼저 천사의 존재가 일정한 법칙에 근거한 과학적 근대 세계관을 반대하는 것이라고 주장한다. 천사에 의해서 세상이 움직인다는 가능성을 배제하지

25 박형룡, 『박형룡박사저작전집, II: 교의신학 신론』, 350.
26 박형룡, 『박형룡박사저작전집, II: 교의신학 신론』, 392-93.
27 박형룡, 『박형룡박사저작전집, II: 교의신학 신론』, 418.

않는 그의 세계관이 표명된 것이라고 볼 수 있다. 또한 박형룡은 다중우주론을 포함하는 근대의 무한 공간에 대한 이해를 부인한다. 근대 세계관은 이 세계와 다른 세계의 경계를 궁창으로 생각하는 과거의 공간 개념을 포기했고 이를 통해서 하늘에서 천사들의 활동에 대한 견해를 포기한다. 그러나 박형룡은 무한한 공간에도 하나님의 역사가 있으며 천사들의 활동이 있다는 사실을 믿어야 한다고 밝힌다.

셋째, 인간의 창조는 하나님의 특별 창조로 이해된다.[28] 인간은 하나님의 창조 사역의 최고 산물이자 절정으로 간주되는데 이는 하나님의 특별한 관심에서 비롯된 것이었다.[29] 박형룡은 인간 창조의 특별성에 대한 근거를 어디에서 찾고 있는가? 먼저 다른 모든 피조물들은 말씀을 통해서 지음 받았지만 인간은 삼위일체의 도모(圖謀)로 인해 하나님에 의해 직접적 방식으로 지음 받았다는 사실이 강조된다.[30] 이 특별성은 인간의 창조 묘사에 나타난 엄밀한 방식에 의해서 담보되며 더 나아가서 인간이 하나님의 형상을 따라 지음 받았다는 사실에 의해서 확증된다.[31] 어류와 육상동물들은 각각 '그 종류대로' 지음 받았지만 인간은 하나님의 '형상을 따라' 그의 '모양대로' 지음 받았다는 사실에서 분명하게 드러난다. 특별성과 관련해서 직접성이 제시된다. 박형룡은 특히 창세기 2장에 기록된 아담과 하와의 창조에 주목하였다.[32] 사람의 창조가 흙으로 이루어졌다는 사실이 유전학적(genetic) 과정이었다는 주장에 대해서 창 2:7에 언급된 하나님의 특별한 동작이 이를 반박하는 것이라고 보았다. 하와의 창조(창 2:21, 22)에 대해서는 올리버 버스웰

---

28 박형룡, 『박형룡박사저작전집, III: 교의신학 인죄론』 (서울: 한국기독교교육문화연구원, 1978), 19.
29 박형룡, 『박형룡박사저작전집, III: 교의신학 인죄론』, 15.
30 박형룡, 『박형룡박사저작전집, III: 교의신학 인죄론』, 18-19.
31 박형룡, 『박형룡박사저작전집, III: 교의신학 인죄론』, 20-21.
32 박형룡, 『박형룡박사저작전집, III: 교의신학 인죄론』, 20.

(J. Oliver Buswell, 1895-1977)의 견해를 따라 창 2:18-20의 기록이 이집트를 위시한 고대 세계 이교민족들의 수간(獸姦)에 대항하기 위해서 의도되었다는 도덕적 함의를 지닌 해석을 제공한다.[33]

2. 창조와 과학의 관계

박형룡은 창세기 1장의 기록 목적을 어떻게 이해했는가? 이에 대한 답변은 창조의 과학적 측면에 대한 그의 견해와 깊은 관련을 맺고 있다. 먼저 그는 창세기 1장이 우리에게 과학적 사실을 가르치려는 목적으로 기록되었다는 주장을 반박한다. 이것은 성경이 과학을 가르치지 않는다는 생각에서 비롯된다.[34] 성경이 과학의 책이 아니므로 종교와 과학의 영역이 서로 완전히 독립적이어야 함을 뜻한다. 양자 사이에는 아무런 접촉점도, 충돌도 없음을 뜻한다. 창조기사에 있어서도 과학과 창조의 진리 사이에 아무런 모순이 있을 수 없다는 사실이 전제로 작용한다.

그러나 박형룡은 양자의 관계를 분리의 관계로 이해하면서도 이에 머무르지 않는다.[35] 자신의 스승 메이천의 주장을 따라 양자가 분리의 관계에 놓여 있음에도 불구하고 서로 밀접한 관계에 놓여야 한다는 입장을 취한다. 박형룡은 비록 19세기에 이르러 과학이 종교를 공격하여 양자의 관계가 '전쟁'으로 표현되는 적대적 관계에 놓이게 되었지만 이 관계는 수정되어야 한다고 주장한다. 이런 적대적 관계는 과학이 현상의 영역을 넘어서서 정신적이

---

[33] J. Oliver Buswell, *A Systematic Theology of the Christian Religion*, vol. 1 (Grand Rapids: Zondervan, 1962), 160. 수간에 대해서는 다음을 참고할 것. 이신열, 『개혁신학의 관점에서 본 기독교 윤리학』 (서울: 형설, 2014), 199-201.

[34] 박형룡, 『박형룡박사저작전집, XV: 학위논문』, 59-63, 70.

[35] 박형룡, 『박형룡박사저작전집, XV: 학위논문』, 44-47.

며 영적인 영역으로 침범하여 종교를 비난하기 때문에 양자 사이에 충돌이
발생했던 것이라고 지적한다.

박형룡은 세계가 하나님에 의해 창조된 하나의 세계이므로 통일적 체계를
지니고 있으며 이 세계에 대한 모든 다양한 진리는 궁극적으로 일관적이며
통일적이어야 한다고 주장한다. 과학이 창조의 진리를 인정할 때 과학과 종
교의 관계는 다시 밀접한 관계가 될 수 있다는 사실이 강조된다. 여기에서
박형룡이 이해했던 양자의 관계는 사실상 리처드 니버(Richard Niebuhr)
가 내세웠던 '문화 위의 그리스도'(Christ above culture)의 모델과 유사한
형태로 정립되었다고 볼 수 있다.[36]

이 관계를 창세기 1장에 적용해보면 창조 기사에 나타난 진리가 과학과
조화되지 않는 것처럼 보일수도 있지만 이것은 과학이 아직 완전한 발전단
계에 이르지 않았기 때문에 발생하는 현상에 지나지 않는다. 박형룡은 만약
과학이 더욱 발전하여 완전한 단계에 이르게 된다면 모순처럼 보이는 것들
이 해결되고 과학과 창조의 진리는 밀접한 관계로 나타나게 될 것이라는 견
해를 표방한다. 따라서 그에게 창세기 1장에 나타난 창조의 사실과 과학적
발견 사이의 일치는 양자 사이에 불일치로 간주되는 것보다 훨씬 더 중요한
것으로 간주된다.[37] 박형룡은 성경이 과학적 사실을 가르치는 것은 아니지만
과학적 사실이 성경의 진리를 뒷받침하는 증거로 작용하는 것을 중요하게
생각하며 이를 합리적 증거로서 받아들이는 것이 필요하다는 견해를 지니고
있었던 것이다.

---

[36] George M. Marsden, *Understanding Fundamentalism and Evangelicalism* (Grand
Rapids: Eerdmans, 1991), 131; 장동민, 『박형룡의 신학연구』, 107.
[37] 박형룡, 『박형룡박사저작전집, XV: 학위논문』, 44-47.

3. 창세기 1장 이해

창세기 1장의 창조기사는 크게 다음의 두 가지로 구분되어 해석되는데 이는 창세기 1:1-2과 창세기 1:3-31으로 나눈 데서 비롯된다.

첫째, 창 1:1-2에 나타난 창조는 '원시적' 창조로 이해된다.[38] 이 두 구절은 뒤따르는 6일간의 창조 전체에 대한 제목이나 요약으로 이해되지 아니한다. 왜냐하면 만약 1절이 제목으로 파악된다면, 하늘의 창조는 전혀 포함되지 않기 때문이라고 보았기 때문이다. 또한 1절에 언급된 땅을 전제로 2절에서 땅의 혼돈된 상태를 논하고 있는데 이는 땅의 창조와 존재를 전제로 삼았기 때문에 가능한 것이다. 따라서 1:1-2은 창조 기사 전체에 대한 요약이 아니라 1:3이하에 나타난 창조 기사와는 구별되는 원시적 창조로 보는 것이 더 타당하다는 주장이 전개되었다고 볼 수 있다.[39]

이에 근거해서 박형룡은 1절과 2절 사이에 간격이 있었다는 주장을 두 가지로 나누어서 고찰하면서 이 두 가지 주장 모두를 인정하는 입장을 취한다. 먼저 단 기간의 간격에 대해서는 2절에 언급된 '혼돈하고 공허한' 상태는 무수한 시기가 경과한 후의 상태가 아니라 새로 만들어진 후 얼마 지나지 않은 상태라고 보았다. 물상(物像)이 결여된 물질의 덩어리로서 기체들과 고체들이 뒤섞여 있어서 조직된 구조도, 정비된 형상도, 심지어 어떤 윤곽도 없는 상태로 이해되었다.[40] 이 견해가 원시적 상태의 땅의 묘사에 해당된다는 것

38 박형룡, 『박형룡박사저작전집, II: 교의신학 신론』, 366-67; 『박형룡박사저작전집, XV: 학위논문』, 78-79.
39 James G. Murphy, *A Critical and Exegetical Commentary on the Book of Genesis* (Boston: Estes & Lauriat, 1873), 30.
40 Thomas Whitelaw, *Genesis, A Pulpit Commentary* (London: C. Paul & Kegan Co., 1881), 4.

이 박형룡의 견해이었다.

그리고 1절과 2절 사이에 긴 기간의 간격이 존재를 인정하는 것이 교부들과 중세 스콜라주의자들의 일반적인 견해이었다는 사실을 윌리엄 쉐드(William G. T. Shedd, 1820-1894)의 예를 들어 간략하게 제시한다.[41] 1절과 2절 사이에 지질학적으로 긴 기간이 포함될 수 있었다는 '가능성'은 박형룡에 의해서도 수용된다.[42] 이 견해는 1932년에 미국 남침례신학교(Southern Baptist Theological Seminary)에 제출되었던 박사학위논문에서 표명되었던 것이다. 그러나 박형룡은 자신의 긴 기간설을 많은 세대론자들이 내세웠던 대격변에 근거한 회복설(theory of restitution)과 차별화시키고 이를 반박했다. 회복론은 이 기간 중에 천사들의 반란에 의해서 땅이 파멸되었기 때문에 2절에 언급된 '혼돈하고 공허하며'라는 표현은 '혼돈하고 공허하게 되어'로 번역되어야 한다는 주장을 내세웠다. 이에 대해서 박형룡은 '혼돈하고 공허한' 상태는 땅의 파멸의 결과를 가리키는 것이 아니라 아직 땅이 형성되지 않은 상태이었다고 주장한다.[43]

둘째, 6일 창조(창 1:3-31)와 관련하여 각 날의 사역의 구분에 따른 해설이 제공된다. 창조의 날에 대한 해설에 앞서 박형룡은 박사학위논문에서 표방했던 견해와는 달리 지질학적 발견들에 기초하여 날의 의미를 장기간에 걸친 지질학적 기간이라는 보는 견해에 대해서 의문을 제기한다. 왜냐하면 지질학자들마다 이 기간에 대한 의견의 차이가 있었기 때문이었다.[44] 이는

---

[41] William G. T. Shedd, *Dogmatic Theology*, vol. 1 (New York: Charles Scribner's Sons, 1888), 474-75.

[42] 박형룡, 『박형룡박사저작전집, XV: 학위논문』, 79-80. 교부들 가운데 이런 견해를 취한 인물로 어거스틴이 언급된다.

[43] 박형룡, 『박형룡박사저작전집, II: 교의신학 신론』, 382.

[44] 박형룡, 『박형룡박사저작전집, XV: 학위논문』, 74. 여기에 휴 밀러(Hugh Miller, 1802-1856), 아놀드 구욧(Arnold Guyot, 1807-1884), 그리고 다나(James D. Dana,

그로 하여금 창세기 1장의 날과 6일이 장기간이라는 견해에 의구심을 갖도록 만들었다. "6일이 장기간들이라는 이론은 진화론의 수납을 필연적으로 요구하지는 않을찌라도 그것에게 이용되기 쉬운 것은 사실이다. 하나님이 천지를 산출하심에 하나의 즉각적 행위로 하셨다면 세계의 남은 부분을 만드심에 있어서 그렇게 유구한 세월을 지나셨을까?"[45]

여기에서 창세기 1장의 날에 대한 그의 주장에 차이가 존재하는 것이 아닌가하는 질문이 제기될 수 있다. 이 질문에 답변하기 위해서 먼저 문자적 날에 대해서 그가 제시한 네 가지 이론을 살펴볼 필요가 있다: 일순설, 반문자설, 전문자설, 광명기간 표시설.[46] 먼저 일순(一瞬)설은 창조가 아주 짧은 순간에 이루어졌다는 주장인데 사람의 이해를 돕기 위해서 창조를 일종의 문학형식으로 이해한다. 이 설은 주석적 뒷받침이 부족한 것으로 평가된다. 반(半)문자설은 주로 바빙크에 의해 제시되었다고 설명된다. 창조의 첫 3일은 다른 길이의 날들이지만 그 후의 3일은 확실히 문자적이며 일반적인 날들이었다는 주장이다. 전(全)문자설은 날을 24시간으로 해석하는 견해로서 박형룡은 이를 수용한다. 마지막으로 광명기간 표시설은 창 1:5에 언급된 '저녁이 되며 아침이 되니'라는 표현을 '날'에 적용하여 이를 암흑 기간과 구별되는 광명의 기간으로 보는 견해이다.

여기에서 주목한 만한 부분은 박형룡이 기본적으로 전문자설에 동의하는 견해를 자신의 『교의신학』(1962)에서 표명하고 있지만, 자신의 박사학위논문에서는 24시간을 지칭하는 전문자설에 대해서 우리 자신을 제한할 필요가

1813-1895)와 같은 지질학자들의 이름이 언급된다. 이들은 창세기 기사와 지질학적 발견들 사이에 놀라운 일치가 있음을 밝혀내었지만 이들이 주장한 동일한 날에 대한 지질학적 기간의 길이는 일치되지 않았다.

45 박형룡, 『박형룡박사저작전집, II: 교의신학 신론』, 370.

46 박형룡, 『박형룡박사저작전집, II: 교의신학 신론』, 371-72.

없다는 상당히 열린 태도를 견지했다는 점이다. 그는 날을 하나님의 창조행위를 구분하는데 사용되는 개념으로 파악하고 이것이 24시간에 국한될 필요가 없다는 결론에 도달했던 것이다.[47] 박형룡의 사고의 역사적 발전과정을 놓고 살펴본다면 그의 견해가 일종의 상징설에서 문자설로 변화되었다는 해석이 가능한 대목이다. 그렇다면 무엇이 그의 사고에 있어서 이런 변화를 초래했는가? 장동민은 박형룡이 해방 이후 국내에서 활동하면서 국내 교계의 분파적 경향과 이에서 비롯된 신학계의 보수적 흐름에 따라 프린스턴신학교와 남침례신학교 수학 시절의 입장이었던 상징설로부터 보수적인 입장의 문자설로 선회했다는 견해를 내 놓았다.[48] 박형룡이 어린 시절부터 받은 보수적이며 문자적인 성경 해석 방법과 해방 이후 국내 교회에 더욱 강화되었던 보수적 성향이 그의 사고 형성에 지대한 영향력을 행사했기 때문에 4년간의 미국 유학시절은 그의 사고에 결정적인 변화를 가져오지 못했다는 관점에서 살펴볼 때 이런 변화는 원래부터 예정되어 있었던 것과 다름없다는 평가가 주어졌던 것이다.

박형룡은 6일 창조에 대해서 각 날 별로 자신의 견해를 피력했는데 여기에서는 날의 순서를 따르지 아니하고 첫째 날과 넷째 날을 중심으로 그의 창조 기사에 대해서 개괄하고자 한다.[49] 그는 넷째 날(1:14-19)에 언급된 태양의 창조를 문자적으로 해석하지 아니한다.[50] 태양은 넷째 날 이전에 지구와 더불어 이미 창조되었고 2절에 언급된 '흑암'이 제거되자 궁창을 통해 그 모습을 드러내게 되었다는 제임스 머피(James Murphy)의 견해가 반박된다.[51] 머피의 견해는 넷째 날의 창조는 그 이전에 이미 지음 받았던 일월성

47 박형룡, 『박형룡박사저작전집, XV: 학위논문』, 80-81.
48 장동민, 『박형룡의 신학연구』, 391.
49 박형룡, 『박형룡박사저작전집, II: 교의신학 신론』, 373-79.
50 박형룡, 『박형룡박사저작전집, II: 교의신학 신론』, 375.

신이 단순히 조명을 받았다는 사실을 지칭할 따름이기 때문이다. 첫째 날 빛
의 창조가 이미 존재하는 빛을 하나님께서 단순히 불러내신 결과로 2절에
언급된 어두움이 제거될 수 있었다는 해석이 제공된다. 머피에게 첫째 날 빛
의 창조는 다음의 두 가지 견해로 해석되었다. 첫째, 하나님의 전능에 의해
서 빛이 첫째 날 무로부터 창조되었거나 둘째, 첫째 날 이전 태초에(창 1:1)
이미 존재했던 빛이 "빛이 있으라."는 하나님의 말씀에 의해서 부르심을 받
아 이제 지면을 비추게 되었고 그 결과 2절에 언급된 혼돈과 어두움이 제거
되었음을 뜻할 수도 있다.[52]

　박형룡은 머피가 제시한 이 두 가지 견해 가운데 두 번째 견해를 받아들
인다.[53] 이것은 빛이 태양이 없이도 존재 가능함을 뜻한다. 박형룡은 빛이
태양의 존재 이전에 존재했다는 사실에 대해서 다음과 같이 설명한다. "빛은
모든 생명의 전제 조건이라는 사실에 비추어보면 이것이 가장 먼저 창조되
는 것은 심히 자연스러웠다."[54] 14절에 언급된 일월성신은 이미 지구의 창
조와 동시에 창조되어 존재했으며 2절에 언급된 혼돈과 무질서와 어두움이
제거된 후에 넷째 날에 설명된 방식으로 태양이 이제 빛을 지니게 되었다.
그 결과 주야가 분별되었고 일월성신이 동서남북의 방위를 지시하고 기후의
변화를 예시하게 되었으며, 사시와 일자의 연한이 정해졌다. 이것은 태양의
창조가 태양의 객관적이며 사실적 창조를 가리키는 것이 아니라 발광체가
아닌 태양이 빛을 받아 반사하게 됨으로서 자신의 기능을 수행하게 된 상태
에 놓이게 된 것을 가리킨다. 박형룡은 이런 주장의 근거로서 14절에 태양
을 지칭하기 위해서 사용된 단어가 '오르'가 아니라 '므오르'(빛의 휴대자)이

51 Murphy, *A Critical and Exegetical Commentary on the Book of Genesis*, 53, 56
52 Murphy, *A Critical and Exegetical Commentary on the Book of Genesis*, 39, 41.
53 박형룡, 『박형룡박사저작전집, II: 교의신학 신론』, 375.
54 박형룡, 『박형룡박사저작전집, II: 교의신학 신론』, 373.

었다는 점을 지적한다.[55]

태양의 창조와 관련한 박형룡의 설명 가운데 흥미로운 것은 지구를 둘러싸고 있던 빽빽한 구름의 어두침침한 덮개가 제거되고 그 결과 맑은 하늘이 드러나고 별들을 볼 수 있게 되었던 사건이 넷째 날 발생했다고 해석하는 부분이다.[56] 이러한 해석은 사실상 2절에 기록된 지구의 상태가 6일간의 사역 가운데 적어도 첫째 날과 넷째 날에 이루어진 사건을 위한 전제조건으로 작용하고 있다는 생각에서 비롯된 것이다. 이 대목은 그가 학위논문에서 주장했던 6일간의 사역이 연대기적 순서가 아니라 주제적 순서를 따라 서술되었을 가능성을 인정했던 것과도 관련이 있는 것으로 보인다.[57]

IV. 박윤선(1905-1988)의 신학: 계시론을 중심으로

박윤선에게 일반계시는 크게 세 가지 관점에서 고찰된다.[58] 첫째, 자연계에서 발생하는 계시로서 하나님의 전능을 드러내며 이를 통해 인간의 마음속에 신앙적 결단을 불러일으킨다. 둘째, 인간의 역사상에 나타난 계시를 들 수 있는데 그는 이를 독특하게 섭리로서 간주한다. 셋째, 하나님께서 인간의 마음, 즉 양심에 자신을 계시하신 사실이 언급되는데 이는 구체적으로 도덕적 의식과 신의식으로 나타난다. 바빙크의 주장에 근거하여 이 세 가지는 종합적으로 다음과 같이 표현되었다: "일반계시가 자연계와 하나님의 섭리를

55 박형룡, 『박형룡박사저작전집, II: 교의신학 신론』, 373, 374-75.
56 박형룡, 『박형룡박사저작전집, II: 교의신학 신론』, 375.
57 박형룡, 『박형룡박사저작전집, XV: 학위논문』, 69.
58 박윤선, 『개혁주의 교리학』 (서울: 영음사, 2003), 23-26.

통하여 나타났으며, 또 사람의 마음에 임했으니 그것이 성경에 의해서만 성과를 거둔다."[59] 이 표현에서 박윤선의 사고에서 일반계시가 특별계시에 의존하고 있음이 파악된다고 볼 수 있다.

이를 자세하게 설명하기 위해서 그가 두 계시의 관계에 대해서 어떻게 생각했는가를 간단히 살펴볼 필요가 있다. 시편 19편 주석에서 일반계시와 특별계시는 우선적으로 박윤선에게 이중계시로 이해된다.[60] 이중계시는 천연계시(자연계시)와 특수계시(특별계시)로 구성되어 있는데 양자 모두 하나님에 대한 인간의 믿음에 필수적인 근거로 작용한다. 특히 특수계시는 우리가 "하나님과 그 나라를 신앙할 만한 근거"로서 작용한다는 사실이 강조된다.[61] 천연계시는 하나님의 권능을 드러내지만 그의 의지를 보여주지는 못한다. 여기에서 전자에 부가되어야 하는 후자의 당연성과 필연성이 드러난다.[62] 박윤선은 롬 1:19에 언급된 "하나님을 알만한 것"에 대한 해석에 있어서 자연이 '하나님을 보게 하는 거울'이라는 칼빈의 견해에 동의한다. 그럼에도 불구하고 이 표현은 칼빈이 "성경적으로 한 말"로서 이해된다.[63] 왜냐하면 인간이 하나님을 반역한 이후로 일반계시만으로는 하나님을 아는데 절대적으로 부족한 상태에 놓이게 되었기 때문이다. 타락한 인간은 이제 일반 계시를 통해 주어지는 하나님의 진리를 전혀 깨닫지 못하게 되었으므로 일반계시 외에 특별 계시가 필요한 것이다. 신지식의 가능성은 일반 계시와 더불어 특별계시를 통해서만 주어진다는 관점에서 "참된 하나님은 오직 성경(특별계시)으로만 알려진다."고 밝힌다.[64] 특별계시는 "하나님께서 특별한 방법으로

59 박윤선, 『개혁주의 교리학』, 26. Herman Bavinck, *Our Reasonable Faith*, trans. Henry Zylstra (Grand Rapids: Eerdmans, 1956), 38.
60 박윤선, 『성경주석 시편 (상)』 (서울: 영음사, 1991), 183-88.
61 박윤선, 『성경주석 시편 (상)』, 183.
62 박윤선, 『성경주석 시편 (상)』, 186; 『개혁주의 교리학』, 81.
63 박윤선, 『개혁주의 교리학』, 23.

써 시간과 공간에 개입하셔서 직접 인간에게 자기를 계시"하시는 것을 뜻한다.[65] 성경을 특별 계시와 다른 것으로 간주하는 헨드리쿠스 벌코프(Hendrikus Berkhof, 1914-1995), 레싱(Gotthold Ephraim Lessing, 1729-1781), 그리고 바르트의 주장이 반박된다. 박윤선은 성경이 하나님의 말씀이며 또 계시라는 사실을 재확인하면서 성경의 영감과 기록을 무시하는 사람은 결국 계시의 대부분을 상실하게 될 것이라는 바빙크의 주장에 동의한다.[66]

일반계시와 특별계시의 관계에 대한 박윤선의 견해는 비록 양자 모두 신앙의 토대로 작용하지만, 정확하게 표현하자면 전자는 후자에 전적으로 '의존적'이며 그의 신학에 있어서 후자가 전자에 비해 더 결정적인 의미를 지니게 되었다고 평가할 수 있다. 이에 대해서 김영재는 "성경이 곧 특별계시이므로 성경을 통하여 얻는 지식만이 참 지식이라고 하는데, 그것은 결과적으로 일반계시의 의미를 다소 평가절하 하는 것"이 된다고 보았다.[67] 여기에 그가 빈번하게 사용하였던 표현인 '계시 의존 사색'의 의미가 드러난다. 정승원은 이 명칭은 박윤선이 자신의 스승 반틸(Cornelius Van Til, 1895-1987)이 내세웠던 "하나님을 따라서 하나님의 사고를 사색하는 것 (thinking God's thoughts after Him)"의 개념에서 비롯된 것이라고 주장한다.[68] 다음의 글에서 반틸의 유비적 사색(analogical thinking)에 대한

---

64 박윤선, 『개혁주의 교리학』, 23.
65 박윤선, 『개혁주의 교리학』, 27.
66 박윤선, 『개혁주의 교리학』, 32-33. Herman Bavinck, *Gereformmeerde dogmatiek I* (Kampen: J. H. Kok, 1967), 359.
67 김영재, 『박윤선: 경건과 교회쇄신을 추구한 개혁신학자』 (파주: 살림, 2007), 206. 김영재는 박윤선의 계시 이해에 있어서 자연계시가 평가 절하됨에 따라 계시의 범위가 좁게 간주되었으며 이는 일반 은총을 좁은 의미로 이해하는 결과를 초래한 셈이라고 밝히면서 여기에 박윤선의 신령주의적 세계관이 작용하고 있다는 비판을 가한다. 앞의 책, 211이하.
68 정승원, "박윤선 박사의 변증학 고찰: 계시의존사색 개념을 중심으로", 「신학정론」 22 (2)

견해가 잘 드러난다.

> 유추적이라는 것은 하나님은 근원적(original)이시고 인간은 파생적
> (derivative)이라는 뜻이다. 하나님은 그 안에 절대적 자함적(self-contained)
> 체계를 가지고 계신다. … 그러나 하나님의 피조물인 인간은 하나님의 그러한
> 체계와 똑 같은 복사본(replica)을 가질 수 없다. 인간은 하나님의 그러한 체계
> 의 재생본을 가질 수 없다. 분명한 것은 인간은 하나님을 따라서 하나님의 사색
> 해야 한다(he must think God's thoughts after Him)는 것이다. 이 말은
> 인간이 자신의 체계를 세움에 있어서 자신에게 계시된 범위 안에서 계속적으로
> 하나님의 체계의 권위에 순복해야 한다는 의미이다.[69]

박윤선의 계시 의존 사색은 그의 신학적 인식론에 있어서 성경이 차지하
는 역할을 강조할 뿐 아니라 그의 개혁주의적 신학의 원리로서 작용한다.
"우리는 하나님을 볼 수 없다. 이렇게 우리는 기록된 하나님의 말씀이 그 객
관적 진리성에 의하여 참된 것을 믿는다."[70]

일반계시와 특별계시 모두를 중요하게 생각했던 반틸과는 달리 박윤선에
게 특별계시는 일반계시의 불충분성에 대한 답변으로 간주되었던 것이다.
그의 사고에 있어서 일반계시가 상대적으로 특별계시보다 약화되거나 경시
되었다는 경향에 대해서 제기되는 비판은 타당한 것이라고 볼 수 있다.[71] 그

(2004), 343; 김영한, "정암 박윤선 신학의 특성: 계시의존 사색을 중심으로", 「한국개혁신학」 25 (2009), 20.
[69] Cornelius Van Til, *A Christian Theory of Knowledge* (Phillipsburg, NJ: Presbyterian and Reformed Publishing, 1969), 16. 이탤릭체는 반틸의 강조임. 정승원, "박윤선 박사의 변증학 고찰", 343에서 재인용.
[70] 박윤선, 『성경 주석 히브리서 공동서신』 (서울: 영음사, 1985), 144.
[71] 정승원, "박윤선 박사의 변증학 고찰", 358, 375-76; 김영한, "정암 박윤선 신학의 특성", 25-27.

러나 박윤선의 일반계시 이해에 있어서 하나님이 이를 통해서 자신을 알리지 않으시며 단지 특별계시만을 통해서 자신을 알리셨다는 주장은 오해에 해당된다. 왜냐하면 하나님께서 자연계시를 통해서 자신을 알리시며 이를 통해서 인간이 하나님을 알게 된다고 박윤선이 밝히고 있기 때문이다. "이렇게 만물은 하나님의 지혜의 책이라고 할 수 있으며, 그것을 보는 자는 (죄만 없다면) 하나님을 알 수 있다."[72] 만약 박윤선이 이런 방식으로 일반계시를 약화시키거나 간과한다면, 이것은 사실상 바르트의 견해를 인정하는 셈이 되는 것이다.[73]

일반계시 자체에 문제가 있어서 특별계시가 주어진 것이 아니라 오히려 문제는 이를 인식하거나 수용할 수 없는 인간의 범죄타락에서 발견된다. 그래서 반틸은 "죄인이 자연에 나타난 하나님의 계시를 받아들이는 것이 성경에 나타난 계시를 받아들이는 것 보다 더 쉽지 않다."라고 주장했던 것이다.[74] 이와 달리 박윤선은 '하나님을 알만한 것'이 칼빈이 주장하는 것처럼 신적 의식(sensus divinitatis) 자체가 아니라 그 형식에 해당한다고 생각한다.[75] 칼빈은 자연계를 통해서 사람이 하나님의 존재를 깨닫는 것이 마땅하다는 차원에서 자연계시와 신지식을 직접적으로 연결시키고 있다. 박윤선은 자연계시의 작용 자체는 하나님을 깨닫게 하는 것이어야 하지만 실제적으로 올바른 신의식을 얻게 되지 아니한다고 주장한다. '하나님을 알만한 것'은 사실상 자연세계가 하나님의 섭리 아래 놓여 있음을 인정하는 것을 뜻한다.[76]

---

[72] 박윤선, 『성경주석 욥기 전도서 아가서』 (서울: 영음사, 1985), 356; 『성경주석 시편』, 184.
[73] 박윤선, 『성경주석 욥기 전도서 아가서』, 356-57.
[74] Cornelius Van Til, *The Infallible Word* (Phillipsburg, NJ: Presbyterian and Reformed Publishing, 1946), 280. 정승원, "박윤선 박사의 변증학 고찰", 356에서 재인용.
[75] 박윤선, 『개혁주의 교리학』, 23. Cf. 칼빈, 『기독교 강요』, 1.3.1.
[76] 박윤선, "칼 바르트의 로마서 주석 선평", 「신학지남」 35(2) (1968), 101.

V. 창세기 1장을 중심으로 살펴본 박윤선의 창조 이해

이 단락에서는 창세기 1장의 주요 구절들을 중심으로 주해하는 방식 대신에 중심 주제들을 중심으로 박윤선의 이해를 고찰하고자 한다. 이를 위해서 날(day)에 대한 해석, 현상세계 창조, 칼 바르트(Karl Barth)의 창세기 1장 이해에 대한 비판이라는 세 가지 주제로 나누어서 간략하게 고찰하고자 한다.

1. 날(day)에 대한 해석

박윤선은 창세기 1장에 나타난 '날'에 대한 다양한 이해를 크게 세 가지로 분류했다.[77] 첫째, 오리겐(Origen)과 바실리우스(Basilius), 그리고 어거스틴 같은 교부들은 주로 상징적 해석을 취했다. 오리겐은 날이 피조물의 등급을 가리킨다고 보았으며 바실리우스는 창세기 1장에 언급된 날들의 길이가 동일하지 않다고 주장했다. 어거스틴은 처음 3일은 오늘날 우리가 생각하는 하루와 같지 않다는 입장을 취했다. 상징적 해석은 현대 복음주의자들 가운데 버나드 램(Bernard Ramm, 1916-1992)과 같은 신학자들에 의해 수용되었는데 날은 지질학적 시기(epoch) 또는 세대(era)로 이해되었고 이를 통해서 이들의 사고는 사실상 유신진화론에 접근한 것으로 간주되었다. 둘째, 루터와 칼빈과 종교개혁자들은 하루가 24시간이라는 문자적 해석을 수용했

---

77 박윤선, 『개혁주의 교리학』, 151; 『성경주석 창세기』 (서울: 영음사, 1995), 78.

다. 미국의 웨스트민스터신학교 구약교수이었던 E. J. 영(E. J. Young)은 창조기사를 문자적으로 해석했고 날을 24시간으로 받아들였다. 셋째, 불가지론적 해석을 들 수 있다. 메레디스 클라인(Meredith Kline)은 창조기사를 언약적 차원을 지닌 문학적 주제와 문학 형식의 관점에서 이해했기 때문에 날이 24시간인가 아닌가에 대해서 우리가 파악하는 것은 불가능하다는 입장을 취했다.

이에 대해서 박윤선은 문자적 해석을 취했는데 그 이유를 다음의 네 가지로 요약하여 제시했다.[78] 먼저 창조는 섭리와 달리 기적적 역사이므로 6일 동안 창조가 24시간의 날을 통해서 이루어지지 못할 이유가 없다고 보았다. 둘째, 창조기사는 사건보고(factual report)를 중심으로 한 역사적 문서이므로 여기에 언급된 날을 24시간으로 보는 것이 자연스럽다. 셋째, 모세의 용법과 관련해서 날이 첫째, 둘째 등의 서수와 관련되었을 때 시대를 의미한다고 볼 수 없다. 넷째, 창세기 1장에 반복적으로 등장하는 "저녁이 되며 아침이 되니"라는 문구는 날이 시대를 의미한다는 해석을 배제한다고 보았다.

2. 현상세계의 창조

박윤선은 창세기 1장에 나타난 현상세계의 창조를 어떻게 이해했는가? 먼저 피조세계에는 피조물을 향한 하나님의 거룩한 사랑이 표현되어 있는데 이는 전적으로 삼위 하나님의 행위로 가능한 것이었다. 창조의 근원에 삼위일체 하나님의 존재와 그의 활동을 생각할 수 있다. 또한 창조에 있어서 빛과 태양의 관계에 집중한다. 빛과 태양의 창조는 언제 어떤 방식으로 이루어

[78] 박윤선, 『개혁주의 교리학』, 151-52.

진 것인가? 빛과 태양의 의미는 무엇인가? 마지막으로 현상 세계의 정점에 인간이 자리잡고 있다. 피조세계의 창조는 인간의 삶을 위해서 마련되었고 이를 통해 하나님의 존재와 사랑을 깨닫도록 의도된 것이다. 여기에서는 이 세 가지 주제에 대한 박윤선의 견해를 더욱 자세하게 살펴보고자 한다.

첫째, 현상세계의 창조는 삼위일체적 창조로 이루어졌다.[79] 박윤선은 "창 1:1-5에서 하나님의 창조의 주재이시며, 말씀은 "하나님이 가라사대"로 나 타나셔서 없던 것이 있도록 하시는 존재의 원리가 되시고, 성령께서는 그 원 리 속에서 역사하셨다."고 말한다.[80] 욜 2:28 주해에서 삼위일체적 개념이 다음과 같이 표현된다: "하나님께서는 우주를 창조하심에 있어서 우주를 초 월하여 계시어 명령을 내리실(1:3, 6, 9, 11, 14, 20, 24) 뿐 아니라 역시 성령으로 우주 안에 내거하사 창조의 공작을 집행하신 것이다(창 1:2)."[81] 이런 삼위일체적 이해에 근거해서 창조의 정의는 다음과 같이 주어진다. "창 조는 삼위일체 하나님께서 태초에 그 기쁘신 뜻대로 그의 영광을 위하여, 보 통 섭리와 달리 기적적인 간섭(miraculous intervention)으로 기존의 자료 를 사용하심이 없이(ex nihilo) 현상세계와 영적 세계를 구별이 있게 하시 고, 그에게 의존하고 있도록 지으신 것을 가리킨다."[82]

박윤선은 또한 "하나님이 가라사대"라는 표현에 집중하면서 이 표현은 하 나님의 이 말씀을 들을 상대자가 아직 설정되지 않은 상태에서 주어진 말씀

---

[79] 헤르만 바빙크, 『개혁교의학 2』, 박태현 옮김 (서울: 부흥과개혁사, 2011), 527: "만일 하나님이 삼위일체적으로 존재하지 않았다면, 창조는 불가능했을 것이다."

[80] 박윤선, 『개혁주의 교리학』, 124-25. Cf. 바빙크, 『개혁교의학 2』, 419-20: "성경은 반복해서 한편으로 성자와 성령, 다른 한편으로는 창조 사이에 있는 긴밀한 연관을 가리킨다. 성부, 성자, 성령이라는 명칭들은 아주 분명한 내재적 관계들을 지시할지라도, 또한 이것들은 하나님의 외적 사역들 가운데 있는 삼위 사이의 관계들도 반영한다. 만물은 성부로부터 나오고, 모든 존재의 개념들은 성자 안에 놓여 있으며, 모든 생명의 원리들은 성령 안에 있다."

[81] 박윤선, 『성경 주석 소선지서 (상)』 (서울: 영음사, 2004), 148.

[82] 박윤선, 『개혁주의 교리학』, 134.

이라고 지적한다. 그러므로 이 말씀은 계시자인 로고스, 즉 '성자께서 성부의 내어 보내심'이 되는 것(고전 1:30)을 가리킨다는 해석을 제공한다.[83] 이 해석을 통해서 사실상 박윤선은 창조 이전에 하나님의 말씀이 반드시 음성으로 나타났다고 볼 필요는 없음을 주장하는 셈이다.

박윤선은 창 1:2을 주해하면서 땅이 물로 뒤덮여 있었기에 하나님의 신이 수면에 운행하는 역사를 거쳐야 비로소 생물이 살 수 있는 상태가 될 수 있었다고 지적한다. 그렇다면 이는 바벨론 신화에 근거하거나 영향을 받은 다신론적 사고에 근거한 창조에 대한 설명이 아니라 유일신론적 사고임이 분명한 것이다. 여기에서 하나님의 신은 폰라트(Gerhard von Rad, 1901-1971)가 지적한 바와 같이 폭풍이 아니며 성령의 역할은 혼돈에 놓여 있는 피조세계를 정돈하여 질서를 부여하는 것으로 제시된다.[84] 또한 궁켈(Herman Gunkel, 1862-1932)은 하나님과 하나님의 신 사이의 관계를 논의하면서 양자를 철저하게 구분하고 상호연관성을 부인하는 반삼위일체적(anti-trinitarian) 사고를 다음과 같이 주장한 바 있다: "창조하시는 하나님과 수면위에 운행하시는 영은 사실상 본질적으로 서로 관련되지 아니하며 상호 배타적이다."[85] 박윤선의 창 1:2 주석에는 이런 반삼위일체적 주장들을 배격하고 하나님과 그의 영 사이의 상호 관련성에 대한 설명이 제공되었더라면 하는 아쉬움이 남는다.[86] 삼위일체적 해설에 있어서 더욱 아쉬운 부분

---

83 박윤선, 『개혁주의 교리학』, 134.
84 박윤선, 『성경 주석 창세기』, 75-76. Gerhard von Rad, *Genesis: A Commentary*, Old Testament Library (London: SCM Press, 1981), 49.
85 Herman Gunkel, *Genesis*, trans. Mark E. Biddle (Macon, GA: Mercer Univ. Press, 1997), 106.
86 물론 박윤선이 교의학자가 아니라 성경신학자이므로 그의 주해에서 삼위일체론적 정초를 기대할 수 없을 것이다. 그럼에도 불구하고 성령에 대한 고찰에 있어서 삼위일체론적 이해에서 출발하는 것은 당연한 것이다. 황창기, "박윤선의 성령론: 오순절 성령의 강림을 중심으로", 「신학정론」 14(2) (1996), 351. Cf. 바빙크, 『개혁교의학 2』, 601. 바빙크는 하나님의 신과

은 창 1:26에 언급된 '우리'에 대한 해석이다. 이에 대해서는 삼위일체를 지 칭하는 것이며 더 나아가서 인간을 창조하기 위해서 삼위일체 안에서 이에 대한 의논, 또는 약정이 있었다고 간략하게 언급될 따름이다.[87]

둘째, 태양의 본체는 태초에(1:1), 태양의 빛은 첫째 날 우주의 잠재적 빛 과 더불어 창조되었다. 박윤선은 첫째 날에 빛의 창조와 더불어 태양의 빛이 창조되었다는 입장을 표명한다.[88] 여기에서 특이한 부분은 태양의 창조와 태 양 빛의 창조가 구분된다는 사실이다. 박윤선은 1절에 언급된 천지 창조에 궁창과 태양의 본체도 포함되었다고 주장한다. 태양 자체는 1절에 지음 받 았지만 태양의 빛은 첫째 날(5절)에 다른 빛과 더불어 지음 받았다는 견해를 취한다. 그렇다면 박윤선의 이 해석은 태양이 원래 발광체로 지음 받지 않았 음을 뜻하는가? 태양이 태초에 지음 받았을 때(1절) 빛을 발했는지 여부에 대해서는 언급되지 아니한다. 따라서 2절에 언급된 흑암이 태양의 빛을 가 린 것인지 또는 원래부터 태양이 발광체가 아니었기 때문에 이런 상태가 초 래된 것인지에 대해서는 답변이 주어지지 않는다. 그러나 박윤선은 첫째 날 에 "저녁이 되며 아침이 되니"(5절)라는 구절에 근거해서 지구의 공전과 더 불어 태양의 빛이 이미 지구에 주어졌음을 암시한다.[89] 첫째 날 이전에 즉 태초에 태양의 빛이 창조되었을 가능성을 배제한 채, 태양의 빛이 첫째 날에 다른 빛과 더불어 창조되었다고 주장한다. 박형룡은 첫째 날 태양이 빛의 휴 대자가 되었다고 주장한 반면에, 박윤선은 같은 날 태양의 본체가 아니라 태

말씀 사이의 관계(비록 하나님과 하나님의 신 사이의 관계는 아니지만)를 '상응'의 관계로 풀어 내고 있다. "하나님의 신은 피조적 존재와 생명의 원리로서, 땅의 대규모의 물에 형태를 주고 생명을 일으키는 작용을 함으로써, 기존의 땅의 상태와 연계하여 육 일 동안 피조물의 다양한 형태들을 발생시킨 하나님의 창조의 말씀에 상응한다."

87 박윤선, 『개혁주의 교리학』, 148, 179, 186.
88 박윤선, 『개혁주의 교리학』, 144.
89 박윤선, 『개혁주의 교리학』, 143.

양의 빛이 창조되었다고 밝힌 것이다. 정리하자면, 태양의 본체는 태초에 이미 지음 받았고 첫째 날에 태양의 빛이 다른 빛과 더불어 지음 받았는데 그 빛은 넷째 날에 궁창이 맑아짐(6-8절)에 의해서 비로소 명확하게 드러나게 되었다. 이것은 넷째 날이 되어서야 비로소 태양 빛이 지구에 전달될 수 있었고 태양이 모습을 드러내게 되었음을 뜻한다.

넷째 날에 하나님께서 태양을 지으셨다는 말씀(16절)은 1절에 지음 받은 태양의 상태가 혼돈과 흑암에 의해서 인간의 눈에 의해서 관찰될 수 없는 상태로 지음 받았다는 사실을 전제로 삼는다. 비록 창 1:2이 원래 지음 받은 땅이 혼돈된 상태에 놓여 있다는 설명을 제공하고 있지만 이를 통해서 짐작할 수 있는 것은 박윤선이 하늘에 놓인 태양이 땅의 상태로 인해 가시적인 (visible) 상태로 지음 받지 않았다는 사실을 주장하고 싶었다는 점이다. 태양과 마찬가지로 궁창도 이미 창 1:1에 창조된 것으로 이해되었기 때문에 창 1:14-19에 언급된 궁창의 창조도 궁창의 맑아짐의 결과로서 그것이 가시화된 것을 가리킨다고 보았다.

그렇다면 박윤선의 빛과 태양, 그리고 궁창의 창조에 대한 해석에는 어떤 장단점이 지적될 수 있는가? 먼저 이런 해석에 나타난 장점은 "하나님이 태초에 천지를 창조하시니라"(창 1:1)라는 표현을 창조기사 전체의 요약 또는 제목으로 간주하려는 경향에 대해서 경종을 울린다는 사실을 생각할 수 있다. 1절의 창조에 대해서 "하나님께서 실제로 천지로 창조하신 것"이라는 표현이 사용되었다. 또한 2절에 언급된 '땅'이라는 단어에 '또'라는 단어가 첨가된 것은 1절이 땅의 창조 사실 자체를 선언적으로 말한 반면에 2절에서는 이렇게 창조된 땅의 상태를 설명하기 위한 의도를 드러내기 위한 것이었다. 박형룡과 마찬가지로 박윤선도 창 1:1-2은 태초에 하나님께서 객관적으로 이 세상을 창조하셨다는 사실을 설명하고 있다는 견해를 지니고 있다고 볼수 있다. 단점으로는 첫째 날과 넷째 날의 창조가 상호관련성을 지니고 있다는 사실이 지나치게 강조된 나머지 6일 동안 창조가 순차적으로 각각의 피조물에 대한 창조(빛, 궁창, 바다와 육지와 식물, 일월성신, 물고기와 새들, 동물과 사람)로 이루어졌다는 자신의 주장을 오히려 약화시킬 수도 있다는 점을 들 수 있다.[90] 첫째 날에 빛의 창조가 태양 빛을 포함하고 있으며 이를 통해서 태양의 창조가 완성되었다고 한다면, 왜 태초에 지음 받은 태양에 대해서 넷째 날에 태양(큰 광명체)이 만들어졌다는 표현이 또 등장했는가는 의문이 제기될 수 있다. 이 의문은 태초가 아니라 넷째 날에 태양이 창조되었다는 문자적 해석에 의해 가장 합리적으로 풀리는 것으로 보인다. 만약 박윤선의 주장대로 태양 빛이 넷째 날에 드러나게 된 것이라면, '태양이 드러나게 되었다' 또는 '태양 빛이 지구에 비취게 되었다' 등의 표현을 사용하는 것이 훨씬 더 효과적이라고 볼 수 있다.

셋째, 6일 창조는 인간의 유익과 편의를 위해서 하나님께서 선택하신 방편에 해당된다. 박윤선은 창조에 대한 해설에 있어서 창조가 인간에게 가져다 준 유익을 물리적 차원과 더불어 영적 차원도 더불어 논의한다.

먼저 물리적 유익은 먼저 2절에 언급된 땅의 원래적 상태에 대한 해설을 통해서 찾을 수 있다. 이 구절의 의미는 땅의 원래 상태가 아직 생물들이 살만한 조직된 형태를 이루지 못하고 있음을 보여준다고 설명했다. 2절에 나타난 혼돈과 공허, 그리고 흑암의 상태는 생물과 인간의 삶을 위해서 질서, 채움, 그리고 빛이 필요한 상태이었다. 이를 위해서 넷째 날 이후의 사역이 필요했던 것이다. 이 사실에 대해서 바빙크는 '장식(ornatus)'이라는 단어를

---

[90] 박윤선, 『개혁주의 교리학』, 143.

사용하여 이 날들에 이루어진 창조의 의미를 잘 드러냈다고 판단된다.⁹¹ 또한 넷째 날의 큰 광명과 작은 광명의 존재로 인해서 주야가 나뉘게 되고 징조와 사시와 일자와 연한(14절)이 이루어지게 된 것은 모두 사람의 유익을 위한 것이었다.⁹² 다섯째 날에 창조된 바다 속의 물고기들은 사람에게 기쁨을 제공하고 여섯째 날에 창조된 온갖 동물들은 인간의 연구와 다스림의 대상이 되었다.⁹³ 또한 창조세계가 인간에게 제공하는 유익은 영적 차원을 포괄한다. 먼저 박윤선은 말씀으로 만물을 창조하신 하나님의 능력이 인간에게 믿음을 일으켜준다고 밝힌다.⁹⁴ 또한 피조세계에 나타난 질서와 아름다움은 이를 지으신 하나님의 존재와 그의 인격성을 깨닫게 해 준다.⁹⁵ 창조의 순서에 있어서 식물을 먼저 창조하신(창 1:11-12) 후에 사람의 즐거움을 위해서 동물을 창조하신 사실에서 하나님의 사랑을 느낄 수 있게 된다.⁹⁶ 마지막으로 창조는 인간에게 겸손의 진정한 의미를 가르치고 참된 소망을 제공한다.⁹⁷ 욥 1:21을 인용하면서 박윤선은 겸손은 고난을 당할 때 원망하지 않고 오히려 하나님을 찬송하는데서 발견된다고 밝힌다. 이러한 주장을 통해서 박윤선의 창조론은 피조세계를 통해서 하나님께서 자신을 계시하시며 그 가운데서 다양한 방식으로 자신의 피조물인 인간을 돌보시는 은혜를 강하게 드러내는 섭리론으로 자연스럽게 연결된다고 볼 수 있다.

3. 바르트(Karl Barth, 1886-1968) 창조론에 대한 비판

91 바빙크, 『개혁교의학 2』, 601.
92 박윤선, 『개혁주의 교리학』, 146.
93 박윤선, 『개혁주의 교리학』, 146-47.
94 박윤선, 『성경 주석 창세기』, 77; 『개혁주의 교리학』, 149-50.
95 박윤선, 『성경 주석 창세기』, 82.
96 박윤선, 『성경 주석 창세기』, 83.
97 박윤선, 『개혁주의 교리학』, 150.

박윤선은 1937년 미국 유학을 마치고 귀국한 직후 정통 개혁신학자로서 바르트를 비판하는 두 편의 논문을 발표했다.[98] 그의 바르트 비판은 주로 웨스트민스터신학교의 메이천과 반틸에 힘입은 바가 컸다. 박윤선은 바르트의 핵심 사상이 그의 『로마서 주석』에 가장 잘 드러나 있다고 판단했으며[99] 자신의 다양한 성경주석에서 바르트 신학에 대한 비판을 계속했다.

바르트는 세상에 속한 것, 즉 세상의 역사를 통해서 하나님이 자신을 계시하지 않는다는 견해를 지니고 일반 계시에 접근한다. 박윤선은 바르트가 욥기 38장-41장에 나타난 피조세계에 대한 해석에 있어서 일반계시를 부인하는 견해를 표명했다고 밝힌다.[100] 바르트는 피조세계에 근거를 둔 일반계시는 계시로서 사용될 수 없으며 오히려 이는 하나님을 아는데 방해가 된다고까지 주장한다.[101] 바르트도 하나님의 창조를 믿는다고 다음과 같이 밝히고 있다: "하나님이 세상을 창조하시지 않았더라면 세상은 존재할 수 없을 것이다."[102] 그럼에도 불구하고 그는 창조 기사 자체가 자명한 것은 아니라고 부언한다. 박윤선은 이에 대해서 바르트의 계시관을 비판하는 글에서 다음과 같이 설명하고 있다.

> 칼 바르트는 세계를 양 세계로 구분하여 일은 원 역사 세계(Urgeschichte) 곧 초시간 세계라 하고 타 일은 역사 세계, 곧 시간 세계라고 한다. 저의 사상은 플라톤의 이데아 사상에서 취해 온 듯하다. 저의 견해대로 말하자면, 이 양

98 김영재, 『박윤선』, 196-204; 김영한, "정암 박윤선 신학의 특성", 14-17.
99 박윤선, "칼 바르트의 로마서 주석 선평", 「신학지남」 35(2) (1968), 91.
100 박윤선, 『성경주석 욥기 전도서 아가서』, 356-58; 『개혁주의 교리학』, 152-53.
101 Karl Barth, *Kirchliche Dogmatik II/1* (Zürich: Zollikon, 1960), 60.
102 Karl Barth, *Kirchliche Dogmatik III/1* (Zürich: Zollikon, 1970), 5.

세계는 서로 전적으로 다르다(toatliter alitar). 환언하면, 이 둘은 질적으로 서로 다르다. 따라서 시간의 것은 무엇이든지 원 역사 세계의 것을 이해할 수도 없고 후자의 교섭을 감당할 수도 없다. 좀 더 알기 쉬운 말로 설명하자면 원 역사 세계는 하나님의 세계요, 역사 세계는 인간의 세계인 바 인간과 하나님은 서로 질적으로 다르다. 그 서로 질적으로 다른 이유는 하나님은 창조자이시고 인간은 피조물인 까닭이라 함이 바르트의 견해이다.[103]

그는 성경의 창조기사는 설화(sage)에 지나지 않는다고 보았던 것이다. 시공간적으로 제한된 인간이 영원 속에 존재하시는 하나님의 행위에 대해서 기록한 것에는 오류가 있다는 것이 설화라는 용어를 사용하는 그의 의도라고 볼 수 있다. 하나님의 창조 행위는 이런 인간의 기록인 역사로서 표현되거나 기록될 수 없으므로 성경의 창조기사는 계시에 해당되지 아니한다고 주장한다.[104] 하나님의 창조 행위를 계시로 간주하는 정통적 개혁신학의 관점 대신에 창조는 "계시 자체가 아니며 하나님에 대한 참된 지식과 동일한 것도 아니다."라는 입장이 선택되었던 것이다.[105] 그렇다면 바르트가 창조를 믿는 것은 이 신적 행위가 인간의 세계가 아닌 영원과 무한의 세계에서 발생하는 행위라는 점에서 믿는 것을 가리킨다. 그러나 창세기의 창조 기사는 원 역사 속의 하나님의 창조 행위에 대한 계시가 아니며 오류를 지닌 기록에 지나지 않는다는 것이 바르트의 견해이다. 박윤선은 이런 바르트의 견해에 대한 개혁신학적 답변으로서 다음과 같은 바빙크의 견해를 제시한다. "일반계시나 특별계시는 자명적으로 확실하게 하나님을 보여준다. 그러므로 사람은 자기 자신의 반항에도 불구하고 그 증거를 받아야 된다."[106]

---

103 김영재, 『박윤선』, 200에서 재인용.
104 Barth, *Kirchliche Dogmatik III/1*, 87.
105 Barth, *Kirchliche Dogmatik III/1*, 55.

바르트의 창조에 대한 이런 부정적 태도는 창 1:2에 대한 그의 해석에서 분명하게 드러난다.[107] 그는 여기에 언급된 '흑암'과 '공허'를 동일시하면서 이를 통해서 무(nothing)의 문제에 대한 해결을 시도한다. 즉 흑암과 공허는 하나님께서 창조하시지 않으시고 그냥 지나가신 것이라고 주장한다. 마귀, 즉 악한 천사는 흑암의 존재이며 피조되지 않은 존재로서 무에 해당된다는 것이 바르트의 주장이다. 그러나 박윤선은 벧후 2:4과 유 1:6의 가르침에 근거하여 마귀는 원래 하나님에 의해 지음 받았지만 그후에 교만해져서 서로 다투다가 타락해 버린 천사로 이해한다. 마귀는 천국에서 쫓겨나서 '흑암'으로 표현되는 이 세상에 내려와서 '이 어두움의 세상 주관자들'(엡 6:12)이 된 것이다.[108] 바르트가 마귀를 흑암 또는 무와 동일시하는 견해는 박윤선의 입장에서 볼 때 개혁신학의 입장과 거리가 먼 것이었다.

VI. 마치면서: 박형룡과 박윤선의 창세기 1장 이해에 대한 결론적 제언

두 신학자의 개혁신학에 나타난 창조론이 보수적인 신학의 토대위에 세워져 있다는 차원에서 창세기 1장의 이해에 있어서 상당히 문자적인 해석이 두드러지다고 볼 수 있다. 창세기 1장에 나타난 날에 대한 해석에 있어서 박형룡은 자신의 박사학위논문에서 상징적 해석 또는 긴 시기 또는 시대라는 가능성을 인정함과 동시에 유신진화론을 이차적 방어선으로 설정하고 이에

---

106 Bavinck, *Gereformeerde dogmatiek II* (n. d.), 55. 박윤선, 『개혁주의 교리학』, 153에서 재인용.
107 박윤선, 『개혁주의 교리학』, 562.
108 박윤선, 『개혁주의 교리학』, 142.

대한 가능성을 인정하는 는 입장을 취했지만 총회신학교에서 가르치는 동안에 작성된 『교의신학 신론』에서는 날을 문자적 해석으로 대체하는 종교개혁자들의 입장을 따라는 보수적 태도로 선회했다. 이와 달리 박윤선은 주경신학자로서 날에 대해서 전통적인 개혁신학의 입장을 유지하면서 문자적 해석을 견지한다.

그리고 태양과 빛의 창조에 대해서 두 학자는 상당히 유사한 견해를 지녔다고 볼 수 있다. 이들은 공통적으로 태양이 넷째 날 전에 창조되었다는 해석을 내놓았는데 구체적 사안에 있어서 양자는 견해를 달리한다는 점이 흥미롭다고 볼 수 있다. 박형룡은 빛이 태양보다 먼저 존재했으며 태양을 빛의 휴대자로 간주한 반면에 박윤선은 태양이 태초에 창조되었고 태양의 빛은 첫째 날 창조되었다는 견해를 통해 태양 본체의 창조와 태양 빛의 창조를 구분하여 논의하는 방식을 채택했다. 이제 다음의 몇 가지 제언으로서 박형룡과 박윤선의 창조론 고찰의 마무리를 대신하고자 한다.

첫째, 이들의 창조론에 나타난 특징은 성경적 가르침과 개혁신학에 충실한 신학적 구상에 놓여 있다. 박형룡은 변증학을 전공한 신학자로서 다양한 과학자들의 견해에 집중하면서 창세기 1장에 대한 논의에서 제시될 수 있는 유신론적 진화론 문제에 관심을 기울이고 이에 대한 합리적 답변으로서 진화론이 지닌 맹점들을 당대의 여러 전문적 과학자들의 글을 인용하면서 자신의 독특한 해답을 추구했다. 박윤선은 주경신학자로서 창조 기사에 대한 바르트를 위시한 다양한 현대 신학자들의 반론들에 대해서 네덜란드의 바빙크의 『개혁교의학』에 나타난 개혁신학적 견해를 두루 섭렵하여 답변하는 전문성을 여지없이 보여 주었다. 이들의 창조론은 당대의 신학적 질문과 요구를 직시하고 이에 대한 해결을 추구했다는 점에 있어서 이들의 신학에 나타난 현실을 직시하는 태도가 바람직했다고 판단된다.

둘째, 그럼에도 불구하고 이들의 창조론은 거시적 차원에서 시대적 변화와 요구에 민감하게 반응하지 못했다는 단점을 지니고 있었다고 볼 수 있다. 우리나라도 서양의 여러 나라들과 마찬가지로 1960년대와 1970년대의 급격한 산업화의 결과로 자연 환경이 오염되고 파괴되는 상황에 놓이게 되었다. 이들의 신학은 이런 문제에 대해서 적절하게 대답하고 대안을 제시하지는 못했다. 창조론은 여전히 이들의 주석과 교의학 교재 속에서만 머물렀고 교회와 사회의 문제들에 대해서 성경적 대안을 제시하지 못했다는 비판에 직면해야 했다. 물론 이 시기에 이들은 이미 신학을 연구하고 가르치는 일선에서 은퇴했던 것은 사실이지만 후학들을 위해서 적어도 창조에 대한 통찰에서 비롯되는 혜안을 지니고 우리 시대가 직면하는 환경론을 비롯한 다양한 창조와 연관되는 이슈들에 대해서 신학에 있어서 창조론의 중요성과 변증적 유용성에 대해서 회고록 등의 글에서 자신들의 제안을 간략한 형태로 제시했더라면 하는 아쉬움이 남는 대목이다.

셋째, 이들의 창조론이 우리에게 남겨준 과제는 성경적 창조론과 창조론이 지닌 과학적 함의 사이에 존재하는 갈등에 대한 해결책을 찾는 것이라고 생각된다. 창조론은 여전히 개혁신학의 중요한 주제 중의 하나이다. 박윤선은 『성경주석 창세기』에서 창세기의 목적이 "인간을 섭리하시고 구원하시며 벌하시는 이가 만물을 창조하신 하나님"이심을 밝히고 이를 통해서 "구속자가 만물을 창조하신 하나님"이라는 사실을 강조하는 신학의 균형성이 중요하다는 견해를 표명했다고 볼 수 있다.[109] 창조론을 망각한 구원론은 참된 구원론이 될 수 없다는 사실에 있어서 창조론의 중요성은 구원론의 그것 못

---

109 박윤선, 『성경 주석 창세기』, 74.

지않게 강조되어야 할 충분한 가치를 지니고 있다. 그러나 이러한 창조론과 구원론 사이의 균형에 지나치게 집중한 나머지 창조론이 지닌 과학적 함의를 간과해서도 아니 될 것이다. 우발성(contingency)의 관점에서 과학은 신앙과 신학의 모든 영역을 지배할 수 없다. 과학은 실험과학의 적절한 연구대상은 언제나 창조주 하나님에 의해 피조된 자연으로서 우발성을 지닌 자연이어야 한다는 마이클 포스터(Michael Foster)의 주장에 귀를 기울일 필요가 있다.110 또한 신학은 신학적 진리로서 창조론에 대한 합리적 논의에서 비롯되는 과학적 논의와 이에 담긴 메시지를 놓고 성경과 개혁신학에 근거해서 이를 신학적으로 풀어낼 수 있는 능력을 갖추어 나가야 한다. 그렇게 될 때 신학은 시대가 던지는 질문에 대해서 성경적 가르침에 충실하면서도 시대적 요구에 부응하는 적절하고도 균형잡힌 답변을 제공할 수 있을 것이다. 특히 창세기 1장이 제공하는 하나님의 진리 앞에서 박형룡과 박윤선은 이런 건강하고 균형을 잃지 않는 태도를 지니고 신학에 임하는 신학자들이었다. 이런 이유에서 이들의 창조론이 21세기 한국 개혁신학에 시사하는 바가 많다고 사료된다.

---

110 M. B. Foster, "The Christian Doctrine of Creation and the Rise of Modern Science", in *Creation: The Impact of an Idea*, ed. Daniel O'Connor & Francis Oakley (New York: Charles Scribner's Sons, 1969), 29-53.

참고문헌

김영재. 『박윤선: 경건과 교회쇄신을 추구한 개혁신학자』. 파주: 살림, 2007.
김영한. "정암 박윤선 신학의 특성: 계시의존 사색을 중심으로". 「한국개혁신학」 25 (2009).
바빙크. 헤르만. 『개혁교의학 2』. 박태현 옮김. 서울: 부흥과개혁사, 2011.
박윤선. "칼 바르트의 로마서 주석 선평". 「신학지남」 35(2) (1968).
_____ . 『개혁주의 교리학』. 서울: 영음사, 2003.
_____ . 『성경주석 욥기 전도서 아가서』. 서울: 영음사, 1985.
_____ . 『성경 주석 히브리서 공동서신』. 서울: 영음사, 1985.
_____ . 『성경주석 시편 (상)』. 서울: 영음사, 1991.
_____ . 『성경주석 창세기』. 서울: 영음사, 1995.
_____ . 『성경 주석 소선지서 (상)』. 서울: 영음사, 2004.
박형룡. 『박형룡박사저작전집, I: 교의신학 서론』. 서울: 한국기독교교육연구원, 1978.
_____ . 『박형룡박사저작전집, II: 교의신학 서론』. 서울: 한국기독교교육연구원, 1978.
_____ . 『박형룡박사저작전집, III: 교의신학 인죄론』. 서울: 한국기독교교육문화연구원, 1978.
_____ . 『박형룡박사저작전집, XI: 변증학』. 서울: 한국기독교교육연구원, 1978.
_____ . 『박형룡박사저작전집, XII: 험증학』. 서울: 한국기독교교육연구원, 1978.
_____ . 『박형룡박사저작전집, XIII: 신학논문 상권』. 서울: 한국기독교교육연구원, 1978.
_____ . 『박형룡박사저작전집, XV: 학위논문』. 서울: 한국기독교교육연구원, 1978.
서철원. "박형룡 박사의 조직신학". 박용규(편). 『죽산 박형룡의 생애와 사상』. 서울: 총신대학교출판부, 1996.

이상웅. 『박형룡박사와 개혁신학』. 서울: 목양, 2013.

이신열. 『개혁신학의 관점에서 본 기독교 윤리학』. 서울: 형설, 2014.

장동민. 『박형룡의 신학연구』. 서울: 한국기독교역사연구소, 1998.

_____. 『박형룡: 한국 보수 신학의 수호자』. 서울: 살림, 2006.

정승원. "박윤선 박사의 변증학 고찰: 계시의존사색 개념을 중심으로". 「신학정론」 22(2) (2004).

칼빈, 존. 『기독교 강요』.

황창기. "박윤선의 성령론: 오순절 성령의 강림을 중심으로". 「신학정론」 14(2) (1996).

Barth, Karl. *Kirchliche Dogmatik II/1.* Zürich & Zollikon: Evangelische Verlag, 1960.

_____ . *Kirchliche Dogmatik III/1.* Zürich & Zollikon: Evangelische Verlag, 1970.

Bavinck, Herman. *Our Reasonable Faith.* trans. Henry Zylstra. Grand Rapids: Eerdmans, 1956.

_____ . *Gereformmeerde dogmatiek I.* Kampen: J. H. Kok, 1967.

Buswell, J. Oliver. *A Systematic Theology of the Christian Religion. vol. 1,* Grand Rapids: Zondervan, 1962.

Foster, M. B. "The Christian Doctrine of Creation and the Rise of Modern Science". in *Creation: The Impact of an Idea,* ed. Daniel O'Connor & Francis Oakley. New York: Charles Scribner's Sons, 1969.

Gunkel, Herman. *Genesis.* trans. Mark E. Biddle, Macon, GA: Mercer Univ. Press, 1997.

Marsden, George M. *Understanding Fundamentalism and Evangelicalism.* Grand Rapids: Eerdmans, 1991.

Murphy, James G. *A Critical and Exegetical Commentary on the Book of Genesis.* Boston: Estes & Lauriat, 1873.

Shedd, William G. T. *Dogmatic Theology*, vol. 1. New York: Charles
    Scribner's Sons, 1888.

Van Til, Cornelius. *The Infallible Word.* Phillipsburg, NJ:
    Presbyterian and Reformed Publishing, 1946.

_____ . *A Christian Theory of Knowledge.* Phillipsburg, NJ:
    Presbyterian and Reformed Publishing, 1969.

von Rad, Gerhard. *Genesis: A Commentary*, Old Testament Library.
    London: SCM Press, 1981.

Whitelaw, Thomas. *Genesis, A Pulpit Commentary.* London: C. Paul
    & Kegan Co., 1881.